戴鞍钢————

著

港口市地
城口
腹城
腹地

上海与长江流域经济关系的历史考察

1843–1937

上海社会科学院出版社

SHANGHAI ACADEMY OF SOCIAL SCIENCES PRESS

前　言

　　2013 年 7 月 21 日,习近平总书记在湖北武汉考察时提出:"长江流域要加强合作,充分发挥内河航运作用,发挥江海联运,把全流域打造成黄金水道。" 2014 年 5 月,"依托黄金水道,建设长江经济带"正式写入政府工作报告。同年 5 月,习近平总书记在上海指出,发挥上海在长三角地区合作和交流中的龙头带动作用,既是上海自身发展的需要,也是中央赋予上海的一项重要使命。① 2016 年 1 月 5 日,习近平总书记在推动长江经济带发展座谈会强调,长江流域今天仍然是连接丝绸之路经济带和 21 世纪海上丝绸之路的重要纽带,是我国经济重心所在、活力所在;他指出,长江经济带作为流域经济,是一个整体,必须全面把握、统筹规划。要优化长江经济带城市群布局,坚持大中小结合、东中西联动,依托长三角、长江中游、成渝这三大城市群带动长江经济带发展。② 2016 年 3 月 25 日,习近平总书记主持召开中共中央政治局会议,审议通过《长江经济带发展规划》,强调要充分发挥黄金水道作用,把长江经济带建成环境更优美、交通更顺畅、经济更协调、市场更统一、机制更科学的黄金经济带。③ 2016 年 5 月 11 日,国务院常务会议通过《长江三角洲城市群发展规划》,提出培育更高水平的经济增长极,要创造联动发展新模式,发挥上海中心城市作用,推进南京、杭州、合肥、苏锡常、宁波等都市圈同城化发展;构建以铁路、高速公路和长江黄金水道为主通道的综合交通体系,促进信息、能源、水利等基础设施互联互通;到 2030 年,全面建成具

---

① 《光明日报》2016 年 2 月 18 日,第 1、2 版。
② 上海《东方早报》2016 年 1 月 8 日,A1 版。
③ 《人民日报》2016 年 3 月 26 日,第 1 版。

有全球影响力的世界级城市群。①

现实与历史有着割不断的联系。地处长江入海口的上海，与长江三角洲和长江沿岸各地区之间的经济交往源远流长。这种经济联系曾在多方面推动了近代上海的崛起，也带动了整个长江流域的经济发展。总结这段内容丰富的历史进程，研究与此相关的诸多问题，探索其中的相互联系和内在规律，有助于充实以往研究的薄弱环节，对当代上海进一步加强和推进与长江流域各地区的经济联系，更好地建设中国经济重心所在和活力所在的长江经济带，可以从把握历史演进的角度，提供有益的启示。

在人类历史上，港口的发展和繁荣，往往是河海沿岸城市发育成长的催化剂，而城市的繁荣拓展又对腹地市场经济的发展，形成强力的推动效应；腹地市场经济的推进，又对作为商品集散地的港口城市的发展至关重要。近代上海作为长江流域乃至全国经济中心城市的崛起，首先得力于港口开发和口岸贸易对城市发展的有力推动。可以说，在上海成为中国航运、商贸、工业、金融中心和大都会历史进程的早期阶段，持续增长的港口贸易所产生的刺激效应，是最重要和最值得重视的驱动力。近代上海港在发展成为长江流域及中国沿海枢纽大港的同时，也成为联结上海与长江流域多层面的稳固经济纽带，上海也因此成为长江流域及中国经济的中心城市，并有力地带动了长江流域，尤其是与其毗连的长江三角洲经济社会的发展。长江三角洲因此成为长江流域及中国的核心经济圈，在长江流域及中国经济社会发展历史进程中，持续担当"龙头"的引领角色。本书将依据史实，分上下两篇，具体考察近代上海与长江流域经济关系的历史演进。上篇主要以港口为研究的切入点，侧重论析晚清时段上海与长江流域经济关系的架构；下篇主要以城市为研究的切入点，侧重论析民国时段上海及与其毗连的长江三角洲作为长江流域及中国核心经济圈的凸显。

---

① 上海《东方早报》2016 年 5 月 12 日，A14 版。

目　录

下篇

核心经济圈：

上海与长江三角洲经济演进(1914—1937)

表目录

上　篇

枢纽大港：
上海与长江流域的经济纽带
（1843—1913）

引　言

　　将港口与所在城市及经济腹地作为一个整体作综合历史考察,是近年来新的学术进展。以往有关上海的论著,大多是城市史的研究。[①] 有关上海港的研究,多为编年体港史类著作,有茅伯科主编《上海港史(古近代部分)》(人民交通出版社 1990 年版)、邹逸麟等著《上海港:从青龙镇到外高桥》(上海人民出版社1991 年版)等。这些著作时间跨度大,很多问题难有涉及;同时,港史类体裁,也使得对港史范围以外的许多相关问题少有着墨。一些专题论著则各有侧重,有的着重考察开埠前后的上海港,有邹逸麟《上海地区最早的对外贸易港——青龙镇》(《中华文史论丛》第一辑)、王文楚等《鸦片战争前上海港的形成与发展》(《历史教学问题》1981 年第 4 期)、金立成《上海港是怎样形成的》(《学术月刊》1961年第 8 期)、张忠民《清前期上海港发展新探》(《中国经济史研究》1987 年第 3期)、杜瑜《上海港孕育轨迹》(《中国史研究》1996 年第 1 期)、王列辉《航运网络与港口发展——以近代上海港为中心》(《史林》2014 年第 2 期)、武强《近代上海对外贸易与市政经费筹集:以码头捐为中心的分析》(《国家航海》第 13 辑,上海古籍出版社 2015 年版)等;有的是港航水文及着眼于现实问题的研究,有郑弘毅等《从区域与城市发展的角度评上海港港址选择问题》(《地理学报》1982 年第 3

　　[①] 可参阅“上海历史研究概况”,熊月之:《上海通史》第 1 卷(上海人民出版社 1999 年版,第 160—248 页)和熊月之、周武主编:《海外上海学》(上海古籍出版社 2004 年版)等。

期)、林承坤《长江口与杭州湾的泥沙与河床演变对上海港及其通海航道建设的影响》(《地理学报》1990 年第 1 期)、沈焕庭等《长江河口最大浑浊带研究》(《地理学报》1992 年第 5 期)、《当代上海研究论丛》第 3 辑(上海人民出版社 2014 年版)"上海国际航运中心建设论文"(其中有胡训珉《上海航运中心建设考略》等 17 篇论文)以及吉阿兵、胡训珉主编《长江三角洲发展报告 2014：上海国际航运中心建设》(上海人民出版社 2015 年版)等。综观以往的研究，尚少将港口与所在城市及经济腹地作为一个整体作综合历史考察的，对近代上海与长江流域的经济关系作深入论析的也不多见①。

　　港口的崛起和发展，与其经济腹地和所在城市之间有着互补互动的紧密联系，忽视其中任何一个方面都有欠缺，从全流域的角度，将三者视为一个整体综合考察，阐明其中的有机联系，是本书上篇研究的出发点。以往研究尚存的薄弱环节，一是研究的角度或侧重城市史或着眼于港口本身，总体研究阙如，一些认识有待进一步推敲；二是研究的内容，对港口根植其上的经济腹地的基本状况、港口与所在城市及腹地间互为依存的紧密关系，缺乏细致研究和清晰剖析；三是与同期国内其他港口的比较研究，以及港口吞吐货物的来源、流向、线路及其变迁和影响，很少有具体论述。本书上篇针对现有研究的薄弱环节重点论述，以期推进相关领域的学术研究。研究时段，上限定于上海正式开埠的 1843 年，下限为 1913 年，适当向前追溯和向后延伸。

　　以 1843 年为起点，是因为这一年的对外开埠通商，为上海的迅速崛起提供了契机和可能。以 1913 年为下限，主要缘于下述考虑。其一，从港口自身发展历程考察，1913 年 5 月 10 日江海关税务司颁布的《上海理船厅章程》，大体标志着近代上海港早期发展阶段的完成②。其二，从外部社会条件考察，下列因素引人注目，一是 1914 年第一次世界大战的爆发，对中国社会经济冲击很大，上海港的进出船只数目和进出口货物的数量、种类都有剧烈波动；二是随着 20 世纪初

---

　　① 由吴松弟主编的"中国近代经济地理丛书"(华东师范大学出版社 2014 年始出版)共 9 卷，其中的华中、西南两卷，论及近代上海与长江流域相关省份的经济联系，如杨伟兵主编的西南卷(华东师范大学出版社 2015 年版)的"绪论"，其中有"二、对外贸易与商路"的论述，但与华中卷同样受丛书体例所限，未能跨省区作全流域的综合考察。

　　② 该章程后一直沿用至中华人民共和国成立初期。

叶中国国内铁路线的增辟,包括上海港在内的航运业在国民经济中原先占有的突出地位相对下降,对长江流域经济的影响力,与前期相比也发生相应变化;三是第一次世界大战期间,上海的民族工业有了显著的发展,连同以后交通手段的多样化,在其城市经济的对外辐射力中,源于港口的作用力相对减弱,与前期相比,作为工业中心、金融中心和聚居百余万人口的经济中心城市的影响日益凸显,对此本书下篇将作重点论述。

第一章　开埠前上海与内地经济关系透视

第一节　内向型经济格局的制约

开埠前的上海,已经以航运繁忙的港口城市闻名于东海之滨。

上海港位于中国海岸线的中段,长江口南北两侧海底的地貌形态差异很大,"江以南至广东皆为南洋,多暗礁;江以北至盛京皆为北洋,江苏之北洋多暗沙"①。因而上海以南航路水深湍急,通行尖底海船;以北海道,近岸水底沙滩绵延,"沿海洋面外似一望汪洋,其实水中沙线千条万缕,纵横曲折,即平底沙船尚必多雇小舟熟习沙线者探水引路,乘潮行驶,潮退立虞搁浅"②。专行北道的沙船,"以其船底平阔,沙面可行可泊,稍搁无碍",故得其名。③ 在木帆船时代,上海港水文条件上佳,属内河型海港,少受海潮和风浪的影响,避风条件好,水位落差小,且地处温带,为常年不冻港,可四季通航,遂成为中国沿海南北货运理想的交会点。

---

① 《两江总督耆英等奏报会同李湘棻查明江北大略情形折》(道光二十二年十二月十六日),中国第一历史档案馆编:《鸦片战争档案史料》第6册,天津古籍出版社1992年版,第723页。
② 《钦差大臣裕谦奏报沿海地势及英船英炮情形折》(道光二十一年二月十九日),中国第一历史档案馆编:《鸦片战争档案史料》第3册,第215页。
③ 谢占壬:《海运提要序》,《皇朝经世文编》卷48,第10页。

　　上海周围农村,是明清时期商品经济相对发展地区。清乾隆年间,松江、太仓一带,"村庄知务本种稻者,不过十分之二三;图利种棉者,则有十分之七八"①。在农产品商品化程度较高的基础上,当地的手工业也相当发达。在棉产区嘉定县(今嘉定区),男子"种(棉)花为生",妇女"以棉布为务"。② 上海的土布厚实耐用,远近闻名,"松、太所产,率为天下甲;而吾沪所产,又甲于松、太"③。农业、手工业的发展,带动了商业的兴盛。碑刻资料载,乾隆年间上海县城专营土布贸易的店铺商号有 23 家,交易经营活跃。④ 散布在上海附近的很多乡村集镇,商业活动也很兴旺。嘉定南翔镇,"商贾云集,烟户重多"⑤;宝山罗店镇,"东西三里,南北二里,出棉花纱布,贸易甚盛"⑥。这些都使上海港在拥有区位优势的同时,在与各地的贸易往来中具备了充实的物质基础。早在 1843 年开埠前,上海港连同上海城已经声名远播,人称"江海之通津,东南之都会"⑦。

　　追溯历史发展的源头,可以发现上海港的发育成长,曾经历一个扬长避短、因时制宜的演变过程,并和太湖流域其他港口的盛衰兴替息息相关。

　　上海地区最早的海港,当数唐宋时期的青龙港(今属青浦)。它位于当时本地区主要干流吴淞江的入海口,循江而上可直达苏州,经支流可与华亭(今松江)、秀州(今嘉兴)等地交通,北宋元丰年间,这里已是"海商之所凑集也"⑧。南宋中叶以后,随着海岸线的东移和吴淞江的淤浅,青龙港逐渐衰落,海船多改从吴淞江南岸支流宋家浜入泊上海浦,渐次形成市镇。明嘉靖《上海县志》载:"迨宋末,该地人烟浩穰,海舶辐辏,即其地立市舶提举司及榷货场,为上海镇。"青龙港的地位已由上海港取代。

　　但时至元末明初,受潮汐作用的影响,吴淞江的泥沙淤积殃及下游诸河,上

---

① 高晋:《请海疆禾棉兼种疏》,《皇朝经世文编》卷 37,第 2 页。
② 乾隆《嘉定县志》卷 2,《风俗》。
③ 《上海县新建黄婆专祠碑》,上海博物馆图书资料室编:《上海碑刻资料选辑》,上海人民出版社 1980 年版,第 45 页。
④ 《湖心亭议列规条碑》,上海博物馆图书资料室编:《上海碑刻资料选辑》,第 252、253 页。
⑤ 《清实录·高宗纯皇帝实录(三)》第 11 册,中华书局 1986 年影印本,卷八三四。
⑥ 乾隆《宝山县志》卷 1,《市镇》。
⑦ 陈文述:《嘉庆上海县志序》。
⑧ 朱长文:《吴郡图经续记》卷中,《水》。

海港所凭借的上海浦航道因此也渐为淤浅，来往海船纷纷转趋浏河港。直到明永乐元年（1403）户部尚书夏元吉主持太湖流域治水工程，下令疏浚源于淀山湖的吴淞江支流黄浦下游范家浜等河道，形成一条黄浦江水道，上接泖湖诸水，下径达海。后又经过多次整治，终成河道宽深、水量丰沛的出海航路，取代了吴淞江的干流地位。黄浦江的形成，奠定了上海港的发展基础。清康熙二十四年（1685）江海关在上海设立，"凡运货贸迁皆由吴淞口进泊黄浦，城东门外舳舻相衔，帆樯比栉，不减仪征、汉口"①。上海港的形成与发展，既得力于先天的独特优势，也是后天人们努力进取的结果。在日后近代上海港崛起的进程中，同样可以看到这一点。

上海港所在的太湖平原，诸港口间也有一个盛衰兴替的过程。在清前期，堪与上海港比肩的曾有浏河港的屹立。浏河港位于太仓州境内，距长江入海口不远，宋元以后因江南经济的发展和海上贸易的开展渐趋兴盛，"外通琉球、日本诸国，故元时南关称六国码头"②。明代达鼎盛期，永乐年间郑和数次下西洋均从这里启航。"明季通商，称为天下第一码头。"③它与江南首邑苏州府城有浏河直接沟通，是为苏州通海之门户，"凡海船之交易往来者必经刘家河，泊州之张泾关，过昆山，坻郡城之娄门"④。苏州的海船修造业因而称盛，清康熙帝南巡姑苏，"见船厂问及，咸云每年造船出海贸易者多至千余"⑤。当时浏河港海运之盛可见一斑。但受潮汐的影响，浏河港亦有一个泥沙淤积问题，"其患在潮与汐逆而上，淀积浑沙，日以淤壅，几十年间必再浚之"⑥。因疏于治理，港口状况恶化，"乾隆五年开浚之后，浅段未深，深处亦浅"⑦，且越演越烈。"乾隆末，河口陡涨横沙，巨艘不能收口"，海船进出受阻，交通苏州等地的刘河也日渐淤狭，货物集散转运不畅，浏河港渐趋中落。⑧ 原先入港的海船相继转往邻近的上海港，嘉庆

---

① 乾隆《上海县志》卷1，《风俗》。
② 崇祯《太仓州志》卷7，《水道》。
③ 道光《刘河镇记略》卷4，《形势》。
④ 嘉靖《太仓新志》卷3。
⑤ 《清实录·圣祖仁皇帝实录（三）》第6册，中华书局1986年影印本，卷二七〇。
⑥ 黄与坚：《刘河镇天妃闸记》，《吴郡文编》卷3。
⑦ 道光《刘河镇记略》卷5，《盛衰》。
⑧ 光绪《太仓州镇洋县志》卷2，《营建》。

《上海县志》载:"自海关通贸易,闽、粤、浙、齐、辽海间及海国舶虑刘河淤滞,辄由吴松(淞)口入,舣城东隅,舳舻尾衔,帆樯如栉,似都会焉。"嘉庆中叶,曾因港而兴的浏河镇已是"南北商人皆席卷而去",往昔的繁盛景象一去不返。① 咸丰初年,京杭大运河滞阻,江苏漕粮拟就近由浏河港海运,然而时过境迁,浏河口淤塞积重难返,虽于"癸丑、甲寅(1853—1854)之间捞浚以通舟楫",终无明显改观。② 这时的浏河港,与上海港已不能同日而语。

上海港的南端,乍浦港一度也颇兴旺。它地处杭州湾畔浙江平湖县境内,直接面海,西与嘉兴府城相距不远,有河道相通。元明两代,海运往来曾有一定规模。自清康熙年间海禁放开,聚泊该港的海船接踵而至,"南关外灯火喧阗,几虞人满"③。其中大多往返于华南及日本航线,据东京都立中央图书馆藏的航船日志记载,运抵乍浦港的货物,多由水路经嘉兴至苏州分销④。但它偏离长江入海口,与江南经济富庶地区的交通联系不及浏河、上海便捷,港口外又"有沙滩二三四里不等,滩外又有浅水数里,凡有重大货船,皆泊于浅水之外,用小船乘潮驳载登岸"⑤。退潮时"商船难拢口岸"⑥,贸易规模终受制约,不少原先停泊该港的闽、广商船,后来"多汛至江南之上海县收口"⑦。咸丰初年(1851),浙江海运漕粮曾拟从乍浦入海,终因铁板沙阻碍,无船可雇,主事者决定"仍应由江苏上海放洋"⑧。

浏河、乍浦港的衰退,使开埠前的上海作为太湖流域主要出海港的地位愈发突出。1842年江苏布政使李星沅称,上海乃"小广东",海船辐辏,洋货聚集,"稍西为乍浦,亦洋船码头,不如上海繁富。浏河亦相距不远,向通海口,今则淤塞过半。"⑨唯有上海港货物进出频繁,名闻遐迩。

---

① 道光《刘河镇记略》卷5,《盛衰》。
② 光绪《太仓州镇洋县志》卷5,《水利》。
③ 乾隆《乍浦志》卷3,《武备》。
④ 陈吉人:《丰利船日记备查》,杜文凯编:《清代西人见闻录》,中国人民大学出版社1985年版。
⑤ 《浙江粮道为筹议漕运漕粮上常大淳禀》(1851年7月8日),太平天国历史博物馆编:《吴煦档案选编》第6辑,江苏人民出版社1983年版,第113页。
⑥ 道光《乍浦备志》卷6,《关梁》。
⑦ 《钦差大臣裕谦奏报乍浦防堵及江浙沿海情形折》(道光二十一年六月十一日),中国第一历史档案馆编:《鸦片战争档案史料》第3册,第577—578页。
⑧ 《浙江推行漕粮海运之难呈折》(1851年11月30日),太平天国历史博物馆编:《吴煦档案选编》第6辑,第116页。
⑨ 《李星沅日记》,《清代日记汇抄》,上海人民出版社1982年版,第208页。

但也应该指出，开埠前的上海，商业活动虽很活跃，然而较之江南首邑苏州仍瞠乎其后。原因在于上海港口和城市的发展，都受到了人为的束缚。清中叶后，封建社会的各种矛盾日趋尖锐，清朝政府为稳固其统治，重又加强了对海外贸易的限制①，于 1757 年停闭江、浙、闽三处口岸，限定广州一口通商，以后又陆续颁布了一些相关的条例章程。这些措施的推行，反映了面对日渐东来的西方资本主义势力，清朝政府封闭自守的消极对策。② 在这种背景下，上海的发展以及它与内地的经济联系，受到内向型经济格局的很大制约。这种经济格局，是自给自足的自然经济和统治者相应思想观念的产物，所谓"天朝物产丰盈，无所不有，原不藉外夷货物以通有无"③。海外贸易，不仅在地域上有严格规定，对进出口货物的种类、数量和交易方式等也有很多限制，"向来粤洋与内地通市，只准以货易货，例禁甚严"④。就上海而言，与不属欧美的日本及东南亚的贸易往来虽得维持，但内容和规模均很有限。《阅世编》载："邑商有愿行货海外者，较远人颇便，大概商于浙、闽及日本者居多。据归商述日本有长耆(崎)岛者，去国都尚二千余里，诸番国货舶俱在此贸易，不得入其都。"经上海港输往日本的有丝、棉纺织品、手工艺品和药材等，从日本运回的是铜、海产品、漆器等。19 世纪 50 年代，暹罗出产的蔗糖、海参、鱼翅等，吸引不少中国商人前去采购，"他们的帆船每年在二三月及四月初，从海南、广州、汕头、厦门、宁波、上海等地开来"。1829 年，驶抵新加坡的中国商船有 8 艘，1830 年 10 艘，次年又增至 18 艘，其中除闽、广外，"来自上海及浙江省宁波附近者 2 艘，一艘载 500 吨，另一艘 175

---

① 清代初叶，为对付东南沿海特别是郑成功的武装反清斗争。清朝政府曾先后宣布严厉的"海禁"和"迁海令"，对闽、广、江、浙等省沿海居民，逼令内迁 50 里，焚毁沿海城廓房舍。有越界者斩首，并严禁航海贸易、下海捕鱼和耕种临海田地。康熙二十三年(1684)郑氏集团败亡，次年始开放海禁，设闽、粤、江、浙四海关，定广州、厦门、宁波和上海四口对外通商，许民间出海贸易。其中上海的贸易对象主要是东南亚和日本，"凡安南商船货税，进口、出口俱以七折征收；东洋商船货税，进口以六折征收，出口不论货物，概收银一百二十两"(嘉庆《上海县志》卷 5，《关榷》)。

② 对清朝政府闭关政策的评价，学术界尚有分歧。笔者认为其重点是防范外来势力，其中也包括所谓"防微杜渐"(《清高宗实录》卷 516，第 17 页)的考虑，即防范国内民众与外国人接触后对清朝统治可能带来的冲击。这种政策推行的结果，严重阻碍了中国与外部世界的联系，也未能使中国免遭外来侵扰。

③ 梁廷枏：《粤海关志》卷 23，第 8 页。

④ 《章沅奏》(道光九年正月)，姚贤镐编：《中国近代对外贸易史资料》第 1 辑，中华书局 1962 年版，第 175 页。按：有关限制的条例、章程、规定等，可参见该书第 174—231 页。

吨"①。马六甲、槟榔屿、爪哇、苏门答腊,也都有中国商船前去交易,并将当地特产返销上海。② 尽管上海地处长江入海口,但因不能与欧美国家通商,邻近地区的丝、茶等出口商品均不得不舍上海而辗转运往广州。因此就总体而言,海外航线在上海港贸易总量中的比例甚微,约仅占 3%—4%③,上海与外国的经济联系是相当有限的。

与内向型经济格局相联系着的,是清政府对内河航运体系的倚重和对民间海运业的束缚。嘉庆年间,黄河下游河道泥沙淤塞,滩槽高差极小,稍一不慎,就溃决泛滥,直接威胁京杭大运河的通航。④ 由于运河水源不旺,水量不足,向来采用"借黄助运"即引黄河水挹注的办法,结果河床泥沙沉积愈来愈多。至道光初年,"运河底高一丈数尺,两滩积淤宽厚,中泓如线",河面宽度有的地方仅五六丈,河水浅处不及五寸,"舟只在在胶浅,进退俱难"。⑤ 而财政拮据的清朝政府又无力全面整治河道,"彼时河务、运务实有岌岌不可终日之势"⑥。

当时聚集于上海的以沙船为主体的民间海运业已有相当的运输能力,自然引起统治阶级中一些有识之士的注目。针对运河淤塞、行船滞阻的状况,魏源尖锐地批驳那种指责漕粮交商船海运"非政体"的论调,认为"官告竭,非商不为功也",并提出了由上海地区的民间海船业承运漕粮的具体设想。⑦ 为了鼓励海运,他还在运费和附载税收等方面拟定了一些优惠待遇,如运费之外,"每船载货二分免其税"⑧。当时运河淤塞几近断航,1824 年黄河大水,向来作为"蓄水柜"调节运河水位的洪泽湖受涨漫口,"清水宣泄过多,高宝至清江浦一带,河道节节浅阻"⑨。行船胶着,"千里连樯,积如山岗"⑩鉴于"运河淤塞,日甚一日,清口

① 聂宝璋编:《中国近代航运史资料》第一辑,上海人民出版社 1983 年版,第 53—56 页。
② [英]胡夏米:《"阿美士德号"1832 年上海之行记事》,张忠民译,《上海研究论丛》第 2 辑,上海社会科学院出版社 1989 年版,第 286 页。
③ 《上海港史话》编写组:《上海港史话》,上海人民出版社 1979 年版,第 20 页。
④ 谭其骧等:《中国自然地理·历史自然地理》,科学出版社 1982 年版,第 63 页。
⑤ 赵尔巽等:《清史稿》,中华书局 1977 年版,第 3786 页。
⑥ 民国《山东通志》卷 122,第 3412 页。
⑦ 魏源:《海运全案序》,《魏源集》上册,中华书局 1976 年版,第 411 页。
⑧ 魏源:《道光丙戌海运记》,《魏源集》上册,第 417 页。
⑨ 《清实录·宣宗成皇帝实录(二)》第 34 册,中华书局 1986 年影印本,卷七九。
⑩ 魏源:《筹漕篇》,《魏源集》上册,第 398 页。

倒灌已甚，河身淤垫已高，舍海由河，万难飞渡"①，魏源的主张得到英和、陶澍、贺长龄等部臣大员的赞同。1826年春，"江苏海运试办，在上海之黄浦招集商船兑运苏省所属四府一州漕米一百六十三万三千余石，由吴淞至崇明候风放洋达天津"②。前后共征集调用沙船等1562艘。③ 其情景如张春华《沪城岁时衢歌》所记："江苏漕艘由海运，汇集上海，用商人沙船、蛋船、三不像等船兑载开行。丙戌正月，各郡并集，自南及北五六里，密泊无隙。"

这次海运，成果显著。不仅因为运期缩短，漕粮霉变损耗大为减少，而且由于商船海运，"不由闸河（指运河——引者注），不经层饱，不馈仓胥"，省去许多周转和开支，"故运米百六十余万，而费止百四十万金"，较之河运有天壤之别。④上海地区的民间海船业，也获益良多。在这之前，沙船从事的南北海运贸易，北方南销货物的流通量大于南货北上，因而沙船北行时，舱位往往有空，"不能满载，皆在吴淞口买人挖草泥压船"，运力白白浪费。⑤ 承运漕粮，沙船可以增加收入，并减少北去空载的损失，所以试行后，沙船业"闻风鼓舞，争效子来"⑥。是年秋，上海又增造沙船300余艘，准备来年"海运之用"⑦。

但这次海运遭到一批官僚的激烈反对，"漕督以及仓场各署以例规尽失，不愿行之"⑧；他们还危言耸听，"谓从此粮船废弃，水手必滋事端，甚至造作谶语曰'木龙断，天下乱'，以木龙喻粮船之联樯也。"⑨由于道光皇帝的赞同，反对派势力占了上风。1827年，有人奏请"新漕仍行海运"，上谕"以近年河湖渐臻顺轨，军船可以畅行，不许"。⑩ 当时在沪的一位文人为之扼腕叹息，他在日记中写道："(道光)六年春，黄河塞，大学士英和奏，海运太平无事。七年春，仍废海运复走

① 魏源：《复魏制府询海运书》，《魏源集》上册，第398页。
② 《太仆寺卿柏寿奏》(同治六年九月二十日)，《军机处录副奏折・财政类》，中国第一历史档案馆藏。
③ 同治《上海县志》卷7，《海运》。
④ 魏源：《道光丙戌海运记》，《魏源集》上册，第417页。
⑤ 包世臣：《海运南漕议》，《安吴四种》卷1。
⑥ 魏源：《复蒋中堂论南漕书》，《魏源集》上册，第423页。
⑦ 魏源：《复蒋中堂论南漕书》，《魏源集》上册，第423页。
⑧ 赵烈文：《能静居士日记》，太平天国历史博物馆编：《太平天国史料丛编简辑》第3册，中华书局1962年版，第229页。
⑨ 《直隶总督李鸿章复奕譞函》(光绪十四年十二月二十二日)，中国社会科学院近代史研究所史料编辑室、中央档案馆明清档案部编辑组：《中国近代史资料丛刊・洋务运动(六)》，上海人民出版社1961年版，第220页。
⑩ 赵尔巽等：《清史稿》，《食货志三・漕运》，第3596页。

河运。"①政府的这种态度,束缚了海运业的发展,太湖流域以长江和运河为基干的内河航运,仍是该地区与内地省份物资交流的主要渠道。因此上海开埠前,顺长江而下的沿江各省商船,多将苏州作为其购销货物的终端港,"江南浒墅一关,地当南北通衢,为十四省货物辐辏之所,商船往来,日以千计"②。在与长江沿岸各地的经济联系方面,上海是作为从属于苏州的转运港发挥作用。当时流量最大的商品粮长途运销,有清晰的体现。

明清以后,伴随桑、棉种植面积的扩大和手工业生产的发展,江浙及东南沿海其他一些地区相当部分食粮须从外地输入接济,而内地省份也需要通过输出粮食,换回一部分所需的手工业品。川、湘、赣等省外销粮食,用船由长江载至镇江,折入运河至苏州补给江、浙、闽等省缺粮府县。"江苏户口殷繁,民间食米向借川、楚等省客商贩运。"③上海港所在的松江府,"木棉多于禾稻,历来民食皆赴苏州一带采购转运"④。浙江巡抚刘韵珂亦称:"向来浙省米粮等物,多赖楚省接济。"⑤内如"浙西一带地方所产之米,不足供本地食米之半,全藉江西、湖广客贩米船由苏州一路接济"⑥。当时"江西、湖广米船开江东下,其口岸有三:棕(枞)阳、芜湖、苏州是也"⑦。嘉庆年间,"苏州无论丰歉,江广、安徽之客米来售者,岁不下数百万石"⑧。苏州城外的枫桥,是远近闻名的粮食交易场所,在这里成交的很大部分米粮,又经上海港转运别处。"福建之米,原不足以供福建之食,虽丰年必仰给于湖广。数十年来,大都湖广之米辏集于苏郡之枫桥,而枫桥之米间由上海、乍浦以往福建。"⑨

---

① 王汝润:《馥芬居日记》,《清代日记汇抄》,第 176 页。
② 《监察御史吴震方奏》(康熙二十四年十二月初三日),《清户部档案抄件》,中国社会科学院经济研究所藏。
③ 《江苏巡抚程矞采奏请饬安徽等省采买米石解苏折》(道光二十二年六月十三日),中国第一历史档案馆编:《鸦片战争档案史料》第 5 册,第 668 页。
④ 太平天国历史博物馆:《吴煦档案选编》第 6 辑,第 532 页。
⑤ 《浙江巡抚刘韵珂奏》(道光二十二年正月二十四日),中国第一历史档案馆编:《鸦片战争档案史料》第 5 册,第 48 页。
⑥ 《清实录·高宗纯皇帝实录(五)》第 13 册,卷三一四。
⑦ 晏斯盛:《上制府论布商易米书》,《皇朝经世文编》卷 47,第 20 页。
⑧ 包世臣:《齐民四术》,《安吴四种》卷 26。
⑨ 蔡世远:《与浙江黄抚军请开米禁书》,《皇朝经世文编》卷 44,第 7 页。

第二节　南北海运物流的交会点

较之内河航运,开埠前的上海作为中国南北海运交会港的集散输运功能更为突出。

清乾隆以后,浏河港受泥沙淤积之累渐趋衰落,沿海商船多云集上海,从事转口贸易。它们又可分为北洋、南洋两大航线。

北洋航线是上海与东北地区及直、鲁等省沿海港口间的航运通道。在上海港的沿海航线中,这是一条运量最大的航线。嘉道年间,"上海、乍浦各口,有善走关东、山东海船五千余只,每船可载二三千石不等。其船户俱土著之人,身家殷实,有数十万之富者。每年载豆往来,若履平地"[1]。当时,沙船聚于上海约三千五六百艘,"每岁出洋率三四次,商人往来,数十年无恙"[2]。

南洋航线是上海与闽、广等省的海运交往。闽、广等省濒临大海,民间海船业历史悠久。自康熙年间海禁放开,闽、广等省海船业活动区域向北伸展。清中叶有人奏称:"今之海道已为坦途,闽、广商民皆知之。臣生长海滨,习见海船之便利,商贾造船置货,由福建厦门开船,顺风十余日即至天津,上而关东,下而胶州、上海、乍浦、宁波,皆闽、广商贸易之地,来往习以为常。"[3]上海则是他们主要的贩运贸易中转港,据1832年目击者观察,每天有三四十艘来自南洋航线的船只进入吴淞口。它们一年中可往来数次,获利数倍至数十倍不等。[4]

在开埠前的上海,与东北、华北的货运联系最具规模。《上海乡土志》载:"本邑地处海疆,操航业者甚多。通商以前,俱用沙船……浦滨舳舻衔接,帆樯如栉。由南载往花布之类,曰南货;由北载来饼豆之类,曰北货。当时本邑富商,均以此

---

[1] 钱泳:《履园丛话》,中华书局1979年版,第108页。
[2] 齐彦槐:《海运南漕议》,《皇朝经世文编》卷48,第13页;王赠芳:《请试行海运疏》,《皇朝经世文续编》卷49,第15页。
[3] 蓝鼎元:《漕粮兼资海运疏》,《皇朝经世文编》卷48,第8页。
[4] [英]胡夏米:《"阿美士德号"1832年上海之行记事》,《上海研究论丛》第2辑,第286页。

而获利。"表现为典型的粮棉产品间的交换流通,彼此经济联系频繁。"自康熙二十四年开海禁,关东豆麦每年至上海者千余万石。而布、茶各南货至山东、直隶、关东者亦由沙船载而北行。"①上海及其附近地区所产土布即由沙船北运,"江苏之松江、太仓、通州、海门四府州厅所属各县,土产棉花、布匹,用本地沙船运赴山东、直隶、奉天销售"②;"沙船之集上海,实缘布市"③。同样,北方粮、豆南下,除满足上海及其附近地区一部分粮食需求,还推动了上海商业的兴旺。乾嘉以来,沪地生意向以豆市最大,"营业为全市冠"④。

但受两地经济发展差异和市场需求的制约,从运输总量考察,南下货物多于北上,因而沙船北上常常不能满载,这也是道光初年沙船业乐于承运漕粮的原因之一。⑤ 若就货物价值言,北上多为手工业品,南下多是少经加工的农产品,因此北运货物量轻价昂,沙船返程时虽"装回各种豆类,然而这不足以抵偿运走的值钱的货物,故除豆以外,尚带回现款"⑥。这些都反映当时两地间经济联系的内容还是较狭窄的。

清中叶,上海与华南、海外的物资交流,除了粮食转运,主要是土特产品的交换流通。从福建抵沪的有糖、蓝靛、咸鱼、红茶,广东运来糖、水果、白铅,来自东南亚、日本的是各类海产品及铜、漆器等;回程时带去的货物有棉花、丝绸、土布和豆、枣等北方土特产。⑦ 相比之下,南销货物种类和数量均稍逊一筹,闽、广海船在卸货后往往"就放空开回"⑧。抵沪的南货,很多系运往苏州,嘉庆广东《澄海县志》载:"邑之富商巨贾,当糖盛熟时,持重资往各乡买糖;或先发帐糖寮,至期收之。有自行货者,有居以待价者。候三四月好南风,租艖艒装货糖包由海道上苏州、天津;至秋东北风起,贩棉花、色布回邑。"《台海使槎录》亦载,海船多漳、

---

① 包世臣:《海运南漕议》,《安吴四种》卷1。
② 《钦差大臣裕谦奏陈吴淞口未便堵塞各港口毋庸封闭折》(道光二十一年闰三月初三日),中国第一历史档案馆编:《鸦片战争档案史料》第3册,第380页。
③ 《上海县新建黄婆专祠碑》,上海博物馆图书资料室编:《上海碑刻资料选辑》,第45页。
④ 《上海豆业公所莘秀堂纪略》,《中国工商行会史料集》,中华书局1995年版,第796页。
⑤ 包世臣:《海运南漕议》,《安吴四种》卷1。
⑥ 聂宝璋:《中国近代航运史资料》第1辑,上海人民出版社1983年版,第1256页。
⑦ 姚贤镐:《中国近代对外贸易史资料》第2册,第554、555页。
⑧ 聂宝璋编:《中国近代航运史资料》第1辑,第1257页。

泉商贾，"或载糖、靛、鱼翅至上海，小艇拨运姑苏行市"。当时"江苏以北腹里，各有所需糖斤南货，悉由闽广商船运至上海转运"①。在开埠前的上海，华南商人颇具实力，"闽、粤大商多在东关外，粤则从汕头、闽则从台湾运糖至沪，所售动以数百万金，于沪则收买木棉载回其地。闽、粤会馆六七所，类多宏敞壮丽。最盛者，闽为泉、漳，粤为惠、潮。皆择其地绅士董司其事，凡事曲直不定者，咸就决之，无不服焉"②。

追溯开埠前上海作为港口城市的演进历程，及其与内地的经济关系，可以得到下述认识。

第一，上海的兴起，得力于优越的地理位置和经济条件，也与后天人们对航道、港口因时制宜的整治拓展密不可分。

第二，上海成为太湖流域主要出海港，是与该地区港口布局的演化同步的。浏河、乍浦港衰退后，上海港集太湖流域入海门户和中国南北海运交会点于一身，长江三角洲无其他港口能出其右。

第三，上海各主要航线，以赴东北和华北的航运贸易最为活跃也最具规模，这种贸易又呈现浓厚的转口贸易特征。

第四，较之沿海航线，上海与长江沿岸各地的航运联系稀疏。尽管上海的海路交通已很繁忙，但广阔的长江流域尚是它潜在的经济腹地。直接与长江沿岸各地沟通，并辐射和影响长江三角洲的经济中心是苏州，无论是与长江流域还是同沿海各省的航运往来，上海往往是以苏州的外港发挥作用。

第五，上海港物资流通的商品结构，突出表现为粮棉产品间的交换，辅以各地土特产品的互通，货物的种类、数量有限，因而这种贸易来往的波动，对输出入地的社会经济不会发生全局性的影响。

第六，上海开埠前，虽有广州一口通商的禁令，它与日本、东南亚等地仍有传统的海上贸易往来，但这种往来处于清政府的严格管束之下，规模小，数量少，在

---

① 《钦差大臣裕谦奏陈吴淞口未便堵塞各港口毋庸封闭折》(道光二十一年闰三月初三日)，中国第一历史档案馆编：《鸦片战争档案史料》第3册，第380页。
② 王韬：《瀛壖杂志》卷1，上海古籍出版社1989年版。

上海港货物输出入总量中比重甚微，更不具有主导地位。

　　因而对开埠前上海城市的经济地位和功能，包括它与内地的经济关系，应有清醒的估计。从各方面考察，当时的上海尚从属以苏州为中心的太湖平原经济区，担当着该区域出海口和转运港的职能。就港口而言，其运输工具、港岸设施都滞处于前近代社会，与中国传统商港并无二致；同样，因港而兴的上海县城，商业虽旺，但与同期中国其他港口城市相比，经济活动的内容和性质并无多大差异，仍未跳出以自然经济和内向封闭为特征的封建社会经济结构的束缚，这些都严重阻碍了上海城市经济的进一步发展及其区域影响的发挥。

　　明确上述认识，有助于本书的进一步研究，即努力探讨近代上海开埠后的迅速崛起及其与以长江流域为主体的广大区域内经济变迁的内在关系，从中探究历史的启示。

第二章　开埠后上海与内地经济关系的架构

第一节　新机遇：区位优势的释放

一、 与同期开埠诸口岸的比较

作为贸易口岸，上海拥有的经济、地理优势，在同期开埠诸港口中是独特的。广州虽然对外贸易历史悠久，但它偏处华南一隅，远离大宗出口商品丝、茶的主要产地江浙等省，四周丘陵起伏，交通不畅。五口通商以前，内地省份出口物资，以及经由广州输往这些地区的进口货物，多需长途跋涉，方能抵达销售地点，徒增成本，耗时费力。当时广州港在中国对外贸易中长期占据首要地位，乃是清政府广州一口通商规定所致。所以鸦片战争后，"五口分设商埠，非粤货不到广州"①，其对外贸易顿显衰落。

福州、厦门和宁波，地理位置、运输条件以及所在地区经济发展程度和市场潜力，都受局限。福建地狭多山，除茶叶外，可供出口的商品有限。就进口而言，福建相对贫瘠，人口少，市场容量小，且省内外交通受周围地形限制，运输不便。

---

① 民国《佛山忠义乡志》卷 14，《人物》。

"闽省虽与粤、浙、江西等省毗连,然除海道可以四通八达外,其余各处非系崎岖之峻岭,即属湍急之险滩",故"闽省厦门之物资,则止能售于本省,不能旁及他方,盖由地势使然"。① 宁波位于杭州湾南岸,与浙江省经济富庶的杭嘉湖地区联系不密,"该处虽系海口,一入内河,须盘坝三四次方抵省城,商贩不甚流通"②。所在地区相对闭塞,"杭嘉湖三府,树桑之地独多。金、衢、严、宁、绍、台六府,山田相半;温、处二府,山多田少"③。地理环境、物产状况,制约了港口的发展余地。时任浙江巡抚梁宝常称:"浙江十一府内,如台、金、衢、严、温、处六府,或土瘠民贫,或风俗俭朴,需用洋货无多。惟杭、嘉、湖、宁、绍五府,户口殷富,用物浩繁。五府之中,又惟杭、嘉、湖三府俗尚华靡,为销货最多之地。夷船进口货物,以呢羽洋布为大宗,销路多在杭、嘉、湖三府。出口货物,以茶叶、湖丝、绸缎为大宗,而湖丝、绸缎亦多产于杭、嘉、湖三府……该三府地面均与江苏一水可通,民间需用洋货及土产湖丝、绸缎,并一切货物,近则可赴上海贩运";宁波则由于"地处偏僻,自杭至宁,计程五百数十里,中隔钱塘、曹娥二江,又绍兴一带,河窄坝多,驳船狭小,装货有限,运脚多所耗费",较之上海口之路捷费轻大不相同,"是以杭州以北客商鲜有来宁贸易之事"。④ 开埠前宁波港对外贸易尚称活跃,是与当时清政府将它定为对日贸易商港相维系的。

上海口岸独具的诸优势,成为外国商人注目的焦点。1832 年,英国东印度公司曾派人至上海港刺探,并想立刻在上海通商,未能如愿。⑤ 于是他们在返航后,鼓动英国政府用武力实现上海开埠。⑥ 吸引他们的是上海的地缘优势、市场潜力和已有的港口条件。通过上海,他们可以将在华经济活动的区域扩大并延伸至整个东南沿海和广袤的长江流域。这些都是中国其他口岸无法提供的。因此《南京条约》订立后不久,就有多艘英、美商船径赴上海,"意在通商",清政府地

① 《福州将军敬敹奏》(道光二十五年三月十七日),《清户部档案抄件》,中国社会科学院经济研究所藏。

② 《筹办夷务始末·咸丰朝》第一册,中华书局 1979 年版,第 155 页。

③ 《清高宗实录》卷 313,第 44 页。

④ 《筹办夷务始末·道光朝》第六册,中华书局 1964 年版,第 2822、2823 页。

⑤ 许地山:《达衷集》卷上,商务印书馆 1928 年版,第 49、50 页。此前,欧美国家对上海港尚未注意。乾隆后期即 1787 年和 1793 年,英国使臣两次来华要求增开通商口岸,都未提到上海港。这与上海港在嘉道年间趋旺的进程,是吻合的。

⑥ 严中平辑译:《英国鸦片贩子策划鸦片战争的幕后活动》,《近代史资料》1958 年第 4 期,第 40、41 页。

方官员"以税则未定，码头未立，不便先行交易"，未予准允。① 1843 年开埠后的最初一个多月里，上海港就有 6 艘外国商船抵达。② 后又不断增加，1844 年为 44 艘，1849 年达 133 艘。③ 与此同时，越来越多的中国商船被吸引到上海，"自从开港以来，这些船只带来大量的茶和丝供应在这里的英国商人，在回程中把换到的欧美制造品运走"④。

广州一口通商禁令解除，上海港久被压抑的潜能得以蓄发。最集中的体现，是上海取代广州成为中国对外贸易的首要港口。在进口方面，外国商船涌入，经由上海港输入的大宗进口商品的数量逐渐超过广州。1855 年 7 种进口英国棉、毛纺织品，除棉纱 1 项，其余 6 种都是经由上海的多于从广州的输入。⑤ 1853 年，上海港丝出口达 58 319 包，是同年广州出口数量的 11 倍多，占当年全国生丝出口总数的 92.7%。同年，上海港茶叶出口是广州的 2 倍多。此后，上海港丝、茶出口数量始终超过广州，雄踞各港之首（见表 2-1）。

表 2-1　上海、广州丝、茶对英出口量(1843—1856) 　　　　单位：磅

年份	丝		茶	
	上海	广州	上海	广州
1843		1 787		17 727 750
1844		2 604	1 149 000	49 457 250
1845	6 433	6 787	3 801 000	49 769 250
1846	15 192	3 554	12 460 000	47 488 500
1847	21 176	1 200	12 494 000	45 246 750
1848	18 134		12 711 000	46 290 167
1849	15 237	1 061	18 303 000	34 797 600
1850	17 245	4 305	22 363 000	40 100 000

① 《护理两江总督孙善宝奏报吴淞口英美船只来去情形并英船呈递照会折》(道光二十三年四月十七日)，中国第一历史档案馆编：《鸦片战争档案史料》第 7 册，第 145—146 页。

② 《江苏巡抚孙善宝奏报办理上海开市情形折》(道光二十三年十一月初九日)，中国第一历史档案馆编：《鸦片战争档案史料》第 7 册，第 370 页。

③ [美]马士：《中华帝国对外关系史》，张汇文等译，生活·读书·新知三联书店 1957 年版，第 1 卷，第 401、402 页。

④ 丁名楠等：《帝国主义侵华史》第 1 卷，人民出版社 1973 年版，第 89 页。

⑤ 《英国棉毛织品输入上海、广州统计表》，彭泽益编：《中国近代手工业史资料》第 1 卷，中华书局 1962 年版，第 492 页。

续　表

年份	丝		茶	
	上海	广州	上海	广州
1851	20 631	2 409	36 722 500	42 204 000
1852	41 293	3 549	57 675 000	35 617 250
1853	58 319	4 577	69 431 000	29 700 000
1854	54 233		50 344 000	48 200 000
1855	56 211		80 221 000	16 700 000
1856	79 196		59 300 000	30 404 400

资料来源：［美］马士：《中华帝国对外关系史》第 1 卷，张汇文等译，上海书店出版社 2000 年版，第 401、402 页。

进出口总值的统计，同样显示出这种兴替（见表 2－2）。

表 2－2　上海、广州对英进出口贸易总值（1844—1856）　单位：万美元

年份	上海	广州	年份	上海	广州
1844	480	3 340	1851	1 600	2 320
1845	1 110	3 840	1852	1 600	1 640
1846	1 020	2 520	1853	1 720	1 050
1847	1 100	2 530	1854	1 280	930
1848	750	1 510	1855	2 330	650
1849	1 090	1 930	1856	3 190	1 730
1850	1 190	1 670			

资料来源：马克思：《中国和英国的条约》，中共中央编译局编译：《马克思恩格斯文集》第 2 卷，人民出版社 2009 年版，第 647 页。

表 2－2 显示，1843 年底上海开埠后，广州对英进出口明显下降，其间有的年份偶有回升，隔年大都又跌至原有水平之下；上海对英贸易总值则几乎总是逐年上升，并在 1853 年超过了广州。英国是当时欧美各国对华贸易的主要国家，直到 19 世纪 60 年代初，对英贸易仍占中国对外贸易的 80％以上。[①] 因此，表 2－1、2－2 记录的进出口贸易消长，足以说明上海开埠后，中国对外贸易重心由广州向上海的转移。

———————————

① 姚贤镐编：《中国近代对外贸易史资料》第 1 辑，第 624 页。

如果再将同期开放的其他口岸作番比较,可以从更广的角度反映这种兴替和转移。1844 年英国驻华公使曾实地察访各新开口岸,结论是"宁波密迩沪埠,商业恐难发展。至于福州,则河道险阻,缺点复多,对欧贸易希望殊稀"。厦门稍好,亦不及上海,四口中"以上海为尤善"。1844 年宁波开埠,是年对外贸易额尚有 50 万元;五年过后,非但没有增长,反降至不到 5 万元。1846 年清政府档案资料亦载:"至宁波海口为新设五口通商之一,因旱道偏僻,商贾罕通,其洋货尽赴上海,故税课较四口为独少。近来,以月计则夷税或有或无,以一季计之则或数千两及数百两不等。"①

福州更不景气,"从 1843 年福州开放到 1853 年,在福州没有进行过大量的对外贸易"。原因之一,"福州港道口门最狭,沙线复多,各国小船虽往来无碍,而大船易于搁浅,是以英夷货船向在口门外熨斗洋面停泊,用小船拨货入口"。1848 年曾有英船试图进港时搁浅损坏,"从此大船再未入港"。②厦门亦相去不远,1844 年闽浙总督刘韵珂曾奏称:"厦门自上年九月十一日开市,至今其收夷税及船钞银一万二千余两,计数未为丰旺,其内地商税亦属短绌。臣等详加访察,夷税之少,一因开市以来为日甚暂,夷货未能疏通;一因闽省与粤东、江、浙三省疆域相通,势同鳞次,今该夷虽四处开市,而内地贩运夷货之人不能加多,况闽中自省以南均系陆路,省北又属滩河,他省商贾各趋近便,未肯迂道远来,所恃者仅止本省之人运赴各郡分售,销路无多,故税数骤难充裕。"③同年,英国领事记里布(Gribble Henry)"因厦门地势僻远,非商贾聚集之区,夷商贩来货物不能按船全销,请照销数输税,余货贩至他口分销"④。

相比之下,上海开埠后进出口贸易之盛格外突出。1846 年香港《中国邮报》称:"迄今为止,上海是新开各口中进行大规模贸易的唯一港口,但上海的贸易量

---

① 《浙江巡抚梁宝常奏》(道光二十六年九月二十六日),中国第一历史档案馆编:《鸦片战争档案史料》第 7 册,第 729 页;姚贤镐编:《中国近代对外贸易史资料》第 1 辑,第 563、618、406、586 页。
② 《福建巡抚徐继畲奏报福州厦门等口岸筹防情形折》(道光三十年七月初六日),中国第一历史档案馆编:《鸦片战争档案史料》第 7 册,第 990 页;《中国近代对外贸易史资料》第 1 辑,第 406 页。
③ 《闽浙总督刘韵珂等奏为设法稽查厦门货船偷漏走私情形片》(道光二十四年二月初八日),中国第一历史档案馆编:《鸦片战争档案史料》第 7 册,第 411 页。
④ 《闽浙总督刘韵珂奏报接见英官并厦门英领事请按销货输税及请在鼓浪屿居住片》(道光二十四年正月),中国第一历史档案馆编:《鸦片战争档案史料》第 7 册,第 395 页。

已经达到许多人所预期于所有北部港口者的总和。"①究其因,无疑是前述上海具有的潜在的综合优势释放的结果。最直接的是,上海邻近出口丝、茶产区,背倚富庶的江南地区,开埠后虽清政府规定"湖丝旧例,应出粤海关,经过浙、赣、韶三关,例应完纳三关税课;嗣改上海通商,由湖州径来上海,先令补完三关税课"。出口商品仍多循地理之便,就近转往上海出口。其他四口则受地理条件、市场需求的制约,出口货物运输不便,"进口之货不能旺销"。②旨在赢利的众多外商裹足不前,纷趋上海,"故贸易之旺,非他处所能埒。虽有人事,亦地势使然"③。

　　位处北地、素少交往的俄国商人也闻风而至。以往论及早期中俄贸易,每多述及恰克图陆路通商。现据清代档案记载,早在1805年(嘉庆五年)已有俄国商船"来粤求市",径直驶抵广州要求通商;同年,有2艘俄舰强行驶入黄埔港贸易之举,均遭清政府拒绝,未得遂愿。清廷后又谕令:"如再有此等外洋夷船向未来粤者,其恳请贸易之处,断不可擅自准行。"④故上海开埠后,随着中国外贸重心的北移,俄商旧话重提,"垂涎各国夷商之往来海上,利市十倍,意欲效尤",转而要求在沪通商。⑤ 1848年至1854年,先后有多艘俄国商船驶抵,"求在上海地方贸易"⑥。清政府答以俄国"系北路陆地通商之国,上海非所应到",未予应允。⑦据统计,1853年经由上海的对英进出口货值,已分别占全国各港口对英进出口总值的59.7%和52.5%。⑧ 上海取代广州,成为中国对外贸易的首要港口。这种兴替是上海开埠后从沿海诸口岸中脱颖而出的集中体现,其底蕴是上海作为港口城市所独具的地缘、经济优势终于得有机会释放。

　　同时应该指出,上海开埠后的迅速崛起,与五口通商时期中外关系的演进也

　　① 严中平辑译:《英国资产阶级纺织利益集团与两次鸦片战争的史料》,《经济研究》1957年第2期,第120页。

　　② 太平天国历史博物馆编:《吴煦档案选编》第6辑,第189、169页。

　　③ 王韬:《瀛壖杂志》卷6。同书卷3载:"苏郡濒海诸邑镇,聚贾舶,通海市,始集于白茆,继盛于刘河,后皆淤塞,乃总汇于上海,西人既来通商,南北转输,利溥中外。"按:白茆,在浏河口北。冯浚光在《西行日记》中称:"白茆港口在刘河口北,太湖泄海支流也"(《清代日记汇抄》,第322页)。

　　④ 中国第一历史档案馆编:《鸦片战争档案史料》第7册,第559页;刘选民:《中俄早期贸易考》,《燕京学报》第25期(1939年6月),第196、197页。

　　⑤《两江总督怡良等片奏》(1854年3月25日),《四国新档·俄国档》,台北"中研院"近代史研究所1966年版,第9页。

　　⑥《两广总督叶名琛奏》(1854年6月23日),《四国新档·俄国档》,第103页。

　　⑦《上谕》(道光二十八年九月十日),中国第一历史档案馆编:《鸦片战争档案史料》第7册,第876页。

　　⑧ 黄苇:《上海开埠初期对外贸易研究》,上海人民出版社1979年版,第142、143页。

有一定的关联。中国国门被打开后，外国人在一些通商口岸的活动，并没有像他们原先预想的那么顺利，其中尤以广州和福州两地最为突出。1842—1849 年，广州人民坚持进行反对外国人进入广州城的斗争，迫使外国人不得不暂时放弃入城的要求，外国商人的经济活动也常常受阻，1845 年的文献记载，"粤东风俗强悍，在粤夷商往往被民人蔑视，气不得舒"①。广州城外"夷商栖身储货"的十三行住所，也不时有人"纠众前往构衅"。② 1847 年，英国议会的一份文件承认，尽管"满清政府已'忠实履行五口通商条约'"，但是由于广东民众的抵制，"广州的贸易尚有困难"。③

福州的情况，相去不远。福州被定为商埠后，当地官员暗中布置，"委熟悉情形之员向省城内外之巨商大贾密切晓谕，以夷人在省会通商非有益于地方之事，总宜令其废然而返，方为长策。劝令各该商等勿得即与互市，俾免该夷在此勾留。各该商亦尚知轻重，均称不愿与该夷交易，故以后李太郭(系指 1844 年 7 月到任的英国首任驻福州领事——引者注)屡将所带作样之洋布等物给人阅看，欲图销卖，民间绝无顾问之人。李太郭见情形如此，从不言及开市。旋有米利坚货船一只进口，停泊月余，愿将各货减价出售，商民仍无人往向置买。船内夷商因盘费罄尽，不能出口，向海关委员等吁求设法销变，俾令他往。臣(系时任闽浙总督刘韵珂——引者注)等查系实情，谕令各店铺向该船买得各货少许，该船得有资斧，即行出口。其临去之时，有此后断不再来之语。此后李太郭意更索然，将通商一事置之度外"④。以后数年，"没有一只(外国)商船到过这个港口"⑤。1849 年，福州英国领事若逊抱怨："我们曾经怀抱的使这个港口成为欧洲商船的常临之地和英国商人的驻足之点的希望，仍未实现。"⑥

同一时期，外国人在上海的活动则相对得逞。1845 年 11 月，上海开埠不到

---

① 《筹办夷务始末·道光朝》第一册，第 74 页。

② 《筹办夷务始末·道光朝》第一册，第 78 页。

③ 严中平：《英国资产阶级纺织利益集团与两次鸦片战争的史料》，《经济研究》1955 年第 2 期，第 120 页。

④ 《闽浙总督刘韵珂等奏为密陈福州洋务实情并揣测英情片》(道光二十五年三月十五日)，中国第一历史档案馆编：《鸦片战争档案史料》第 7 册，第 565—566 页。

⑤ 姚贤镐编：《中国近代对外贸易史资料》第 1 辑，第 604 页。

⑥ 姚贤镐编：《中国近代对外贸易史资料》第 1 辑，第 608 页。

三年,英国领事巴富尔就以欺诈手段,与上海道台签订了《上海租地章程》。① 以此为开端,英、法、美等国相继在上海强行开辟了后演变成租界的外国人居留地。它们都设置在上海县城附近水路交通最便利、地理位置最重要的地点,英租界即位于黄浦江与吴淞江的交汇处,扼上海航运交通的咽喉所在。据英国外交部档案记载,至1846年底,上海已有24家外国商号开张(其中3家是美国的),还有5家零售店、25所私人住宅、若干货栈、一座教堂、一家旅馆、一个门诊部、一个俱乐部和一个基督徒墓地,地皮和建筑支出(保守的估算)至少也有636 820美元。② 1848年3月,英国3名传教士擅自前往上海远郊青浦活动,与当地船民发生冲突。事后,英国驻沪领事阿礼国在法、美等国领事支持下,公然以封锁海口、不许漕船出海,胁迫中国方面"拿人惩治"。在列强的威逼下,清政府最后枷责船民10人,并将其中2人投入监狱。③ 此后,在上海的外国人更加趾高气扬,与其他口岸相比,他们的经济活动也得有更多便利。

上海作为外贸口岸的诸有利条件,同样吸引了早期经营进出口贸易的中国商人。据现存伦敦的英国图书馆所藏的敦利商栈等簿册文书披露,早在1843年11月上海正式开埠前夕,至少已有2家华商外贸行栈闻风而至,着手筹办等候开业,其中之一的敦利号业主张新贤向官府呈递了开业申请,内称:

> 窃职向在粤东贩运江浙各货,开设裕隆竹记字号。缘上年奉有五口通商谕旨,职在粤东有同业陈春圃、卜博山情愿合伙在上海开设敦利号,招徕丝茶各商,遵奉新议章程,照则纳税,经理贸易事务。是以职等于今年七月来上(海),在台治西姚家弄、东姚家弄、王家巷、孙家巷以及前和典基、万瑞坊基等处租赁栈房,门前均贴敦利栈字样,以便招接各路商人,安顿货物,庶英国领事官到日,即可通商贸易。④

① 王铁崖编:《中外旧约章汇编》第1册,生活·读书·新知三联书店1957年版,第65—70页。
② 《阿礼国致戴维斯的港口情况汇报》(1847年1月12日),转引自[美]张琳德《上海的英国会馆(1843—1854)》,《国外中国近代史研究》第24辑,中国社会科学出版社1994年版,第16页。
③ 《青浦事件信稿》,《近代史资料》1957年第2期,第1—8页;《筹办夷务始末·道光朝》第6册,第3131—3141页。
④ 《商人张新贤为禀请开设敦利号以与英商贸易事》,转引自王庆成《上海开埠初期的华商外贸业——英国收藏的敦利商栈等簿册文书并考释(上)》,《近代史研究》1997年第1期,第41—42页。

对上海开埠后对外贸易兴旺前景的期盼和憧憬,跃然纸上。这份呈请经松江海防厅同知沈炳恒转呈苏松太道宫慕久,并于 1843 年 12 月 12 日获准。此后效仿者继起,仅据这批簿册文书记载,至 1844 年 10 月 14 日上海已有 39 家专营或兼营进出口贸易的商号。

表 2-3　开埠初期上海华商外贸业(1844 年 3—10 月)

行号	进口主要货物	出口主要货物
本号	各色布匹、大呢、羽绸、洋熟铁、玻璃	茶叶、湖丝、石膏
敦利	各色布匹、大呢、羽绸、洋熟铁、玻璃	茶叶、湖丝
广利	各色布匹、大呢、羽绸、洋熟铁、	湖丝
通亿		湖丝
周公正	原布、大呢、洋熟铁、胡椒	茶叶、湖丝、紫套布
仁记	各色布匹、大呢、洋熟铁、胡椒、洋酒	湖丝、石膏
和记	大呢、玻璃、洋锡片、洋刀、洋钢	湖丝
华记	大呢、玻璃、胡椒、洋布	湖丝、麝香
位记	各色布匹、檀香、洋硝、洋熟铁、玻璃	湖丝、石膏
怡生	各色布匹、大呢、洋熟铁、剪绒	湖丝、紫套布
怡利	各色布匹、檀香	湖丝
名利	各色布匹、剪绒、沙藤、象牙	湖丝、紫花布
长益	苏木、水靛、玻璃、牛皮、洋糖	粗窑缸器、铜器 大黄、湖丝
益三	水靛、洋麻、棉花	明矾
义记	各色布匹、洋酒、洋枪	湖丝
天盛	哔叽、大呢	茶叶
裕泰	各色布匹、大呢、沙藤	
信成	槟榔、乌糖、栲皮	
阳和	原布、花布、自来火、木钟	
融和	洋青、洋糖、洋酒、洋枪	
德利	布匹、大呢、玻璃	
益记	洋布、乌木	
周益大布店	洋铅	
广盛	布匹	
芳盛	沙藤	
采文	原布	
义成	布匹	

行号	进口主要货物	出口主要货物
春和	布匹	
春芳	布匹	
恒珍	洋铅	
裕润	洋锡	
永隆	玻璃、栲皮	
荣丰	沙藤	
隆记		湖丝
朱通裕		茶叶
万成		明矾
道裕		茶叶
怡馨		茶叶
和山		茶叶

资料来源：王庆成《上海开埠初期的华商外贸业——英国收藏的敦利商栈等簿册文书并考释（上）》，《近代史研究》1997年第1期，第37—39页。

这些稀见簿册文书的披露，有助于对以往因资料匮乏而湮没无闻的开埠初期上海华商外贸业的重新估价，也可以从当时国内商界的反应，去认识开埠后上海作为外贸中心口岸迅速崛起的进程。

二、　长江航运潜能开发的推动

上海受到欧美商人青睐的一个重要原因，是其深知上海地处长江入海口所蕴含的市场潜力和发展前景。如他们后来所归纳的：

> 上海位于长江的支流黄浦江畔，距长江口只有几英里，环境使其免受强台风的袭击。长江是一条横贯东西的大江，上海则是我们与富庶的长江流域开展贸易的非常恰当的港口和集散地。将近50 000平方英里的长江三角洲上居住有4 000多万人口，他们直接仰给于上海。而750 000平方英里的长江流域上的人口则有1.8亿，比世界总人口的十分之一还要多。世界上没有其他地区有如此众多而稠密的人口，只依赖这么一条主要的河道和这么一个集散港来进行贸易交流的……长江的无数支流在冲积平原上指向

四面八方,织成了一张水道运输网,远达北京。在这个运输网中,上海是一个天然的集散点。①

在他们看来,"世界上没有哪个港口有上海如此巨大的供需潜力的"②。第二次鸦片战争后,其目的部分达到,镇江、九江、汉口相继开埠,外商船只可贸易往来。自长江开放,以上海港为起点,外国商船争相驶入。1863年2月21日《北华捷报》载:"各式各样的轮船参加长江上交通运输业竞争,从拖曳船到海洋大轮船,从以螺旋摆动机器推动的暗轮,到从美国开来以左右舷引擎推动的大明轮,无不具备。"它们麇集上海港,"因为不论各船在抵沪后将再开到哪个地方去,上海是海外开来的一切船只都要停靠的港口"。据该报统计,1862年初停泊上海港的横帆船70艘,同年已增至290艘。它们除装载普通商货,大部分是应轮船的需要运来煤炭。最先从上海港驶往汉口的是"扬子号"轮,载有英国宝顺洋行韦伯等人,他们于1861年3月7日抵达汉口,"察看地势,立行通商"。③次月,美商琼记洋行"火鸽号"轮船投入长江航运,往返上海与汉口间。其他洋行紧随其后,1862—1863年,上海约20家外国商行"每家都经营一二艘轮船,从此长江贸易特别兴旺。大多数行号都想在长江经营船运"。1864年的一份船期表载,有7家洋行15艘轮船在长江航线定期行驶,其中美国9艘,分属旗昌、同孚、琼记洋行;英国6艘,分属宝顺、吠礼查、怡和、广隆洋行。从1862年至1873年的11年间,在上海先后出现美商旗昌、英商太古等8家外国轮船公司。经营长江航线,无一例外成为它们的业务重点。④

外国轮运业继而又谋求汉口至重庆段的长江航行权。1876年,芜湖、宜昌开埠,安徽大通、安庆、江西湖口、湖北武穴、陆溪口、沙市则准许外轮停泊,"上下客商货物"。自此,上海以西至宜昌段长江航道对外轮开放。1890年3月,又增辟重庆为通商口岸,规定外商船只"自宜昌至重庆往来装载运货,与轮船

---

① 《费唐法官研究上海公共租界情形报告书》,第255、256页,上海档案馆藏。
② 《费唐法官研究上海公共租界情形报告书》,第255页,上海档案馆藏。
③ 《筹办夷务始末・同治朝》卷75,中华书局2008年版,第5、6页。
④ 聂宝璋编:《中国近代航运史资料》第1辑,第260、263、264、727页。

自上海赴宜昌往来所载之货无异,即照条约税则及长江统共章程一律办理"。①
长江轮运航线的联通,直接推动了上海港航运业的发展,上海港在长江流域
的地位从地区性跃升至流域性港口,是这一阶段上海城市经济发展的重要
内容。

　　首先,它密切了上海与长江沿岸各地原本薄弱的经济联系。如前所述,上海
开埠前,它与这些地区的经济交往多由苏州沟通。尽管上海位于长江入海口,顺
江而下的商船多由镇江入运河至苏州成交,少有直接驶抵上海者。1832 年,东
印度公司成员在吴淞口暗中观察过往船只,所见南北海船数目之大令其惊讶不
已,唯独没有提及来自长江的商船。上海地方史料《阅世编》亦载,"往来海舶俱
入黄浦编号,海外百货俱集,然皆运至吴门发贩"。长江航线联通,频繁的轮船
运输和各口岸间定期航线的开辟,以上海为中心和沿江口岸城市为支点,长江
重庆以下沿岸各地的经济往来空前紧密,并因此成为近代上海崛起的重要经
济后援。

　　其次,它促使上海轮运业的发展步入高潮。"盖长江未通商以前,商贾运货,
行旅往来,悉系雇用民船,帆樯如织。自有轮船行驶,附载便捷,商贾士民莫不舍
民船而就轮船。"②1872 年 5 月 30 日《申报》载文指出,由上海至汉口搭乘轮船仅
需 3 天,如坐木船最快也得 20 天,"其途间之累坠阻滞,较之轮船已可往返三次
矣"。文章中进而赞叹"舟楫之利,至轮船为已极矣。大则重洋巨海可以浮游而
自如,小则长江内河可以行走而无滞。其运载重物也为至便,其传递紧信也为至
速,其护送急客也为至妥且捷"。上海滩对轮船的优越性已广为人知,"各省在沪
殷商,或置轮船,或挟资本,向各口装载贸易,俱依附洋商名下"。19 世纪 60 年
代,上海几家主要外国轮运企业的资本构成中,华资多占一半以上。③ 美国旗昌
轮船公司 100 万两开业资本,有六七十万两是华商投资。唐廷枢一人,就握有英

　　① 王铁崖编:《中外旧约章汇编》第 1 辑,第 349、553 页。按:因川江航道险恶,在 1898 年 3 月 9 日英国人立
德率"利川号"轮船首航前,宜昌至重庆段航程仍主要由中国木船承担。即使在 1898 年后,因货轮普遍吨位大,吃
水深,难以通过川江险滩;换成小轮船获利无多,故川江上外国船只多为军舰,几无轮船的商业运输。
　　②《江西巡抚德馨奏》(光绪十四年四月二十日),《清户部档案抄件》。
　　③《海防档·购买船炮》(三),台北"中研院"近代史研究所 1957 年编印,第 916、919 页。

国怡和洋行华海轮船公司的四分之一股份。[①] 中国第一家近代航运企业轮船招商局不久也在上海成立，为上海近代航运业的发展注入了新的活力，长江航线同样是其经营重点。

三、 周边地区内河水运网的拓展

上海地处江南水网地带，通过河湖港汊与苏州等地交通，是开埠前上海港内地货物进出的主要通道。自广州一口通商禁令解除和内向封闭型经济格局分解，众多顺长江东下的商船不再奔赴苏州，径趋东海之滨的上海，同时在上海港还聚集着大量"载客运货的小船和驳船"，它们都来自毗邻的长江三角洲乡村集镇。[②]

19 世纪 50 年代，为扩大进出口贸易和在华活动范围，欧美商人就以上海为基地，将轮运业的触角伸向四周的内河水道，"置造小火轮船装运银两前赴内地，采办丝斤并各项货物回沪"。1865 年 2 月，结束国内战事后的清政府宣布不准外轮驶入通商口岸以外的内河。在沪外国商人反应激烈，称"这些小轮全都锚泊停航，一点都派不上用场，因为它们是为内陆贸易而特制，完全不适合海运"，联名要求各国驻华使节出面干预。清政府对外国轮船深入内河深为顾忌，担心"若一处准行，处处皆援例而起，夺目前商船之生业，弛日后军国之防闲，关系利害极重。是以屡议未允，即再续请，仍不便行"。[③] 时至 1895 年《马关条约》在规定增辟沙市、苏州、杭州通商口岸的同时，方准许外国船只"从上海驶进吴淞口及运河以至苏州府、杭州府"。1898 年颁布的《内港行船章程》，又将范围扩大到各通商省份的内河水道。[④] 此后，以上海港为重点，专营内河航线的外国轮船公司相继设立。

另一方面，19 世纪 70 年代后本国商人兴办内河轮运的要求久被搁置。"苏、杭内地水道，若以小轮船行驶，极为便捷。历年中外商人皆以厚利所在，多

---

① 汪敬虞：《唐廷枢研究》，中国社会科学出版社 1983 年版，第 106 页。
② 姚贤镐编：《中国近代对外贸易史资料》第 1 辑，第 555 页。
③ 聂宝璋编：《中国近代航运史资料》第 1 辑，第 350、352、367 页。
④ 王铁崖编：《中外旧约章汇编》第 1 辑，第 616、786 页。

思禀准试办。只恐碍民船生路及税卡抽厘等情,辄格于时议,未蒙准行。"即使已经成船,也被迫中止。① 几艘行驶沪、苏间的内河小轮,多经清政府特许,其用途受到严格限制,"准行内河并带官物,不准带货搭客作贸易之事,以示与商船有别"。1895 年后对华商内河轮运业的束缚相应减轻,至 1898 年"通商省份所有内河,无论华、洋商均可行驶小轮船,藉以扩充商务,增加税厘"②。上海港本国资本内河轮运公司的经营,突破原先的限制,扩大至商业领域的客货运输,并开辟了新的航线,渐次形成"内河小火轮船,上海为苏、杭之归宿,镇江为苏、宁、清江之枢纽"的基本格局。③ 内河轮运的发展势头,促使轮船招商局不落人后,参与角逐。1902 年由它组建的招商内河轮船公司,拥有小轮 7 艘、拖船 6 条,先驶往苏、杭,后航线伸展至南浔、湖州、宜兴、溧阳、江阴,从苏州经无锡、常州至镇江,过长江抵扬州、清江,又从清江越宿迁至窑湾,溯淮河至正阳关,形成一覆盖长江三角洲和苏北大部的内河航运网,轮船也从最初的 7 艘增加到 1911 年的近30 艘,成为上海乃至全国规模最大的内河轮运企业。④

内河轮运禁令解除,以上海港为中心,航行长江口江面及江浙沿海的华商轮船公司也得以一试身手。较早者有 1901 年行驶南通、海门的广通公司;较具规模的有 1904 年张謇等人创办的上海大达轮步公司,上海与通、海地区的航运业务大部归其经营。专走上海与浙东沿海航线者,早期有 1903 年锦章号"锦和"轮往来上海和舟山、镇海,1909 年又添置"可贵"轮,航线延至象山、石浦、海门。⑤正是在上述背景下,上海港登记注册的内河轮船,从 1901 年的 142 艘攀升至1911 年的 359 艘。

上海港无论绝对数或增长量,都居全国首位。上海不仅是中国对外贸易的首要港口,也是最大的内河轮运中心,长江三角洲及江浙地区与上海的经济联系因此更加紧固,这种紧密联系是近代上海崛起的坚实基础。

---

① 《申报》1882 年 7 月 8 日、1890 年 4 月 25 日。
② 《清季外交史料》卷 130,第 15 页。
③ 张之洞:《筹设商务局片》(光绪二十二年正月初五日),《张文襄公全集》卷 43,第 16 页。
④ 樊百川:《中国轮船航运业的兴起》,四川人民出版社 1985 年版,第 432 页。
⑤ 《申报》1901 年 4 月 19 日;《中外日报》1904 年 5 月 2 日;《交通史航政编》第 2 册,交通铁道部交通史编纂委员会 1931 年版,第 538 页。

表 2 - 4　上海港内河小轮船注册统计(1901—1911)　　　　单位:艘

年份	注册数	指数	年份	注册数	指数
1901	142	100	1907	334	235
1902	144	101	1908	360	254
1903	180	127	1909	360	254
1904	216	152	1910	381	268
1905	275	194	1911	359	253
1906	314	221			

资料来源:系历年海关报告数据,转引自上海市第一机电工业局机器工业史料组编:《上海民族机器工业》,中华书局 1966 年版,第 130 页。

第二节　大港口:近代上海港的发展

一、　新旧航运业的更替

中国地域辽阔,海岸线长,河流众多,航运业源远流长。但在封建社会,它的发展受到很大束缚,在技术上就有一些人为的限制。乾隆十二年(1747)清政府规定:"福建省舵仔头船,桅高篷大,利于走风,未便任其置造,以致偷漏,永行禁止。"[1]鸦片战争前夕,中国的航运业仍处在木质构造、人力或风力驱动的阶段。而同一时期,随着工业革命的推进,欧美国家的远洋航运业有了长足发展,19 世纪上半期东印度公司来华商船平均载重吨位在 1 200 吨至 1 300 吨。[2] 虽然它们还都是帆船,但构造、装备先进,"大者三桅,小者两桅,前后左右俱有横桅以挂帆",行驶快捷。相比之下,中国航运业的落后是明显的,"一艘载重 350 吨至 400 吨的帆船,有 80 至 100 名海员,其人数至少足以驾驶同样吨位的欧洲船五艘"[3]。一旦中国大门被打开,欧美货船特别是轮船纷至沓来,中国旧式航运业明显落后。

---

[1] 道光《厦门志》卷 6,《船政》。
[2] [美]马士:《中华帝国对外关系史》第 1 卷,第 105 页。
[3] 齐思和等编:《中国近代史资料丛刊·鸦片战争》第 1 册,神州国光社 1954 年版,第 21 页;姚贤镐编:《中国近代对外贸易史资料》第 1 辑,第 67 页。

上海开埠后,外国商船涌入,其装备、技术先进,又有不平等条约庇护,对港区内的中国海船业构成威胁,往返南洋航线的木帆船首先遭遇危机。"自福、厦二口办理通商,轮船常川来往,商贾懋迁惟期妥速,内地商货每多附搭轮船运销,既免节节厘金,又无遭风被盗之患,进出口岸系报完洋税""是洋船日多则民船日少"。1866 年英国驻福州领事认为"可以肯定说,外国轮船尤其是英国轮船正在逐渐而稳步地垄断沿海航运"。① 时任闽浙总督吴棠奏称:"自轮船通商以来,滨海之民日形萧索,如福建之台湾、厦门等处,向资海船以为生者多称富有,近则十户九穷。"② 为争夺中国沿海航运,外国船主经营灵活,可按月也可按航次包船,一艘 350 吨的轮船往返福州、上海的租金是 3 500 元至 3 600 元。当时,"中国人还需要较小的轮船从宁波载运小量杂项货物到上海,这对易于腐败的货物最合适,例如桔子、鲜果等等,这类货物需要运输迅速"③。

继而面临困境的,是行走北洋航线的沙船业。上海开埠初期,沙船业因拥有比较稳定可靠的漕粮运输业务得以维持经营。是时,"江浙海运米船有沙船,有卫船。沙船户系南省商民,卫船户系天津商民。大号船每只受米三千石,中号船受米二千石、一千余石,小号船受米八百石以至五百石不等。该船在南省受兑,每船酌准八成装粮,二成装货,给与脚价,免征货税"④。清初以来,东北大豆是南销大宗货源,"江浙沙、蛋等船航海往来贸易,其自南往北者,货不拘一;而自北回南者,总以豆货为大宗"。沙船交卸漕粮南返,"运销货物向以豆饼、豆石为大宗,舍此无可贩运"⑤。为保证漕粮海运,清政府曾规定:"豆石、豆饼在登州、牛庄两口者,英国商船不准装载出口。其余各口,该商照税则纳税,仍可带运出口及外国俱可。"⑥ 史称"豆禁"。⑦ 对此项规定,外商久有啧言,并有违禁偷运者,

---

① 聂宝璋编:《中国近代航运史资料》第 1 辑,第 1271 页。
② 《筹办夷务始末·同治朝》卷 55,第 3 页。
③ 聂宝璋编:《中国近代航运史资料》第 1 辑,第 1272 页。
④ 《太仆寺卿柏寿奏》(同治六年九月二十日),《军机处录副奏折·财政类》,中国第一历史档案馆藏。按:继道光初年试行海运后,咸丰年间迫于国内战乱,漕粮再度改走海路,详可参见拙作《清代后期漕运初探》,《清史研究集》第 5 辑,光明日报出版社 1985 年版。
⑤ 《筹办夷务始末·同治朝》卷 7,第 50 页;卷 28,第 38 页。
⑥ 王铁崖编:《中外旧约章汇编》第 1 辑,第 117 页。
⑦ 详可参阅戴鞍钢:《上海与晚清漕运变革》,《上海研究论丛》第 2 辑。

1859 年 7 月 29 日曾有"护苏松太道吴煦密禀，近来外国商船有至登州、牛庄及沿海各处贩运洋药，甚至装豆南下之事。前有不知何国商船，装载豆石甫抵吴淞，一闻海关饬查，立即驶往闽粤"①。

凭借漕粮运输和"豆禁"的保护，19 世纪 50 年代末沙船业仍尚有实力。据 1860 年在沪英商访查，"宁波以北沿海航运的土著船只在三千艘以上，其所投资本适中估计也有七百五十万英镑左右。北部各省依赖此项帆船为生者约十万人。政府与此等船只唯一的直接利害关系，在于每年赖以运输漕粮到天津。约有三分之一的帆船从事漕运，其余三分之二则经营贸易。而漕船在天津卸下米粮后，其回程也是经营贸易的。贸易几乎全是牛庄、山东和上海、宁波之间的买卖"②。这种局面并未一直保持，同治元年(1862)清政府为取悦列强联合抵挡太平军，取消了"豆禁"，此后"夹板洋船直赴牛庄等处装运豆石，北地货价因之昂贵，南省销路为其侵占""江浙大商以海船为业者，往北置货，价本愈增，比及回南，费重行迟，不能减价以敌洋商。日久销耗愈甚，不惟亏折货本，至歇其旧业"。③ 未及几年，上海港沙船锐减至"不及四五百号"④。19 世纪末，约存 40 余艘。⑤

轮船驶入长江，沿江木帆船也受强烈冲击。"自长江通航后，出入货物概由洋船运输，以期稳速，而以轮船为最多。良由中国帆船行程迟缓，不但有欠安稳，而且航无定期，上行时大感困难。于是下行船只行达目的地后，不顾价值如何，即就地出售者比比皆是。"继而，长江支流的民船也受波及。据 1868 年的记载，"1860 年开放长江，轮船通航，数千艘帆船遂被逐入支流。这些帆船对于当时行驶在支流中的小船是一个强有力的竞争者"。很多小船被迫停航，"甚至当时把货物交由轮船装运的中国商人，也悲叹这些船家被突然打翻原来生活方式的遭遇"⑥。

轮机取代木桨，机器代替人力，是一种历史的进步。尽管在近代中国，这种

---

① 《两江总督何桂清片奏》(1859 年 7 月 29 日)，《四国新档·英国档》，台北"中研院"近代史研究所 1966 年版，第 1009 页。

② 严中平辑译：《怡和书简选》，北京太平天国历史研究会编：《太平天国史译丛》第 1 辑，中华书局 1981 年版，第 159、160 页。

③ 《筹办夷务始末·同治朝》卷 32，第 20 页；《海防档·福州船厂》(三)，第 5 页。

④ 《曾国藩奏》(同治六年十二月十七日)，《军机处录副奏折·财政类》。

⑤ 《民国上海县志》卷 1，《纪年》。

⑥ 姚贤镐编：《中国近代对外贸易史资料》第 1 辑，第 1414、1415 页。

进步同时也带有悲剧性色彩,因为它伴随着旧式航运业的衰落和众多船夫、水手的窘困。但轮船毕竟是工业革命的产物和新技术的体现,它的优越性是明显的,"中国人充分感觉到把他们的货物交由外国轮船运输能有迅速和安全的优点,他们知道外国轮船可以在任何季节和季候风里航行"[①],这是人力驱动的木帆船无法比拟的,两者间的兴替是不可逆转的。各航线木帆船趋于衰落的过程,也就是上海港运输工具步入近代化的进程。沙船业衰败所波及的漕运困难,便是李鸿章等人创办轮船招商局的主要动因,现实已使他们认识到"为将来长久计,舍轮船公司一层,此外别无办法"[②]。1865 年上海海关贸易报告载,"有各种理由认为帆船货运的黄金时代已成为历史"。在各主要航线,轮船已是人们首选的运输工具,"中国人很热衷于乘轮船,客运量十分可观,从北京南下的各品官员几乎完全放弃了陆路旅行"[③]。

铁路、公路出现以前,船舶是上海与外界交往的主要交通工具,1865 年海关贸易报告称"只要上海作为对外贸易中心的情况不变,那么对外贸易活动就必须完全依赖船舶来进行"[④]。轮运业逐渐取代木帆船成为主要的运输工具,正是为上海港的发展提供了充要条件。进出上海港的船舶总吨位直线上升。

表 2-5　进出上海港船舶总吨位(1844—1899)　　　　单位:吨

年份	总吨位	年份	总吨位
1844	8 584	1879	3 060 000
1849	96 600	1889	5 280 000
1859	580 000	1899	8 940 000
1869	1 840 000		

资料来源:尚刚:《上海引水史料》,《学术月刊》1979 年第 8 期。

以 1899 年与 1844 年比,增长幅度高达千余倍。1913 年已跃升至19 580 151吨,较 1899 年翻了一番多,与 1844 年比已是 2 000 余倍。[⑤]

---

① 聂宝璋编:《中国近代航运史资料》第 1 辑,第 1272 页。
② 丁日昌:《抚吴公牍》卷 32,第 7 页。详可参阅戴鞍钢:《清代后期漕运初探》,《清史研究集》第 5 辑。
③ 聂宝璋编:《中国近代航运史资料》第 1 辑,第 1266、1269、1270 页。
④ 聂宝璋编:《中国近代航运史资料》第 1 辑,第 1269 页。
⑤ 罗志如:《统计表中之上海》,中央研究院 1932 年版,第 52 页。

二、 港口设施的改造

上海开埠前,过往的是各类木帆船,港口设施简陋,货物装卸全凭人力,"凡码头各店粮食、油、酒及航报等船,一切钱货、民间婚丧、舆轿等项,俱系箩夫承值;各洋行内烟、糖、棉花等货,悉归扛夫扛抬"①。自开埠后,抵港外国商船吨位大,吃水深,"无一码头可卸船货,各船均抛锚于本江(指黄浦江——引者注),货由小船驳岸"②。1845 年,英国人首先在外滩建造 2 座驳船码头。同年公布的《上海土地章程》,特别载明外国商人兴筑码头的特权。次年 12 月成立的"道路码头委员会",专门负责租界内道路、码头的修筑。据该委员会 1850 年年会报告,是年码头开支 6 976 银元,道路费用 1 856 银元,前者是后者的近四倍。③ 至 1853 年,外滩江边已有 10 余座驳船码头,分属英商怡和、宝顺、和记等洋行,"租界前岸太浅,虽小船亦不可近,故各行自筑码头出滩,各如其名,如怡和码头是也"④。

19 世纪 60 年代轮运业趋盛,外商遂在近岸水位较深的黄浦江虹口、浦东段兴建码头、仓栈。它们系仿照国外同类样式建造,占地广,设施好,"沿黄浦一带江岸,用大木植桩,贯穿铁条,排列十余里,广数丈,其码头恰与轮船相当,可用马车径运货物至轮船,无须驳船"⑤,装卸效率大为提高。1867 年开业的英商公正轮船公司,低潮时码头水深也有 20 余英尺,无碍装卸,并有能容纳 25 000 吨船货的仓栈。⑥ 它们的出现,标志上海港装卸方式发生全新变革,"货主与承办货物的人当时看到,把一艘轮船停泊在码头上,并在完成收货与卸货的工作时,从前需要几个星期的时间,现在只要几天的工夫"⑦。虽然这些码头、仓栈多为外国人所有,它们的设立终究使上海有了近代化的港口,吞吐能力显著提高。

导航设施对港口的发展同样重要。上海港地理位置占优,但水文状况不尽

---

① 聂宝璋编:《上海碑刻资料选辑》,第 76 页。按:此处的洋行,系指经营南货的中国商行。
② 徐润:《上海杂记》,《徐愚斋自叙年谱》,文海出版社 1978 年版,附录第 6 页。
③ [美]马士:《中华帝国对外关系史》第 1 卷,第 395 页。
④ 徐润:《上海杂记》《徐愚斋自叙年谱》,附录第 6 页。
⑤ 黄懋材:《沪游脞记》,《上海研究资料》,上海书店 1984 年版,第 559 页。
⑥ 聂宝璋编:《中国近代航运史资料》第 1 辑,第 586、587 页。
⑦ 《北华捷报》1864 年 1 月 2 日。

理想。每年有大量泥沙随长江下泄,并在长江口淤积。用现代科学方法测定,据1958—1978 年水下地形变化计算,"平均每年经大通站下泄的 486Mt 泥沙,约有50％以上停积于口门附近的拦门沙地带",滩顶自然水深在 6 米左右。[①] 这道横亘在长江口的拦门沙,给进出上海港的船只带来隐患。光绪《川沙厅志》引述前志载,长江口南岸"去海岸数里涨有沙埂,南自大勒口迤北至黄家湾之外,潮来皆水,潮去成涂,沙性坚硬,故俗名铜沙,海舶误行其上必碎"[②]。开埠后,先前以江岸土堆或江中竖杆的助航手段显然落伍。《海关十年报告》载:"通往上海港的水道——长江口被称为神滩的沙洲横亘在南水道,蜿蜒二十余英里,是上海进出船只的主要障碍。"据 1844 年实地察访,"长江进口水道,船只航行相当困难,尤其在天气晦暗时更为不便。因为所有沙滩在涨水时都浸没在水中,而陆上标识又难以辨认"。那些不谙航道的外国商船尤受影响,"1843 年上海开埠通商以来,好多进口船只在这些沙滩上搁浅失事,全部损毁"[③]。

于是 1846 年在上海港进出要道长江口铜沙浅滩处设立了一艘木制灯船,1855 年改由铁制的西式灯船"柯普登爵士号"替换,"以利航行"[④]。以后两年,在长江口至吴淞口设置了 8 座铁制浮筒灯标,指示进港航道;在吴淞内沙也设有浮筒和灯船,警示过往船只避让浅滩。[⑤] 这些设施在同期开埠的各港中独树一帜,"向来除吴淞外,华宪于各处海道并未体究,以致在福州、宁波船只进出,因无塔表浮椿标认,岁坏不少",1858 年《天津条约》议约时,列强援引上海港之例,"议明以后各港所收船钞,必须将四分之一为修理考察该港口海道之费"[⑥]。应该说,航标的设立,为进出港口船只特别是轮船的航行安全提供了基本的保障,是港口发展的必要条件。

---

① 沈焕庭等:《长江河口最大浑浊带研究》,《地理学报》1992 年第 5 期,第 474 页。按:大通站位于今安徽铜陵南侧。

② 光绪《川沙厅志》卷 1,《疆域》。

③ 徐雪筠等译编:《上海近代社会经济发展概况——〈海关十年报告〉译编》(以下简称《海关十年报告译编》),上海社会科学院出版社 1985 年版,第 286、287 页。

④ 聂宝璋编:《中国近代航运史资料》第 1 辑,第 82 页。

⑤ 《北华捷报》1857 年 5 月 28、29、30 日;1858 年 3 月 27 日。

⑥ 《直隶总督谭廷襄等单》(1858 年 5 月 9 日),《四国新档·美国档》,台北"中研院"近代史研究所 1966 年版,第 132 页。

三、 航道的疏浚整治

长江口拦门沙挡道，然而当时进港船只多在万吨以下，若不触滩搁浅，尚无大碍，铜沙浅滩处航标的设置，减少了过往船只搁浅的危险，因而长江口拦门沙对港口的发展尚不构成严重威胁，突出的则是吴淞口内外沙的阻碍。时任苏松太兵备道冯焌光记述："吴淞口，江浦合流处也。吴淞江在宋时宽可数里，明归熙甫太仆所见尚数十丈，今狭才如带，合流处始渐侈大，而沙带纵横，商船病之。余备位时曾议开浚，费巨未果。"[1]与长江口不同，吴淞口水面狭窄，过往船只避让浅滩相对困难，轮船通行尤为不便。

1872年，旗昌、怡和、大古等轮船公司联名致函海关总税务司赫德，要求疏浚吴淞口内外水底沙洲。赫德对问题解决的前景态度悲观，认为疏浚或许能治标但不能治本，"它既不能保证上海得到一条可通行的航道，也不能保证上海商业持续繁荣"。他甚至认为泥沙淤塞会断送上海港的前程，"二十年内镇江将成为(进出口商品)半终点站或货物转运站，取上海的地位而代之"。[2] 赫德所言未免夸张，但也反映淤塞已不容回避。奕訢等清朝官员则认为"吴淞所涨沙乃是天生地设，将来设有外警，中国正可藉为保卫沪城之门户"。结论是"疏浚吴淞既无裨益大局，反而有致损于社稷，危中国之外卫，而又加国帑之糜费"。[3] 因而对疏浚的提议反应冷淡，态度敷衍，但终于不敌外国的压力，1882年从英国购买"安定号"挖泥船，次年投入使用；后又添置"开通号"拖轮和3艘铁壳泥驳。然而工程进度缓慢，"挖泥船是开动了，但是人们却发觉挖泥本身不过是一种敷衍塞职的手段，因而效果是很小的"。[4]

对内河干道吴淞江的疏浚，清政府地方官员态度较积极。1890—1891年由地方官府主持，雇佣数千人手挖肩挑，"着手疏浚位于上海与省会(苏州)之间的大水路苏州河。离租界不远的苏州河上游的一段完全用水坝拦住，所有进入该段的支流也同样被堵塞"。排干河水后，将淤泥挖出。"工程完毕时，支出的费用已达几十万

---

① 冯焌光：《西行日记》，《清代日记汇抄》，第322页。
②③《北华捷报》1875年4月24日；《申报》1875年4月15日。
④ ［美］马士：《中华帝国对外关系史》第2卷，第349页。

两银子。"①这次较大规模的疏浚，为该河段日后靠泊内河轮船提供了有利条件。

　　1895 年后进出上海港的大型船舶增多，吴淞口淤塞问题更为突出。"黄浦江的两个沙洲——外沙在最低水位时大约水深十六英尺，而相对应的内沙水深仅十一至十四英尺——是进入港口的主要障碍。由于来本港的船只不断趋向大型化，近年来这些船只必须等候高水位或在吴淞雇用驳运船，愈来愈感到不方便。"②1899 年在沪外商绕开清政府自组一个 9 人委员会，着手处理黄浦江的疏浚。③ 1901 年的《辛丑条约》塞入黄浦江疏浚事宜，规定"设立黄浦河道局，经营整顿改善水道各工，所派该局各员均代中国暨诸国保守在沪所有通商之利益"。疏浚预估 20 年，费用每年约需 46 万海关两，由中国和有关各国对半分担。另附有详细规定，确认包括疏浚在内的黄浦江航道管理权均由该局统辖。其成员除上海道列名外，余均为外国人。④

　　两江总督刘坤一持保留意见，认为"无论如何，水路、水上警察、引水事务、船只停泊等项控制权，须掌握在作为清朝政府代理人的海关手里"⑤。握有长江流域势力范围的英国人暗中呼应，后经英籍海关税务司贺璧理斡旋，于 1905 年 9 月改订了有关条款，规定在清政府承担全部费用的前提下，各国答应所有改善及保全黄浦江河道并吴淞内外滩各工，统由江海关道及税务司管理，"上海领事团则保留咨询和批评的职能"⑥。同年 12 月黄浦河道局成立，次年聘请荷兰人奈格主持航道疏浚。1907 年 12 月，在高桥沙的上端开出一条 15 英尺深的水道。1909 年 5 月，疏浚工程已使英国"阿斯特雷号"轮在高水位时以吃水 23 英尺顺利通过。同年 7 月 1 日始，进出上海港的客货轮均改走这条航道。1906 年至 1910 年，对吴淞口内外沙的治理共耗资 700 万两，"疏浚后的航道在低水位时水深十九至二十英尺"。⑦

---

① 徐雪筠等译编：《海关十年报告译编》，第 22、23 页。

② 徐雪筠等译编：《海关十年报告译编》，第 147 页。

③ ［美］马士：《中华帝国对外关系史》第 3 卷，第 407 页。

④ 王铁崖：《中外旧约章汇编》第 2 辑，第 1007、1008 页；天津社会科学院历史研究所编：《1901 年美国对华外交档案》，齐鲁书社 1983 年版，第 396 页。

⑤ 《贺璧理致莫里逊函》(1902 年 4 月 22 日)，《清末民初政情内幕》上卷，知识出版社 1986 年版，第 231 页。

⑥ 王铁崖：《中外旧约章汇编》第 2 辑，第 326 页；徐雪筠等译编：《海关十年报告译编》，第 147 页。

⑦ 徐雪筠等译编：《海关十年报告译编》，第 148、149、197 页。工程进行期间，发现承包商荷兰利济公司浮开多报挖泥土方。经交涉，该公司承认其咎并允诺除原定土方，再加挖 50 万立方码作为处罚(中国第一历史档案馆：《光绪三十四年荷商利济公司浮开浚浦土方案》，《历史档案》1995 年第 1 期)。

上海港有了一条比较稳定的深水航道，可供 5 000 吨级船舶常年通行，维护了港口的发展势头。延至 1924 年，黄浦江整治工程告一段落，万吨级船舶能每日乘潮进出上海港。①

四、 新港区的拓展组合

近代上海港在其国内外贸易发展进程中，港区的布局也随之拓展变化。至20 世纪初年，形成南片港区、北片港区、浦东港区和内河港区四大部分，组合成港岸线长、各有侧重、内外贸衔接、江海内河航运配套的基本格局，展现了作为近代中国枢纽大港的独具风采。

（一）南片港区

南片港区，系指苏州河(亦称吴淞江)口南至十六铺及董家渡区段间的码头作业区。它是上海港开埠后，在原十六铺、董家渡等木帆船码头的基础上，渐次向北伸展逐步形成的。

旧上海县城外的十六铺、董家渡一带，向为南、北洋海船聚泊之所，"小东门外竟为大码头"②。周围街区的商业因之兴旺，"咸瓜街当时为南北大道，西则襟带县城，大小东门之所出入，东过两街即黄浦，故市场最为热闹；再南则帆樯辐辏，常泊沙船数千号，行栈林立，人烟稠密，由水路到者从浦江陆行，则必从此街也"③。上海开埠后，外国航运业涌入，中国海船业渐趋衰落，但在 19 世纪 80 年代外国轮运业全面染指中国沿海及长江航运前，这种兴替尚不剧烈，加上"豆禁"等保护措施，聚泊十六铺的中国海船业尚具规模。④ 时任两江总督何桂清称："江苏一省，精华全在上海，而上海之素称富庶者，因有沙船南北贩运，逐什一之利也。"⑤

这些情景，对那些最早来到上海选择居处和港区的外国人不无影响。英国

---

① 上海市经济学会等编：《上海交通》，上海科学技术文献出版社 1989 年版，第 502 页。

② 姚廷遴：《记事拾遗》，《清代日记汇抄》，第 167 页。

③ 胡祥翰：《上海小志》，上海古籍出版社 1989 年版，第 3 页。

④ 聂宝璋编：《中国近代航运史资料》第 1 辑，第 1258 页。

⑤ 《筹办夷务始末·咸丰朝》，第 1118 页。

首任驻沪领事巴富尔1842年实地考察后，"指定了上海县城以北及以东一块地方作为居留地，因为在这里居住的中国人很少，而且有一种自然的疆界，还有一条大约三千六百英尺长的江岸，商船在这里的江面上停泊，既方便又安全"①。随之而来的法国人作出同样选择，决定领事馆选址在十六铺，理由是"首先交通方便，三面都沿着可航行的水路(黄浦江和两条河浜)，对运转货物极为重要；其次也是主要的一点，它靠近商业中心。长期以来，上海的居民点有些转移，其趋势有利于英租界，但当时商业中心仍在上海县城，因此对敏体尼(法国首任驻沪领事——引者注)来说，靠近县城建立租界，这是绝妙的一着"②。

自外国商行相继落户外滩，十六铺港区逐渐向北延伸，1853年外滩江边已有10余座驳船码头。③ 更具代表性的，是1862年美商旗昌轮船公司金利源码头的设立，系租用靠近十六铺的旧顺济庙基建成，被认为体现了旗昌轮船公司的特色，即"在各口岸选择靠近华人商业区的地段，购买江边场地以供轮船业务使用"④。这种选择显然出自商业考虑，特别是着眼于和原十六铺港区及上海县城商业区的联系。当时报章这样评述："旗昌轮船公司的这些产业位于法租界，且近中国县城，这个非常优越的位置便于装运各类商品，便于卸下茶叶以备装运。它建成后，可容纳三万至三万五千吨货物。"⑤金利源码头开张后，成为早期上海港最具规模的外商码头。它的成功，增强了旗昌洋行的信心，"在1867—1872年期间。旗昌轮船公司还增添了码头和仓库设备。为了给天津航线提供更多的方便，公司于1868年租用了处于金利源偏北的几个码头，又花了大约五万两建造了一整套码头、浮筒和仓库，还对旧码头进行改建"⑥。步其后尘，英商太古轮船公司于1873年接管英商公正轮船公司，在金利源码头以北拥有了码头、仓库，开

① 《英国议会对华商务关系小型特别委员会报告书》(1847)，转引自吴乾兑：《鸦片战争与上海英租界》，《近代史研究》1990年第6期，第48页。
② ［法］梅朋等：《上海法租界史》，倪静兰译，上海译文出版社1983年版，第35页。
③ 《北华捷报》1862年5月29日。
④ 民国《上海县续志》卷2，第26页；《福士回忆录》，转引自［美］刘广京《英美航运势力在华的竞争》，邱锡镁等译，上海社会科学院出版社1988年版，第118页。
⑤ 《北华捷报》1862年5月29日。
⑥ 《旗昌轮船公司档案》，转引自［美］刘广京《英美航运势力在华的竞争》，第118页。

始了它在上海港的经营。① 在这期间，十六铺以南岸线相对沉寂，原因在于该区段偏离新辟的外滩租界地块，外商少有投资打算，又加上海开埠后，租界商业趋盛，旧上海县城内经济发展明显滞后，上海的商业重心逐渐北移，这一区段的开发更乏动力。

（二）北片港区

上海开埠后，苏州河口以南岸线因其原有的港口基础及紧邻上海县城和外国租界最先受到重视和开发。但随着外商经济活动和租界的扩展，尤其是 19 世纪 70 年代初苏伊士运河通航后，大型远洋轮船抵沪日增，南片港区难敷需用。表现之一，陆家嘴外河道狭浅，且是近 90 度的弯道，妨碍大吨位船只进出。早期《上海港口大全》载："法租界对岸之陆家嘴，地形甚锐，且此处河道亦浅，是以在陆家嘴之上游吃水较深之船只，鲜有能驶到者，因河道小而潮流急故也。"②表现之二，南片港区部分区段水文状况恶化，尤以外滩江边码头为甚。因陆家嘴外江面弯曲，海潮江水流速趋缓，水中挟带的泥沙逐渐积淀，又加开埠初期航道缺乏治理，其结果"浦内沙滩嘴角其淤泥顺流而入，溃于租界前岸，故各行所筑之码头日见淤浅，华洋船只常有沉溺，无人搬迁，以致更形浅塞"③。英国驻沪领事达文波承认："自从 1843 年本港开辟以来，通过开拓河滩，以及在原有码头和栈桥周围河水转浅时就接着建造新的码头和栈桥，我们一直在不断地侵占河床。"上海外商商会会长詹森的观察更为细致："1872 年关于黄浦江宽度的观察记录表明，当时坐落在左岸的旗昌轮船公司的铁仓库以前水深为 14 到 15 英尺，再往外 400 英尺处，前些时期在低潮时水深为 23 到 24 英尺，而到 1872 年在建成长约 100 英尺的长堤后，水深仅 15 英尺。"④

一方面是河道狭窄淤浅，一方面却是进港船只吨位升高。《1874 年上海海关贸易报告》载："1870 年苏伊士运河通航以来，本埠的转运贸易大大地改变了，

---

① 《迪安笔记》，聂宝璋编：《中国近代航运史资料》第 1 辑，第 512 页。
② 上海浚浦总局：《上海港口大全》，上海浚浦总局 1921 年第 2 版，第 15 页。
③ 徐润：《上海杂记》，《徐愚斋自叙年谱》，附录第 6 页。
④ 《领事达文波 1877 年度上海贸易报告》，李必樟译编：《上海近代贸易经济发展概况：英国驻上海领事贸易报告汇编(1854—1898)》(以下简称《英国驻沪领事贸易报告汇编》)，上海社会科学院出版社 1993 年版，第 449 页。

许多从前用帆船运输的货物,现在都用容量很大的轮船载运。"据其统计,由于船只增大的结果,839 艘船在 1874 年即能完成 1 175 艘船在 1872 年的运量。① 现实的问题和需要,加快了苏州河口以北港区的兴盛。还在 19 世纪 60 年代,当美商旗昌、英商怡和等竞相占据苏州河口以南岸线时,已有一些外商将目光投向虹口沿江地带。这里虽与上海县城及外滩有一段距离,但江面开阔,近岸水深,便于远洋船只停靠,且场地空旷,港口发展余地大,较之南片港区更具开发价值。1861 年英商宝顺码头捷足先登,此后其他洋行和轮船公司纷起效尤,北片港区的拓展渐入高潮,"各国商轮远道来华,自法租界以下至下海浦绵亘十余里,均为租界码头,各有专归"②。其中以英商公和祥码头最具实力。其前身是大英轮船公司虹口码头,1873 年柯理芬公司加股置地扩充,改为公和祥码头;次年又由怡和洋行买下扩充,称"怡和合股公和祥码头"。它地处提篮桥和外虹桥之间,泊位春季低潮时水深也有 18 英尺至 20 英尺,公司经理自夸"公和祥码头可以装卸任何种类的货物,可以接受只要能进港的任何船只"。自开张后,固定资本与流动资金均稳步增长,以期"使码头长期发挥效益"。③

面对北片港区的开发,已在南片港区站稳脚跟的旗昌轮船公司也不甘落后,于 1870 年至 1872 年"在虹口滨水地区又增购了一批产业,以巩固公司业务上的据点"④。值得注意的是,1872 年年底,刚刚成立的轮船招商局也及时参与开发,不使北片港区全入外商之手。1874 年,它租赁位于虹口的原英商耶松码头并加以改建,增设仓库 7 座,定名"招商局北栈"。1877 年,招商局又通过盘购旗昌轮船公司,拥有了外虹桥东侧的旗记码头,改名"招商局中栈";坐落在南片港区的金利源码头,这时也同时易主,又名"招商局南栈"。⑤ 此后,随着苏州河口以北沿江岸线相继被开发,拓展新港区的重心移向隔江相望的浦东。

---

① 聂宝璋编:《中国近代航运史资料》第 1 辑,第 649 页。
② 中国第一历史档案馆:《光绪末年黄浦江修浚工程主办权之争史料》,《历史档案》1994 年第 4 期,第 46 页。按:下海浦,系指今杨树浦一带。详可参阅姚公鹤《上海闲话》,上海古籍出版社 1989 年版,第 21 页。
③ 聂宝璋编:《中国近代航运史资料》第 1 辑,第 585、586、597 页;金立成:《帝国主义对旧上海码头业的垄断——上海公和祥码头史料》,《学术月刊》1962 年第 1 期,第 36 页。
④ 《旗昌轮船公司档案》,转引自[美]刘广京:《英美航运势力在华的竞争》,第 118 页。
⑤ 《轮船招商局的创办及其初期发展历程》,聂宝璋编:《中国近代航运史资料》第 1 辑上册。

(三) 浦东港区

浦东同浦西虽仅一江之隔,但在当时的交通条件下,浦江之水仍给两岸的交流造成很大限制。当上海人称"江海之通津,东南之都会"时,隔岸相望的浦东仍相对冷落。上海开埠后,特别是随着浦西沿江南北港区的开发,近在咫尺的浦东原野引起人们的注意。1862 年,设在外滩的怡和洋行率先在对岸设立了码头、仓栈,之后渐有效仿者。1867 年,一位目击者称:"浦东多年只是一片平芜,有几个旧式的中国船厂和纤夫拉纤的小路。但是近年来外国人在沿江一带已购买了很多块地,现在建造起不少宽敞的仓库、船坞和码头。"[1]由于浦东沿江地带几乎还是一片空白,设在这里的码头、仓栈,占地面积往往远远超过浦西,1865 年设立的占地 50 亩的立德成货栈可为代表,这一特色后期因瑞记、美孚等大型煤油栈码头的开设而更为显著。

投资浦东港区的仍主要是外国资本,"海上营堆栈者遍浦江两岸,洋栈占十分之七八"。其中就有实力雄厚的公和祥码头公司。19 世纪 70 年代后,鉴于上海港装卸业务持续增长,该公司在浦西的设施已感不足。1877 年度其业务报告称:"对于存储的需求在不断地增大,因而全部现有的设施均被占用。"他们也把目光投向浦东,1891 年出资 30 万两,与怡和洋行合伙买下旗昌洋行浦东码头公司;1895 年又追加投资,买下浦东煤油货栈的全部股权。[2] 在此前后,这种投资势头有增无减。1866 年,浦东有立德成货栈、广隆码头、李百里栈、瑞祥栈等码头仓栈 11 座;1867 年至 1906 年已增至 27 座,较 1866 年净增约 1.5 倍。特别是1895 年后,日本资本加入,先后有三井洋行基地、大阪商船会社老摆渡码头等设立,成为仅次于英、美的又一投资商。[3]

在众多外资码头仓栈的夹缝中,成立伊始的轮船招商局于 1873 年 1 月在浦东陆家嘴南、烂泥渡北购得一处栈房,以后在 1893 年添置了浦东华栈码头,1895年又设立浦东杨家渡栈码头,在浦东港区争得一席之地,但终究势单力孤,难与

---

① 《中日商埠志》,孙毓棠编:《中国近代工业史资料》第 1 辑,科学出版社 1957 年版,第 17 页。
② 聂宝璋编:《中国近代航运史资料》第 1 辑,第 586、597、599、600 页。
③ 郑祖安:《浦东历史发展概说》,《上海史研究》,学林出版社 1988 年版,第 401 页。

外国资本抗衡。[1] 1893 年 4 月,迎合进口散装煤油猛增的需求,德商瑞记洋行在招商局华栈码头毗邻处动工兴建专用油码头,共占地 34 亩,建有 3 座油池,可储油 2 500 吨,辅助设施先进,届时"运油的油船可停泊在一个行将建造的栈桥旁边,那里在低潮时水深亦达二十英尺"。1893 年 8 月 4 日《北华捷报》称,该码头的建成"无疑地将对于煤油入口贸易产生重要的影响——煤油贸易现在已发展到相当大的数量,并且前途有无限的希望"。继而,美孚石油公司也在浦东庆宁寺附近购买地基,于 1903 年建成油栈码头。英国壳牌石油公司下属亚细亚油栈码头,也颇具规模。[2] 浦东港区,同样也是外国资本占据着绝对优势。[3]

(四) 内河港区

近代上海港内河港区,主要分布在今胶州路以东至外白渡桥间的苏州河两岸。它的形成和延伸,是由内河轮运业的发展和租界的兴盛直接推动的。

上海开埠前,商业活动聚集于县城,苏州河畔市集寥寥,不能吸引商船停靠。来自苏、杭等地的内河船只多走南线航路,由运河入内河水系经松江府城、七宝或闵行抵沪,"至松江由泖湖而进,直达苏郡,实为省垣要隘"[4],苏州河下游河面并非商船过往干道。清康熙十四年(1675),为调节水位曾在今福建路桥附近建有一座水闸,后人习称"老闸"。后此闸圮毁,雍正十三年(1735)移址西侧的金家湾即今新闸路桥附近又建一闸,人称"新闸"。嘉庆年间,两闸近旁渐有市集。[5]

上海开埠后,随着内外贸易的不断增长和租界设立后上海商业中心的北移,进出苏州河的船只明显增多,新闸、老闸之间,商业活动亦见起色。[6] 一些原走南线航路的商船改向北路,由内河水系入苏州河经白鹤渚、黄渡镇抵新闸一带。19 世纪 50 年代初,来自内地丝、茶产区经由该路驶抵上海的货船已达相当数

---

① 《轮船招商局档案》,聂宝璋编:《中国近代航运史资料》第 1 辑,第 1134 页;《申报》1897 年 5 月 13 日。
② 汪敬虞编:《中国近代工业史资料》第 2 辑,科学出版社 1957 年版,第 325、33 页。
③ 上海社会科学院经济研究所编:《刘鸿生企业史料》,上海人民出版社 1981 年版,上册,第 8 页。
④ 《著两江总督牛鉴逐条查奏吴淞上海失守等详情并协力分防附省港汉事上谕》(道光二十二年五月十九日),中国第一历史档案馆编:《鸦片战争档案史料》第 5 册,第 488 页。
⑤ 嘉庆《上海县志》卷 1,《疆域》;同治《上海县志》卷 3,《堰闸》。
⑥ 同治《上海县志》卷 3,《堰闸》;姚公鹤:《上海闲话》,第 27 页。

目。1854 年 3 月,江海关因小刀会战事陷于瘫痪,上海道台吴健彰曾决定在北路的白鹤渚和南路的闵行镇同时设置两个关卡,对运往上海的丝、茶等出口货物征税,并通知了各国驻沪领事,此举后因列强的反对未果。1859 年,江海关遂于苏州河南侧的烂泥厂和新闸桥北堍分设南北两卡,专司稽查苏州、杭州、南浔、湖州等内地运沪丝斤及查验内地子口税单,但不征税。① 这些举措,无不说明苏州河已是内地商船进出上海的主要通道。其情状可从沿岸船作的经营略见一斑,"新闸是内河船舶到上海的主要停泊地点,船舶在停泊期间,经常有必要的铁器修理,遂使新闸的铁铺逐渐繁荣起来",先后有七八家无锡籍船作铁铺在新闸设立,"营业甚盛"。② 而苏州河两岸内河港区的真正形成和初具规模,则是在 19 世纪末内河轮运业兴起之后。

还在 19 世纪 60 年代,就有外国人驾驶小轮船由苏州河经黄渡镇驶往苏州,"始仅专雇之轮,继有搭客装货之轮,均由上海至苏州,中途经过黄渡,概不停泊"③。但那尚是无条约依据的零星举动。19 世纪 80—90 年代,苏、锡、杭、嘉、湖等地与上海港的联系更趋密切,货运往来频繁,人力摇曳的航船难当此任。自苏、杭开埠和小轮开禁,人们纷纷易辙,"一时航运事业非常发达,所有内河客货运大都改用小火轮船"。从上海驶往苏南浙北的小火轮激增,"汽艇拖着中外商号的货船定期往返于上海和这些新口岸之间"④。其中,"走吴淞江者,由苏州而上达常熟、无锡,或达南浔、湖州"。一些固定航班相继开设,最繁忙的当数上海至苏州航线,"往来苏沪小轮每日四五只"。1896 年据苏州海关统计:"自开关后,由申进口小轮 353 只,拖船 1 004 只;出口往申小轮 355 只,拖船 902 只。"载运旅客,"计往沪者 12 142 人,由沪来者 16 008 人。"⑤

---

① 《北华捷报》1854 年 5 月 20 日;陆允昌编:《苏州洋关史料》,南京大学出版社 1991 年版,第 375 页。
② 上海市第一机电工业局机器工业史料组编:《上海民族机器工业》上册,第 10 页。按:船作,系指专门锻造船用铁器件的手工作坊。
③ 宣统《黄渡续志》卷 1,《疆域》。
④ 上海市第一机电工业局机器工业史料组编:《上海民族机器工业》上册,第 128 页;《总领事韩能 1896 年度上海贸易报告》,《英国驻沪领事贸易报告汇编》,第 923 页。
⑤ 民国《上海县志》卷 12,《交通》;《光绪二十二年、二十三年苏州口华洋贸易情形论略》,《苏州洋关史料》,第 151、146 页。

以新闸为始发码头，也有固定班轮经黄渡驶往上海远郊朱家角等地。[①] 1899 年 8 月 4 日，《申报》以赞叹的口吻，记述了苏州河口以西轮船运输繁忙的景象："内地通行小轮船，取费既廉，行驶亦捷，绅商士庶皆乐出于其途。沪上为南北要冲，商贾骈阗，尤为他处之冠。每日小轮船之来往苏、嘉、湖等处者，遥望苏州河一带，气管鸣雷，煤烟聚墨，盖无一不在谷满谷，在坑满坑焉。"内河轮运业的兴盛，直接促成苏州河两侧内河港区的形成。当时，"往来申、苏、杭小轮公司码头均设沪北"，即在公共租界北端的苏州河畔。"著名的有戴生昌、老公茂、大东（日商）、内河招商等，大都开设在铁大桥下塅（今河南路桥北塅——引者注），其他小轮船局尚有不少。"[②] 其中也包括开往朱家角等地的短途班轮。[③]

与内河轮运业发展和进出客、货流大量增加的同时，1899 年英美公共租界在将泥城浜（今西藏路桥附近——引者注）以东苏州河两岸包容后，又向西沿苏州河南岸推进至小沙渡（今西康路桥附近——引者注）。[④] 受此刺激，1900 年由上海一些绅商倡议并经两江总督刘坤一允准，发起成立"闸北工程总局"，在新闸对岸的苏州河北架桥修路，兴商聚市。这些也都推动了苏州河两岸内河港区的形成。1896 年 8 月 10 日始，新闸桥以东的苏州河河面已归上海港港务长管辖，1899 年又向西伸展至今胶州路附近。[⑤] 内河港区的形成，明显增强了上海港与长江三角洲各地的经济联系，拓展了港口岸线和吞吐能力，加速了进出货物的集散流通，成为近代上海港崛起的重要一翼。

（五）吴淞港区的筹划

19 世纪 60 年代后，虽有北片港区和浦东港区的拓展，但面对吴淞口外的淤沙，大吨位远洋船只常受滞阻，往往要候潮进港，因而曾有开辟吴淞港

---

① 宣统《黄渡续志》卷 1，《疆域》；民国《青浦县续志》卷 5，《山川》。
② 《东方杂志》第 4 卷第 3 号，第 66 页；上海市第一机电工业局机器工业史料组编：《上海民族机器工业》上册，第 128 页。
③ 民国《青浦县续志》卷 5，《山川》。
④ 《1899 年工部局报告》，蒯世勋等编著：《上海公共租界史稿》，上海人民出版社 1980 年版，第 476、477 页。
⑤ 《上海海关档案》，转引自茅伯科主编：《上海港史（古今代部分）》，人民交通出版社 1990 年版，第 229 页。

区的动议。海关报告载："在上海开埠以后的年代里，进口船只的体积大大增加，而长江进口水道一直没有疏浚修治，浅水时江口拦沙水位比黄浦江还要浅，所有巨轮都只能停留在口外，航商对这种情况啧有烦言。"① 清政府则出于防务考虑，拒绝疏浚，列强便起意开辟吴淞港区，先是提议修筑淞沪铁路，1866 年英国驻华公使阿礼国致书清廷："上海黄浦江地方，洋商起货不便，请由海口至该处于各商业经租就之地，创修铁路一道。"强调"浦江淤浅挑挖不易，铁路修成，水路挑挖无关紧要"。经清廷议复，认为"开筑铁路妨碍多端，作为罢论"。②

时隔六年的 1872 年，美国驻沪领事布拉德福背着清政府组织吴淞道路公司，并于 1874 年兴筑淞沪铁路，1876 年 2 月铺轨，企图在吴淞开辟水陆转运泊岸。一位美国学者在参阅美国国会档案后指出，美国领事此举"是受横滨—东京间建筑铁路的刺激的，上海港口的运输问题与东京有些相似。外国船舶认为碇泊在距离外国租界下游十二英里的吴淞江（应为黄浦江——引者注）中比较便利。从这个碇泊处建一条铁路通到这个城市，将会起与横滨—东京线的类似作用"。而日本的那条铁路，正是由美国人在 1869 年承建于 1872 年通车的。③

列强筹开吴淞港区的举措，惊动了上海地方官员。1876 年 3 月，苏松太兵备道冯浚光照会英、美驻沪领事："通商章程第六款载明，各口上下货物之地，均由海关妥为定界。又江海关定章，浦江泊船起下货物之所，自新船厂起至天后宫为界，商船只许在例准起货下货之界内起货下货各等语。是吴淞既非起货下货之所，又吴淞口一段尽属海塘，关系民生、农田保障，为中国最紧要之事，断不能任百姓将官地盗卖，建造房屋、码头。"他强调"上海贸易租界，自洋泾浜起至虹口止，有法国租界，有美国租界，吴淞口系宝山县所管，不在通商租地界限之内。又各国通商章程，只有上海口岸，并无宝山地界通商"。④ 英、美领事无言以对。后

---

① 《海关报告(1922—1931)》，徐雪筠等译编：《海关十年报告译编》，第 287 页。
② 《清季外交史料》卷 5，第 19 页。
③ ［美］泰勒・丹涅特、姚曾廙译：《美国人在东亚》，商务印书馆 1959 年版，第 503 页。
④ 《苏松太兵备道冯浚光致英国驻上海领事麦华陀照会》（光绪二年二月二十六日），清华大学图书馆藏档案钞本，转引自宓汝成编：《中国近代铁路史资料》第 1 册，中华书局 1963 年版，第 43—44 页。

经交涉,由清政府出巨资将淞沪铁路购下拆毁。

列强筹开吴淞港区的举措虽然受挫,但淤沙仍横亘吴淞口外,列强据此仍不断发难。1881 年 12 月,两江总督刘坤一遂上书奏称:"吴淞口在黄浦江口内,本与长江防务无涉,惟赴上海必经此沙。此沙日积日高,各国大船出入不便,有碍洋商生计,故彼饶舌不休。夫中外既经通商,水道本应疏浚,如我置之不理,彼得藉以为词,抽费兴工,势必永远占据,谓系洋商捐办,华官不能与闻。再四思维,只有自行筹款挑挖,则所挖之宽窄浅深,作缀迟速,均可操纵自由,只令通船而止,万一有事,则沉船阻塞,亦反掌间事也。"①其意在通过自主疏浚淤沙,堵塞列强口实。次年,从国外进口的设备运抵,进度缓慢的疏浚工程开始,筹开吴淞港区的动议一度沉寂。但列强并未止步,甲午战后日本报纸称"日本在上海择地开租界一事,以吴淞为佳。黄浦江淤沙日厚,其势迟早必至无法可治,不能行船。如吴淞则日后必大兴胜之地,与上海来往之路之极便,日本当择租界于吴淞"②。沿江一些地段则先后易主,至 1898 年初"吴淞口之蕴藻浜南沿江水深之地,除操厂一块,悉为洋人所得"。英、德等国还以兵船进出吴淞口不便为由,向清政府索要蕴藻浜以北沿江百余亩空闲官地,以建造所谓兵船码头,企图再开吴淞港区。③ 如 1898 年 4 月 15 日《申报》所言:"自上海通商,外洋轮船出入,吴淞为咽喉要路……等水路虽为通商要道,而岸上未有租界,且地属太仓州之宝山县,又非上海所辖,西商欲于此间设栈起货,格于成例,不克自由;而淞沪铁路工程又未告竣,公司货物必由驳船起运,船乘潮水涨落,未能迅速克期,此西人之心所以必须辟租界于吴淞者。"后清政府以吴淞"自开商埠"抵挡。1901 年《辛丑条约》规定疏浚黄浦江包括吴淞口淤沙,"洋商营业趋势益集中于上海,淞口无转移之希望",列强不复再提开辟吴淞港区事,清政府的"自开商埠"遂也陷于停顿。④

近代上海港区仍由南片、北片、浦东和内河四大部分组成,其业务各有侧重。

---

① 刘坤一:《订购机器轮船开挖吴淞口淤沙片》,《刘坤一遗集·奏疏》卷 18,第 69 页。

② 《时务报》第 22 册(1897 年 3 月),译载。

③ 《致候补道台蒋》(光绪二十四年一月十日),北京大学历史系近代史教研室整理:《盛宣怀未刊信稿》,中华书局 1960 年版,第 61 页。

④ 民国《宝山县续志》卷 6,《实业》。

南片港区在轮船招商局盘购旗昌轮船公司后，主要是中国船只聚集之地，内有仍存的旧式木帆船和以客运为主的本国轮船。[①] 北片港区则多为外商码头，停靠外国远洋及行走中国沿海和长江航线的客货轮。"查洋轮之入，北自吴淞口上到法租界为止，其上为中国南市，大号洋轮素所不到，河之浅深可无过问，民船聚泊界限秩然。"[②]浦东港区因其地旷人稀，以油栈码头和煤码头等占地规模大的码头仓栈居多。内河港区则是行走苏杭等城镇乡村的内河小轮船停靠之所。它们互有侧重，互为联系，形成港岸线长、内外贸衔接、江海内河航运配套的基本态势，"浦中帆樯如织，烟突如林，江畔码头衔接，工人如蚁，上下货物之声'邪许'不绝。南则帆船停泊，航行内地而纳税于常关；北则轮船下碇，往来长江一带及南北各埠，而纳税于新关，其巨者航外洋，泊吴淞口外。苏杭有小轮通行，码头在美租界吴淞江之北岸"[③]，展现了作为近代中国枢纽大港的独具风采。

第三节　百川归流：口岸贸易的吐纳

一、　海外贸易的国别和地区

近代上海港货物吞吐的主干，是海外贸易商品的进出。19世纪70年代始，海关较系统的统计数字表明，自上海港超过广州，经由上海港的进出口贸易额始终雄踞各港之首。

---

① 1908年成立的经营上海、宁波航线的宁绍商轮公司，在十六铺以北外商码头林立处寻找一立足之地不成，改向日本人商租外白渡桥旁的东洋公司码头也不成，又向天主教三德堂借外洋泾桥南首码头又不成，再向十六铺一带设法，最后得张謇帮助，才在十六铺租定码头，建造堆栈（董枢：《金利源码头外交史话》，《上海研究资料》，上海书店1984年版，第352页；樊百川：《中国轮船航运业的兴起》，四川人民出版社1985年版，第413页）。
② 《苏松太道袁树勋条陈修浚黄浦江办法禀》(1903年3月)，方裕谨：《光绪末年黄浦江修浚工程主办权之争史料》，《历史档案》1994年第4期，第46页。
③ 李维青：《上海乡土志》，《交通》。

表 2-6　中国对外贸易总值各港口所占百分比(1870—1913)

年份	上海	广州	天津	汉口	大连	其他
1870	63.6	13.4	1.5	1.7		19.8
1875	55.2	11.6	2.9	4.2		26.1
1880	57.8	9.9	3.4	4.8		24.1
1885	56.4	10.5	3.3	4.9		24.9
1890	45.9	12.9	3.0	2.7		36.4
1895	52.0	10.6	4.4	1.7		31.3
1900	53.6	8.5	1.3	1.8		34.8
1905	53.2	9.2	6.1	5.2		24.5
1910	43.6	10.1	4.5	4.3	4.5	33.0
1913	42.6	8.9	6.0	5.2	5.9	31.4

资料来源：历年海关报告,转引自郑友揆：《中国的对外贸易和工业发展》,上海社会科学院出版社 1984 年版,第 29 页。

从国别和地区考察,中英贸易长期占据首位。19 世纪 40 年代一直占上海港外贸总值的 75％以上,最高时进口、出口货值分别达 89％和 93.6％。[1]进入 19 世纪 50 年代,其他国家的比重有所上升,但英国所占比重仍在 70％—74％。[2]据 1863 年的统计,进出上海港的外国船舶总吨位近 200 万吨,其中英国占 56％。1864 年上海港对英贸易总值 56 923 931 两,其他各国仅 7 301 304 两,英国所占比重超过 7/8。《1868 年度上海港贸易报告》载："同过去一样,目前的英国进口构成了本港整个贸易的大部分。"约占进口总值的 92％;在全部出口货值中,英国占了约 75％。[3] 1894 年中日甲午战争爆发前夕,英国与日本交涉,将上海港定为中立港,理由就是"该港为英国利益之中心,其关系颇大"[4]。

其次是美国。1845 年美国输入上海港的货物总值为 93 518 英镑,是英国之

[1] 据黄苇前揭书,第 140、141 页附表统计。
[2] 姚贤镐编：《中国近代对外贸易史资料》第 1 辑,第 570 页。
[3] 李必樟编译：《英国驻沪领事贸易报告汇编》,第 74、79、169、176、177 页。
[4] 《日本外交文书选译》,戚其章主编：《中国近代史资料丛刊续编·中日战争》第 9 册,中华书局 1994 年版,第 381、382 页。

外其他各国进口货值总和的约 2 倍。[①] 截至 1851 年年底,经由上海港的中美贸易已接近全部中美贸易的 3/4。[②] 1856 年 12 月,着眼于上海港巨大的发展潜力,美国驻沪领事致函美国国务院,提议开辟横跨太平洋的直达航线,"与英国分享丰富的东方商业的公平份额"[③]。1863 年,除英国之外进出上海港的外国船舶吨位数中,有 2/3 属美国船。1868 年在上海港进出口贸易总值所占比重,排名英国之后的依次是美国、欧洲大陆、日本、暹罗和菲律宾等。1869 年苏伊士运河通航后,英国的比重有所下降,欧洲大陆所占比重渐次超过美国位居第二。1881年出口欧洲大陆的货值为 9 782 446 两,美国是 7 507 574 两,"这主要是由于苏伊士运河开放以来,贸易的趋势一直是把供应欧洲大陆市场的那部分商品改道去地中海的这个或那个港口,而不再像过去那样先运去伦敦再行转销了"[④]。这种格局一直延续到 19 世纪末。

进入 20 世纪,随着甲午战后日本在华势力的扩张,"日本对华贸易因而飞速增长,在这普遍迅速发展的时期,日本在中国对外贸易中的比例上升了,从大约11％达到 16.5％;而来华日轮的吨位从 200 万吨迅猛地增加到 550 万吨以上,占总数的 22％"。日本在上海港对外贸易中所占比重跃升至第二,仅次于英国。上海海关资料载:"本港贸易的总趋势是稳定地增长。据记录,1911 年进口和出口总值为 484 202 222 海关两,比 1902 年的 346 122 864 海关两增长约 40％。"其中,"最明显的特点就是日本在此地的贸易和航运中所占的比重有了巨大的增长。1902年的总吨数为 11 812 535 吨,其中英国占 48％,日本占 14％,德国占 14％,中国占15％。1911 年总吨数增长很多,达到 18 179 472 吨,比例也有了变化,各主要国家所占的百分比为英国 40％,日本 22％,德国 9％,中国 17％"。[⑤] 据 1912、1913 年各国货船缴纳海关税的统计,此时日本的份额已远远大于德、法、美三国的总和。

---

① 黄苇前揭书,第 40 页。

② 《美国档案局档案抄件》,转引自张仲礼:《1834—1867 年我国对外贸易的背景与变化》,《学术月刊》1960年第 9 期,第 58 页。

③ 《驻上海总领事给国务院的报告》,阎广辉、方生选译:《美国对华政策文件选编》,人民出版社 1990 年版,第 79 页。

④ 李必樟编译:《英国驻沪领事贸易报告汇编》,第 74、75、170、761、762 页。

⑤ 徐雪筠等译编:《海关十年报告译编》,第 333、138 页。

表 2-7　各国货船缴纳上海海关税百分比(1912—1913)

年份	英国	日本	德国	法国	美国	中国	其他
1912	54.8	19.4	8.1	2.8	0.8	9.1	5.0
1913	54.1	19.2	8.7	2.8	0.5	9.5	5.2

资料来源:《海关报告(1912—1921)》,徐雪筠等译编:《海关十年报告译编》,第 175 页。

经由上海港出入的进出口商品特征明显,即外国机制工业品与中国农副、手工业产品间的交换。19 世纪下半叶,丝、茶始终是上海港输出的大宗出口商品。英国领事商务报告载,"在中国向外贸开放后的许多年来,对外国出口的商品几乎只有丝、茶两种。例如甚至直到 1870 年,这两种商品的出口值仍占出口总值的 88％,而在 1872 年它们的比例曾达 90％"。1880 年后,丝、茶出口值大致不变,其他各类商品出口值及所占比重相对上升,至 1892 年已与丝和丝织品同占 37.5％,茶叶则退居 25％。[①] 这些出口丝、茶,绝大部分来自长江流域各地。据 1869 年的统计,上海港出口的茶叶"各产区所占比例大致如下,来自婺源经过九江的 35％,来自天台的 25％,来自徽州的 15％,以及来自平水的 15％,其余 10％是上海烘制包装的"[②]。时隔十年,另有一份更详细的统计,显示了出口绿茶的来源和去向。

表 2-8　上海港出口绿茶供应、销售地分布(1877—1878)　　单位:万磅

供应地	数量	销售地	数量
来自九江	700	销往英国	880
来自镇江和芜湖	40	销往北美	1 580
来自宁波和湖州	1 730	销往印度	60
来自日本(茶叶在上海重新包装)	50		
总计	2 520		2 420

资料来源:《领事达文波 1877 年度上海贸易报告》,李必樟编译:《英国驻沪领事贸易报告汇编》,第 447 页。

上海港的出口蚕丝则主要是来自江浙地区的辑里丝和大蚕丝。前者是细

---

① 《领事哲美森 1892 年度上海领事管区的贸易和商业报告》,李必樟编译:《英国驻沪领事贸易报告汇编》,第 783—785 页。

② 《领事麦华陀 1869 年度上海贸易报告》,李必樟编译:《英国驻沪领事贸易报告汇编》,第 203 页。

丝,来自南浔、菱湖、海宁、杭州附近;后者系粗丝,来自嘉兴、溧阳、绍兴等地。[①]长江轮运航线辟通,经由上海港出口的丝产品来源更广,芜湖、汉口都有丝产品抵沪出口。[②] 四川也有大量生丝和乱丝头输往上海,以便转运欧洲,"丝出产于成都北面至西北面绵州附近,而经由长江支流运往重庆。离重庆时每驮两包约80斤缴纳厘金2.8两,然后凭子口单运往上海"[③]。1898年青岛开埠前,山东所产丝亦由大运河抵上海出口,其中大部分蚕茧、黄丝、茧绸和乱丝头来自鲁西南地区。[④] 海关贸易报告这样概括,"上海差不多是全中国(广州除外)生丝出口的商业中心,但上海本地并不出产任何种丝"[⑤],上海作为对外贸易枢纽港的集散功能跃然纸上。

19世纪80年代始,丝、茶以外经由上海港输出的其他出口商品增长醒目。

表2-9显示,在近20年间茶叶出口呈绝对下降[⑥],蚕丝和丝织品出口依旧增长,但所占比重已徘徊不前,一度还略有下滑;而其他出口商品则增长明显,1890年在出口总值所占比重已从1875年的11%攀升至近35%,1892年又升至

表2-9　上海港出口商品类别及所占比重
（1875—1892）

单位:千海关两

	1875 年	百分比	1890 年	百分比	1892 年	百分比
茶叶	36 697	53	26 661	30.3	25 983	25
蚕丝和						
丝织品	24 894*	36	30 255	34.9	38 292	37.5
其他出						
口商品	7 321	11	30 327	34.8	38 308	37.5
总计	68 912	100	87 144	100	102 583	100

注:＊1875年的统计数字不包括丝织品。

资料来源:《领事哲美森1892年度上海领事管区的贸易和商业报告》,李必樟编译:《英国驻沪领事贸易报告汇编》,第783—785页。

[①] 《通商各口海关贸易报告》(*Report on Trade at the Treaty Ports in China*)1866年,《上海》,第9页。
[②] 《领事达文波1878年度上海贸易报告》,李必樟编译:《英国驻沪领事贸易报告汇编》,第496—497页。
[③] 《通商各口英国领事商务报告》1885—1886年(*Commerical Reports from Her Hajety's Consuls in China*),《四川》,第4—5页。
[④] 《通商各口英国领事商务报告》1891年,《烟台》,第7—8页。
[⑤] 姚贤镐编:《中国近代对外贸易史资料》第3辑,第1482页。
[⑥] 关于茶叶出口呈绝对下降的原因,可参阅戴鞍钢:《近代中国植茶业的兴衰》,《史学月刊》1989年第1期。

37.5%。内中主要产品有棉花、烟叶、皮革、羊毛和席草制品,棉花作为工业原料主要输往日本,1894 年上海共计出口 11.07 万英担原棉,其中 63.4 万英担运往日本,约 11.5 万英担运去欧洲。次年上海港对日出口显著增加,其中大部分是供应大阪各纱厂的原棉,是年原棉出口总值超过 1 000 万两。其价格同世界其他地区的棉花价格同步上扬,从每担 11 两升至 13 两至 14 两。① 这些出口原棉大多来自包括上海近郊在内的江苏东南部乡村,据估计 20 世纪初年该地区年产原棉约有 20 万吨。②

与棉花相比,烟叶、皮革等出口商品多来自内地。《1885 年度上海贸易报告》载:"运往英国的烟叶主要来自四川和云南,每年都有到货。"③皮革的出口,则有一个变化过程。上海港开埠后的较长一段时间,内地所产皮革大多仍因循传统出口渠道运往广州。1874 年经由上海港出口牛皮仅 1 207 担,次年 2 809 担,之后情况发生变化,因干旱导致去南方的河流浅阻,上海港以其航路通畅吸引了皮革出口货源,当年(即 1876 年)便增至 11 350 担,"它们在上海找到有利的市场后,这项贸易已得到了永久的立足点"④。以后又持续发展并包括了来自西藏的牦牛皮、羊皮等货源。羊毛的出口同在增长,1884 年经由上海港输往欧洲1.7 万担,1894 年为 12.8 万担,净增 6 倍多。⑤

上海港对外贸易的这种增长,是和 19 世纪 70 年代后中国社会经济结构的深刻变动,越来越多的地区程度不等地被卷入世界资本主义市场这样一种大趋势相吻合的,更是和上海港因其远洋及沿江沿海和内河航线的增辟,特别是长江轮运的贯通、对外贸易覆盖地域的大范围扩展以及规模日渐增大的国内埠际贸易相辅相成,互为促进的。

二、 国内转口贸易和埠际流通

上海港开埠后,因其繁盛的进出口贸易备受瞩目,以往研究者在提及它时,

---

① 李必樟编译:《英国驻沪领事贸易报告汇编》,第 697、698、812、870、881、892、893 页。
② 《海关报告(1912—1921)》,徐雪筠等译编:《海关十年报告译编》,第 204 页。
③ 《代理总领事阿查立 1885 年度上海贸易报告》,李必樟编译:《英国驻沪领事贸易报告汇编》,第 697 页。
④ 《领事达文波 1876 年度上海贸易报告》,李必樟编译:《英国驻沪领事贸易报告汇编》,第 419 页。
⑤ 《代理总领事哲美森 1894 年度上海贸易和商业报告》,李必樟编译:《英国驻沪领事贸易报告汇编》,第 871 页。

往往忽略了与进出口贸易同时并存的规模不小的国内埠际贸易①。实际上，两者是互为依存的。上海港量多类广的进出口货物，很大程度上是依赖其国内埠际贸易聚合离散的。此外，上海港开埠后，以它为主要中转点的国内沿海各港口间传统的货物流通并未中止，且随着各地商品经济的发展和凭借轮运业的沟通，它们大多还有新的发展，颇具规模。概言之，进出口贸易和国内埠际贸易是近代上海港腾跃的两翼，忽略对后者的考察，很多问题便模糊不清。

近代上海港国内埠际贸易包含两大部分：进出口商品的转口贸易和本国产品的埠际流通。

上海港独具的诸优势，决定了经由上海港的对外贸易呈现浓厚的转口贸易特征。19世纪下半叶，上海、香港以外的中国其他沿海口岸，港口及城市发展步履迟滞，对绝大部分进出口货物来说，上海是它们进出中国的门户，除华南外，"一切外轮不论其最终的目的地是哪儿，它都要先开到上海"②。1863年经由上海港输入的进口货总值为3 433余万两，其中2 338余万两被转运他港，留供当地消费的仅1 045余万两，不到总数的三分之一。英国驻沪领事巴夏礼认为"这一情况清楚地指出了贸易的性质，因为它表明了上海作为扬子江和沿海各口岸的商业中心的程度"③。《1868年度上海港贸易报告》有更具体的记载："本港在很大程度上起了对日本、长江流域、宁波以及北方各口岸的中转站作用。"在进口商品总值5 020万两中，价值3 770万两的商品是再出口的，约占总数的75%，其中去沿江沿海各口岸的商品值3 560万两，约占再出口总值的近95%；在对外出口总值3 915万两中，有1 925万两的商品来自沿江沿海各口岸，约占出口总值的50%。④ 这种态势长期延续。

表2-10显示，上海港平均约有71%的进口商品转运至其他口岸，54%的出

---

① 已有学者着重研究20世纪30年代上海港与长江流域的埠际贸易。详可参阅张仲礼、潘君祥：《上海城市经济的近代化及对长江流域经济的影响》(近代中国社会演变诸问题的历史考察国际学术讨论会论文，1992年5月，上海)。

② 聂宝璋编：《中国近代航运史资料》第1辑，第141页。

③ 《领事巴夏礼附于1863年度上海贸易统计表的备忘录》，李必樟编译：《英国驻沪领事贸易报告汇编》，第75页。

④ 《领事麦华陀1868年度上海港贸易报告》，李必樟编译：《英国驻沪领事贸易报告汇编》，第177页。

口商品来自其他口岸,其中都以长江流域为主要去向和来源。时至 1912 年,海关报告方有这样的记载:"上海享有的货物分发中心的地位,由于汉口、天津、胶州等对外通商口岸的进口商越来越倾向于直接同欧洲、美国打交道而不是从上海进货,已受到相当大的影响。"[①]

表 2-10 上海港进口货物转运其他口岸比重
(1867—1894)

单位:千海关两

年份	直接从国外进口值	占全国进口总值(%)	华中口岸	华北口岸	华南口岸	合计	占上海进口总值(%)	上海本口岸进口值	占上海直接从国外进口值(%)
1867	39 795	63.70	28 651			28 651	72.00	11 144	28.00
1877	68 345	66.01	23 706	10 023	524	34 253	70.85	14 092	29.15
1887	60 632	59.29	25 571	18 540	1 012	45 123	74.42	15 509	25.52
1894	93 256	57.53	40 291	21 428	895	62 614	67.59	30 227	32.41

资料来源:历年海关报告,转引自上海社会科学院经济研究所、上海市国际贸易学会学术委员会编著:《上海对外贸易 1840—1949》上册,上海社会科学院出版社 1989 年版,第 30 页;严中平等编:《中国近代经济史统计资料选辑》,科学出版社 1955 年版,第 67 页。

注:华中口岸包括宁波、镇江、汉口、九江、宜昌、芜湖、温州、重庆,华北口岸包括天津、营口、烟台,华南口岸包括广州、厦门、福州、汕头、琼州、北海、拱北。

表 2-11 上海港出口货物来自其他口岸比重
(1867—1894)

单位:千海关两

年份	华中口岸	华北口岸	华南口岸	转自香港	转运国内其他口岸	留存上海	来自其他口岸商品出口值	占上海出口总值(%)	上海本口岸出口值	本口岸出口值占上海出口总值(%)
1867	27 812				7 502	5 069	15 241	57.88	11 091	42.12
1877	25 122	3 868	7 068	864	14 732	7 621	15 466	52.59	13 945	47.41
1887	26 593	9 069	5 974	3 379	20 062	6 222	18 731	55.91	14 770	44.09
1894	37 461	11 293	4 607		180 443	6 209	29 048	49.72	29 374	50.28

注:同表 2-10 注。

① 《海关报告(1902—1911)》,徐雪筠等译编:《海关十年报告译编》,第 139 页。

　　与上海有转口贸易来往的国内口岸分属两大地域,即作为经济腹地的长江流域和中国沿海其他南北通商口岸。前者拟专章详论,后者以天津、营口和烟台较为典型,它们分扼华北、东北和山东入海门户,早在其开埠前,凭借传统的经济联系,经由上海港输入的进口商品就被辗转运至并通过它们销往各地。《1856年度上海港贸易报告》记录,当进口货销售因长江流域战事滞阻时,"有三分之二的销货是通过(沙船)海运卖到辽东的牛庄、锦州和关东的北直河,以及山东的登州府等北方港口,其中大多数是运到后一港口,再由那里转驳浅水船,以便通过白河口的沙洲,运到北方贸易中心——天津"。英国驻沪领事据此认为"如果中国人能够成功地利用他们的小船从事于上海到山东和北直隶湾各口岸的运输业务,那么用我们加装了蒸气机的船来运的话,就能装得更多了"①。

　　果然,自1860年天津开埠,经由上海港输往天津的进口商品大部由外国商轮揽载,天津成为上海港沿海转口贸易的主要口岸。1865年英国驻沪领事称:"对棉织品的需求主要来自北方口岸特别是天津,看来英国制成品在那里的消费量正在迅速上升。各类商品价格如保持与该口岸开放时的市价相似,则目前的销售量再加一倍在那里大概也能卖掉。"②津沪间的这种转运关系是紧密的,1869年华北遭遇旱灾,英国驻沪领事便担心因灾民购买力的下降会影响进口商品的销售,"上海的贸易在很大程度上是依赖于该地区的居民的"③。这种关系同样存在于出口方面,《1899年天津贸易情形论略》仍称"出口以及复出口土货土产运外洋者,皆须运至上海再转运外洋"④。上海雄厚的金融实力,更加固了这种经济联系,"北地通商口岸天津最巨,富商巨贾百货云屯,恒藉上海银钱为抵注"。而一有变故,便会波及上海。1900年义和团兴,津沪之间联系阻隔,上海金融风潮陡起,"计各银号所放之款共有七百三十万,仅汇到七十万,余以音信阻隔,汇划不通,兼之歇业逃亡,无多问讯,上海市面为之震动,银根为之紧迫,故洋

　　① 《领事罗伯逊1856年度上海港贸易报告》,李必樟编译:《英国驻沪领事贸易报告汇编》,第16、44页。
　　② 《领事文极司脱关于1865年度上海贸易的商务意见内容摘要》,李必樟编译:《英国驻沪领事贸易报告汇编》,第99页。
　　③ 《领事麦华陀1869年度上海贸易报告》,李必樟编译:《英国驻沪领事贸易报告汇编》,第212页。
　　④ 《江南商务报》第32期(光绪二十六年十一月十一日),《列说》。

厘逐日飞涨至八钱有余"。① 两地因转口贸易建立起的紧密经济联系于此可见。

营口是晚清东北地区主要出海港,以往由沙船从这里载运南下的东北豆石数量,远远大于南货北运,以致沙船从上海出发时要雇人挖泥压舱。19 世纪 50年代后,日渐增多的洋货经由上海港北运,沙船的运力不再空耗,"它们回航时,不是装载着压舱物或中国货,而是装了大量的外国工业品回到北方港口。去年(指 1855 年——引者注)售出商品的三分之二是通过这条新的路线运至北方各省,再从那里分配到内地去的"②。1858 年营口开埠和 1862 年"豆禁"解除后,在沪外国商轮投入东北航线,两地间的货物流通为数更巨,个别年份一些品种甚至超过天津。如 1878 年上海港外国斜纹布转口贸易统计表显示,是年输往营口359 867 匹,较之天津的 214 568 匹,多出近 60%。③

除了天津、营口之外,青岛开埠前,烟台也是上海港转口贸易的重要去向。它地处胶东半岛东北端,与天津、营口隔海相望,清中叶前已是山东主要商港,与南北沿海各地的贸易来往相当频繁,"舟航之利,捷于他郡"④。每年都有很多沙船装载南货、豆石,往返于上海、烟台之间。上海开埠后,凭借"豆禁"的保护,这种贸易来往仍很活跃,前引《1856 年度上海港贸易报告》已有反映。不同的是,这时经由上海港运出的已多是洋货,以后并又有外国商船介入。1859 年春夏,烟台尚未对外开埠,已"有外国商船十二只,在烟台海口停泊日久,商民尚不敢与之私自交易,惟近日愈聚愈多,颇有不肯通商不肯遽去之意"⑤。

自烟台开埠和"豆禁"解除,两地间的货物流通猛增,"上海港先进的码头设施、畅旺的货源以及发达的金融汇兑业务,对烟台商人产生了极大的吸引力,使上海成为烟台主要的洋货输入港",同时也是最大的土货输出港。1882 年,经由上海港销往北方沿海口岸的进口货值为 11 416 175 海关两,其中天津 7 533 956两,营口 1 561 318 两,而烟台 2 320 901 两,排名第二。1893 年烟台港进口货总

---

① 《江南商务报》第 32 期(光绪二十六年十一月十一日),《商情》。
② 《领事罗伯逊 1856 年度上海港贸易报告》,李必樟译:《英国驻沪领事贸易报告汇编》,第 44 页。
③ 《领事达文波 1878 年度上海贸易报告》,李必樟译:《英国驻沪领事贸易报告汇编》,第 475 页。
④ 光绪《登州府志》,卷 6。
⑤ 《两江总督何桂清片奏》(咸丰九年十月十五日),《四国新档·美国档》,台北"中研院"近代史研究所 1966年版,第 197 页。

值，直接从国外进口的"仅居十之三成，其七成则系由上海进口"；同样，出口土货"运往各口者，上海一埠已占过半"①。

上海港正是凭借与上述通商口岸源源不断的转口贸易，为每年流经上海港的为数巨大的进出口商品，提供了充分的来源和销售去向。这种转口贸易的规模是当时国内其他口岸无法匹敌的，即便如香港也相距甚大，据海关人士估计在进口贸易方面，"经由香港收进的一宗商货，大约抵到经由上海收进的那宗商货的一半"②。于此也可理解为什么上海港进出口贸易的繁盛得以长久保持。一旦这种转口贸易滞阻，上海港的对外贸易便明显下降。"1876 年夏，华南因降雨量过大而遭受严重水灾；另一方面，消费上海进口的大部分外国商品的华北地区同样遭灾，它遭受了持续的旱灾，范围之广包括山东、直隶、山西，以及江西、安徽和江苏北部几省在内的中国大部分地区。饥荒对此间的对外贸易影响很大，因为现在上海的重要性几乎全部应归之于它占有向北方和长江口岸转销的一个中心的地位，因为相对来说上海本地区内的商品消费量是很小的。"③

近代上海港与国内其他口岸间的埠际贸易，并非全是进出口商品的转口贸易，与之并存的还有本国产品的埠际流通，其规模相当可观，构成上海港货物吞吐总量的重要组成部分。《1868 年度上海港贸易报告》曾有清晰记载："除了对外国的进出口贸易之外，上海本身同沿海和其他口岸之间，还拥有数量很大的中国商品的贸易。"据称，来自汉口、九江和宁波的中国商品而未向外国再出口的共值 15 071 229 两，其中有价值 8 413 354 两的商品转出口到其他中国口岸，还有价值 6 657 875 两的商品供当地消费。另一方面，本地产品运往国内口岸的总值为 7 813 440 两。据此，上海港使用外国货船同中国其他口岸进行地方贸易的总值是 22 884 669 两，加上对外贸易货物总值，上海港贸易总值为 112 245 441 两。报告特意强调："当然，这个数字不包括一切使用中国船的纯粹中国人之间的贸易在内，因为无法获得这方面的确实数据。"④根据上列统计数字，包括转口贸易

---

① 《山东史志资料》1984 年第 2 辑，第 31、32 页；《领事许士 1882 年度上海贸易报告》，李必樟编译：《英国驻沪领事贸易报告汇编》，第 633 页。

② ［美］马士：《中华帝国对外关系史》第 2 卷，第 439 页。

③ 《领事达文波 1876 年度上海贸易报告》，李必樟编译：《英国驻沪领事贸易报告汇编》，第 397 页。

④ 《领事麦华陀 1868 年度上海港贸易报告》，李必樟编译：《英国驻沪领事贸易报告汇编》，第 177—178 页。

在内的进出口商品流通约占80％,其余约20％是中国本国商品的埠际流通。该统计尚限于外国商船,并不包含中国货船的运量,如将后者考虑在内,经由上海港进出的本国产品的埠际流通总量当占更大比重。

这类埠际商品流通,有的是上海港开埠前便已担当的国内沿海南北货物运销的继续和发展,有的则是上海港贸易圈扩展后新增的货源和市场。

上海开埠前,与东北地区以土布和大豆为主的货运贸易向为活跃。在开埠后,它们依然保持。据营口海关资料记载,1881年上海至营口间木帆船货运航次约400艘,后渐有减少,但至1891年仍有320—330艘,它们从上海运去土布、陶器、竹制品等,返航时运回大豆、豆油、烧酒等货物。[①] 自"豆禁"解除,也有不少外国轮船涉足其间。1862年英国驻营口领事称:"本埠最大的输出品为大豆、豆饼及大豆榨的豆油,这些货品现在不可能成为运往英国的回头货,但是却从上海装来洋货的外国轮船提供了回头货。"其运量之大,"甚至还要雇用放空开来的外国轮船,把大豆运往上海、宁波和更南边的口岸"[②]。直至20世纪初叶,即使在不景气时仍有相当数量。1907年的一份商务调查载:"奉天出口货以豆油、豆饼为大宗,进口货以纱、布、纸、面为大宗。而从前装载多用沙船运布而往,贩油而来。三十年前,沙船约有三千余艘,今则仅存五十余艘。豆油自庚子以来每年到沪者约十二三万篓,三十一年减至六万篓,三十二年减至九万篓,其疲败可知矣。其他土布则去年存之营口未销售者约五万包,棉花则日俄战前销数约百万包(指北方言,不仅营口一处),去年减至二分之一。纸类则销数甚巨,去年细纸亦减至四分之三。疲滞如此,实可惊骇,而其影响及于上海之商务,去年年终结算,钱庄亏损四百余万之巨。"[③]两地间通过这种货运贸易建立起的经济联系可谓密切,无怪乎1900年北货南下受阻,上海市场便起风波,"豆油一物,上海为销场总汇之区,牛庄为出产最多之地,自北方乱梗,来源渐少,幸存货甚多,业此者知海道一通,货船自必衔尾而来,故油价旋涨旋落,每斤向售一百零八文者,今又

---

① 《1882—1891年牛庄海关报告》,《满铁调查月报》第16卷第8号(1936年8月),第207页。

② 《通商各口英国领事商务报告》1862年,《牛庄》,第6页。

③ 熊希龄:《就奉天与上海之商务关系上赵尔巽书》(1907年4月),林增平、周秋光编:《熊希龄集》上册,湖南人民出版社1985年版,第123—124页。

减至一百文矣"①。

由于这种货运贸易与普通民众的日常生活联系甚多,因而它的存在有着深厚的社会基础。青岛开埠后,与上海港之间也有了本国产品的这种埠际流通:"此间有福建、宁波、上海等处船只甚多,而洋货来者极少。本地民人务农者有十分之九,民贫且俭,素不购买洋布、洋纱等物,所穿之布均由南省来带子棉花自纺自织,自出土产豆子、花生、豆油、花生油、豆饼、鲜果等物,卖钱后购买棉花、纸张、瓷器必需之物。"②19 世纪 80 年代上海机器织布局等民族工业兴起后,为这种传统的南北货运贸易注入了新的内容。1892 年,有 6 000 匹本国机织布经上海港运往烟台。③ 1899 年,输入天津的上海机制纱共计 3 万担。④

上海开埠前,长江流域各省外运米粮多入运河经苏州集散。自上海开埠及长江开放,沿江外销米粮多顺江直下,上海遂成为国内米粮重要的转输港。据统计,1864 年经上海周转的国内米谷运销量是 101 885 担,以后受年成或战乱的影响有所增减,但总的趋势是增长显著,至 1911 年已达 4 458 217 担。与 1864 年相比,增长幅度高达 40 余倍。⑤ 它们主要来自长江中上游产粮省份,由芜湖、镇江等沿江"米码头"中转,经上海销往南北沿海缺粮省份。1880 年,上海港"有大量船舶驶往镇江,以从该港运米去广州"。芜湖"每至米谷出港季节,常有海轮数艘来泊装运米谷,盛况达于极点"⑥。1884 年 12 月 20 日《申报》载:"粤客之在芜贩米者源源不竭,近复由沪雇轮船二艘装谷米四万余包,于上月二十六日展轮赴粤。"经由上海港转运的这些米粮,直接关系那些缺粮省份的粮食供给。1894 年甲午战争时,李鸿章闻知有人提议中止这项转运,即致电总理各国事务衙门力阻:"查产米以长江上下最多,如禁出洋,则闽广各省民食无从取给,顺、直连遭灾歉,每年津运南米二三百万担立将断绝。况募添新勇及在防备军向赖购办南米以济军食,饥

---

① 《江南商务报》第 14 期(光绪二十六年六月十一日),《商情》。
② 《江南商务报》第 34 期(光绪二十六年十二月初一日),《列说》。
③ 《光绪十八年通商各关华洋贸易总册》,《烟台》,第 46 页。
④ 《江南商务报》第 32 期(光绪二十六年十一月十一日),《列说》。
⑤ 《上海等四埠米谷、小麦、豆类国内贸易统计》,李文治编:《中国近代农业史资料》第 1 辑,生活·读书·新知三联书店 1957 年版,第 473、474 页。
⑥ 《船舶登记员泰卜 1880 年度上海港航运业务报告》,李必樟译编:《英国驻沪领事贸易报告汇编》,第 589 页;李文治编:《中国近代农业史资料》第 1 辑,第 479 页。

困可虑。应请旨饬下南洋及沪、镇、芜各关,严禁奸商贩米赴日,其由海道转运南北各省米粮,仍准华洋各商船承运,由沪关切实稽查,斯可困日而不自困。"①

除米粮外,长江流域及沿海各省经上海港互相转运调剂的土特产品也量多类广。举其大宗,有华南蔗糖与苏沪棉花间的对流。"黄浦之利,商贾主之。每岁番舶云集,闽粤之人居多,土著之远涉重洋者不过十分之一二,皆于东城外列肆贮货,利最溥者为花、糖行。"②其货源的多寡,直接导致价格波动。1900年5月9日《江南商务报》载:"白糖一物,为广东潮州府汕头一大出产,江西赣州一带亦产白糖,不及汕头之佳。造此糖时须甘蔗五担熬成糖一担,其糖运至上海及内地各处销售,向年每担售银三两五六钱者,近涨至四两左右,其故因去年秋旱,甘蔗出汁不及往年之多。"同日该报并载:"棉花出产通州最佳,太仓、昭文等处次之,浦东一带最下,因去年各处歉收,所以逐渐提涨,即仓子花每百斤售洋九元有奇,而存货无多。"江浙一带所产棉花,亦有一些溯江而上销往内地省份,供应当地手工业生产所需。③ 截至1917年的一份统计显示,长江航线是上海港国内埠际贸易的主干部分,几占全部航线总吨位的50%,其次则依次是华北、东北等航线。④ 这与上海港当时所担当的华南以外中国航运枢纽港的地位,是相吻合的。

三、 非正常贸易的货物流转

除了正常的内外贸易,应该引起注意的是,经上海港输出入的货物中,鸦片贸易占有很大比重。相当长时期内,在各类进口货所占份额中,鸦片输入一直占据首位,以致各年度上海港贸易报告都有鸦片贸易的记载和统计。

鸦片战争前,清政府规定广州一口通商,外国对华鸦片贸易多集中在华南海面,再由中国走私烟贩分运各地。上海港因其独具的地缘优势,特别是作为苏南中心城市苏州的外港,成为海上鸦片进入运河水系的主要通道。北京大学图书

---

① 《寄译署》(光绪二十年七月十一日),顾廷龙、叶亚廉主编:《李鸿章全集(二)电稿(二)》,上海人民出版社1986年版,第870页。

② 王韬:《瀛壖杂志》,卷1。

③ [美]刘广京:《英美航运势力在华的竞争(1862—1874)》,第101页。

④ 汉儿:《中国航运界之大势》,《东方杂志》第15卷第3号(1918年3月)。按:该统计虽仅限于轮船业,尚不包括木帆船的数目和运能,但亦大体反映了上海港国内埠际贸易的规模、范围和重心所在。

馆藏 1838 年狄听奏折称："臣籍隶江苏,深知上海县地方濒临海口,向有闽粤奸商雇驾洋船,就广东口外夷船贩买呢羽杂货并鸦片烟土,由海路运至上海县入口,转贩苏州省城并太仓、通州各路,而大分则归苏州,由苏州分销全省及邻境之安徽、山东、浙江等处地方。江苏省外州县民间设有信船、带货船各数只,轮日赴苏递送书信并代运货物,凡外县买食鸦片者俱托该船代购,是以各县买烟价银由信、货船汇总,有数可稽。大县每日计银五六百两,小县每日计银三四百两不等,兼之别项兴贩,每年去银不下千万,其波及邻省者尚不在此数。"[1]

　　上海港开埠后,与外贸重心由广州向上海转移的同时,鸦片走私主要活动区域也由华南移至上海。在 1843 年下半年,经吴淞走私进口的鸦片就达 8 000 箱,价值 600 万元。[2] 上海很快成为英、美等国把鸦片大量输入中国的主要口岸。《上海通志馆期刊》载："上海最初的洋商大都是从广东分设,其最重要的输入品便是鸦片。外洋出入之货,本多定税则,载入条例,独鸦片税则不定,不必纳税,于是素来禁止的鸦片,此时反得源源而来,畅销无阻。"[3]1847 年经由上海港输入的鸦片达 16.5 万箱,超过 1830 年前任何一年输入中国的鸦片总量。此后,经由上海港输入的鸦片逐年递增,鸦片贸易日益猖獗。

表 2−12　上海港入口鸦片数量及其占全国的比重(1847—1860)　　单位：箱

年份	上海港入口鸦片	全国估计鸦片消费量	上海港入口鸦片所占比重(%)
1847	16 500	33 250	49.60
1848	16 960	38 000	44.60
1849	22 981	43 075	53.30
1853	24 200	54 574	44.30
1857	31 907	60 385	52.80
1858	33 069	61 966	53.30
1859	33 786	62 822	53.70
1860	28 438	46 681	59.60

资料来源：[美]马士：《中华帝国对外关系史》第 1 卷,第 403、522、612、626 页。

---

[1]《筹办夷务始末补遗・道光朝》第 1 册,北京大学出版社 1988 年(影印本),第 634、635 页。
[2] John King Fairbank, *Trade and Diplomacy on the China Coast*：*The Opening of the Treaty Ports*, 1842 - 1854, Standford University Press, 1953, p. 229.
[3] 徐蔚南：《上海商埠的开辟》,《上海通志馆期刊》第 2 卷第 1 期,第 18 页。

表 2-12 显示：

（1）1847 年至 1860 年有资料可考的 7 年间,经由上海港输入的鸦片有 6 年是逐年增多的,只是 1860 年略呈下降。

（2）上海开埠后,鸦片输入增长较快。若以 1857 年与 1847 年比,则 10 年中增加了 93.3%;1858 年和 1859 年,较之 1857 年又有增加。

（3）上海港的进口鸦片,约占当时全国估计消费量的一半左右。其中 1849、1857、1858、1859、1860 年均超过 50%,其余年份也都在 40% 以上。

上海港开埠初期,鸦片贸易都是通过走私进行的。英国怡和洋行在上海港开埠后即大量走私鸦片,这在当时已是公开的秘密。1850 年和 1851 年,上海披露了两起走私案,其中就有大英轮船公司"玛利·伍德女士号"走私鸦片案。1853 年,美国驻华公使马歇尔承认,几乎所有在上海及广州的美国人都武装他们的商船,"满载鸦片,抓住一切机会售与中国商人"[①]。这种走私贸易的具体环节,1856 年江海关道蓝蔚雯的密禀曾有揭示："西洋各国进口货物,近以烟土为最盛……五口行销,几于无处不有。其贩来上海者,夷商以抵付丝、茶价值为大宗。譬如应付丝、茶价银一万两,夷商只付现银六七成,余以烟土抬价推抵。丝、茶商不敢私运,即就地售与潮广土栈。间有吕宋等国夷人专以贩土为业,亦不及什之一二。统计上海一口共有烟土洋船六只常泊吴淞海口,外洋来货皆聚于斯,一如货物寄栈者然。夷官因系违禁,凡未卖之货,向不准提至洋泾浜,伊则佯装不闻问。其实夷商藉以抵货转运,获利颇厚。广潮等帮土栈,无论买自丝、茶客商及自向吕宋等夷交易,向凭夷商土票赴吴淞提货转售。此上海向来贩运情形也。"[②]

尽管中英《南京条约》没有明文规定允许鸦片贸易,但实际上清政府已默许外国鸦片输入。1852 年前英国驻华公使德庇时称,中英战争结束"至今已近十年,在这段时期中,众所周知,满清政府没有采取过任何禁止鸦片的措施"。他追述说,清政府谈判代表耆英曾向他允诺"鸦片贸易可以在双方默契下进行。按照

---

① 《美国众议院档案》,转引自卿汝楫:《美国侵华史》第 1 卷,生活·读书·新知三联书店 1952 年版,第 95 页。

② 《蓝蔚雯吴煦等密禀鸦片贸易情形及设卡征税办法》(1856 年),太平天国历史博物馆编:《吴煦档案选编》第 6 辑,第 188 页。

这一默契,实现和平后,一切有关严禁鸦片的公告也没有发表过"①。上海港开埠后猖獗的鸦片贸易,正是在这种背景下进行的。《北华捷报》在1855年8月18日报道说:"这种贸易虽然没有正式被认可,可是实际上是被承认了的,鸦片公开在大街上搬运,没有任何人加以阻止。"但外国在华势力并不就此满足,他们希望通过使鸦片贸易合法化,更多地占有中国市场。

经历第二次鸦片战争后,清政府被迫以条约形式承认鸦片贸易合法,鸦片称为"洋药",每箱在通商口岸交纳30两进口税后,通行无阻。鸦片输入的"合法化",给上海港的鸦片贸易带来新的刺激。1863年1月31日《北华捷报》称:"鸦片虽不属于生活必需品,且不列入制成品名单之内,然而我们对鸦片这项进口贸易,确有予以注意的必要,因为它在我国贸易中具有价值,它可以为我们从中国换回同等价格的土产品。同前一年交易情形相比,1862年的鸦片贸易量确有所增加,并为我们带来更多的利润。这项进口的药物不仅在消费量上有所增长,而且它的价格已高达六百三十两一箱,这是多年来没有见过的价格。"与其他进口商品相似,运抵上海港的进口鸦片,很大部分是转运别处的,"牛庄、天津、烟台、汉口、镇江、宁波、芜湖和九江等地,都是由上海供应进口鸦片的"。②

表2-13显示,上海港鸦片贸易的主要去向,亦是长江流域和北方口岸,与正常的内外贸易流向同。

表2-13　上海港转口鸦片数量(1871、1881、1894)　　　单位:担

年份	上海港转口总量	各口岸从上海港转进口数量								
		宁波	镇江	九江	芜湖	汉口	天津	烟台	牛庄	其他口岸
1871	30 004	4 777	7 238	2 035		2 924	6 505	3 891	2 092	542
1881	35 269	8 757	10 790	2 101	3 613	3 505	3 566	1 859	374	704
1894	19 212	5 590	4 212	3 232	2 907	710	1 343	390	72	756

资料来源:据历年海关报告,转引自《上海对外贸易》上册,第44页。

---

① ［英］德庇时:《战时与缔约后的中国》,北京太平天国历史研究会编:《太平天国史译丛》第2辑,中华书局1983年版,第283页。

② 《领事许士1880年度上海贸易报告》,李必樟编译:《英国驻沪领事贸易报告汇编》,第567页。

　　清嘉道年间,在边远地区已有鸦片种植。"云南省地方,寥廓深山邃谷之中,种植罂粟花,取浆熬烟,其利十倍于种稻。自各衙门官亲、幕友、跟役、书差,以及各城市文武生监商贾军民人等,吸烟者十居五六,并有明目张胆,开设烟馆,贩卖烟膏者,其价廉于他省,近(时为 1838 年——引者注)复贩运出境,以图重利。"①甚至近海一些山区,亦间有鸦片种植。浙江"台州府属以及毗连之温州等处,田少山多,不肖棍徒往往于山僻处所,开辟成畦,偷栽罂粟"②。19 世纪末,清政府的财政危机日趋严重,虽极力搜括,多方罗掘,仍不敷支放,于是便想通过公开允许和推广种植鸦片,增辟税收来源,"迨至光绪朝,政府注重土税膏捐,方恃此为入款大宗,恨不得广种广销,为增进利源之计"③。于是各地鸦片种植面积扩大,上海附近地区也不例外,1906 年江浙皖三省鸦片产量分别达16 000担、14 000 担和 6 000 担。④

　　国产鸦片的加入,使上海港的鸦片贸易出现一些新的变化。海关报告载,19世纪 80 年代始"由于土产鸦片供应的增加",进入上海港的外国鸦片有所减少,到 1901 年外国鸦片经上海港"进口的数量只有十年前的四分之三左右"。当时进入上海港流通的国产鸦片,主要来自两大区域,一是江苏北部的徐州地区,一是长江上游云贵川等省。据称:"江苏省西北部的徐州府这一地区几乎全部已种植罂粟,据说每年的收获量可达二千至一万担。"实际上,来自徐州方向的鸦片并非全出自当地,有的系产于毗邻的豫、鲁两省,地处三省交界处、隶属徐州府的砀山县是这些鸦片转运上海的"市场集散地"⑤。

　　另一方面,长江轮运航线贯通,上游地区所产鸦片成为上海港鸦片贸易的大宗货源。根据《1868 年度上海港贸易报告》所载,进口鸦片价格下跌,"原因是多

---

　　① 《驻云贵总督伊里布等严禁云南种植罂粟并贩卖鸦片事上谕》(道光十八年十一月初四日),中国第一历史档案馆:《鸦片战争档案史料》第 1 册,第 420 页。

　　② 《浙江巡抚乌尔恭额奏》(道光十九年五月十日),中国第一历史档案馆:《鸦片战争档案史料》第 1 册,第599 页。按:据清代档案反映,当时新疆、云南、贵州、广西、四川、浙江等省均已见鸦片种植,详载《鸦片战争档案史料》第 1 册,第 77、420、479、483、599、774 页;第 2 册,第 96、347 页;第 3 册,第 493、494 页。

　　③ 雷瑨:《蓉城闲话》,齐思和等编:《中国近代史资料丛刊·鸦片战争》第 1 册,第 333 页。

　　④ 《国际鸦片委员会报告书》,李文治编:《中国近代农业史资料》第 1 辑,第 457 页。

　　⑤ 《海关报告(1882—1891)(1892—1901)》,徐雪筠等编:《海关十年报告译编》第 15、66 页;《总领事许士1887 年度上海贸易报告》,李必樟编译:《英国驻沪领事贸易报告汇编》,第 720 页。

方面的,但使市场未能保持较好价格的主要障碍,是云南和四川两省种植罂粟的面积大为扩大。目前,经常有一定数量的这种中国生产的鸦片从汉口运到上海"①。面对"已有大量的中国鸦片从很远的四川、贵州和云南等省自行设法运到上海",美国驻沪领事麦华陀提议:"为了有效地对付中国人的竞争,必须设法使印度鸦片以更低的价格出售给消费者"②。尽管这样,内地所产鸦片仍凭借成本低、路途近的优势,源源运抵上海港。《1872年度上海港贸易报告》载,外国鸦片在近5年间,"其进口量始终停滞不前,1872年则确见下降。与此同时,中国鸦片的产量却已是原来的四倍还要多"③。经由上海港转运的进口鸦片亦相应减少,据1882年的统计,"在全部或部分由上海供应鸦片的所有港口中,除了一个港口之外,发货量都少于1881年"④。从内地输入上海的鸦片则有增无减,1881年由轮船经汉口运抵上海的四川鸦片有2 402担,1898年达8 800余担,净增近3倍。这些内地鸦片亦是一部分转运他港,其余则在沪消费。⑤

鸦片贸易虽不在正常贸易范围之内,但其为数不小,在考察近代上海港内外贸易货物流通时,当也不可忽略。同时,它也从一个侧面反映了半殖民地半封建社会给上海港留下的鲜明痕迹。

综观开埠后上海与内地经济关系的架构,其突出表现为,在新的历史条件下,两者之间以口岸贸易的货物吞吐为纽带,逐渐建立起了互为依存的直接的联系。开埠前的上海,作为苏州的外港和国内沿海埠际贸易转运点的港口城市,它与内地的经济联系并不紧密,内容也较单一,主要承担自然经济形态下粮棉产品之间的交换,因而对内地经济的商品化进程刺激不大。开埠后的上海,一是区位优势得到蓄发,并成为列强对华经济活动的主要口岸;二是港口的近代化使港口

---

① 《领事麦华陀1868年度上海港贸易报告》,李必樟编译:《英国驻沪领事贸易报告汇编》,第168页。
② 《领事麦华陀1869年度上海贸易报告》,李必樟编译:《英国驻沪领事贸易报告汇编》,第194页。
③ 《领事麦华陀1872年度贸易报告》,李必樟编译:《英国驻沪领事贸易报告汇编》,第257页。
④ 《领事麦华陀1875年度上海贸易报告》《领事许士1882年度上海贸易报告》,李必樟编译:《英国驻沪领事贸易报告汇编》,第365、635页。
⑤ 《上海贸易论》,《江南商务报》第5期(光绪二十六年三月十一日),列说;《海关报告(1892—1901)》,徐雪筠等译编:《海关十年报告译编》,第66页。

本身发生了巨大改观,吞吐量巨增;三是先进的航运工具,大大增强了上海港的输运能力,加强了上海与各地的联系,这就必然对内地的经济结构发生大的冲击,促使其农产品商品化进程的加快,以适应大港口物流的需求。而内地经济结构的这种变化,又促使内地农村经济受制于通商口岸城市的趋向加重,内地农村对口岸贸易的联系和依赖日趋紧密,逐渐形成以进出口贸易为纽带、以口岸城市为龙头的格局,彼此的互动关系开始发生,并随着口岸贸易辐射力的增强而发展。但也应该指出,这种互动关系主要发生在与进出口贸易即国际市场联系的那部分地区,联系较少的那些地区则相对滞后,内地经济和市场的发育并不平衡,这同样也是当时社会状况的折射。

第三章　上海：作为经济中心城市的崛起

城市是人类社会发展进步的产物。中国是世界上城市历史悠久、数量众多的国家之一。早在先秦时期，就有一些人口众多、商业繁盛的城市存在。时至清代，城市的发达超过前代。与欧洲历史上的城市相比较，中国古代城市有其鲜明的特点。具体表现为城市的兴建，往往首先是出于政治、军事的需要；与此相联系，城市的居民，首先是官吏、地主、军人和其他消费人口，从事手工业生产和商业流通的工匠、商人却居从属地位。而传统的欧洲城市，很多是手工业、商业中心，其居民以手工业者、商人居多，有些城市如意大利的威尼斯、热那亚等，通过向国王交纳永久税获得自治权，成为在经济上、政治上都相对独立的实体。两相对照，中国古代城市的政治功能，即作为封建集权制度下政治权力所在地的功能，异常突出。在这种封建制度下，一个城市的地位和规模，主要是由其在政治权力中的地位决定的。唐代长安(今西安)、南宋临安(今杭州)等繁华城市，同时又是封建王朝都城所在地。下至苏州、扬州、广州等城，也无一不是府、郡、州、县治所设置地。政治功能的这种重要作用，使之成为左右中国前近代城市兴衰的主要因素。

五口通商后，中国城市发展的传统格局开始松动、变化，一些突破旧有发展模式，以对外贸易和工商业发展为主要依托的近代城市相继崛起，并在推动中国社会发展进程中发挥着越来越大的作用。这些城市崛起的背景和动力，决定了它们的发展道路明显有别于前近代城市，其城市面貌和功能另具特色。上海，就是这类城市的突出代表。

近代上海作为长江流域乃至全国经济中心城市的崛起,首先得助于港口开发和口岸贸易对城市发展的有力推动。可以这样认为,在上海成为中国及远东商业、金融中心和大都会历史进程的早期阶段,持续增长的港口贸易所产生的刺激效应,是最重要和最值得重视的驱动力。

第一节　以港兴市

近代上海港的发展,得助于商贸、金融、电讯等相关经济部门的辅助,而不断扩大的港口贸易,也给上海的商业繁盛以持续、强力的刺激,这是该时期上海城市商业、金融等行业兴旺的主要原动力。

一、商贸交易

上海港开埠后,迅速增长的内外贸易量多面广,远非开埠前所可比及。如此规模的贸易进出,自然不是旧上海县城内那些旧式商家店铺所能承当的,它直接触发了上海商业门类及其经营形式等一系列新的变化和发展,带来了上海的商业繁盛,推动了上海的城市发展。

在上海港成为中国最大商港的同时,一大批门类繁多的商业购销机构相继开张。一个港口能否兴旺,有无源源不断的货物集散是关键之一。而大量的贸易往来,有赖于众多商业部门的组织、沟通。因此港口贸易的发展,必然带动其所在城市商业的兴旺。自上海港开埠,这里很快成为外国商人在华活动的主要场所。1844—1854 年,上海的外国商行从 11 家猛增至 120 多家。[①] 1858 年有人奏称:"上海为商贾辐辏之区,贸易之利甲于天下,夷人自设立码头,建筑夷楼,囤聚货物,其资本数十倍于中国之商。"[②]其经营重点多是以上海港为输出入通道,

---

① 黄苇:《上海开埠初期对外贸易研究》,第 25 页。

② 《江南道御史何璟奏》(1858 年 4 月 29 日),《四国新档·英国档》,第 383 页。

推销外国工业品和收购中国农副产品。在这些外国商行周围,聚集起一批受雇于洋行,为其奔走的买办,通过居间中介等很快致富。

进出口贸易方面的丰厚利润,诱使一部分中国商人改变经营方向,转而从事洋货推销。机制棉纺织品是当时主要的进口商品。外国商行最初是通过买办,利用京广杂货店为其推销洋布。随业务扩大,1850 年左右出现了专营经销洋布的"清洋布店";至 1858 年已有十五六家,同年还成立了行业组织——洋布公所。这些店家初设时,以门市零售为主。以后洋布进口增多,上海邻近城镇陆续开设洋布店,有若干商店兼营洋布,都需到上海进货,上海的洋布店遂开始批发业务。19 世纪 60 年代后,随长江开放,洋布推销地域大为扩展,内地商人纷纷到上海采购。上海的洋布店便逐渐以批发为主,甚至有专营原件批发及零匹拆货批发等专业分工,实力大增。1884 年已从初期的十五六家增至 62 家,1900 年达一百三四十家,1913 年又达二三百家,在各大商业行业中名列前茅。① 经由上海港输入的大批机制棉纺织品,正是通过它们辗转贩运到邻近地区和内地城乡。1888年 2 月 9 日《申报》评述上海商业时称:"本埠生意第一获利者为洋货,而洋货之中则以洋布为最,而杂货次之。"

上海港繁盛的内外贸易,吸引众多客商近悦远来,《1866 年海关贸易报告》称:"值得注意的是,大批华商从前是在上海派设代理人,现在都亲自访问上海,以便在那里买货,运回其他口岸。"②时称"洋杂货"的五金等业也应运而生,日益兴盛。上海开埠前,除了一些铜、铁手工作坊,并无专设的五金店铺。上海最早的一家五金店,是 1862 年叶澄衷开设的顺记洋杂货号,后称"老顺记"。叶早年为上海法租界一家杂货店伙计,常操舟在浦江向外国商船水手兜售食品,换取一些船用五金工具,后于虹口自设店铺经营五金器材,开上海五金业先河。③ 顺记号的开设,可谓适逢其时。19 世纪 60 年代始,随着中外经济交往的扩大、外资企业的增设和洋务运动的开展,国内对金属器材的需求大量增加,上海港五金进口量增长很快,1860—1866 年,平均年进口 12 993 吨,此后连年攀升,1890—

---

① 上海市工商行政管理局编:《上海市棉布商业》,中华书局 1979 年版,第 1—15 页。
② 聂宝璋编:《中国近代航运史资料》第 1 辑,第 1271 页。
③ 汪敬虞编:《中国近代工业史资料》第 2 辑,第 954 页。

1894年，已是年平均进口74 485吨，较19世纪60年代初净增近5倍。与绝大多数进口商品相似，经由上海港输入的五金商品在全国进口总量中独占鳌头，从19世纪60年代末到90年代初，上海进口五金经常占全国进口总量的70%左右。同样，经由上海港输入的进口五金，大部分并不在上海当地消费，而是转由上海港销往国内其他口岸，其比重在19世纪90年代超过75%，其中还不包括未经报关转运内地的数字。1895—1913年，尽管国内其他口岸的直接对外贸易额有所增长，但上海港进口五金仍占全国进口总量的约64%，转口贸易的比重仍在60%以上。① 这样大量的进口贸易和转口贸易，是上海五金商业得以兴盛的动因所在。老顺记的分号遍布汉口、九江、芜湖、镇江、烟台、天津、营口、宁波、温州等地。周舜卿、祝大椿等一批富商也相继投资经营五金业。据不完全统计，1905年，设在上海租界时的五金煤铁业行号已有90家，成为沪上颇具实力的新兴商业行业。② 这在同期兴起的百货、西药等业中都有不同程度的体现，其共同之处都是受进口和转口贸易的刺激和推动，发展成为自成体系的商业行业。③

上海港内外贸易对城市商业发展的推动，除了催生一批新的商业行业，还引发了不少新的交易方式，使之能够适应不断增长的贸易需求，也使上海商业繁盛的基础更加充实。在这些新的交易方式中，商业批发最为引人注目。上海港既是中国最大外贸口岸同时又是埠际贸易枢纽大港的双重身份，决定了无论是洋布业还是五金业等，商品批发都在其业务活动中占据主要地位。19世纪60年代后，除了长江流域镇江、汉口等地商号派人赴沪采购洋布外，远及东北、华北乃至华南、西南和西北内陆省份都有人来沪设立"申庄"采购进口棉布，并按不同地区逐渐形成各自的帮别，大者有天津帮、东北帮、汉口帮、川帮等，小者有洛阳帮、南京帮、镇江帮等，其涉及地域覆盖大江南北。④

---

① 据上海社会科学院经济研究所主编：《上海近代五金商业史》（上海社会科学院出版社1990年版）第6—10页诸统计表计算。

② 汪敬虞编：《中国近代工业史资料》第2辑，第952、958页；《上海租界华商行名簿册》，上海华商公议会1906年编印。

③ 详可见上海百货公司等编著：《上海近代百货商业史》（上海社会科学院出版社1988年版）、上海市医药公司等编著：《上海近代西药行业史》（上海社会科学院出版社1988年版）。

④ 所据资料见上海市工商行政管理局编：《上海市棉布商业》，第23—24页。

　　它们的特点是"大额办货",即采购数量大,"一家'申庄'一次买进白布一二百包、花色货二三十箱不以为奇"。基于这样量大面广的货物集散,上海洋布业的经营长盛不衰,"在行业中业务较大的大丰,每年营业额在二三百万两,年终盈利三四万两。一般原件批发的店号营业额亦达百余万两,盈利一二万两之间"①。在五金行业,长江流域及沿海天津等地商人,都不是直接向国外订购五金器材,而是通过其派驻上海的"申庄"向上海同行采办,上海五金业的销售对象同样涉及大半个中国。② 上海华资新兴商业的实力和经营,令外商侧目,1898 年英国的一份商务报告载:"自兰开厦输入上海的货物,一半是华商订货,另一半是三四家大洋行自己进口的;但其他进口货物由华商订购的比例更大。除棉毛织品外,上海进口洋货约 75% 完全是华商订购的。"③

　　与出口贸易相联系的商业经营,同样受上海港内外贸易的刺激而兴盛。丝、茶是当时经由上海港输出的大宗出口商品,丝业和茶业因此成为上海最先兴盛的以经营出口为主的商业行业。1857 年,单是徽宁帮在沪开设的绿茶商号就有52 家。1862 年,上海滩已有华记、泰记、与昌、合盛等 24 家丝栈。④ 这些丝、茶商号依托上海港为数巨大的丝、茶出口,竞相开展出口丝、茶的购销业务,成为集纳内地丝、茶销往国外的主要中间商。它们大多设有仓栈,为招徕客商,经营手段灵活,诸如代客堆存货物,提供食宿和物色买主,"货物到栈,即有通事往觅售主,货售归银,不烦客虑"⑤。有的则将触角直接伸向丝、茶产地,组织出口货源。1862 年,徐润与人合伙开办宝源丝茶商号,后又自设宝源祥茶栈,并在江西河口、宁州、漫江、湖北羊楼洞、崇阳、湖南湘潭等茶区设立分号,就地收购茶叶,运销上海出口,赢利丰厚。⑥ 19 世纪 70 年代后,随着上海港出口货物种类的增多,草帽辫、牛皮栈、羊毛栈、骆驼毛栈等专营土货出口的商号相继兴起,扩大了上海

---

① 上海市工商行政管理局编:《上海市棉布商业》,第 24、25 页。
② 上海社会科学院经济研究所主编:《上海近代五金商业史》,第 91 页。
③ 姚贤镐编:《中国近代对外贸易史资料》第 2 辑,第 963 页。
④ 《徽宁绿茶商公议劝捐加厘禀附苏抚批示》(1857 年 7 月 21 日)、《呈报上海各栈丝经到数及销售数》(1862年 2 月 9 日),太平天国历史博物馆:《吴煦档案选编》第 6 册,第 235、236、507—509 页。
⑤ 王韬:《瀛壖杂志》,第 8 页。
⑥ 徐润:《徐愚斋自叙年谱》,第 14 页。

的商业门类，更添市场活力。

在中国商人经营行业和交易方式不断发展的同时，迎合上海港繁盛的内外贸易，在沪外国商行的经营范围也在不断扩展。"洋行经营的商品，一般是只要有利可图，进出口无所不做。如英商怡和洋行，它经营的商品，进口方面有鸦片、杂货、五金、机器等等；出口有丝、茶叶、蛋、肠衣、猪鬃、原皮等等；又在中国设有长江、内河及沿海口岸的航运的轮船部，又有缫丝厂、纺织厂、麻袋厂等；进口洋布仅是其中一个部分。"①在出口方面，交易方式也与时俱进。《1866 年上海海关贸易报告》称："近年来预约交货的制度流行甚广，现在外商已不再等待货物运上市场，而是派他的中国雇员携带巨款下乡，向丝行预付货款，签订合同。"为竞销源源运抵的进口商品，引进了欧美时行的拍卖方式。1873 年元芳洋行首次在沪推出定期拍卖交易形式，每期拍卖商品的品种、花色和数量，都预先通告各大商号和"申庄"。届时观者如堵，成交活跃。以后怡和洋行和锦明洋行等相继效仿，这种定期拍卖逐渐成为人们熟悉的一种推销方式。②

19 世纪 80 年代中叶，一些同时经营航运、商务的在沪洋行，积极筹划通过在上海港设立海关保税仓栈，进一步推进它们在上海的商业发展，强调"本港海关保税仓栈的创立对于此间的外贸事业无疑有很大好处"。他们之所以热衷此事，《北华捷报》道出了其中缘由："此间商界同行都是本港各公共码头的老板，对这些码头的投资为数已相当可观""由各国股东所拥有的码头产业，也是为适应当地日益增长的需要而逐步积累起来的。这些经营码头的公司大都为从事上海外贸的商人所有，并且可以恰切地说，已成为他们事业的一部分。"清政府的反应，则打算"建立海关保税仓库垄断权，并使它掌握在(轮船)招商局手中"③。后因争执不下，终告未果。此项交涉，清楚折射出早期上海城市商业与港口贸易密不可分的依存关系。

依托上海港内外贸枢纽港地位发展起来的上海城市商业，以其门类众多、设施先进、交易灵活、服务配套等优势，至 19 世纪末 20 世纪初初步奠定了中国商

---

① 上海工商行政管理局编：《上海市棉布商业》，第 6 页。

② 姚贤镐编：《中国近代对外贸易史资料》第 2 辑，第 1021 页；上海社会科学院经济研究所、上海市国际贸易学会学术委员会编著：《上海对外贸易 1840—1949》上册，第 114 页。

③ 《北华捷报》1887 年 10 月 27 日。按：保税货栈，指海关监管的贮存未办缴纳关税的进口应税货物的货栈。

业中心的地位。1901年2月13日《申报》称："夫论中国商贾云集之地，货物星聚之区，二十余省当以沪上为首屈一指，无论长江上下，南北两岸，以及内地市镇，皆视沪市如高屋之建瓴，东西各邦运物来华亦无不以上海为枢纽。"海关报告亦载："中国商人一年甚于一年地倾向于把上海作为中国北方贸易的商业中心，他们把北方沿海港口和内河港口只是作为货物的上岸地点来使用，而这些货物又是为满足那些地区的直接需求所必须的。现在中国人最大的商业机构几乎都设在这里。"①截至1905年的统计，设在租界内的华资商业企业共有50余个行业总计3177家。② 1911年，南市旧城区主要面向国内埠际贸易的也有米、豆、木、土布等49个行业共886家。③

一些外国商行，打消了在外埠设立分支机构的设想，而是着力加强在上海的经营，将上海与外埠的商业往来交由中国商人们去承担。1895年苏州、杭州开埠，英国驻沪领事认为"这无疑将对上海的贸易产生很大的刺激，到现在为止这些城市都是从上海获得供货的，而且仍将如此"；同时他又断言"在外商方面，不见得会出现任何涌往那里去开设分行的情形，经验表明中国人在所有港口之间的贸易经营上都能比英国人干得更便宜些，因而我们对此已不再进行竞争，甚至也不再为此而埋怨"④。1903年，上海外国商行已从1867年的300多家增加到600余家。⑤ 外商的这种抉择，映衬出维系于内外贸易的上海商业中心地位已具雏形，并使其更趋稳固，在他们看来，"无论上海将来会是什么样的——作为一个港口，或是作为一个商业中心——没有迹象表明它将是一个衰落的城市"⑥。活力何在？源源不断的内外贸易的有力驱动，无疑是关键所在。

二、 资金融通

港口的繁盛，刺激了商业的兴旺，商业的发展特别是埠际贸易的开展，则离

---

① 《海关报告(1882—1891)》，徐雪筠等译编：《海关十年报告译编》，第34页。
② 《上海租界华商行名簿册》，上海华商公议会1906年编印。
③ 《1911年沪南商务分会报告册》，复旦大学历史系等编：《近代中国资产阶级研究续辑》，复旦大学出版社1986年版，"附录"。
④ 《领事哲美森1895年度上海贸易和商业报告》，李必樟译编：《英国驻沪领事贸易报告汇编》，第897页。
⑤ 吴圳义：《清末上海租界社会》，(台北)文史哲出版社1978年版，第57页。
⑥ 《海关报告(1882—1891)》，徐雪筠等译编：《海关十年报告译编》，第35页。

不开金融机构在资金融通方面提供的便利。清中叶上海港沙船货运贸易的活跃，便是和上海钱庄业的发展相辅相成的，"上海自有沙船业，而后有豆米业……因豆米业之发展，北货业随之而开张，款项之进出浩大，金融之调度频繁，钱庄业顺其自然，得有成功之机会"①。

上海港开埠后，受不断扩大的内外贸易的驱动，钱庄的经营业务渐被纳入进出口及埠际贸易资金融通渠道，"租界既辟，商贾云集，贸迁有无，咸恃钱业为灌输"②。钱庄的信用手段，在通商口岸用的是庄票，在通商口岸和内地之间用的是汇票。它所签发的庄票，可以代替现金在市面流通并负有全责，到期照付。庄票有即期和远期两种，前者见票即付，后者则在到期时付现。上海各商号在交易中大多使用远期庄票，在开埠初期常以 10—20 天为限，进入 19 世纪 60 年代后普遍缩短为 5—10 天。庄票的这种信用手段，大大加速了资金周转，广受各方青睐。"钱庄接受长期、短期和各种不同利率的存款，并进行贷款和票据贴现等业务。他们使各级商人，从最大的商号到最小的零售店主，都能得到并利用这些便利。所有在上海出售的进口商品的货款都是用五到十天期的钱庄票据支付的，这种方式既使钱庄可在票据流通期间使用这笔钱，又使进口商品的买主能够与内地一些地方或开放口岸做汇兑买卖的钱庄完成其筹措资金的安排。无论哪一年，这些票据的数额都是很大的。"③

庄票之外，另有汇票。上海港开埠后，进出货物的绝大部分是国内其他通商口岸的中转商品。据 19 世纪 70 年代初叶的统计，上海港进口商品只有约 20％是由当地消费的，其余 80％均输往内地。④ 伴随如此大量中转贸易的，是金融机构的中介和资金融通。上海在长江流域金融市场已趋主导地位，钱庄汇票的功能便是一个缩影。1870 年英国领事称，在镇江支付进口洋货的主要办法，是开出由上海钱庄付款的汇票，而商人则把铜钱或银锭运入苏州，从那里收购土产到上海去变价付款。⑤ 19 世纪后半叶，输往重庆的洋货仍靠木船运输，费时较长，

①　中国人民银行上海市分行编：《上海钱庄史料》，上海人民出版社 1960 年版，第 6、9 页。

②　姚贤镐编：《中国近代对外贸易史资料》第 3 辑，第 1564 页。

③　《领事麦华陀 1875 年度上海贸易报告》，李必樟编译：《英国驻沪领事贸易报告汇编》，第 383、384 页。

④　《领事麦华陀 1872 年度上海贸易报告》，李必樟编译：《英国驻沪领事贸易报告汇编》，第 270 页。

⑤　《通商各口英国领事商务报告》1869、1870 年，《镇江》，第 117 页。

汉口的钱庄实力较弱，难以支持四川商人所需要的大量长期信用，这些商人遂转而直接从上海进货。19世纪60年代中叶，四川所销售的进口货，购自汉口的不到20%，到1869年又降至10%左右。关键就在于支持这项贸易所必须的长期汇票，是由"上海殷实钱庄承兑的"，因为相比之下，上海钱庄"更集中和更富有"。① 其步骤是，"一个重庆商人如果要在上海采办洋货，他可以到一个钱庄那里说明来意，并在该钱庄押借一笔款项，其数目由他自己与钱庄商议协定。然后这位商人就可以将订货单寄与他在上海的代理人，钱庄经理也通知与他有关系的上海钱庄或其分庄，由后者向洋行或其中国代理人处付予这笔款项"。上海与重庆之间日益增长的转口贸易，正是与这种信用支持相辅相成的。1881年，输往重庆去的洋货约占当年上海港进口货总值的九分之一。②

中国农副产品的大量输出，同样推动了金融业的发展。当时凡从事生丝贸易的丝行，"有资本一万断不肯仅作万金之贸易，往往挪移庄款，甘认拆息""有借至数倍者，有借之十倍者，全赖市面流通，支持贸易"。③ 每到春季，钱庄就向丝行贷出巨款，到新丝开盘成交后再收回款项。茶栈的经营，也通常取决于钱庄贷放的多少，彼此间的关系十分密切，"每庄往来动辄一二万或三四万，少亦数千元"④。钱庄业则通过贷放款获致厚利，长足发展。"钱庄最初创设，资本极薄，规模极简，其主要营业仅兑换货币一项。直到1843年上海开埠以后，进出口交易渐繁，金融流通的需要日增，于是钱庄营业逐渐发达，存款放款事项亦较前繁多。如是年复一年，营业遂蒸蒸日上，大有一日千里之势。"⑤1873年上海共有汇划钱庄123家，其中设在北市即租界的有73家，超过半数。⑥

上海开埠不久，着眼于前景良好的港口贸易，一些外资银行分行相继设立。最早的是1850年的英商丽如银行，至1860年已增至英商呵加剌、有利、汇隆、麦加利和法商法兰西等六家外资银行。其初期业务全是围绕着进出口贸易进行，

---

① 《通商各口英国领事商务报告》1869年，《汉口》，第78页。
② 《通商各口英国领事商务报告》1881、1882年，《重庆》，第9、15、16页。
③ 商霖：《整顿丝茶策》，《皇朝经济文编》卷49，第1页。
④ 《申报》1889年3月13日。
⑤ 郭孝先：《上海的钱庄》，《上海市通志馆期刊》第1卷第3期，第804页。
⑥ 《申报》1874年2月26日。

"银行始初仅通洋商,外洋往来以先令汇票为宗,存银概不放息"①。主要是经营外商在贸易往来中的汇兑业务,并不着意招揽存款,也不经营票据贴现和抵押放款,重点首先是迎合不断增长的中外贸易所提出的金融辅助需求。19 世纪 60 年代后,上海港内外贸易的大幅度增长,迫切要求与其相适应的资金融通加速,单就钱庄而言,显得力不从心,外资银行则存款日多,需要寻找合适的贷款对象,而钱庄经营多年的业务网络则是它们所不及的,于是通过买办的媒介,外资银行开始接受钱庄庄票作为抵押,向钱庄提供信用贷款,时称"拆票"。

　　1869 年英资汇丰银行首先通过其买办王槐山,放款给钱庄。其他银行相继效仿,"当时钱庄流动资本大部取给予外商银行之拆票,外商银行之剩余资金亦常以此为尾闾,且可由此推动国内贸易,以利洋货之畅销,并由此以操纵金融市场,使钱庄为其附庸,钱庄则赖此而周转灵活,营业可以推广,自属乐于接受"②。19 世纪 70 年代后期,这种"拆票"方式已很普遍。受不断增长的内外贸易的推动,钱庄与外资银行出于各自利益考虑的这种携手经营,大大推进了上海金融业的发展。至 19 世纪 70 年代末,江浙两省的银洋市价都依据上海丝茶贸易的进出款项上下波动,各地钱庄"皆探上海之行情"决定业务进止。③

　　上海港的崛起推动了上海贸易金融中心地位的形成,还体现在票号业在上海的新发展。票号起源于道光初年,主要经营地区间汇兑,由山西人创办者居多,以黄河流域和华北各省为主要活动区域,江南则以苏州为中心,"昔年票号皆荟萃苏垣,分号于沪者只有数家"④。与钱庄业相比,票号的经营方针较为保守,与官府的关系较为密切,它们参与商业资金的融通,主要通过钱庄进行。前已述及,钱庄资本一般并不雄厚,贸易量大幅度增长后,钱庄为调度足够的流动资金,除了设法从外资银行获取信贷,还求助票号的支持。这时票号在江南的经营重心已从苏州移至上海,通过钱庄资本的运作,相当数量的票号生息资本开始以商业资本的形式在国内市场流转,"迨东南底定(指太平天国失败——引者注),上

　　① 《申报》1884 年 1 月 12 日。
　　② 中国人民银行上海市分行编:《上海钱庄史料》,第 29、30 页。
　　③ 《申报》1879 年 4 月 27 日、1880 年 1 月 3 日。
　　④ 中国人民银行上海市分行编:《上海钱庄史料》,第 15 页。

海商埠日盛,票号聚集于斯者二十四家,其放银于钱庄多至二三百万"。钱庄得此助力,发展更快,"上海钱庄之盛,盛于票号、银行放银于庄"①。

钱庄的业务网络,主要分布在长江流域,而票号的覆盖面则遍及除边远地区的大半个中国,它的加入使上海的贸易金融中心地位更趋稳固。在全国各城市,凡设有票号分号的都可以直接通汇,上海"与内地各省的汇兑业务,以及中国人与通商口岸做交易开出的票据全部通过山西票号,这些票号多数在上海设有机构,他们还宣称可购入或售出国内任何地方的汇票"。20世纪初年,"他们每年的业务进出总额约为八千万两"②。

上海港的繁盛,还催进了保险业在上海的问世。自19世纪50年代初上海港成为中国进出口贸易最大口岸,"由于要求西方船只为商品提供安全保证的中国人日渐增多,为了迎合需要,怡和洋行于1857年在上海和香港开设了谏当保险公司的中国分行。分行的业务十分兴旺,在几个月之内接受的客户数目表明,在中国商人当中售出保险单的数量比在西方商人中售出的数量要多得多"。这种令人鼓舞的发展前景,刺激新的保险公司相继开张,"以致在十年之内又开设了六家保险公司"③。

它们的经营重点,都是水上航运安全保险。"为了适应从60年代初开始出现的中国人的较大规模商号日渐发展的总趋势,怡和洋行认为保险业、银行业如同航运业一样,已发展成为这家洋行的至关重要的职能部门。"1862年成立的扬子保险公司,是由美商旗昌洋行集资开办的,"这家公司由旗昌轮船公司承运货物中就得到大笔买卖",1883年公司业务已扩大至伦敦等地,资本也从开业时的40万两增至80万两。轮船招商局成立后,为适应航运业务的发展及"不为外人掣肘",也在1875年和1876年先后集资设立了仁和、济和两家保险公司,"保客货兼保船险,推及于中国各埠暨外洋星加坡、吕宋等埠凡二十一处"。1886年合并更名为仁济和保险公司,股本为100万两。保险公司的相继设立,是受上海港

---

① 《申报》1884年1月12日;《论论钱市之衰》,《字林西报》1884年2月9日。
② 《领事麦华陀1875年度上海贸易报告》,李必樟编译:《英国驻沪领事贸易报告汇编》第384、385页;《海关报告(1892—1901)》,徐雪筠等译编:《海关十年报告译编》,第96,97页。
③ 聂宝璋编:《中国近代航运史资料》第1辑,第607页;《领事麦华陀1875年度上海贸易报告》,李必樟编译:《英国驻沪领事贸易报告汇编》,第384页。

繁盛的航运业务推动所致，它们的业务开展，也给上海港内外贸易的进一步发展带来新的助力，"'你能保险吗'？几乎是所有中国商人必然要问的一个问题"。因此，"轮船与保险事属两歧，而实则归于一本，有如许保险生意则必有如许轮船生意"①。

要言之，上海港繁盛的内外贸易所提出的大量的资金融通需求，促使上海的金融业呈现大发展的局面，形成外资银行和中国钱庄、票号互为援手、鼎足而立的基本格局，"洋商之事，外国银行任之；本埠之事，钱庄任之；埠与埠间之事，票号任之"②。同时，又有保险业的辅助。19 世纪 80 年代，上海已成为占全国对外贸易"货物成交"和"款项调拨"总量 80% 的贸易金融中心。③ "以港兴市"作为港口城市发展的一般规律，在开埠后的上海尤其得到生动有力的体现，如 1882 年 9 月 15 日《北华捷报》所言："上海的繁荣，至今几乎完全依靠它是一个航运中心和商务口岸。"

三、 信息传输

近代上海港的崛起，促进了兴旺的商贸交易和活跃的资金融通，它们又都是和便捷的信息传输联系在一起的。在商品经济的运行中，信息的重要性是显而易见的。广州一口通商时，江浙地区商人已雇有专人专事信息传递，"盖因丝货、茶叶产于江浙，而洋货则来自广东，此往彼来，殆无虚日。且有常川住居广东之人谓之坐庄，专为探听货物之多寡，价值之低昂。而设遇有可以贸利或有某货滞销不可运往者，即专遣捷足，兼程赶回，不过数日可到"④。上海开埠后，对信息的需求更为迫切。上海最早的一份中文商业性报纸，即 1861 年 11 月创办的《上海新报》在发刊词篇首便是"大凡商贾贸易，贵乎信息流通"。近代上海在信息传输方面的近代化程度，是当时国内其他地方无法企及的，这种优势也是伴随近代

---

① 聂宝璋编：《中国近代航运史资料》第 1 辑，第 607、614、1085、1086、1087、602、1086 页。
② 《上海市通志金融编》(上海市通志馆未刊稿)，中国人民银行上海市分行编：《上海钱庄史料》，第 56 页。
③ 汪敬虞：《19 世纪外国在华银行势力的扩张及其对中国通商口岸金融市场的控制》，《历史研究》1963 年第 5 期，第 73 页。
④ 《浙江巡抚刘韵珂奏请饬各省有传抄英书不必根究片》(道光二十一年六月十五日)，中国第一历史档案馆编：《鸦片战争档案史料》第 3 册，第 597 页。

上海港崛起形成的。

最需注意的是电报的应用。上海开埠初期，是通过船舶传递获取外部资本主义世界商贸、金融信息。随着上海港进出口贸易规模的不断扩大，这种传输手段显见落后。电报的应用，则为改变这种状况提供了可能。1871 年 4 月，英国人架设的香港—上海海底电线开通营业；同年 6 月，香港—伦敦海底电线接通。6 月 6 日，《字林西报》收到了直接来自伦敦的第一份有线电报。从此上海与欧美间的信息传递改由电报沟通，以往用日月计的信息传输，现在缩短为数小时可达。信息传输效率的这种根本性变革，在上海滩引起不小反响，《字林西报》将它称为"这一年最重大的事情"①。1872 年 5 月 31 日《申报》刊载的一则"电气告白"对电报的应用大加称许："凡遇切要之事，用电线通报，虽万里之遥片刻周知，所以有裕国裕民之宏用，至于行商坐贾更不可少。"当很多中国人对电报持疑忌心态时，经营进出口贸易的中国商人就表现出浓厚的兴趣，1876 年英国驻沪领事评述："尽管农民和一般知识分子对此表示愠怒不悦和麻木不仁，然而据说在诸如杭州、湖州和苏州等丝、茶大市场上经营的商人们都极其希望得到这些工具（指电报和铁路——引者注）。"②

进入 19 世纪 80 年代，伴随上海港内外贸易网络的扩展，上海与国内各大商埠间的电报线相继架设。1881 年，上海经苏州而后沿运河北上至天津的电报线开通。次年，上海循长江至镇江、南京线开通；两年后又延展到汉口。1884 年，上海南下至宁波、福州、广州、梧州、南宁、龙州线开通。通过便捷的电报通讯，"不论官商均可传达信息"。视商场如战场的中外商人纷纷利用电报的快捷，"凡欲操奇计赢尽有费此数元或数十元而得收大利者，是故争先恐后，趋之若鹜"。1884 年，上海电报总局每月售出电报纸约 1 600 张。他们已认识到"商家生财之道惟凭居积贸迁，而为迁为积又视在远市价之高低为断，苟能得声气之先，有利可图，不难一网打尽"③。而电报恰给他们提供了搏击商场的利器，"商贾交易藉

① ［法］梅朋等：《上海法租界史》，第 451 页。
② 《领事达文波 1876 年度上海贸易报告》，李必樟编译：《英国驻沪领事贸易报告汇编》，第 422 页。
③ 《申报》1882 年 1 月 16 日、1884 年 6 月 30 日、1882 年 11 月 25 日。

电报以通达市价,则无者常绌,而有者常赢"①。

　　电报的应用,使口岸贸易对上海商业发展的作用力更为增强。1883 年 4 月,上海至杭州电报线尚未开通,《申报》就发表评述称:"本年蚕丝一汛,杭、嘉、湖各属均可迅达电音,本埠该业市面当有振兴之兆。"6 月上旬,"本埠丝市开盘,从南浔往来电报络绎不绝"。7 月,上海电报总局由苏州分局添设无锡支局,"缘该处丝茧市面颇大,各路客商多有至埠"②。借助电报,中外之间及中国各主要通商口岸间的商业信息得迅即沟通,又加自 1870 年苏伊士运河开通,上海至伦敦的航程缩短近四分之一,贸易周期及资金周转期均大为缩短——"直接的结果是,在上海买到生丝时,随即在伦敦市场上出卖,在 1871 年夏季这一方式已大为通行,丝商用这种方法避免营业中的风险,只要能获得最细微的利润,就能鼓励他又去收买生丝。"一些原本限于实力无缘经营进出口业的商人,因此得有施展身手的可能,"贸易的机会吸引着具有小额资本或信用的人"③。上海中小洋行从 1876 年的 160 家发展到 1884 年的 245 家,年均增加 10.5 家。④

　　面对新的竞争格局,那些老牌洋行也改变经营方式,"责任比较大的商人,预料到每笔交易的利润较低,自然倾向于扩大其经营范围以求补偿,结果商业被人为地扩张起来了"。外轮进港时,所载货物"不是预先卖了的,或起岸后立刻就卖了"。⑤ 1882 年 11 月 25 日《申报》以赞许的口吻称:"今日之中国既有轮船之广其货之载,复有电线速其音之传。"两者互为促进,使上海的商业发展更添活力。

第二节　因　港　促　工

　　上海是中国近代工业的中心。追溯历史发展的源头,则可看到它的发祥和起步,是围绕着上海港的崛起展开的。

---

① 郑观应:《论电报》,夏东元编:《郑观应集》上册,上海人民出版社 1982 年版,第 82 页。
②《申报》1883 年 4 月 9 日、6 月 11 日。
③ 姚贤镐编:《中国近代对外贸易史资料》第 2 辑,第 949、951 页。
④ 汪敬虞:《19 世纪西方资本主义对中国的经济侵略》,人民出版社 1983 年版,第 107 页。
⑤ 姚贤镐编:《中国近代对外贸易史资料》第 2 辑,第 951、948 页。

一、 船舶修造业

上海港的崛起，意味着众多远洋、近海和内河中外船只的频繁进出。它们的维修、保养，便是一个很现实的问题。最初，进港的外国船只多数是木帆船，其维修保养由上海原有的船作揽下。后随着往来船只日多，船舶构造日趋先进，19世纪50年代初已有外国资本在沪经营船舶修造业。1850年，美商伯维公司开业。次年其广告称："本分司在上海经营修船与造船业务将近一年，深得上海商人及各船长的信任与各顾客的满意。"①1852年又有美商杜那普在虹口江岸设立船坞，是为日后耶松船厂的一部分。1856年，虽然"很少人能相信在那个时候黄浦江上居然能修造汽船，然而这种工程竟完成了"。汽船设计者和拥有者，是在上海港已任职七年的美籍引水员贝立斯。他在吴淞雇用中国工匠造出2艘长68英尺、配有12匹马力发动机、载重400吨的木汽船。同年，另一名美籍引水员包德在下海浦设立船厂，"从事经营船坞、修理船舶"②。

19世纪60年代后，随着长江及沿海通商口岸的增辟和中外贸易的扩大，进入上海港的大吨位远洋轮不断增多，上海的船舶修造业因此趋盛。1864年1月9日《北华捷报》报道："由于本埠的贸易日益增长，故对到埠船只提供并扩大各种必需的设备，就成为迫不及待的要求。我们看到新的船坞已经建造起来，旧的船坞也在扩建中，这就为修船和造船提供一切要件。"它预言"继船坞的兴建，必然出现很多铸造厂"，并不无夸张地认为"因此可以说我们不仅是住在一个巨大的商埠内，也是住在一个巨大的工业城市中。像在英国一样，许多种类的制造工程差不多都可以在上海迅速进行"。1860年至1864年的短短五年间，上海共新设9家外资船舶修造厂，分别位于外轮集中停泊的虹口和浦东沿岸。其中耶松、祥生在19世纪70年代后相继兼并其他一些船厂，成为实力雄厚的两大船厂。

1879年，祥生船厂已能建造1 000吨级轮船；次年又建成长450英尺、宽80英尺，涨潮时水深21英尺的新船坞，可以容纳和修理上海港内最大的轮船。

---

① 《北华捷报》1851年8月9日。
② 孙毓棠编：《中国近代工业史资料》第1辑，第14、15页。

1880 年 11 月 18 日《北华捷报》评价此举时称："如果在航运与仓库业的投资证明商人们已相信本埠贸易具有永久性，在造船业中的投资益发证明造船业者的同样信心。投资于此种企业里的钱是不容易随便拿回来的，所幸英美商人都认为此种投资安全并能获利。最近建造的新船坞可以清楚地证明人们认为上海将来会多年维持为一个繁荣的海港，因此他们在这企业中投进了大量的资本。"与此相较，耶松船厂也不逊色。其位于外虹桥稍北，"厂地约三十余亩，东为仁泰码头，西则招商局，中栈前临马路，后倚黄浦"，岸边设有专用码头，一应设备俱全。1884 年它为怡和洋行建造的"源和"轮，船长 280 英尺、载重 2 000 吨，被《北华捷报》称为"在远东所建造的最大的一艘商船"。①

　　上海港的崛起，在刺激外资船舶修造业发展的同时，也推动了中国民族资本船舶修造厂的设立。最早的是法昌机器厂。它原是 1866 年开设的一家手工锻铁作坊，设在虹口美商杜那普所办船厂近侧，并专为其打制船用零部件。1869年开始使用机床，并能自己制造小轮船。1890 年拥有车床 10 余台、牛头刨床 2台、钻床 3 台、龙门刨床 1 台等多种机械设备，最多时工人 300 余名。继起者有1875 年的建昌铜铁机器厂、1880 年的远昌机器厂、1881 年的合昌机器厂、1882年的永昌机器厂、1885 年的广德昌机器造船厂和通裕铁厂等。它们多数设在虹口，限于资金和技术，业务大多依附于外资船厂，承揽一些零星加工业务。建昌的经营颇具代表性，自 1875 年至 1895 年，建昌的规模、设备、资金和人员已有较大扩展，但是业务对象始终是外商的船厂及航运公司，生产工艺一直停留在修理和加工零部件，"实际上仅是外商船厂的辅助工场"②。

　　19 世纪末上海港内河轮运业的勃兴，有力地推动了民族资本船舶修造业的发展。一方面，与远洋、近海货轮相比，内河小吨位轮船的制造周期、技术要求，同民族资本船舶修造业的经营能力较相适应；另一方面，自清政府开禁，内河小轮业发展很快，市场需求大，"因此机器厂制造小火轮盛行一时"。较出名的，"在苏州河老港内有公茂、史恒茂、大昌、广德昌等几家；在虹口有恒昌祥、广德兴等

---

① 孙毓棠编：《中国近代工业史资料》第 1 辑，第 32、29 页。
② 上海市第一机电工业局机器工业史料组编：《上海民族机器工业》，第 84、89 页。

几家；在杨树浦有公兴；在南市有求新、兴发荣等几家。专门协作制造船木壳的有协顺昌、施广福、财理等数家"。与前期相比，它们的地域分布不再偏处虹口一隅，而是移驻苏州河沿岸及南市等内河船只聚泊处，其中有的还同时经营内河轮运业。设在新闸的公茂机器厂，"在 1895—1913 年间业务大为扩展，制造了不少小火轮，自设老公茂航运局，经营上海、无锡、苏州洞庭山、常熟等地的客货运输业务"。行业史料载："公茂的小火轮制造业务是随着它的航运事业的发展而发展起来的，因为老公茂航运局的发展，有力地支持了公茂船厂的经济周转，使小火轮制造能加速进行，而小火轮制造又回过头来加强航运事业中的力量，因此公茂船厂的发展比别家同业为快，在 1913 年以前公茂船厂共为老公茂轮船局造过二十只左右小火轮及拖船。"①

轮船制造修配业涉及金属冶炼锻造和切削加工，它的技术进步和发展实际也是机器制造业的发展和进步，意义颇为深远。求新制造机器轮船厂的发展可为代表，1904 年该厂设于南码头黄浦江畔，占地 80 余亩，下设冶铁、熔铸、金工、组装等工场，先是制造载重数百吨的内河轮船，"都是木壳，机器引擎锅炉都是厂内自造"。后在造船的同时，开始制造大型蒸气引擎，并试制小型内燃机和制造钢桥、码头等构件，成为上海著名的机器制造厂。1909 年该厂承接上海南市自来水公司大型水泵，"日夜赶造，不阅四月大功告竣。当此机试验时，有许多西国工程师接踵来厂，视其所事，察其所行，皆叹赏不置"。②

追溯历史发展的源头，可以理解为什么当中国近代民族工业在总体上呈现机器制造业发展明显滞后时，上海的民族工业却能以船舶修造业为先驱，一枝独秀、独步一时，并在机械设备、技术人才、产品制造等方面，初步奠定了上海的全国工业中心的地位，其历史的底蕴，正是上海港崛起的有力推动。据统计，1866—1894 年的近 30 年间，上海民族机器工业先后设立 12 家厂，其中 1866—1885 年设立的 9 家都是船舶机器修造厂，后设立的 3 家才开始兼造缫丝、轧花机等。1895—1913 年，借内河小轮业勃兴的推动，民族资本船舶修造业得以从

---

① 上海市第一机电工业局机器工业史料组编：《上海民族机器工业》，第 128、130 页。
② 上海市第一机电工业局机器工业史料组编：《上海民族机器工业》，第 141、144、157 页。

完全依附于外资船厂的修理业务,转而部分地自主发展。在这期间,上海民族机器工业共新设 86 家厂,加上前期的 12 家,除去 7 家停业关厂外,迄 1913 年尚有 91 家厂,其中船舶修造厂 19 家、轧花机制造厂 16 家、缫丝机制造厂 8 家、纺机厂 8 家、公用事业修配厂 5 家、印刷厂及其他 35 家,船舶修造厂仍居各专业厂的首位。而在那些轧花、缫丝、纺机厂中,有的原本也是船舶修造厂,后随市场需求而转产,如大隆机器厂 1902 年开办时,主要是为进出上海港的外轮修配机件,为此还置备了 2 艘小拖轮,往来运载零部件,后才转业纺机修理。此外还有永昌、大昌转产缫丝机、建昌转业公用事业修配等。① 可见因上海港崛起而兴起的船舶修造业,是上海民族工业的源头。即便如清政府主办的江南制造总局,也是在收购地处虹口的美商旗记船厂(又称旗记铁工厂)的基础上发展起来的。

近代上海港的崛起对早期上海工业的推动,从外资企业的行业分布亦可得到佐证。1843—1894 年,外国资本先后在上海设有 27 家船舶修造厂,后经兼并改组,至 1894 年继续开工的有 8 家,资本总额达 323.3 万元,占同期外国在沪资本总额的三分之一,企业数目也在各工业门类中名列第一。② 祥生、耶松两厂的规模和实力,尤其引人注目。1894 年上海实际开工的 45 家外资工厂平均资本额为 21.7 万元,而祥生、耶松则分别已达 112 万元和 105 万元,高居其他企业之上。1900 年两厂合组为耶松船厂公司,资本总额 777.8 万元,属下有“祥生厂、新船坞、老船坞、引翔港船坞、和丰厂船坞、董家渡船坞等”,成为远东屈指可数的大型船厂,被当时在沪的外国人称为“无论在哪一方面都无愧于中国的这个主要港口的”③。

二、 出口加工业

自上海港成为中国对外贸易第一大港以来,从各地汇聚的茶、丝等大量出口农副产品经由此地输往海外。因长途运输的需要和迎合国际市场对产品的要求等考虑,它们在离港前都有一个初加工和再包装的工序。在源源不断的大宗出

---

① 上海市第一机电工业局机器工业史料组编:《上海民族机器工业》,第 111、72、120 页。
② 《上海外资工业各业资本结构比例(1894 年)》,张仲礼主编:《近代上海城市研究》,上海人民出版社 1990 年版,第 333 页。
③ 汪敬虞编:《中国近代工业史资料》第 2 辑,第 237 页;张仲礼主编:《近代上海城市研究》,第 334 页。

口贸易的推动下，一批出口加工业很快发展起来，与船舶修造业一起，成为上海早期工业的两大支柱产业。

上海原无出口茶市，自上海港崛起，"茶市亦随时势之所趋，渐由粤移沪。初尚不过由店主兼营洋庄，并未在沪设厂制造，以外人嗜好特别之关系，所需茶叶，形状色泽均与内销者不同。茶商为迎合外人心理起见，不能不就其所需要之式样设法改制"。于是便有一批商人将采购来的茶叶在沪加工后再出口，"所谓土庄茶栈者应运而生"，成为专门行业。19世纪50年代已有三四十家，"营业颇为发达，而尤以巨商姚以舟、王乐等为最著"。最初尚是手工加工，"应用旧式铁锅为烤茶着色之工具"。19世纪70年代中叶渐有改用机器者，加工技术和生产能力有所提高。浙江等地所产茶叶，"皆以毛茶出口，运由上海加工焙作出售"[①]。出口茶叶加工业虽然起步较早，但因其加工技术简单，资金投入少，浙、赣、皖等地产区不久便有人效仿就地加工，因此上海的茶叶加工业发展不快，虽有部分采用机械，但主要仍靠手工操作。更能体现上海港崛起对出口加工业推动作用的，应数机器缫丝业的兴起和发展。

紧邻上海的太湖平原沿岸和杭嘉湖平原，向为中国最大的蚕丝产区。上海开埠不久，缘其地理优势，"立刻取得了作为中国丝市场的合适的地位，并且不久便几乎供应了西方各国需求的全部"。这些出口蚕丝当时都由产地小农手工缫制，难免色泽不净，条纹不匀，拉力不合欧美国家机器织机的要求。因此生丝在运抵欧美上机前还得用机器再缫一次，在法国里昂"普通白丝每公斤价值47法郎，而再缫丝则值63法郎"。中国劳动力价格低廉，对外商来说，"在生丝离开上海就地再缫一次更为合算"[②]。1859年，已有沪上最大的生丝出口商英国怡和洋行在上海筹设机器缫丝厂。1861年建成，称"上海纺丝局"，有丝车100部，"用中国蚕茧所缫成的丝品质优良，其售价在英国竟高过欧洲的产品"。但原料茧的供应发生困难，遭到从事土丝缫制、输出的小农和丝商的抵制，延至1870年遂告关闭。既然生丝仍从上海港源源输出，有增无减，若改土丝输出为厂丝输出则获

① 彭泽益编：《中国近代手工业史资料》第1册，第488页；第2册，第352页。
② ［美］马士：《中华帝国对外关系史》第1卷，第403页；姚贤镐编：《中国近代对外贸易史资料》第3辑，第1481页。

利更多,所以 19 世纪 80 年代初又有美商旗昌缫丝局、英商怡和丝厂、公平丝厂相继设立。① 以 1882 年公和永丝厂为发端,更有一批华商涉足,揭开了上海民族资本机器缫丝业的发展篇章。

较之前一时期,机器缫丝业的经营环境有所好转,李鸿章认为"用机器缫丝精洁易售,较中土缫丝尤善,洋人争购,获利可丰。若令江浙督抚就产丝之地招商集股开办,实系为民兴利,并非与民争利"。机器缫丝业原先遭遇的阻力大为减轻,上海港出口贸易对机器缫丝业发展的推动作用,因此得以清晰体现。1886 年至 1894 年,继公和永之后,有裕成、延昌恒、纶华、锦华、新祥、信昌、乾康等 7 家民族资本机器缫丝厂先后创办。② 其背景是"从本港运往孟买、贝鲁特、亚历山大和塞得港的蚕丝数量不断增加,运往上列各地的数量五年中翻了一番",同时欧洲和美国对上海各丝厂成品的需求显著上升,厂丝的价格"按平均数计算,比用中国方法对同样的茧缫制的蚕丝价值,要高 20％—50％"③。在设备方面,先期兴起的本国船舶机器修造厂已能仿制西式缫丝机,"以供缫丝业发展之需要"。设在外虹桥的大昌机器厂先是除修造小火轮外兼造缫丝机及丝厂用蒸气发动机,1890 年始转为专门生产丝厂设备,"有工人一百多名,日夜制造意大利式缫丝车及丝厂用小马力水汀引擎,非常忙碌"④。截至 1894 年,连同公和永在内的 8 家民族资本缫丝厂合计拥有丝车 2 576 部,资本约 206 万两,雇工约 5 850 人,年产丝总量约 2 782 担。成为上海民族工业中,紧随船舶修造业之后的第二大产业部门。"上海的各种工业中,缫丝工业最是遐迩闻名的,因为它的产品风行于欧美市场,举世皆知。"⑤

同一时期,在沪外资缫丝厂同样也有发展。截至 1894 年,上海有 1882 年设于新闸的英商怡和丝厂、1891 年设于垃圾桥(今浙江路桥)的法商宝昌丝厂、

① 孙毓棠编:《中国近代工业史资料》第 1 辑,第 67、68 页。

② 孙毓棠编:《中国近代工业史资料》第 1 辑,第 72 页;徐新吾主编:《中国近代缫丝工业史》,上海人民出版社 1990 年版,第 140 页。

③《代理总领事哲美森致罗斯伯里伯爵函》(1893 年 8 月 5 日),李必樟编译:《英国驻沪领事贸易报告汇编》,第 789、792 页。

④ 上海市第一机电工业局机器工业史料组编:《上海民族机器工业》,第 99 页。

⑤ 孙毓棠编:《中国近代工业史资料》第 1 辑,第 65、66 页;徐新吾主编:《中国近代缫丝工业史》,第 140、141 页。

1894 年设于虹口的德商瑞纶丝厂共 4 家外资丝厂，合计拥有丝车 1 500 部，雇工 3 750 人，年产丝总量 1 620 担，资本 120 万两。在同期上海外资工业的总资本额中，该行业约占 20%，加上船舶修造业所占的约 33%，它们的资本总额超过了上海外资工业总资本额的一半。① 可见无论是上海早期的民族工业还是外资工业，都同样显示了"因港促工"的鲜明特征。港口方面的统计数字，也能说明问题。当时除上海、广东外，其他地区尚无机器缫丝厂，上海 12 家中外丝厂共有丝车 4 076 部，每车日产约 0.36 斤，全年开工以 300 天计，则每车年产 108 斤，4 076 部的年产量约 4 402 担，与 1894 年上海港厂丝出口 4 344 担基本吻合。② 甲午战后，未有新开设的外资丝厂，但依托上海港繁盛的出口贸易，民族资本缫丝业仍呈现不断发展的势头，至 1913 年已从 1895 年的 13 家共 4 276 部丝车增至 49 家共 13 392 部，两项数字均各净增 2 倍多。③ 依旧是上海民族工业的巨擘大户。

上海港大宗出口货物品种的增多，也带动了轧花、制革等工业部门的发展，壮大了出口加工业的行列。19 世纪 80 年代后，经由上海港输出的原棉，成为日本关西地区新兴棉纺织工业的主要原料来源，"1889 年，在上海输往外国的 503 456 担棉花中，有 489 669 担是运往日本的，供应着那里近几年来建立起来的很多的纺织工厂"。日商大阪纺织会社遂提出在上海建立轧花厂，"其目的在将中国棉花轧去壳核，以便利输出"④。基于刚成立的上海机器织布局的"十年专利权"，这项计划遭到李鸿章等人的拒绝，但该厂仍于 1888 年开土，取名"上海机器轧花局"。资本 7 500 两，拥有轧花机 32 台，日产 90 担，"比本地的轧花作坊强得多"。次年从上海港出口的原棉，"由上海机器轧花局轧过不少，运往美国者计有一万担之数"，其余多输往日本。⑤ 紧随其后，另有华商分别在新闸、杨树浦设立棉利公司和源记公司。前者资本 15 000 担，拥有 40 台机器，每天轧花约 56

---

① 徐新吾主编：《中国近代缫丝工业史》，第 135 页；《近代上海城市研究》，第 333 页。

② 徐新吾主编：《中国近代缫丝工业史》，第 143 页。

③ 徐新吾主编：《中国近代缫丝工业史》，第 182 页。

④ 上海市第一机电工业局机器工业史料组编：《上海民族机器工业》，第 100 页；孙毓棠编：《中国近代工业史资料》第 1 辑，第 88 页。

⑤ 《海关报告(1882—1891)》，徐雪筠等译编：《海关十年报告译编》，第 33 页；孙毓棠编：《中国近代工业史资料》第 1 辑，第 97 页。

担。后者规模更大，资本约20万两，"有120台机器在运转，每天的生产能力约为清花170担"。1893年又有礼和永轧花厂设立，资本5万两，轧花机42台。[①]
与机器缫丝业不同的是，棉花初加工的技术要求更为简单，上海附近棉花产区这时已多使用上海机器船舶修造厂等仿造的日式脚踏轧花机，后又推及其他棉产区，这种小轧花机加工的棉花总产量，已占上海港出口原棉的大部分，甲午战后外商的投资重点又移向棉纺织业。[②] 因此，机器轧花业在上海出口加工业中，没有发展成为如机器缫丝业那样实力雄厚的产业部门。其他如制革业，19世纪70年代始内地生皮不断运抵上海出口，德、英等国商人合资的上海熟皮公司已能大量收购生皮进行加工，"一部分制成的皮革正在运往伦敦的途中"。由于原料来源充沛，1882年"董事会认为需要建造一座仓库，用于储存已在手边的大量的硝皮材料，并监制皮革"，月产量约500担。[③]

出口加工业的兴起，也给上海港对外贸易新的拓展提供了助力，可谓相得益彰。"打包工厂的建立，推动了皮革、羽毛、猪鬃、毛皮和棉花等货物的交易，因为它能使包装完善，载运便利，使货物出口减少损害。"[④]

第三节　依港扩城

上海港的崛起，对上海近代城区的形成和发展，有着直接的影响。

一、中心城区

中心城区系指以外国租界为主体的上海中心城区。

---

① 《海关报告（1882—1891）》，徐雪筠等译编：《海关十年报告译编》，第33页；孙毓棠编：《中国近代工业史资料》第1辑，第979页。

② 1896年3月，署南洋通商大臣张之洞奏称："查沪关税饷所入，取之于土货者十之二三，洋货居十之七八。此项洋货之外洋，工料昂贵，迨造成后，装船运华，水脚、保险又复不资，现既明准日本在通商口岸制造货物，各国有利均沾，不独改造土货，凡洋货可以在华制办者，亦将购械造屋，纷纷开办"（《总署收署南洋大臣张之洞文》（1896年3月23日）《清季中日韩关系史料》第7卷，台北"中研院"近代史研究所1972年版，第4729页）。

③ 《领事达文波1876、1878年度上海贸易报告》，李必樟编译：《英国驻沪领事贸易报告汇编》，第419、499页；孙毓棠编：《中国近代工业史资料》第1辑，第86、87页。

④ 孙毓棠编：《中国近代工业史资料》第1辑，第102页。

19世纪，船舶是外国列强来华主要的交通工具，他们在上海选择外国人居留地(后演变成租界)时，首先考虑的是航运便利和适宜建港。英国人选择外滩一带，美国人攫取虹口江岸，无不反映了这一点。因此也就奠定了上海近代城区的基本格局，即以港区为基点，循江岸寻求延伸。早期法租界及以后公共租界的扩展，都有鲜明的体现。

1861年，法兰西火轮公司得到政府支持，积极谋划在上海开拓业务。鉴于法租界十六铺以北岸线已被美商金利源码头租用，他们就以帮助镇压小刀会起义有功，向清政府提出将法租界的岸线向南延伸。法国外交部长图弗内尔明确告诉法国驻沪领事爱棠："由于主要航线要经过上海，邮船公司很想在这个港口有足够的地皮，以便造办公室、码头、栈房和邮务营业上所需要的各种房屋，因此该公司要求我在法租界内可资利用的地方为它保留一块两公顷大的地皮。"经交涉，清政府答应法租界南侧界线一直延伸到出小东门直通黄浦江之小河沿，于是法租界沿黄浦江向南伸展了650多米。① "增加的面积虽小，但是却在原有的500码沿江地段上，现在又加上了上海最好码头的一片700码沿江地段"，其中小东门外沿江地带约34亩归法兰西火轮公司租用。②

1863年6月25日，美国驻沪领事熙华德与上海道台黄芳订立章程，确定苏州河以北黄浦江沿岸的美租界，西自护界河(即泥城浜——引者注)对岸之点(约今西藏路桥北堍——引者注)始，向东沿苏州河及黄浦江至杨树浦，再循杨树浦向北3里止向西划一直线，回到护界河对岸之起点。这样，黄浦江虹口沿岸地带尽入其中，为外轮港区的成片兴建作了准备。同年9月苏州河两岸的英美租界合并为公共租界，并于19世纪90年代循着苏州河及黄浦江分头向西和向东延伸，西自新闸东至周家嘴沿途岸线均被圈入。③《海关十年报告》记述了1899年5月公共租界的这次空前扩展，指出"其结果是增加了护城河(指泥城浜——引者注)以外的一大块土地，它一直延伸到静安寺的村庄，北至苏州河的新闸，东部的虹口地区也增加了一大片。这就使得公共租界那一部分的面积增加了一倍，还包括所有的河

---

① ［法］梅朋等：《上海法租界史》，第294、295页；《筹办夷务始末·同治朝》卷1，第8页。
② ［美］马士：《中华帝国对外关系史》第1卷，第519页；［法］梅朋等：《上海法租界史》，第307页。
③ 蒯世勋等编著：《上海公共租界史稿》，第366、468页。

岸地带以及一条近1英里宽的狭长地带，一直到黄浦江下游的周家嘴为止"。公共租界经过这次扩充，其面积从2.75平方英里增至8.35平方英里，净增2倍多。[①]

另一方面，由于上海港地位的重要无可替代，外国列强总是极力设法予以维护，也推动了近代上海中心城区的形成和扩展。英国人曾毫不掩饰地说："我们在全世界找不到一个可以和上海相比拟的城市。这个城市似乎在一天之内修建起来，它的商业好像在一小时以内迅速获得成长，在扬子江混浊的江面上大队汽轮云集，借以为祖国同胞的工业打开一条出路。"在他们看来，上海港贸易发展的程度，"只有在澳大利亚与加利福尼亚这些地方发现金矿后航运发展的情形才能与之匹敌"。强调"上海这一港口不久将在东方成为最庞大的外国贸易场所，对于那些实际上同这种贸易具有利害关系的人来说，他们对此所感到的满足应该非同小可，而他们诚然是这样感觉的。从扬子江各口岸开埠通商以来，由于商业受到刺激，差不多所有洋行都做着好生意"。指出"上海之所以重要，没有别的原因，无非是由于这里集中很多外国人，而外国人之所以流入上海，完全是由于上海有条件成为华北与华中对外贸易的一个出口处"。因此1860年太平军逼近上海，他们便破门而出，直接与太平军兵戈相见，"借以弭平一切叛乱活动，进而保卫上海，抵抗任何攻击"[②]。

列强的干预，阻挡了太平军的进攻，"江浙一带富绅巨贾争赴沪滨，以外侨居留地为安乐土。据统计所示，1860年英美居留地间华人已达30万，而1862年竟增至50万。此种避难的富豪都不惜以重金获得居留地间一栖止为万幸，西人于是大营建筑的投机，以最迅速的工程.最简陋的材料，就空地兴建大批房屋，以供给华人居住，而转瞬间获得千倍的巨大利益"。一些新的居民点和商业区开始形成，"新筑室纵横十余里，地值至亩数千金"，并越过租界地域向外伸展。[③] 静安寺"在法华东北四里许，本一大丛林，无所谓市也；粤匪（指太平军——引者注）时，英商开辟马路，渐成市集"，后被融入公共租界的版图。[④] 类似的情景，在

---

① 《海关报告（1892—1901）》，徐雪筠等译编：《海关十年报告译编》，第75页。
② 上海社会科学院历史研究所编译：《太平军在上海——〈北华捷报〉选译》，上海人民出版社1983年版，第302、465、477、499、86页。
③ 中国人民银行上海市分行编：《上海钱庄史料》，第15页；冯桂芬：《皖水迎师记》，《显志堂稿》卷4，第15页。
④ 民国《法华乡志》卷1，《沿革》。

1900 年"东南互保"时再度复见,要因都离不开列强对时为中外交通枢纽港上海的极力维护。

二、 外围城区

此处的外围城区,是指中心城区之外的浦东和中途辍止的吴淞地区。

中心城区对岸的浦东沿岸地带,原本农田、河滩,并无城区可言。它的起步,完全是受港区建设及相关工业的刺激和推动的。19 世纪 60 年代后,怡和、立德成等外资码头仓栈及兰巴、祥生等外资船舶修造厂的设立,打破了浦东沿江地带的沉寂,渐次改变了这里的田园风光,初显城市化的轮廓。表现之一,是人口的聚集。1879 年仅设于陆家嘴的祥生船厂一家雇用的工人就有约 1 400 人,至 1894 年又增至约 2 200 人。他们大多来自外地,其中"粤东、宁波人在此计工度日者甚众"①。于是在港区、船厂附近的陆家嘴、烂泥渡、老白渡、杨家渡等处,逐渐形成了一些居民点,并出现了一些相应的商肆店铺。正因为它们多是依托港区、船厂逐渐形成的,所以它们的分布特征鲜明,即多集中在南起白莲泾,北迄庆宁寺的沿江狭长地带,与浦东港区的分布及走向吻合。较之中心城区,这里的城市基础设施几乎是个空白,所见的多是棚户简屋、泥路窄巷,但这里毕竟不再是农田郊野,已初具城市的雏形。

1897 年工部局要求扩展公共租界时,已将这一区域划入,认为除了浦西,"浦东方面情形亦然,该处船坞、油栈以及其他关于造船工业之迅疾发展最堪注意"。声称"此二区非待划入工部局征税管理范围以内,即无一得享卫生、警卫或路灯之列"②。后因清政府反对,未能得逞。黄浦江东岸这一狭长地带的城市化区域,在 1909 年出版的《旅沪指南》和 1914 年刊印的《上海指南》中,已都有明确记载:"浦东者,即黄浦之东岸也,南自白莲泾,北迄杨树浦路之周家嘴对岸,绵延十数里。"1910 年,从浦东东沟经庆宁寺到浦西外滩的黄浦江首条轮渡线开辟,方便了两岸市民的来往。③

---

① 孙毓棠编:《中国近代工业史资料》第 1 辑,第 1175、1224 页。
② 《1897 年工部局报告》,蒯世勋等编著:《上海公共租界史稿》,第 468 页。
③ 上海市经济学会等编:《上海交通》,上海科技文献出版社 1989 年版,第 502 页。

19 世纪与 20 世纪之交，围绕着列强筹开吴淞港区的举动，清政府一度曾有在吴淞"自开商埠"的规划，同样呈现依港扩城的鲜明特征。列强一再提出在吴淞开辟新的港区，除了要解决航道不畅的难题，还想在设立港区的同时开辟新的租界。为杜列强觊觎，1898 年初两江总督刘坤一奏请吴淞自开商埠获准。事后他陈述说："上海近来商务日盛，各项船只由海入江，以吴淞为要口。只因拦江沙淤，公司轮船必须起货转运，致多阻滞。现值淞沪铁路将次竣工，商货往来自必益形繁盛。经臣商准总理衙门，将吴淞作为海关分卡，添建验货厂，俾得就近起下货物以顺商情，并于该处自开商埠，准中外商民公同居住，饬道会商税司妥切筹议，将马路、捕房一切工程仿照沪界认真办理，期于商务、地方均有裨益。"①消息传出，吴淞地价陡升。同年 5 月 22 日《申报》以《吴淞口开埠近闻》载："张华浜以及吴淞炮台一带农田已为中西商人购置殆尽，地价飞涨，每亩可值五六百金，至灯塔左近沿浦滩地则更涨至每亩四千五六百两矣。"而先前每亩只值数十两，至多也不过百余两。②

　　随后，自开商埠的步骤渐次展开。未来商埠的地域，确定为沿黄浦江从吴淞炮台向南，越过蕴藻浜，迄于陈家宅这一"东西进深三里"的狭长地带。为此成立了开埠工程总局、清查滩地局等机构，次年在蕴藻浜北筑成东西向马路 5 条、南北向马路 3 条，沿江驳岸也着手兴建。③ 中国自开商埠的举动，招致列强忌恨，英国领事抱怨"由于这个港口是'自动地'开放的，因此中国有权指定开放的条件，其中之一就是外国人不得在租界（应为商埠——引者注）之外取得土地"④。诚如刘坤一所指出的，"彼族觊觎吴淞已非一日，今幸自开商埠，不能占我要隘，必思挠我利权"。手法之一，是对招租官地反应冷漠，使刘坤一等欲将官地变价用于开发商埠的设想受挫。⑤ 不久北方义和团起，1901 年《辛丑条约》规定了疏浚黄浦江包括吴淞口淤沙，列强对开辟吴淞港区兴趣大减，清政府自开商埠也陷

---

① 刘坤一：《吴淞新开商埠仿照沪界办理片》，《刘坤一遗集·奏疏》卷 28，第 29 页。

② 《申报》1898 年 5 月 23 日。

③ 民国《宝山县续志》卷 3，《营缮》。

④ 《总领事壁利南 1898 年度上海贸易报告》，李必樟编译：《英国驻沪领事贸易报告汇编》，第 949 页。

⑤ 刘坤一：《吴淞官地暂设公司召集折》，《刘坤一遗集·奏疏》卷 31，第 33、34 页。按：此处官地，系指"吴淞一带滨海沿江历年涨出滩地"（同前注，第 33 页）。

于中辍,"埠工、升科、会丈等局亦于是年次第撤销""惟筑成之马路交错纵横,犹存遗迹"。从其"市街东西长而南北短"的布局走向中,人们仍依稀可见当年的开发构想。①

由筹开吴淞港区引发的自开商埠规划虽告夭折,但余音未绝。时至民国初年,张謇曾受命赴吴淞"重兴埠政",旋遇1924年齐卢之战,"经费告竭"被迫停办。② 20世纪二三十年代由南京国民政府提出的《上海市市中心区域计划》,确定在吴淞至虬江口一带筑港,并在吴淞与租界之间开辟一新市区,立足点便是"以上海言,所以能有今日之发达,无非因其为东亚唯一大港,故今欲继续增进上海之地位,则港口之开发实有必要"③。足见鉴于航运是当时主要的交通工具,依港扩城通常是人们首选的城区开发方案。

考察近代上海港崛起对上海城市发展诸方面广泛而深刻的影响,说明作为一个港口城市,在早期上海城市发展的历史进程中,上海港的开发起了何等重要的作用。作为中国首要的内外贸易枢纽港,它的繁盛直接带动了所在城市的商业、金融业、通讯业、工业及城区地域的显著发展,并初步奠定了上海作为近代中国商业、金融、信息、工业中心及最大都市的稳固地位。可以说,港口开发是近代上海崛起于东亚的源头之水。

---

① 民国《宝山县续志》卷6,《实业》;卷1,《舆地》。
② 民国《宝山县续志》卷6,《实业》。
③ 沈怡:《市中心区域建设计划》,转引自余子道:《国民政府上海都市发展规划述论》,《上海研究论丛》第9辑,上海社会科学院出版社1993年版,第338页。

第四章　上海与长江三角洲经济变迁

　　近代上海港的发展,在有力地推动其所在城市繁盛的同时,也对其经济腹地产生强力辐射。

　　任何一个港口的兴起和发展,除得益于先天的有利条件及外界的促进因素,更与其经济腹地有着息息相关的依存关系。概言之,腹地为港口货物进出提供物资来源和销售市场,港口则为腹地商品吐纳提供输出入孔道。腹地是港口赖以存在和发展的基础,是决定港口能否兴盛的关键。腹地幅员辽阔、经济发展、交通便利、内部联系紧密,根植其上的港口也就愈有发展前途。同样,港口的兴盛发展对腹地经济的发展演变有着直接的影响。地处长江入海口的上海,作为内外贸易枢纽大港,其经济腹地包括两个层次,一是港口吞吐货物直接通达的周边地区,是为直接经济腹地;一是港口吞吐货物经由诸中介港转道通达的较远地区,是为间接经济腹地。两者因地理区位、交通条件、经济状况及传统交往等方面的因素,与上海经济联系的内容和规模存在着差异,所受辐射和产生的效应也有大小强弱之分。本章首先考察前者即长江三角洲与上海港之间多方面的互动关系。①

　　作为近代上海港直接经济腹地的长江三角洲,地理特征鲜明,北起扬州、泰

---

　　① 今人将长江三角洲地域范围界定为江浙沪皖三省一市。本书则依据当时上海港与周边地区实际的交通状况,作出自己的界定。

州、海安、拼茶一线,东临大海,西至镇江,沿大茅山、天目山东麓南迄杭州湾北岸,包括清代镇江府、常州府、苏州府、松江府、杭州府、嘉兴府、湖州府、太仓州、通州、海门厅和扬州府局部。从地貌地形考察,由里下河平原南缘、河口沙洲区和太湖平原三部分组成,总面积约4万平方公里,与上海港之间经由蛛网般的内河水道直接沟通。上述区域特别是长江以南各府州,是江浙两省经济重心之所在,自然环境、地理条件亦很相近,"苏、松邻壤,东接嘉、湖,西连常、镇,相去不出三四百里,其间年岁丰歉、雨畅旱溢、地方物产、人工勤惰皆相等也";同时也是全国范围内经济发达地区,"以苏、松、常、镇、杭、嘉、湖、太仓推之,约其土地无有一省之多,而计其赋税实当天下之半,是以七郡一州之赋税,为国家之根本也"。①近代上海的崛起,既得力于这一雄厚的物质基础,也给这些地区的社会经济变迁带来多方面的巨大影响。

第一节　城镇格局

一、 中心城市的位移

上海开埠前,在长江三角洲,其城市地位远不及邻近的苏州、杭州。后两者相较,苏州又在杭州之上,"为水陆冲要之区,凡南北舟车、外洋商贩莫不毕集于此"。原因之一,在内河水运网络中,苏州的地理位置更有利。它地处苏南平原中心地带,背靠太湖,坐拥大运河,北有无锡、常州、镇江与长江相通,比大运河尾闾、杭嘉湖平原南端的杭州交通更便捷,"其各省大贾自为居停,亦曰会馆,极壮丽之观。近人以苏杭并称为繁华之都,而不知杭人不善营运,又僻在东隅,凡自四远返运至者,抵杭停泊必卸而运苏开封出售,转发于杭。即如嘉、湖产丝,而绸缎纱绮于苏大备"。②作为长江三角洲经济中心城市,苏州商贸交易活跃,乾隆

---

① 梁章巨:《浪迹丛谈》卷5,《均赋》;钱泳:《履园丛话》卷4,《水学》。
② 纳蓝常安:《宦游笔记》卷18。

年间《陕西会馆碑记》载"苏州为东南一大都会,商贾辐辏,百货骈阗,上自帝京,远连交广,以及海外诸洋,梯航毕至"。时称"天下有四聚,北则京师,南则佛山,东则苏州,西则汉口"。① 苏州商业的发达,是与周围地区丝、棉手工业生产直接相联的。明清以后,江浙地区商品经济有了长足发展,主要表现为桑、棉等经济作物种植面积日渐增多,粮食生产相对缩减。在农产品商品化程度较高的基础上,当地的丝、棉手工业生产相当发达,便捷的水路交通将苏州与散处四周、大小不等的江南市镇联结在一起,形成以苏州为中心的市场网络。康熙年间,苏州城内有布店76家,苏绣商店108家,经营丝绸的店铺则为数更多。② 在元和县唯亭镇、嘉定县外冈镇这类农村集镇,都有苏州布号商人设立布庄,收购布匹运回苏州外销。相距较远的松江府的一部分棉布交易也被吸引到苏州,有数十家布商采取"布店在松,发卖在苏"的经营方式。③ 嘉善县城孙圃《魏塘竹枝词》亦有"织成不让丁娘子,只待苏松抄布船"之吟。苏州因而既是外地输入东南地区商品粮的周转、调剂中心,又是长江三角洲丝、棉手工业品主要集散地,以其深厚的经济、地理优势,稳居长江三角洲经济中心城市地位,"四方往来千万里之商贾,骈肩辐辏"④。商业活动的鼎盛,城市经济的繁华,在全国也屈指可数。

距苏州不远的上海,自清中叶海禁放开,海运业带动了城市经济的发展,但直到嘉道年间其城市地位仍在苏州之后,仅人口一项就有很大差距。据估计,当时上海城市人口约27万,而苏州则有50万人之多。⑤ 国内各省与江浙地区的商品交换,仍汇聚苏州进行。经海路运抵上海港的南北货物,也多以苏州为销售地,"上海本地沙船向以花布、茶叶等货运往关东、山东各处售卖,换买黄豆,往返生理;即闽、广商船亦以糖货为大宗,所有洋布呢羽等货向在苏州售卖,上海行销本不甚多"⑥。

① 江苏省博物馆编:《明清苏州工商业碑刻集》,江苏人民出版社1981年版,第331页;刘献廷:《广阳杂记》卷4。

② 陈学文:《明清时期的苏州商业》,《苏州大学学报》1988年第2期。

③ 道光《元和唯亭志》卷3,《物产》;乾隆《续外冈志》卷4;上海博物馆图书资料室编:《上海碑刻资料选辑》,第84页。

④ 沈寓:《治苏》,《皇朝经世文编》卷23,《吏政》。

⑤ [美]墨菲:《上海:现代中国的钥匙》,上海社会科学院历史研究所编译,上海人民出版社1986年版,第82页。

⑥ 《江苏巡抚孙善宝奏报办理上海开市情形折》(道光二十三年一月初九日),中国第一历史档案馆编:《鸦片战争档案史料》第7册,第370页。按:"操买黄豆",在《筹办夷务始末·道光朝》卷70第30页为"换买黄豆"。

上海开埠后，局面大变，原先经由苏州集散的大宗贸易纷纷改趋上海，苏州的区域经济中心城市地位渐由上海取代。长江流域余粮省份外运粮食多顺江东下抵沪集散，不再由苏州中转，经上海港周转的国内米谷运销量急剧增长，从1869年的37 327担猛增至1890年的4 770 226担，增长幅度高达百余倍。① 苏州丝货交易，"本为天下第一，四方商人群至此间购办。迨自上海通商以来，轮船麇集，商贾辐辏，以致丝货均至上海贸易"②。19世纪60年代伴随上海港内外贸易规模的扩大及其相关城市经济的发展，长江三角洲中心城市已由苏州移至上海。目睹这种兴替，地方人士慨叹苏州曩时列肆如栉，货物填溢，楼阁相望，"今则轮船迅驶，北自京畿、南达海徼者又不在苏而在沪矣。固时势为之，有不得不然者乎"③。

应该指出，当时国内战争对苏沪两地所发生的不同影响，客观上也对上海取代苏州起了一定的促进作用。1860年5月，太平军二破清军江南大营后，迅即挥师东征，兵发苏、常。清朝官吏闻之胆丧，还在太平军"未到以前的数星期内，清朝官吏下令烧毁苏州护城河与城墙之间及城郊的一切房屋……因此许多经营商业的街道和房屋都化为灰烬"④。当太平军大兵压境时，溃败的清军公然在商业区纵火劫掠。据清人日记载录："夜间城外兵勇放火烧房屋，彻夜火光烛天，见者胆寒……阊门城外自初四夜(系指1860年5月24日，即农历四月初四——引者注)放火连烧两日，内外隔绝，不通音讯……所烧房屋皆系昔日繁华之地，山塘、南濠一带尽成焦土，当日逃出被害及情迫自尽者，不知几何。"⑤

而这时的上海，则因辟有外国租界，西方列强为了维持在上海已有的权益，又着力调兵把守，抵御太平军的进逼，局势显得相对平稳。因此，面对清军的骚扰和破坏，也为了躲避太平军的兵锋，苏州地区许多地主、官僚、富商及一些平民

---

① 《上海等四埠米谷、小麦、豆类国内贸易统计》，李文治编：《中国近代农业史资料》第1辑，第473页。

② 《光绪二十二年苏州口华洋贸易情形论略》，彭泽益编：《中国近代手工业史资料》第2卷，第326页。

③ 吴炳之："序"，同治《苏州府志》。

④ ［英］艾约瑟：《访问苏州的太平军》，王崇武等编译：《太平天国史料译丛》，神州国光社1954年版，第128页。

⑤ 吴大澂：《吴清卿太史日记》，王重民等编：《中国近代史资料丛刊・太平天国》第5册，上海人民出版社1957年版，第327—329页。

纷纷逃往上海以求安身,人数之多,一度曾使通往上海的"昆山河路为难民挤断,不能往返"①。连年战火给苏州造成的困境是严重的,时至19世纪70年代中叶,仍是"田畴犹未尽开垦,颓垣废址触目皆是"②。上海则除了免于战火,还由于大量人口涌入,其中不乏携带厚资的地主、官僚和富商,更使它成为"通省子女玉帛之所聚"③,从而加速了上海取代苏州,成为长江三角洲经济中心城市的进程。

上海的这种经济地位以后愈益巩固,更非苏州能望其项背的。不仅江浙地区邻近府县,就是苏州本地的商业活动也被纳入上海港内外贸易的直接辐射圈内。苏州城内,"泰西各商均未开行,但恐洋商终不愿来此贸易,以上海各货俱全,本地商人在申购办甚便,洋商之货来此有何益耶?"机器缫丝厂开办后,"几乎全部产品运往上海"。所以当苏州、杭州也被辟为通商口岸时,并未出现外商纷往的景象。外商的这种取向,再次映衬出上海作为长江三角洲经济中心城市的稳固地位,并为海关统计资料所印证:1911年,苏州"洋货由外洋径运进口及由通商口岸运来者,由外洋径入之货自属微细,由通商口岸运入之货其价约增关平银五十余万两,来自上海几占全数"④。人口状况,同样显示了两者的兴替。民国初年,上海城市人口约200万,而苏州城厢内外总计才约17万人。⑤

二、 城镇体系的演化

城镇体系是一定地域空间内不同等级规模和职能分工、联系紧密、分布有序的城镇群体。它是在自然、经济、社会、交通等因素共同作用下历史形成并处在发展中的动态系统。在区域经济中心城市位移的同时,受上海崛起强大引力的吸纳,长江三角洲原先以苏州为中心的城镇体系,呈现归向上海的重新组合,逐渐形成唯上海马首是瞻,以上海港内外贸易为主要联结纽带的新的城镇体系。

---

① 《吴煦上王有龄禀》(1860年5月26日),太平天国历史博物馆编:《吴煦档案选编》第1辑,第233页。
② 吴炳之:"序",同治《苏州府志》。
③ 《钱农部请师本末》《太平天国史料专辑》,上海古籍出版社1979年版,第96页。
④ 陆允昌:《苏州洋关史料》,南京大学出版社1991年版,第144、102、222页。
⑤ 邹依仁:《旧上海人口变迁的研究》,上海人民出版社1980年版,第60页;王树槐:《清末民初江苏省城市的发展》,台北中研院:《近代史研究所集刊》第8辑,第81页。

京杭大运河穿越而过的无锡、常州，向以从属于苏州中心城市的米、布转运码头著称。自上海开埠，它们与苏州间传统的经济联系被削弱，贸易往来改趋上海。进口商品及南北杂货，经由上海的采购量常占无锡转口内销总额的 70%—80%。1908 年沪宁铁路贯通后，"茧子、小麦、黄豆和米从无锡运往上海"更为便捷，彼此的联系更加紧密。[①] 有人在考察近代无锡农村集镇变迁后认为，"无锡是随着上海的兴起而兴起，而无锡农村集镇则是随着无锡的勃兴而发展起来的，这是一个大的区域经济中心和小的区域经济中心及其卫星城镇的变迁发展史"[②]。毗邻的常州，糖、杂货、洋布、煤油等大宗商货均来自上海，当地所产茧丝则直接运沪销售。[③] 不远处的镇江，原是各地商船循长江、运河赴苏州的必经要道，"系苏州门户"[④]。上海开埠后，"大量的布匹、糖和金属系由轮船运往镇江在那里进行分运，因为镇江具有通往南北水路以及长江河流的有利条件"。1868年已有 2 家英国商行开设，其业务与年俱增。《1870 年度上海港贸易报告》载，从上海港运往镇江的进口货总值，"其中大部分是棉、毛织品和印度鸦片，每年已超过六百万镑"[⑤]。

南通、海门，虽与上海隔江相望，但在近代航运业兴起以前，受内向型经济的束缚和长江口宽阔水面的阻隔，互相间的交往相当稀疏，当地盛产的棉花及土布，多经苏北平原运销北方，"徐、淮、山东由旱道上所来的客商，赶着成群的驴马，到通、如一带贩卖。回去时，买到一驮一驮的棉花，用土布作袋，载上马背北去"。上海开埠后，"成为中外百货的集散市场，凡属运销东北各地的货物，俱已改从上海出口，从此山东客人逐步通过上海购买南通土布"。凡属北销的规格，每匹长 22 尺，宽不足 1 尺。产区扩大已从海门北移，向包场、六甲一带发展，运往上海兜售。"1862 年，有名的布牌'鼎茂'、'天茂'、'天和'等，完全集中在上

---

① 《海关报告(1902—1911)》，陆允昌编：《苏州洋关史料 1896—1945》，第 103 页；茅家琦等：《横看成岭侧成峰：长江下游城市近代化的轨迹》，江苏人民出版社 1993 年版，第 19 页。
② 赵永良：《百余年来无锡农村集镇的变迁》，《中国地方志通讯》1984 年第 1 期，第 80 页。
③ 常州市地方志办公室编：《常州地方资料选编》第 1 辑，第 1 页。
④ 中国社会科学院近代史研究所资料室编：《曾国藩未刊往来函稿》，岳麓书社 1986 年版，第 303 页。
⑤ 《领事麦华陀 1874 年度上海港贸易报告》《领事马安 1870 年度上海港贸易报告》，李必樟编译：《英国驻沪领事贸易报告汇编》，第 352、245 页。

海,由北方客人收买。"①通、海地区的经济生活,已与上海直接沟通。扬州府城一带,明清盐业鼎盛时,经济生活自成一体,晚清盐业式微,也渐入上海港内外贸易直接辐射圈内,"江都为鱼米之乡,轮船、火车通行,贩运沪上,而本地之出产入市者转日见少且贵"。1899 年,"扬州钱铺殷实可靠者不过数家,市上现银时虑不敷周转,全赖上海、镇江、社口等处通融挹注"。扬州城内蛋品加工厂的产品,亦都装运上海出口。②

　　杭州虽地处钱塘江口、杭州湾畔,但受涌潮涨落及泥沙淤积的阻碍,近海、远洋船只无法驶入,与外地的经济交往主要借助内河特别是京杭大运河经由苏州周转。自上海开埠及区域经济中心城市易位,杭州连同杭嘉湖地区其他城镇的进出商品,大多直接纳入上海港货物集散渠道。"浙江的丝,不管政治区域上的疆界,总是采取方便的水路运往上海这个丝的天然市场。"即使在太平天国战争期间,由于太平天国在辖区内允许丝货贩运,大量的出口丝仍被吸纳到上海成交,"自浙江以达上海,帆樯林立,来去自如"③。它们多循大运河至江浙接壤的平望镇转道芦墟镇,经青浦县金泽镇、西岑镇、练塘镇入黄浦江抵沪。1861 年英国人吟唎携银 4 万两至平望镇收购生丝,返程时在芦墟镇目击为数很多满载货物的"运丝船、乡下船和上海船"④。

　　杭州被辟为通商口岸和内河轮运开通,沪杭两地的经济联系更为频繁密切,"汽艇拖着中外商号的货船定期往返于上海与这些新口岸之间"⑤。据1909 年乡土调查资料载,嘉兴、海盐、沈荡、平湖、乍浦、石门、桐乡、屠甸等地所产蚕丝、棉花、茶叶、土布等农副产品,大部分直接销往上海。⑥折返时运回各类日用工业品,"闵行为沪南通衢,各货以上海为来源,杭、嘉、湖等属为去路,通过居多"。这种港口与腹地间直接建立起的经济纽带是坚韧的,即使在

　　① 林举百:《通海关庄布史料》,1962 年油印本,第 11—14 页。
　　② 民国《续修江都县志》卷 6,《实业》;《刘坤一遗集·奏疏》卷 32,第 10 页。
　　③ [美]马士:《中华帝国对外关系史》第 1 卷,第 405 页;王韬:《弢园尺牍》,第 62 页。
　　④《柳兆薰日记》,《太平天国史料专辑》,第 317 页;[英]吟唎著,王维周译:《太平天国革命亲历记》上册,上海古籍出版社 1985 年版,第 47 页。
　　⑤《总领事韩能 1896 年度上海贸易报告》,李必樟译:《英国驻沪领事贸易报告汇编》,第 923 页。
　　⑥《嘉兴府各属物产调查表》,《杭州商业杂志》1909 年第 1 期。

清末民初社会陷于动荡时也未中断，只是相应"改变了它的长久的贸易路线，即原来用平底船从北浙运到上海，而现在则改用汽船经苏州运往上海"。①

　　与长江三角洲其他地区相比，上海近郊集镇格局变动更大。上海开埠后，上海近郊农村的物质生产和交换率先受到外国商品输入的冲击，一些原先以个体小生产者之间交换日用必需品或家庭手工业所需原料为基本特征的农村集镇的商业活动日趋衰落，代之而起的则是一批适应上海开埠后进出口贸易迅速增长的需要，依附、服务于对外贸易和近代城市经济颇具活力的农村集镇。明清时期，上海地区农村的商品生产特别是手工棉纺织业的发展，促使一批农村集镇兴起和繁盛。嘉定县娄塘镇，"所产木棉、布匹倍于他镇，所以客商鳞集，号为花、布码头，往来贸易岁必万余，装载船只动以百计"。宝山县罗店镇，"东西三里，南北二里，出棉花纱布，徽商丛集，贸易甚盛"②。上海开埠后，大量廉价外国机制棉纺织品的涌入，致使农民的家庭手工棉纺织业趋于衰败："本邑妇女向称朴素，纺织而外亦助农作。自通商而后，土布滞销，乡妇不能得利，往往因此改业者。"③原先一批立足于手工棉纺织业发展基础上的农村集镇的商业活动，亦归于萧条。嘉定县城南门，原先"布经市极盛，城内吴三房最著，城外业此者十余家，远自刘河浮桥，近则一二十里内外，布经卖买麇集于此，辰聚酉散，熙攘竟日"，"自洋纱盛行，不数年间无复有布经营业，而市况顿衰"。前引该县娄塘镇，"从前布市最盛，近年减色"④。宝山县高桥镇，"从前布市颇盛，由沙船运往牛庄、营口者，皆高桥产也，今利为洋布所攘"，市面凋零。罗店镇，昔日因棉布贸易兴旺而有"金罗店"之称，这时也随土布的衰落而趋冷落。⑤

　　而同一时期，另有一批集镇随着上海港的发展而兴旺。吴淞镇因地扼中外

---

　　① 《匡凤逵洪锡范厘捐调查报告(1911年)》，华中师范大学历史研究所、苏州市档案馆合编：《苏州商会档案丛编》第1辑，华中师范大学出版社1991年版，第875页；《海关报告(1912—1921)》，陆允昌编：《苏州洋关史料》，第115页。

　　② 《嘉定县为禁光棍串通兵书扰累铺户告示》，上海博物馆图书资料室编：《上海碑刻资料选辑》，第96页；乾隆《宝山县志》卷1，《市镇》。

　　③ 李维青：《上海乡土志》，《女工》。

　　④ 民国《嘉定县续志》卷1，《市镇》。

　　⑤ 民国《宝山县续志》卷1，《市镇》；民国《嘉定疁东志》，《市集》。

船只入港要口备受各方青睐,几成市区之"飞地"。虹口港区北侧的江湾镇,"昔不过三里之市场,今则自镇以南马路日增,星罗棋布,商埠之发展直与界联为一气,无区域之可分,繁盛殆甲于全县"。要因在于它贴近租界,"水道则有走马塘之运输,陆道则有淞沪铁路之便捷,其骎骎日上之势殆将甲于全邑市乡"①。地处南北两翼内河船只进港要道的闵行、黄渡,客货船过往频繁,集镇经济活跃。毗邻内河港区的曹家渡,先前"地甚荒僻,绝少行人";自内河轮运开通,"面临吴淞江,帆樯云集,富商巨贾莫不挟重资设厂经商,除缫丝、面粉两厂外,若洋纱厂、织布厂、鸡毛厂、牛皮厂、榨油厂、电灯厂,不数年间相继成立,市面大为发达,东西长二里许,鳞次栉比,烟火万家"②。民国初年,有人纵览宝山县境内诸集镇兴衰的历史过程后感叹:"综计三十年来,历时初非久远,而生计之丰约,一视地势之通塞为衡。自铁路通,商埠辟,或昔盛而今衰,或昔衰而今盛,非独市镇,即小而村集且然。"③

　　综上所述,近代上海崛起对长江三角洲原有城镇格局的冲击是多方面的。它促使了区域经济中心城市由苏州向上海的转移,并相应导致原先以苏州为中心,由运河为纽带的城镇体系转而归向上海。这些城镇的商品流通结构,也由先前面向国内市场并以粮棉产品交换为主,逐步转化为纳入国际市场的以外国机制工业品与中国农副产品间的交换为主。并使一部分以个体小生产者之间交换日用必需品或家庭手工业所需原料为基本特征的农村集镇的商业活动趋于衰败,代之而起的则是一批适应进出口贸易增长及城市发展需要的新兴市镇。所有这些都显示了上海开埠后,长江三角洲城镇格局的深刻变化,即由内向型朝外向型的逐步转化。从历史发展的角度看,这种变化是积极的,它在一定程度上打破了原有的封闭状态,使这一地区卷入了世界资本主义市场,从而推动了这些城镇经济结构的演化,是日后无锡、常州、镇江等与上海相呼应的苏南近代城市链兴起的先声。

---

① 民国《宝山县续志》卷1,《市镇》。
② 民国《法华乡志》卷1,《沿革》。
③ 民国《宝山县续志》卷1,《市镇》。

第二节　产　业　布　局

一、经济作物产区

上海港的内外贸易，直接刺激了长江三角洲农副业的发展，棉花、蚕桑、蔬菜等经济作物种植面积明显扩展。由于地理位置、土壤特性及原有基础等的差异，这种发展又带有较鲜明的地域分布特征。

（一）临江近海的棉花产区

明清以来，长江口两岸的高亢、沙土地带，因土壤的特性，棉花种植已很普遍，"松江府、太仓州、海门厅、通州并所属之各县逼近海滨，率以沙涨之地宜种棉花，是以种花者多而种稻者少，每年口食全赖客商贩运，以致粮价常贵，无所底止"①。上海开埠后，受原棉出口需求的刺激，这一地区的棉花种植在原有基础上又有明显扩大。《上海乡土志》载："吾邑棉花一项，售与外洋，为数甚巨。"19世纪70年代中叶，"上（海）、南（汇）两邑以及浦东西均栽种棉花，禾稻仅十中之二"。松江地区"改禾种（棉）花者比比焉"。② 这一时期经由上海港周转的国内米谷运销量的持续增长，无疑也有利于植棉业的扩展。这种扩展，在长江口两岸原先相对荒僻的近海地带尤为显著。地处东海边的南汇县，原有不少江海泥沙冲积而成的浅滩荒地，这时已都栽种了棉花，"产数约三十三万包有奇，每包计七十斤，四乡踏户皆挑运至沪，为数甚巨"。由于这里系由"海滩垦熟，地质腴松，棉花朵大衣厚"，销路畅旺，该县的棉花交易中心市场，因此也从周浦向东推移到了近海的大团。③

---

① 高晋：《请海疆禾棉兼种疏》，《皇朝经世文续编》卷37，第2页。
② 《申报》1876年9月15日；光绪《重修华亭县志》卷23，《风俗》。
③ 《匡凤逵洪锡范厘捐调查报告(1911年)》，华中师范大学历史研究所、苏州市档案馆合编：《苏州商会档案丛编》第1辑，第884页；民国《南汇县续志》卷18，《风俗》。

在长江口北岸的通州地区,植棉业的发展同样引人注目。地方史料载:"棉花为通属出产一大宗,大布之名尤驰四远,自昔商旅联樯,南北奔凑,岁售银百数十万。咸同以来增开五口互市通利,西人又购我华棉,与美棉、印棉掺用,出布甚佳,而吾通之花市日益盛,岁会棉值增至数百万。"传统产区的棉花生产更是有增无减,1863年受国际市场供求关系影响,出口原棉价格陡涨,"松江、太仓一府一州各县各乡大小花行来申抛盘货三四十万包",连同其他府县的供货,"统计不下百万包"。这种受出口需求推动呈现的发展势头一直持续到20世纪初年,且地域特征鲜明,"其地脉东西自浦东起,西北及常熟,更越长江亘通州,其面积之大,实不愧为大国物产领域"。在这一区域里,"到处产出棉花,此等产出棉花地之名,常著闻于当业者之间"[①]。《1902年至1911年海关十年报告》称:"目前专用于棉花耕作的面积大为增加,从而使这一作物近年来的重要性愈来愈大了。"截至1912年的统计,"上海棉田约占全部可耕田的百分之六十,目前江苏东南地区年产原棉估计约为二十万吨,对世界市场来说也是一个重要的产地"[②]。

(二) 苏南浙北的蚕桑产区

太湖沿岸和杭嘉湖平原,素来是著名的蚕桑产区。但受对外通商限制的阻碍,只能以内销为主,外销比重甚微,嘉道年间每年出口约1万担,"蚕业终不大兴"。原因之一,受广州一口通商禁令的束缚,江浙生丝出口须长途搬运至广州,行程约3500华里,历时近百天。"由产区运粤之路程,较之运沪遥至十倍,而运费之增益及利息之损失等",据估计约增成本35%—40%。[③] 上海开埠后,江浙地区所产生丝纷纷就近转由上海港输出,蚕桑业的发展因此得到有力的推动。在浙江湖州,"湖丝出洋,其始运至广东,其继运至上海销售"。当地著名的辑里丝,"在海通以前,销路限于国内,仅供织绸之用,即今日所谓之用户丝,其行销范围既小,营业不盛"。自上海开埠,"辑里丝乃运沪直接销与洋行,实开正式与外

---

① 李文治编:《中国近代农业史资料》第1辑,第397、396、517页。
② 《海关报告(1902—1911)(1912—1921)》,徐雪筠等译编:《海关十年报告译编》,第158、204页。
③ 何良栋:《论丝厂》,《皇朝经世文四编》卷36;姚贤镐编:《中国近代对外贸易史资料》第1辑,第535页。

商交易之端"①。声名因此远播，产销趋于鼎盛，蚕事乍毕丝事起，乡农卖丝争赴市，"小贾收买交大贾，大贾载入申江界。申江鬼国正通商，繁华富丽压苏杭。番舶来银百万计，中国商人皆若狂。今年买经更陆续，农人纺经十之六。遂使家家置纺车，无复有心种菽粟"②。

这种产销两旺的情景，在太湖沿岸和杭嘉湖平原相当普遍。经由上海港的生丝出口通达顺畅，蚕农获利相应增加，"每年蚕忙不过四十天，而亦可抵农田一岁所入之数"，植桑饲蚕者因而更多。江苏吴县，"初仅吴县属香山、光福等处有之，通商以来丝、茶为出口大宗，人人皆知其利，长洲县所辖之西北境凡与无锡、金匮接壤者，遍地植桑治蚕"③。浙江长兴县，乾嘉之际蚕业不旺，上海开埠后，出口销路辟通，蚕业遂盛，成为当地主要的经济来源，"岁入百万计"。作为生丝出口初级市场的交易活动十分兴旺，南浔镇，"其丝行有招接广东商人及载往上海与夷商交易者，曰广行，亦曰客行。专买乡丝者曰乡丝行，买丝选经者曰经行，另有小行买之以饷大行曰划庄，更有招乡丝代为之售，稍抽微利，曰小领头，俗呼曰白拉主人，镇人大半衣食于此"④。菱湖镇，"小满后新丝市最盛，列肆喧阗，衢路拥塞"。乌青镇，"各乡所产细丝一名运丝，均由震泽经行向本镇丝行抄取，发车户成经，转售上海洋庄，名曰辑里经"⑤。

19世纪60年代中叶太平天国战事平息，面对残破的农村经济，受上海港生丝大量出口的吸引，蚕桑产区又有新的扩展。湖州府，"向时山乡多野桑，近亦多栽家桑矣"。安吉县，"迩来山乡亦皆栽桑"。平湖县，"向时邑人治丝者尚少，今则栽桑遍野，比户育蚕，其利甚大"⑥。在苏南地区，蚕桑产区则由太湖沿岸向西和向北伸展。昆山县，"旧时邑鲜务蚕桑，妇女间有蓄之"，这时"邑民植桑饲蚕，不妨农事，成为恒业"。常熟，"近年西乡讲求蚕业，桑田顿盛，所栽桑秧均购之浙

① 民国《南浔志》卷33，《风俗》；刘大钧：《吴兴农村经济》，中国经济研究所1939年版，第121页。
② 温丰：《南浔丝市行》，《南浔志》卷31，第2页。
③ 《农学报》1897年5月上；民国《吴县志》卷52，《风俗》。
④ 同治《长兴县志》卷8，《蚕桑》；同治《南浔镇志》卷24，《物产》。
⑤ 光绪《菱湖镇志》卷11，《物产》；民国《乌青镇志》卷21，《工商》。
⑥ 同治《湖州府志》卷32，《物产》；同治《安吉县志》卷8，《物产》；光绪《平湖县志》卷8，《物产》。

江"。① 无锡、金匮两县，以往"饲蚕之家不多"，此时"荒田隙地尽栽桑树，由是饲蚕者日多一日，而出丝者亦年盛一年"。这些地区的生丝产量，逐渐超过苏南地区原有的蚕桑产区。1880 年 6 月 21 日《申报》载："近来苏地新丝转不如金、锡之多，而丝之销场亦不如金、锡之旺，故日来苏地丝价虽互有涨落，而价目尚无定准。"常州和宜兴，"过去产丝几乎等于零，而今年（1880）生丝的总产量估计为六十万两，价值九万海关两"。溧阳县，以往最多时年产生丝约 260 余万两，1880 年已增至 500 万两，约值 75 万海关两，其中约 80％经上海港输出国外。②

苏南地区蚕丝生产规模的扩大引人注目，1882 年 6 月 8 日《申报》以"锡山近况"为题报道："本届蚕丝丰稔，各路收茧之庄鳞次栉比，较往年多至数倍。每家均设大灶烘焙蚕茧，兼有洋人设庄经收。各乡出数甚多，每日竟有三百担之谱，价亦增昂。"1896 年张之洞奏称："苏、常蚕桑之利近十年来日渐加多，渐可与浙相埒。"次年去实地游历的外国人目击"自上海至苏州有江，江岸多有桑园点缀；自苏州至无锡亦江行，江之两岸一望无际皆桑也"。所到之处附近村落，"每村或三十户至五十户，家家育蚕，不问男女皆从此业"③。

苏南地区蚕桑业的发展，在上海郊区也有体现。与棉花相比，上海周围农村蚕桑业受水土条件、耕种习惯等影响，长期以来发展迟缓。自上海开埠，受丝出口贸易及缫丝加工业设立的推动，上海地区的蚕桑业也有长足发展，在近郊农村还颇有规模。嘉定县"素不习蚕事，故出茧绝鲜。近年上海丝厂盛开，广收蚕茧，乡人始渐讲求，城西一地市茧者年可得数百担"。上海县四乡因"近来丝厂盛开，收买蚕茧，而育蚕者更盛"，仅法华乡一地，"鲜茧出售动以数万计"。即使在稍远的青浦县，1909 年也有人创设了蚕桑研究社，并在重固乡间栽种桑树 2 000 余株，以求推广。④

① 光绪《昆新两县续修合志》卷 8，《物产》；光绪《常昭合志稿》卷 46，《物产》。
② 《申报》1880 年 6 月 21 日；彭泽益编：《中国近代手工业史资料》第 1 卷，第 579 页。
③ 张之洞：《筹设商务局片》，《张文襄公全集》卷 43，第 43 页；李文治编：《中国近代农业史资料》第 1 辑，第 579 页。
④ 民国《嘉定县续志》卷 5，《物产》；民国《上海县续志》卷 8，《物产》；民国《法华乡志》卷 3，《土产》；民国《青浦县志》卷 2，《土产》。

(三) 上海近郊的蔬菜产区

上海开埠后,随着中外贸易的扩大和相关行业的发展,城市人口增长迅速,1843 年约为 27 万,至 1910 年已达 128 万余人,跃居全国首位。[①] 为适应这种变化,一批蔬菜产地在上海近郊陆续形成。嘉定县真如乡,"自上海辟为租借地后,中外互市,人口日繁,需要巨量之蔬菜。农民以应供求起见,有舍棉、稻而改艺者,功虽倍,应时更替,年约六七熟,获利倍蓰,本乡之东南部大都如是"。宝山县江湾里,"自商埠日辟,向以农业为生者,辄种植蔬菜,杂莳花卉,至沪销售,获利颇不薄"[②]。这类纯商业性的生产活动,无论作物品种的选择、播种茬口的多寡、经营时间的长短,都受市场供求规律的制约。宝山县农村,"菜圃之成熟岁可七八次,灌溉施肥工力虽倍,而潜滋易长,获利颇丰。凡垦熟之菜圃,地价视农田几倍之。邑城内外业此者甚多,各市乡近镇之四周亦属不少"。"其出产较多者,如城市之塌菜、青菜,罗店之瓜茄,杨行、月浦之红白萝卜,刘行、广福之韭菜、韭芽,江湾之马铃薯,真如之洋葱头,彭浦之卷心菜以及洋种菜蔬,均甚著名者"。上海县,"洋葱,外国种,近因销售甚广,民多种之"。土豆,"每亩收获少者三四十担,多者七八十担。吴淞江、蒲汇塘两岸间种植甚富,近十余年来为出口物之大宗"[③]。这方面的发展势头是醒目的,大片土地已用于蔬菜种植业,"蔬菜中的卷心菜、花菜、洋葱之类,过去仅为外国人所食用,现在已大部分由中国人消费,并且还输往香港和中国的其他口岸"。1912 年海关报告载:"一个颇有规模的,以供应市场为目的的菜园行业已经兴起,这种形式正在广泛地被采用,特别在上海近郊。"[④]

市场需求的扩大,势必提出规模经营的要求。1903 年,"有粤人在江湾芦泾浦旁创设畜植公司,集股万余元,圈地三十余亩,专养鸡鸭,兼种棉花、菜蔬"。之后在大场、吴淞、彭浦、真如等地,又相继有类似规模的四五家农场创立。上海近

---

① [美]墨菲:《上海:现代中国的钥匙》,第 82 页;邹依仁:《旧上海人口变迁的研究》,第 90 页。
② 民国《真如志》卷 3,《农业》;民国《江湾里志》卷 5,《农业》。
③ 民国《宝山县续志》卷 6,农业;民国《上海县续志》卷 8,《物产》。
④ 《海关报告(1892—1901)(1902—1911)》,徐雪筠等译编:《海关十年报告译编》,第 44、158 页。

郊的畜牧业也从无到有,发展壮大。《宝山县续志》载:"邑境农家副产,以牛羊豕鸡鸭为多,大抵养牛以耕田戽水为目的,养鸡鸭以产卵佐餐为目的,但得谓之家畜,非真从事于畜牧也。畜牧者以山场荒地为宜,以牲畜之产为营业,邑中虽乏相当地段,而风气所开,亦渐有设立场厂专营畜牧之利者。"最早开业者是在1884年,是年"有陈森记者在殷行开设牧场,畜牧牛约二十头,专取牛乳,销售于(吴)淞口各国兵舰,每日出乳二十余磅。四五年后,以兵舰停泊不常,销数渐减,几致歇业。自铁路告成,运输便利,江湾南境多侨居外人,日必需此,销售不仅在兵舰一方,营业渐见发达矣"①。

显然,近代上海的崛起,推动了长江三角洲农副业的发展,促使棉花、蚕桑、蔬菜等经济作物种植面积明显扩大,农产品商品化程度提高,并相应形成几个生产相对集中的产区。个体小农越来越多地脱离自然经济的范畴,自觉或不自觉地将自己的生产和经营纳入资本主义市场经济的运作,它有助于改变个体小农闭塞守旧的生产、生活状态,加深他们与市场的联系,也为上海港内外贸易和城市经济的进一步发展,提供条件和助力。

二、 手工业的演变

受近代上海崛起的冲击,长江三角洲面向国内市场以丝、棉织造为主的农村传统手工业的生产、经营发生剧烈变动,呈现转向国际市场、附丽于进出口贸易的新趋向。

(一) 手工轧花业

上海开埠后,原棉出口的增加,不仅促使周边地区棉花产区的扩展,同时也带动了与原棉出口直接联结在一起的手工轧花业的兴起。在棉花主要产区的南汇县,"同治以来,上海花商收买花衣,于是轧花场地遍地皆是。始用小轧车,妇女手摇足踏,日可出衣十数斤。光绪中,洋轧车出,日可得衣数百斤,小轧车天然淘汰矣"。嘉定县,"棉花以车绞去其子,盛以布包,运售他处,昔用土车,自日本

---

① 民国《宝山县续志》卷 6,《农业》;民国《宝山县再续志》卷 6,《农业》。

车行，今皆改用日车""轧棉工作，至为普遍"。与嘉定、上海县接壤的青浦县东北部，"洋轧车光绪十年间自上海传入，先行于东北乡一带，日出花衣一担有余"。①这些所谓的"洋轧车"，实际多是由上海民族资本机器船舶修造厂仿造而成。原因是"棉花出口增加，原来的土法轧花不能胜任，日本轧花机乘机输入，不久民族机器厂即开始仿制"。其需求之大，令制造厂应接不暇，"轧花机销售于上海附近农村，松江、莘庄销路最大，常常供不应求，营业非常发达"。以致一些船舶修造厂由兼制转为专门生产，截至1913年形成拥有16家专业厂的轧花机制造行业。是年，上海国产轧花机的年销量达2 000余部。除上海郊区，它们还销往崇明、南通、泰兴等棉花产区，义兴盛铁工厂"最多一天的产量达二十台，主要销往苏北一带"。②

铁制轧花机的生产效率，远非旧式轧车所及。"浦东原有的木制轧花车，每天只出花衣3—5斤，脚踏轧花车每天可出花衣60斤左右"，是前者的一二十倍。它的行市，一方面反映了农村手工轧花业的兴盛，同时也更推进了轧花业的发展和技术更新。"最早购买新式脚踏轧花车的是浦东及上海郊区的富裕农户。购买数量逐年增加，一般在第一年购一台，以后再购一台，亦有一户购置四五台者。在收花时，雇工轧花，除自轧外，兼营代客轧花，各按重量计算工资及加工费。后花行、花厂设立，行销益广，原有木制轧花机遂逐渐被淘汰。"③一些地区出现了向机器加工业过渡的趋向，在嘉定真如，"清光绪季年，乡人杨荣遒倡设合义兴花厂，轧售花衣"，初用人力，后改为机械，设有12匹马力引擎一台，轧花机15台。手工轧花业的上述发展，令在沪外国人印象深刻。美国驻沪领事佑尼称，在机器轧花厂出现的同时，"华人之在家中按设轧车辆以人力为之者亦复不少，内地轧花仍多用旧法，目睹情形者莫不惊讶上海变态之速，凡此皆足以勉励栽种棉花之业也"④。

---

① 民国《南汇县续志》卷18，《风俗》；民国《嘉定县续志》卷5，《物产》；民国《真如志》卷3，《实业》；民国《青浦县续志》卷2，《土产》。
② 上海市第一机电工业局机器工业史料组编：《上海民族机器工业》，第100—102、173—178页。
③ 上海市第一机电工业局机器工业史料组编：《上海民族机器工业》，第175页。
④ 民国《真如志》卷3，《实业》；[美]佑尼：《中国纺织缫丝情形》，彭泽益编：《中国近代手工业史料》第2卷，第236页。

（二）手工缫丝业

自大量生丝经由上海港源源外销，苏南浙北产区的蚕丝加工业无论规模还是技术，都有显著发展。蚕户将蚕茧抽丝后，为改善生丝的质地，尚可进行再加工，即把已缫过之丝再摇制。生丝出口畅旺，南浔、震泽等地的丝商为迎合国外丝织业的技术要求，将买进的土丝按等级分发给农户或小作坊再缫制成经丝，因专供出口人称洋经丝。在欧洲市场如法国里昂，未经再加工的丝每公斤售价 47 法郎，而再缫丝则值 63 法郎。① 江浙蚕丝产区手工缫丝业因此业务繁忙，南浔一带尤负盛名，"法兰西、美利坚各洋行咸来购求，嗣又增出方经、大经、花车经等名称"。加工技术也不断改进，"迩来洋商购经居其半，浔地业丝兼经行者为多。经之名有大经、有绞经、有花车经等名，凡做经之丝，必条纹光洁，价亦胜常，故乡人缫丝之法日渐讲究"。前去实地察看的外国商人记载，"南浔的主要生产为一种上等生丝，该地亦为附近所产再缫丝之市场"，这种专为出口的再缫丝，产量年有增加，1878 年约产 4 200 公斤。从事该业的手工劳动者"每两工资十文，熟手每日可缫三两至五两，每日可获工资五十文"。②

南浔一带这种手工缫丝业的发展势头很猛，此前当地以出口辑里丝著称，"嗣后因南浔、震泽辑里大经盛行，洋庄丝（指未再缫制丝——引者注）无形淘汰。向之代洋庄收丝之客行，亦纷纷改为乡丝行，收买白丝售与浔、震之经丝行，摇为辑里大经。嗣后又有做成格子称为花经，专销美国者。斯时南浔附近各乡居民及震泽、黎里一带，约有车户二三千户，每家平均约有车四部，每部小车每日出经十两。每百两为一经，每十五经成为一包"。乡土资料载："当辑里大经蜚声欧美之时，大约以一百零六七两之白丝摇为纯经百两，故其时货品均高，外洋甚有信仰，每年出口达一千余万元之谱。"③

19 世纪 80 年代上海机器缫丝业兴起后，无锡等新起蚕桑产区的农户多为专业养蚕收茧出售。1886 年 6 月 8 日《申报》"锡山近况"载，当地"育蚕之家颇乐

① 姚贤镐编：《中国近代对外贸易史资料》第 3 辑，第 1481 页。
② 彭泽益编：《中国近代手工业史资料》第 2 卷，第 80—82 页。
③ 刘大钧：《吴兴农村经济》，第 11—12 页。

于售茧,谓较缫丝出售可省烦劳",不再兼事缫制,南浔、震泽一带传统产区手工缫丝业的发展势头虽有所减缓,但仍有相当规模,故《南浔志》曾自诩"无锡、绍兴率皆售茧,我浔则无不售丝者"。缫丝业的发展,还曾带动相关手工业的生产。生丝再加工时,约有10％—15％的乱丝产生,于是手工捻制丝线业应运而起,产品"亦销洋庄,每一担值四五十元至八九十元"。湖州还有人利用这种乱丝织成外表似棉布的绸料,取名棉绸,1880年前后年产约3 000匹,足见周围地区当时手工缫丝业之盛。[①]

(三) 手工棉纺织业

明清以来,棉纺织业一直是上海周围地区农户传统的家庭手工业。上海开埠后,外国廉价工业品大批量涌入,周围农村的手工棉纺织业面临困境。在这方面学术界已有论述,但应指出以为五口通商后上海周围农村手工棉纺织业在洋货的冲击下,单一地表现为没落和破产的认识是欠妥的。因为国门被打开后的数十年间,外国棉制品的输入以棉纱居多。廉价洋纱的涌入,对中国自给自足性质的家庭手工棉纺织业的打击是沉重的,它迫使农户不再继续那种与商品交换隔绝的手工生产,而对原先就为市场生产并以织布为主的那部分手工棉纺织业的影响则有所不同。

由于它们本来就是通过市场购买棉花或棉纱从事生产的,所以洋纱涌入对它们的冲击,主要是导致其生产原料来源发生变化,即由依赖土纺棉纱转而采用廉价的机制棉纱,而不是通常所认为的没落和破产。上海县农村,"机器纱盛行,手纺纱出数渐减,机器纱俗称洋纱,用机器纺成,较土法所纺洁白而细"。该县西南乡用它织成的土布,每年约有百万匹,民国初年仍有四五十万匹,销往东北、华北和山东等地。[②] 经由上海港输入的洋纱大幅度增长,"推销于上海附近及江南一带,最初每年仅数千件,不久就达到二十余万件",更推进了周边地区手工棉纺织业生产结构的演变。地处长江口北岸的通、海地区,"沿江各口岸已有太古、怡

---

① 《申报》1882年6月8日;彭泽益编:《中国近代手工业史资料》第2卷,第81、82、76页。
② 民国《上海县续志》卷8,《物产》。

和、招商等轮船往来停泊",运抵的洋纱"因其条干均匀,不易断头,渐为机户所乐用,作为经纱,从此就出现了洋经土纬的土布"。一度曾使当地土纱滞销,后以土布经上海北运的销路打开,纬纱仍须土纱,产量才趋上升。经上海港集散的土布成分相应发生明显变化。起初,"上海有些土布庄还拒收洋经土纬的土布,门口贴着一张牌纸,上书'掺和洋纱,概不收买'。但洋纱条杆均匀,织出来的布比土经土纬的平整,外地客帮欢迎,农民买洋纱织布比自己纺纱织布方便,于是洋经土纬的土布越来越多,土布庄也只好收买"。1895 年,"门市收进的土布约有60％已是洋经洋纬,40％是洋经土纬"。以后,洋经洋纬的土布所占比重更大。浦东三林塘所产土布,1910 年前后已全是洋经洋纬。[①]

综上可见,长江三角洲农村手工业的上述深刻变化,与近代上海的崛起息息相关,并因此与全国其他地区相比,自有其鲜明的特点。它集中表现为,依托上海的内外贸易枢纽港地位,周边地区的农村手工业在面临洋货竞销时,得以通过调整生产结构、流通渠道和市场取向等重要环节,较快地转向附丽于直接与世界资本主义市场沟通的进出口贸易,避免了在国内其他地区常见的一旦手工棉纺织业衰败,农家生计便陷于困境的窘况,农村经济也没有因此发生大的动荡。这些变化所体现的发展趋向无疑是积极的,而且随着上海港内外贸易规模的不断扩大,这种演变表现得也更加充分。清末民初,上海周围农村相继出现一批新兴的手工业,嘉定的黄草编织业、南汇的织袜业、川沙的毛巾织造业、上海和宝山等县的花边编织业都颇具规模,闻名遐迩。它们的发生发展,同样与上海港内外贸易繁盛的有力推动紧密关联。

第三节　社　会　生　活

近代上海雄踞中国内外贸易枢纽港地位,对长江三角洲社会生活的促动是

---

① 林举百:《通海关庄布史料》,第 12、13 页;徐新吾等主编:《江南土布史》,上海社会科学院出版社 1992 年版,第 133 页。

多方面的。与量大面广的进出口贸易随之俱来的还有先前人们陌生的近代科学技术、资本主义的经济运作、交易手段乃至生活方式，由此引起一系列连锁反应，推进了这一地区的社会发展。

一、 新式商人群体

上海开埠后，与进出口贸易往来相伴的是长江三角洲地区新式商人群体的形成和活跃，其经营重心和活动区域的变化都有脉络可循。

开埠初期，随着上海一跃成为中国对外贸易第一大港，在上海的外国商行周围，很快聚集一批包括买办在内的中国商人，其中有的是跟随洋行来沪的广州"旧日洋商行店中散出之人"，还有很多人直接来自长江三角洲，内中尤以浙江南浔和江苏洞庭两地人士最著声名。南浔地处著名的湖丝产地，上海港开埠后，是湖丝出口主要的转运点，"湖丝销售洋庄，南浔实开风气之先，当时湖州六属丝行几皆为南浔人所包办，由湖州出口亦以南浔为中心"①。《南浔志》载："自泰西诸国互市上海，湖丝出口益伙，颐岁可十万包"，当地"经营上海者乃日众，与洋商交易通语言者谓之通事，在洋行服务者谓之买办，镇之人业此因而起家者亦正不少"。在与外国商人的交往中，他们熟悉了资本主义经济特别是贸易往来的交易方式，并通过居间中介或直接参与生丝出口积聚了丰厚的资产，"南浔镇上略有资产者皆由是起家，家财坌聚自数万乃至数百万者指不胜屈"。应该看到，这批富商的出现并非单靠贱买贵卖，更多的是因为他们通过居间中介或直接参与，积累了从事近代进出口贸易所必需的知识和技能。"考经营丝业者必须具备之条件有二，资本与人力是也。两者以人力为重，资本为轻。盖资本原需无几，规模小者只数百金已足，无资者且可告贷。惟当时风气甫开，通外国语言者人才极感缺乏，收买蚕丝销售洋庄者必须经中间人之手方能成交，此中间人即当时所谓之通事。丝通事名任翻译，实则通晓国内外行情……当时任丝通事者皆为湖州之南浔人，此南浔所以包办丝业之又一因。"

对外贸易的实践，打开了他们的眼界，磨练了他们的才干，无论是知识结构

---

① 《筹办夷务始末·道光朝》，第 3155 页；彭泽益编：《中国近代手工业史资料》第 2 卷，第 85 页。

还是经营活动,他们都迥异于旧式商人。他们手中积聚的资财,很多被用作投资近代工商业,以致家乡有人抱怨"上海因国际贸易关系日益发展,沪浔交通便利,吴兴大户多久居申江,故其余资虽有一部分用以购置田产,然究不甚多"。在那些实业投资中,有的直接投向码头、航运业。人称南浔"四象"巨富之一的顾春池,先在上海十六铺建造码头堆栈,1862 年附股新开业的美商旗昌轮船公司,后又参股旗昌丝厂,并由其侄子负责该厂原料茧的收购,成为集蚕丝出口业、近代航运业和机器缫丝业于一身的实业界名流。[1] 与南浔籍人有所不同,明清以来洞庭商帮就颇具实力,但在上海开埠前,缘于以苏州为中心的江南城镇体系和以大运河为基干的南北交通网络,他们的活动区域主要分布在镇江以西长江沿岸和大运河沿线。自上海崛起,洞庭商人审时度势,将经营重点及时转向上海,在依附外商从事进出口贸易的过程中发展很快,在钱庄、银行业的实力尤强。[2]

如果说上海开埠初期,与进出口贸易相伴的新式商人群体的形成和经营,主要表现为人们有机会接触和动用近代商业、贸易、金融知识和技能;那么随着这种贸易往来的扩大和加深以及相关行业的发展,它的重点已移向近代科学特别是工业技术的借鉴和应用,并在地域上伴随上海港辐射力和周边地区向心力的同步增强,更多地向上海四周扩散。这种递进又有着内在的联系,近代缫丝工业的兴起和发展当是缩影。最初涉足这项新兴工业的,不少就是那些生丝出口商、买办或金融业人士。名列南浔"四象"的庞元济,1896 年与人合资在杭州创办世经丝厂,计有上海制造的直缫式丝车 208 台,女工 208 名,其中 2/3 从上海招募,日产出口生丝约一担。同年其还在杭州近郊运河边的塘栖镇开办大纶丝厂,有丝车 200 台,女工 200 余人,缫制"金银鹤牌"厂丝行销欧美。[3] 人称"庞氏以振兴实业为己任,故所举办之新工业颇多"。南浔"八牛"之一的丝商梅月樵,后亦"以丝厂为业"。洞庭商人也不乏利用自己的知识和财力,从贸易领域步入创办近代工业者。[4]

---

① 彭泽益编:《中国近代手工业史资料》第 2 卷,第 82—85 页;徐新吾等主编:《中国近代缫丝工业史》,第 75、76 页。

② 《洞庭山万家》(访问资料),中国人民银行上海市分行编:《上海钱庄史料》,第 750—752 页。

③ 《论杭州缫丝厂》,《时务报》(1896 年 11 月 25 日),译载;徐新吾等主编:《中国近代缫丝工业史》,第 215 页。

④ 彭泽益编:《中国近代手工业史资料》第 2 卷,第 84 页;张海鹏等:《中国十大商帮》,黄山书社 1993 年版,第 348 页。

在镇江、无锡等苏南新起的出口蚕丝产地,近代缫丝业也相继创办。1896年底,扬州严氏集资在镇江开办缫丝厂,从上海雇用 300 名熟练女工,又在当地招募女工 150 余名,产品全部经上海外销。次年 1 月 8 日《北华捷报》称:"此为镇江的一项新事业,而为关心缫丝业者所注视。"1902 年镇江有缫丝厂 2 家,工人近 800 名,"遇有蚕茧运到,无论昼夜,工作不辍"。[1] 1904 年,曾在上海合办永泰丝厂韵富商周舜卿在无锡创办裕昌丝厂,加工生丝运往上海出口。初有丝车 96 台,后增至 330 台,工人也从 300 多人增至 850 人。生丝出口贸易的扩大及近代缫丝技术的传入,促使无锡发展成为长江三角洲又一个机器缫丝集中产地,与上海的经济联系也更加紧密。20 世纪 20 年代由无锡经上海出口的生丝约占全国生丝出口总量的四分之一。[2] 无锡作为苏南地区新兴的工业城市,已初露端倪。

二、 习俗风尚嬗变

得益于上海港繁盛的内外贸易,长江三角洲地区特别是出口农副产品的产地,社会经济较早地步入近代化进程,人们的日常生活和习俗相应都有明显的变化。在浙江湖州,出口生丝的生产、加工和运销,已成为当地经济的主干。"丝庄集缴所购新丝运送南浔坐商,以'辑里湖丝'之商标行销国际市场,当时的丝庄是湖州经济的大动脉。"[3]蚕丝生产季节性强,成本投入多,当农户随出口需求扩大自家生产时,他们往往求助于借贷。"农民养蚕乏资,贷于富家,蚕毕贸丝以偿,而息其十一,富家实渔利,而农民亦赖以济蚕事,故以为便焉。"新丝上市时,丝商、丝行、缫丝工场往往也要借贷用于收购,金融资本在出口生丝产地的活动远较一般乡村活跃。清末民初,南浔一地就有钱庄多家,"各庄划汇以对申、苏方面为多数,放款对象是本地丝行、缫丝厂、鲜茧行和各商店,丝茧抵押放款也是其业务之一"[4]。应该说,在生丝出口的带动下,这些产地的社会经济都较前发展,农

---

① 汪敬虞编:《中国近代工业史资料》第 2 辑,第 1196 页。
② 徐新吾等主编:《中国近代缫丝工业史》第 200 页;茅家琦等前揭书,第 20 页。
③ 凌钦堪:《湖庄行庄点滴》,《湖州文史》第 4 辑,第 125 页。
④ 同治《南浔镇志》卷 21,《农桑》;谢书芳等:《湖州的钱庄发展和衰败概况》,中国人民政治协商会议浙江省湖州委员会文史资料研究委员会编:《湖州文史》第 4 辑,第 117—118 页。

户的生活也有所提高。"丝业出口贸易正盛之时,即湖州蚕桑农村极端繁荣之日,一般农民衣食饱暖、优闲安适,有史以来以此时为景盛。"虽有夸张,但多少反映了一些实情。在对当地富室大户的一些描述中亦有间接体现,据称南浔镇上洋货畅行,"即一灯一镜悉用舶来品,各出新奇,借以争胜"①。在上海周围农村,上述变化更为明显。

人们生活习俗的演变和价值观念的取向,与社会经济的发展变化有着密切的关系。上海开埠前,周围农村的生活习俗和人们的思想观念,是与自然经济占主导地位的社会形态相吻合的,"重农务本"的传统观念,根植于多数人的头脑中。"女子庄洁自好,无登山、入庙等事,井臼之余,刺绣旨蓄,靡不精好。至于乡村纺织,尤尚精敏,农暇之时,所出布日以万计,以织助耕。"②上海开埠后繁盛的内外贸易及相关城市经济的发展,在给周围农村提供诸多新的谋生途径的同时,也对当地闭塞守旧的传统观念及生活习俗带来巨大冲击,并促使其逐渐让位于新的顺应近代经济运行的思想观念和社会习俗。人们不再安于厮守土地,而是将眼光投向大上海,向往并投入到不断发展的城市经济生活中。

上海县法华乡,"光绪中叶以后,开拓市场,机厂林立,丁男妇女赴厂做工。男工另有种花园、筑马路、做小工、推小车。女工另有做花边、结发网、粘纸锭、帮忙工,生计日多,而专事耕织者日见其少"。宝山县彭浦里,原先"农家最穷苦而安分,终岁勤动,竟无休日,若无产者受值佣工,不少偷懒。妇女亦事耕耘,暇则纺织,犹存勤俭之遗风焉。然自租界北辟,男以鬻贩营生而奢华渐启,女以纱丝工作而礼教鲜存"。在地处远郊的青浦县农村,亦有"妇女贪上海租界佣价之昂,趋之若鹜甚有弃家者,此又昔之所未见者也"③。

经由上海港输入的各类进口商品,对周围农村的冲击直接而强烈。"上海番舶所聚,洋货充斥,民易炫惑。洋货率始贵而后贱,市商易于财利,喜为贩运,大而服食器用,小而戏耍玩物,渐推渐广,莫之能遏。"嘉定县真如镇,"僻在邑之西南,自成市廛,士习诗书,民勤耕织,俗尚敦厚,少奢靡越礼之举。中外互市以来,

---

①　彭泽益编:《中国近代手工业史资料》第2卷,第83页;民国《南浔志》卷33,《风俗》。
②　光绪《重修华亭县志》卷23,《风俗》。
③　民国《法华乡志》卷2,《风俗》;宣统《彭浦里志》卷1,《风俗》;葛冲:《青浦乡土志》,《风俗》。

洋货充斥,绚彩夺目,喜新厌旧者流弃其已有,群相购置"①。这一方面刺激了上海周围农村商品经济的进一步发展,也给近代工业产品打开了销路,为上海港内外贸易的进一步发展提供了助力。如火柴,"敲石取火,沿用已久。海禁初开,始有火柴,而内地尚不通行。光绪中叶以后,火柴渐推渐广,已成人家通用之物,后生少年几不知刀石作何状矣"。嘉定县农村,"洗衣去垢,曩日皆用本地所产之皂荚,自欧美肥皂行销中国后,遂无有用皂荚者"。南汇县,"光绪以前,人燃灯,注豆油或菜油于盏,引以草心,光荧荧如豆。未几,有火油灯,明亮远胜油灯,然煤灰飞扬,用者厌之。未几加以玻璃罩,光益盛而无烟,且十光五色,或悬于空中,或置于几上,或垂于壁间,使光反射,其色各各不同,而又各各合用。于是,上而搢绅之家,下至蓬户瓮牖,莫不乐用洋灯,而旧式之油盏灯淘汰尽矣"。②

一旦突破了闭塞守旧的生活方式,很多人便发现传统的谋生手段不敷支用,遂纷纷另辟新径。前述上海开埠后,周围农村农产品商品化的发展,手工业生产的转换,集镇经济活动的演变等,都可从这里找到一些底蕴。更有一些人则干脆涌入城市,成为雇佣劳动者。民国《川沙县志》载:"五十年前,人民生事,农而已矣。有副焉者,厥维纺织。机巧浮兴,徒手失利,年龄壮盛者大都赴上海从事工商业。"远郊青浦县也不例外,"乡村妇女助耕馌饷之外,兼事纺织为生。光绪中叶以后,梭布低落,风俗日奢,乡女沾染城镇习气,类好修饰,于是生计日促,一夫之耕不能兼养,散而受雇于他乡者比比焉,尤以上海为独多,利其工值昂也"③。上海机器缫丝厂的女工,多是来自上海周围农村。这些现象说明,近代上海崛起后,周围农村闭塞守旧的社会生活逐渐被打破,"重农务本"之类的观念日益退居一旁,商品经济的意识越来越被人们所接受,人们安土重迁的习惯淡化。

大群农民离开土地进入城市,既扩大了商品消费者的队伍,也为资本主义的发展提供了劳动力市场,给城市经济的发展注入新的活力,这些人的生活状况和精神风貌也有明显改观。在毗邻港区和工厂区的农村,"村民衣着和一般外表有了显著改善,这些村民在走向进步的历程中,已从贫困和不足的状态逐渐改变为

---

① 光绪《松江府续志》卷5,《风俗》;民国《真如里志》,《风俗》。
② 民国《南汇县续志》卷18,《风俗》;民国《嘉定县续志》卷5,《风俗》。
③ 民国《青浦县续志》卷2,《风俗》。

中等程度的舒适和富裕状态,特别是妇女和少女更是如此。随便哪个下午,都可以看到从闸北或杨树浦路各厂家走出愉快和看来满足的人群,他们当中大部分人的情况能得到改善,同大型地方工业的建立有关"①。剔除其中夸饰的成分,这段描述还是反映了一些实际情况。据统计,1894 年上海机器缫丝业工人 9 600名,1910 年为 32 685 名;从 1895 年到 1913 年期间,上海缫丝工人约占全国缫丝工人的 1/3 以上。②

可见,近代上海的崛起,对周围农村的影响是全方位且非常深刻的,内外贸易的增长及相关城市经济的发展,在很大程度上改变了上海周围农村经济旧的运行机制,促使其逐渐将自己纳入、归附资本主义经济体系运行的轨迹。当地农村的经济生活与城市的联系越来越紧密,"农工出品销路惟何,曰惟上海;人民职业出路惟何,曰惟上海"③。这在很多方面打破了上海周围农村旧有经济结构、思想观念和生活习俗的束缚,也为当地农业、手工业、集镇等传统经济模式的转型,提供了契机、可能和较平稳的途径,从而推动了这一地区的经济生活向近代社会演进的步伐,也为上海成为中国最大的外贸口岸和港口城市提供了后援。当然因原有基础、自然条件和交通状况等因素的制约,这种联系和演变在长江三角洲各地区的表现有所差异。概言之,在进出口商品主要流经地,特别是那些出口农副产品产地和作为其中转地或加工地的大小城镇四周,这种港口与腹地间的互动关系表现得较为充分,其余地区则相对薄弱。但结论是明确的,近代上海作为中国内外贸易枢纽大港的崛起,对长江三角洲社会变迁的影响和作用是积极的。这种影响和作用所产生的结果,不仅带动了这一地区社会生活的近代化进程,使其在全国经济发展中的领先地位更为凸显,也为上海港的进一步发展提供了有利的社会环境和物质基础。

---

① 《海关报告(1892—1901)》,徐雪筠等译编:《海关十年报告译编》,第 45 页。
② 徐新吾等主编:《中国近代缫丝工业史》,第 577、578 页。
③ 民国《川沙县志》,《实业》。

第五章　上海与长江流域市场网络

　　长江流域是近代中国经济发展的腹心地区,地处长江入海口的上海的崛起,在推动长江三角洲社会近代化进程的同时,也对长江流域这一广袤地区的经济发展带来深刻影响。

　　上海开埠前,受内向型社会生产、流通结构的制约,它虽拥有明显的地理优势,但与长江沿岸各地缺乏直接的密切的经济交往,整个长江流域也呈现各地方性市场相对分隔、彼此间经济联系单薄的基本构局,与外省区的货物交流,主要是粮、棉、盐等生活必需品的互通有无,"川米易苏布,衣食各有惬"[1],当是这种关系的生动写照。受广州一口通商禁令的束缚,国内进出口货物虽为数不多,但均走内陆省份,呈南北走向,长江的航运功能远没有被开发利用。近代上海的崛起,以其量大面广的内外贸商品吐纳,直接带动了覆盖整个长江流域市场网络的整合,渐次形成"百川归流"、以上海为中心、沿江各主要口岸为中介的结构有序、层次分明的市场体系,并以此为纽带,加强了各地区间的物资交流、资金融通、信息传输和技术传播,长江的运输潜力得到更多的开发利用,沿江口岸近代港口及城区建设相继起步,各地的资源开发、经济发展因此得到有力推动。上海港的经济腹地,也从长江三角洲扩展到整个长江流域,涵盖江、浙、皖、赣、鄂、湘、川诸省,包括秦岭和黄河以南的陕西汉中、河南大部及鲁西南地区,港口与腹地间互

---

[1]　李鼎元:《师竹斋集》卷6。

补互动的双向联系得以在更大范围内清晰展现。有所不同的是，与长江三角洲相比，长江流域作为间接腹地，这种双向联系主要反映在商品流通网络的组合和货物运输线路的变化等方面。

第一节　市 场 流 通

一、 中介口岸

近代长江流域市场网络的架构，首先表现为受上海港内外贸易引力的吸纳，流域内各省区主要的商品流通，经由宁波、镇江、芜湖、九江、汉口、重庆等口岸的中介，组合成以上海为中心的集散体系。

（一）宁波

宁波，是宁绍平原和浙西南丘陵地带主要的出海口，但从港口布局言，它与上海相距不远，又受地理环境限制，自身经济腹地狭小，"所借以销卖洋货者，唯浙东之宁、绍、台、金等府；其内地贩来货物，仅有福建、安徽及浙省之绍属茶斤，并宁、绍、金、衢、严等府土产油蜡、药材、麻棉、纸、席、杂货等物"[①]。发展余地有限，所以开埠不久其进出口贸易就被吸引到了上海港，"盖宁波密迩上海，上海既日有发展，所有往来腹地之货物，自以出入沪埠较为便利。迨至咸丰初叶，洋商始从事转口货物运输，所用船只初为小号快帆船及划船，继为美国式江轮，但此项洋船仅系运输沪甬两埠之货物，与直接对外贸易有别；至直接对外贸易，自彼时迄今（时为 1931 年——引者注）从未有之"[②]。宁波实际已成为上海在浙东南的一个转运港，通过它的中介，杭嘉湖以外的浙江大部分地区乃至毗邻的江西广信、安徽徽州等府，都成为上海港间接腹地的一部分。

---

① 《浙江巡抚梁宝棠奏为派员筹办定海事宜并宁波通商情形折》（道光二十四年三月二十五日），中国第一历史档案馆编：《鸦片战争档案史料》第 7 册，第 441 页。

② 姚贤镐编：《中国近代对外贸易史资料》第 1 辑，第 618 页。

1870 年,经由宁波运往内地的洋布共有 281 187 匹,其中运往衢州府 33 454 匹,广信府 25 429 匹,绍兴府 22 312 匹,金华府 18 208 匹,温州府 16 346 匹。"广信府的洋货供应从自然位置看来,应当是依赖江西的九江,但是从宁波至广信的路程虽比较远,却比较方便而且省费,所以走这一条路的很多。"该府玉山县年销售洋布达 20 517 匹,超过金华、温州等府销量。[①] 出口方面,徽州等府外销茶叶"经过山区到宁波后,仍然留在中国人手里,外国人只能在它运到上海后并经行帮的准许才能得到"。在整个流通网络中,"上海是宁波销售其出产物和购买所需物资的市场。[②] 1876 年温州开埠后,与宁波一起成为上海港内外贸易在浙东南的转运港,瓯海关统计资料表明,"该港进口的洋货和土货,大部分都是从上海转运而来,出口的土货大部分也是运到上海,以后再转销国内外各地,所以温州最主要的贸易对象港是上海"[③]。

(二) 镇江

位于长江以北的江苏扬州、淮安、徐州、海州及毗邻的河南开封、山东济宁等府州,明清以来依傍大运河,北与京津,南与苏杭的经济联系较为密切。上海开埠后海运交通拓展,包括漕粮在内的原先经由运河输送的物资多改走海路,进口商品则从上海港输入后经镇江中转,销往扬州、淮安等上述各府州。通过这一途径,苏北平原、豫东南和鲁西南融入上海港间接腹地范围。在华外商评述说:"镇江位于许多流贯南北的河道的交叉处,其位置对于发展子口贸易很合理想。河南省在历史上是中国的一个最著名、最古老的省份,土地非常肥沃,有许多人口众多的大城市,全省的许多洋货完全由镇江供应。(河南)实际上可以在上海购买洋货,不过没有(镇江)这一条约口岸,洋货就无法大量深入。"正是通过镇江的中介,经由上海港输入的"布匹被运往最遥远的地方,而且数量很大,尤其是运往河南各大城市和商业中心,距离此地(镇江)约有四百英里或五百英里。这些城市的洋货几乎完全由此地发出,上海毋宁说只供应江苏南部各城镇"。1887 年,

---

① 《通商各口海关贸易报告》1880 年,《宁波》,第 64 页。
② 姚贤镐编:《中国近代对外贸易史资料》第 1 辑,第 619 页;《海关十年报告(1882—1891)》《宁波》,第 362 页。
③ 详可参阅童隆福主编:《浙江航运史(古近代部分)》,人民交通出版社 1993 年版,第 20 页。

销往开封的洋布达 13 万余匹，济宁、徐州、海州也各进口 10 万匹。①

1896 年英国驻沪领事指出，经由镇江转运的进口货销售区域，是地处长江和黄河之间的广大地区。镇江的海关统计资料亦显示，"鲁南起码黄河北通（1855 年后）和运河相交接的地方，处于镇江集货区之内"，即黄河南岸属上海港经镇江中介的贸易集散圈，以北的货流则归向天津港。② 市场网络的大幅度延伸，无疑推动了上海港的贸易发展，经由镇江转运江北的洋纱持续增长，1885 年约数担，以后连年攀升，"1886 年进口 179 担，1887 年 321 担，1888 年 558 担，1889 年 1 463 担，1890 年 13 582 担，1891 年 27 035 担，使用洋纱的织布机大多数集中在徐州"③。此外，曾是江南重镇的南京，自经历太平天国战事，时隔 30 余年，"元气至今未复，民生萧索，城市空旷，毫无振兴之机"。在沪宁铁路通车前，贸易活动相当冷落，与上海的经济联系亦主要通过镇江的中介。④

（三）芜湖

芜湖襟江带河，是循长江进入皖南及江淮平原的主要门户，人称"徽、宁、池、太商人贸迁之地，江北滁、和、无为、庐州物产汇聚之所"。1876 年辟为通商口岸，同年轮船招商局在芜湖设立了轮运局，外国商轮也接踵而至，次年贸易总值就达 158 万余两，1878 年至 1881 年又逐年递增至 321 万、356 万、393 万和 437 万余两。而其中"几乎所有的国外进口商品是通过上海运进的"。芜湖已成为沟通上海与皖江南北货物交流的主要中介港，"从贸易方向看，大多数贸易是面向安徽的太平、庐州、六安、安庆、池州、宁国等行政大区"，同时也包括"芜湖与徽州府和凤阳县之间的南北贸易"。经由芜湖运往上海的是大米和生丝；19 世纪 80 年代后，鹅鸭羽毛渐增：1882 年约 500 担，1891 年为 12 500 担，净增约 24 倍，

---

① 姚贤镐编：《中国近代对外贸易史资料》第 2 辑，第 824、825 页。
② 《总领事韩能 1896 年度上海贸易报告》，李必樟译编：《英国驻沪领事贸易报告汇编》，第 916 页；[美]周锡瑞著，张俊义译：《义和团运动的起源》，江苏人民出版社 1994 年版，第 6 页。
③ 《海关十年报告 1882—1891》，《镇江》，第 295 页。
④ 张之洞：《筹办沪宁铁路已派洋员测勘分段兴造折》（光绪二十一年十一月十二日），《张文襄公全集》卷 40，第 6—7 页。

"这些羽毛在上海装船之前,又经拣选一次,然后才打包"①。茶叶出口,也因与上海港的直接交通而日盛。民国《芜湖县志》载:"茶业,嘉道间本埠销场微细,不及湾沚;光绪初渐次发展,至三十年左右计有店铺十二家,每年营业共二十万上下,其源皆来自泾、太、徽州等处。"进口商品的种类和数量同步增长,1910年美国实业家访华团路经芜湖,曾对洋布、面粉、煤油等大宗进口货——调查笔录。"殷殷注意"②。

(四) 九江

九江,面对长江,东临鄱阳湖,为水运冲要,由鄱阳湖入昌江可达瓷都景德镇,入乐安江能至茶乡婺源,循信江可到名镇河口,溯赣江能直抵南昌、吉安、赣州等地。1858年和镇江、汉口一起成为长江沿岸首批通商口岸,是江西茶叶等土特产品输往上海和上海港进口商品转运江西的要口,其中"织布用的棉纱进口的增加特别值得注意,1879年棉纱进口在2 000担以下,两年之后增加到3 245担,而在1883年达到5 708担,其中有5 000担以上用子口税单运往本省(江西)内地",内销比例近90%,最远销至赣粤交界的赣州和南安。③

(五) 汉口

汉口,素称"九省通衢","不特为楚省之咽喉,而云贵、四川、湖南、广西、河南、江西之货,皆于此焉转输"④。但在上海开埠前,受内向型经济格局的制约,汉口与江浙地区的经济联系,多归向苏州。自上海开埠及长江轮运开通,旧的格局被打破,两地间建立起了直接的经济联系。汉口以其独具的地理位置,成为上海港商品集散网络向内地各省拓展的最重要的中介港。这种关系从当时由中外

---

① 王鹤鸣:《芜湖海关》,黄山书社1994年版,第7,89—91,127页;姚贤镐编:《中国近代对外贸易史资料》第3辑,第1546页。
② 《美团过芜湖时情形》,《时报》1910年10月5日。
③ 姚贤镐编:《中国近代对外贸易史资料》第3辑,第1424页。
④ 民国《夏口县志》;《商务》;刘献廷《广阳杂记》卷4。即以当时流量最大的米谷运销为例,"湖南商贩别无他货,唯以运卖米粮为生,但多运至汉口,得价即售"(《湖南巡抚吴其濬奏为遵旨晓谕各米商迅速赴江浙片》(道光二十二年八月二十二日),中国第一历史档案馆编:《鸦片战争档案史料》第6册,第231页)。

商人联手运作的子口税单上清楚体现,上海港输入的进口商品"由外国轮船或中国轮船公司的船只运到汉口来,经过重新包装后,用子口税单作为外商所有的货物再运往四川、陕西或更西的地方,但 99% 甚至 99.9% 从离开上海之时起即完全为中国人所有"。外国轮船公司借此获得运费收入,那些以货主名义为华商申请子口税单的外国商人,则满足于从中收取一笔酬金,因为在他们看来,"上海才是他的市场,而不是汉口"。据 1887 年的统计,是年以这种方式经汉口转运的进口货值,销往湖北本省的是 85 万两,其余为湖南 160 万两,河南 40 万两,贵州 15.3 万两,陕西 26.5 万两,广西 2.8 万两,足见地域涵盖之广。①

　　汉口港也因这种中介地位而愈显重要,1863 年各通商口岸外籍船只进出口货运净值统计,它仅次于上海排名第二。② 它与上海港之间,已形成一种互补互动的紧密关系。开埠初期,曾有人打算拓展汉口港的直接对外贸易,"努力要把所有直接运去英国的货物改在汉口装船",结果证明得不偿失而作罢。原因在于"汉口一埠乃内地之枢纽","盖其不处海滨,外国航轮无由直达,只司集中土货运沪出口,收纳洋货散销内地最为相宜"③。两湖地区出口货物的生产流通,也因此得到推动。1861 年以前,该地区销往俄国的茶叶多经陆路辗转北上,自上海与汉口间轮运航线辟通,则转由长江而下直抵上海,再经海路至天津转往恰克图,当时"天津所输入的红茶、绿茶和砖茶,皆来自上海,上海之茶自汉口而来"。当中国茶叶在国际市场受英属印度、锡兰茶竞销,渐趋下降时,两湖地区的茶叶种植和出口,则因对俄输出的增多,"而能屹立一时"④。

(六) 重庆

　　地处长江上游的四川,人口众多,物产丰饶,位居长江、嘉陵江交汇处的重庆

---

　　① 《通商各口英国领事商务报告》1878—1880 年,《汉口》,第 22 页;1887 年,《汉口》,第 13 页。

　　② [英]班思德:《最近百年中国对外贸易史》,1937 年译印本,第 59 页。

　　③ 李必樟编译:《英国驻沪领事贸易报告汇编》,第 135 页;曾兆祥主编:《湖北近代经济贸易史料选辑》,湖北省志贸易志编辑室 1985 年印行,第 2 辑,第 352 页。

　　④ 详可参阅戴鞍钢:《近代中国植茶业的兴衰》,《史学月刊》1989 年第 1 期;陈慈玉:《19 世纪后半期之中俄茶贸易》,《思与言》第 17 卷第 6 期,第 475 页。按:据史料记载,原先销往俄国的茶叶,"由北路购办,陆运回国,每百斤费用洋银三十圆"。后改海路北上,"止须费用载脚洋银三圆"(《两江总督怡良等片奏》(1854 年 3 月 25 日),《四国新档·俄国档》,台北"中研院"近代史研究所 1966 年版,第 9 页)。成本大减自然有助于出口的增长。

则是"四川之咽喉，而扬子江上游之锁钥"①。但受三峡险道的阻隔，它与长江沿岸其他各省的经济联系相当薄弱，与上海的交往更少，时任四川总督宝兴曾有生动的描述：

> 查川河节节皆滩，奇险百出，凡有滩处所，两旁巨石嶙峋，中唯一线水槽，迂回曲折，船身稍形长大，即难转折而过。及至巫山大峡，两山紧夹，壁立万纫，绵亘二百数十里，名为腰站河，乃川中众水汇合入江之门户。峡中河面宽止数丈，怪石林立，水势屈曲奔驰，急如怒矢，大船更不能行。是以川河极大之船长不过数丈，恐亦仅可驶至湖北汉口而止，航海固非所宜，即江行亦难适用。故历来滇、黔两省例运京铜铅船只，均在川省成造，一抵汉口，即须另换，此其明证。②

上海开埠后，经由汉口港的中介，沪渝两地交往渐密，1891 年重庆开埠后两地间的直接沟通更是空前紧密，据 1896—1897 年英国商人的商务考察，"重庆洋布进口贸易全部操控在二十七家商号之手，他们都直接派有代理人常驻上海。除了重庆这些商号在上海有代理人之外，成都有三家、嘉定有一家也在上海有代理人，随时按他们的需要代为购买。这四家的交易规模比较小，而他们直接向上海进货这一事实，对于重庆作为四川省贸易的主要市场及分销中心的地位并无重大影响，重庆这样的地位，由于它的特别优越的地理位置，是永远不会受到严重的威胁的"。次年的一份商务报告有更具体的记载："货物用轮船运到宜昌，然后再由船货管理人或帆船主人用本地船运送。"贩运这些货物的"重庆商人在上海是付现款的，但是他向四川内地商人售货则是长期赊销，附属于重庆的主要市场有遂宁县（该县供应潼川府及保宁府）、省会成都、嘉定、溆浦、泸州、成县。成都有三家商号、嘉定有一家商号直接在上海采购，此外四川全部都是由重庆采购"③。

---

① 金沙：《四川贸易谭》，《四川》第 2 号（1908 年 1 月 5 日）。

② 《四川总督宝兴奏为川省制造海洋战船不能驶达大江现在委员采购战船木料折》（道光二十二年七月二十二日），中国第一历史档案馆编：《鸦片战争档案史料》第 6 册，第 147 页。

③ 姚贤镐编：《中国近代对外贸易史资料》第 3 辑，第 1549、1550 页。

其货物集散网络甚至远及周边邻省,郑观应从沪抵渝实地游历后记述:"重庆是四川最大商埠,上达云、贵、甘、陕、西藏等省,往来货多。"内中"出口货以药材、小土为大宗,次则黄丝、白蜡、猪鬃毛、牛皮、羊皮、青麻、木耳、桐油、杂粮等项"。①

二、 市场衔接

以上海为中心的长江流域市场网络的组合,因其覆盖面广,地域跨度大,除了凭借流域内特别是长江沿岸主要口岸的中介,还依靠了那些规模、功能稍逊的港口商埠的衔接沟通。在汉口以上的长江区段,就有岳州、沙市、宜昌等港埠,担当了进出湖南、四川等地商货的转输任务。

岳州,地处洞庭湖畔,扼湖南出省水路要道,南通湘、资、沅、澧四水,"为湖南一省之门户,凡进口出口大宗货物莫不悉由于此"。1898 年被列为首批自开商埠,但从水文地质论,其港口条件欠佳,"水中矶碛最多,华洋商船无敢安心停泊,兼之湖风险恶,回避无力,更且市面崇高,上下货物脚价翔贵,此数年之弗利于商贾,人皆知之"②。开埠后商业虽有发展,进展却不大,"夙为经过孔道,并非商货聚集之场,故开办多年,洋商不乐侨居,关税亦从未畅旺"③。然作为湖南出省水路通衢,它在长江流域市场网络中所起的衔接作用依旧十分重要,"凡由汉口至湘省及由长沙、湘潭至汉口者,必取道于此;云南、贵州两省所出煤炭、湘潭所产烟叶,如欲输运他省,亦必道出岳关"。④

沙市,南临长江,北通襄、汉两水,"不仅是长江上下航行必经之地,而且有优良的内河航道"。上海至宜昌轮运航线辟通前,"同长江上游的航运贸易都是从沙市中转,汉口来的货船在这里换装川船上驶;川船也运来川货在此换船去汉口,再运往沿海口岸和外洋"。1876 年已是外轮的货物装卸点,1896 年开埠后经由该地的中转货物更多,英国太古洋行、渣甸洋行都在这里设有分支机构。1903

---

① 郑观应:《西行日记》,夏东元编:《郑观应集》上册,第 1026、1027 页。

② 《光绪二十五年岳州贸易情形论略》,《江南商务报》第 26 期(光绪二十六年九月十一日),《列说》;第 27 期(光绪二十六年九月二十一日),《列说》。

③ 《湘抚端方自开商埠筹办情形折》,《湖南历史资料》编辑室编:《湖南历史资料》第 1 期,湖南人民出版社1980 年版,第 212 页。

④ 《岳埠情形》,《江南商务报》第 2 期(光绪二十六年二月十一日),《商情》。

年沙市海关税务司称："尽管困难不少，例如本地与上海无直接金融业务关系，从而使得各项交易在某种程度上具有物物交换性质"，但因过境货物量大，设在当地的外国商行仍获利丰厚。① 1904 年沙市已有 8 万人口，英籍海关官员认为它有望成为湖北境内长江中段的一个商业中心，因为"沙市具有天然的与人为的水运系统，这是使沙市成为商业中心的条件之一"②。

较之沙市，位于进入川江门户的宜昌，转运港的特征更为鲜明。《1881 年宜昌海关贸易报告》称："事实上宜昌的地位仅仅是一个转运货物的大港口，即把轮船运来的货物转运到合适的船上，通过长江上游的峡谷和险滩转运到中国西部去，同时以同样的航路接纳进土货，再装上轮船运往中国东部的口岸城市。"这是由长江航道的地理特点决定的，依据轮船通航条件，长江航路可分为三段，首段为上海至汉口，末端为重庆，第二三段在宜昌、沙市区段交接，"故是处发现两互相竞争之转运商埠即沙市、宜昌"③。

因宜昌以上川江航道险恶，"非轮船所能飞渡，故必利用土制之毛板船以为转运之器，而宜昌港遂如天造地设，为木船、轮舟汇集交拨之区"。1876 年开埠后，轮船招商局、英国怡和轮船公司、太古轮船公司及日本大阪商船株式会社，"皆陆续于此地设立分局，以营转运之业"④。转口贸易已在当地社会经济中举足轻重，《1903 年宜昌海关贸易报告》载"本口贸易情形不以本处年成为进退，而视川沪生理为盛衰，如川省百产丰收，则下运之货自涌；沪上棉货价巧，则上运之货亦多"。19 世纪 90 年代，在汉口、宜昌、重庆间从事货运的木船约有 2 500 艘，"每年的贸易总值估计为 20 万海关两"⑤。1893 年四川余栋臣起义，一般商人忐忑不安，不知所措，"有的将上海购买的货物运到沙市、宜昌一带就搁起，等待时局平稳后再行上运"。但也有人抓住市场货物短缺的时机，硬是将"在上海所进

---

① 《沙市海关贸易报告》，湖北省志贸易志编辑室编：《湖北近代经济贸易史料选辑(1840～1949)》第 3 辑，第 259、266 页。
② 〔英〕奥尔夫：《1904 年沙市概况的报告》，中国人民政治协商会议沙市市委员会文史资料研究委员会编：《沙市文史资料》第 2 辑，第 337 页。
③ 朱建邦：《扬子江航业》，商务印书馆 1937 年版，第 55 页。
④ 〔日〕林安繁：《扬子江》，《清议报全编》第 3 集第 12 卷，第 10 页。
⑤ 〔英〕李约德：《宜昌海关十年报告(1882—1891)》，中国人民政治协商会议湖北省委员会文史资料研究委员会编：《湖北文史资料》第 20 辑，第 214 页。

酌货全部运来重庆",结果大获其利,其中就有后来成为重庆巨富的汤子敬。①

在这些港埠之下,则有小至村墟乡集、大至府县州城多层次的市场联结网络,如海关报告所说"中国现在虽然以大量原料运往外国市场,但是中国的输出品仍然要在初级市场上以铜钱收购,从个别人买来的微小数量,当其运到口岸来时,便像滚雪球一样,积成巨大的数量"②。同样,进口商品也循着同一渠道分销至中国的内地城乡。离上海港最远、位于长江流域市场网络末端的四川地区两项大宗进出口商品即棉纺织品和生丝的聚散流通,当具典型意义。

自上海开埠,经长江航道输入重庆的外国商品中,机制棉纺织品一直占据首位,其中"棉纱是四川主要输入品",19世纪90年代约占年均输入贸易总值的60%—70%。③ 它们从上海运抵后,通过重庆与四川各地层层相结的市场网络,销往四面八方。"每年在一定的季节里,商人从偏僻和辽远的城镇如成都、保宁府、潼川府、遂宁县、嘉定府、叙州府、绵州、合州及其他重要地方,有的由陆路,有的由水路来到重庆,运来他们的土产——鸦片、药材、生丝等等,并运回洋货。"④

这些进口棉纺织品,经过集镇场市的层层贩销,成为民间习见之物,"川省迤北一带,比户人家妇女莫不置有布机,洋棉纱所织之布较土布无甚低昂,虽其细逊于土棉,然结炼颇堪耐久"。在乐山县,"进口洋纱的需要日有增加,不仅城内织户需要洋纱,城外各区织户也同样需要"。遂宁县,"织户已开始乐用洋纱,不仅因其价廉,而且因其易于操作"。一批去四川实地考察的英国商人称:"根据我们的观察和询问,纺织业分布的地区,北面远至潼川,西边远至雅州,并且包括合州、遂宁县、太和镇、万县、成都、眉州、中江、嘉定、叙府、泸州这些如此重要的商业中心,实际上把四川省的每一重要城镇都包括在内。"这些地区的产品,"绝大多数是用洋纱织的,洋纱因其价廉、形式方便及易于操作,很快地使纺车闲置无用"⑤。与此相联系,经上海港销

---

　　① 《重庆汤百万的发家史》,中国人民政治协商会议四川省委员会、四川省省志编辑委员会编:《四川文史资料选辑》第 4 辑,第 121 页。

　　② 《海关报告(1902—1911)》,章有义编:《中国近代农业史资料》第 2 辑,生活・读书・新知三联书店 1957 年版,第 276 页。

　　③ [英]华特森著、李孝同译:《重庆海关 1892—1901 年十年调查报告》,中国人民政治协商会议四川省委员会、四川省省志编辑委员会编:《四川文史资料选辑》第 9 辑,第 192 页。

　　④ 《布莱克本商会访华团报告书》(1896—1897),姚贤镐编:《中国近代对外贸易史资料》第 3 辑,第 1549 页。

　　⑤ 彭泽益编:《中国近代手工业史资料》第 2 卷,第 246、247 页。

往四川的洋纱数量猛增。1887 年由宜昌转运入川进口棉纱 795 担,1889 年增至 6 700 余担,次年又达 6 900 余担,若加上未经海关而由木船径运者,此数当更巨。①

与江浙地区相比,四川的蚕丝出口起步较晚,1871 年始有 6 000 包川丝经上海港输往国外。② 此外,生丝一直是四川主要的出口商品。四川蚕丝产区分布较广,"而大的丝业中心。即供应输出的主要来源地则为嘉定府、顺庆府和成都府,这些地方都有水路通达长江"。每到收获季节,"绵州、保宁、成都、嘉定和重庆的丝贩纷赴各乡村市场收蚕丝,并购买当地出产的丝。在四川,蚕丝生产像所有其他作业一样,是零星经营的,商贩们像做鸦片生意一样,在这儿收一斤,在那儿收几两。农民通常出售蚕茧,不另行制丝"。出口需求的扩大,促使人们"愈来愈趋向于把蚕丝收集到较大市镇去缫丝",然后汇聚重庆,"输往上海,以便转运欧洲"。1886 年,仅绵州一地经重庆输往上海的生丝出口值就有 100 万海关两。③ 海外市场的信息反馈和沿海地区的先进技术,也通过市场网络传回重庆,推动了出口生丝的加工技艺。据 1908 年的商务调查,"川地现已有仿日本用机器缫丝,价值渐昂,出口至上海者不少"④。

与上海港内外贸易市场流通网络的衔接,促进了长江流域各地农村初级市场的发育。据统计,嘉庆前后四川约有农村场市 3 000 个,至清末已增至约4 000个。⑤ 另据对川西双流县、川南丹棱县、川东长寿县和川北三台县的抽样调查,重庆开埠前上述四县共有场市 93 个,民国初年增至 124 个,平均增幅约 33%。⑥ 网络所经各城镇的商业活动都有程度不同的发展,前述岳州、沙市、宜昌等均是例证。小如四川灌县县城灌口镇,为通往川边少数民族地区的门户,因山货集此外运,"城内外廛肆罗列,有银号数家,东街尤百货骈阗,商贾麋集,以贩运药材、羊毛者特多,行销渝、宜、汉、沪,岁约十万元"⑦。可见这一市场网络组成的作用

---

① 《通商各关华洋贸易总册》卷下,第 51 页。
② 《英人通信》(1872 年 5 月),彭泽益:《中国近代手工业史资料》第 2 卷,第 90 页。
③ 姚贤镐编:《中国近代对外贸易史资料》第 3 辑,第 1494—1496 页。
④ 《商务官报》第 31 册(1908 年),《参考资料》。
⑤ 高王凌:《乾嘉时期四川的场市、场市网及其功能》,中国人民大学清史研究所编:《清史研究集》第 3 辑,四川人民出版社 1984 年版。
⑥ 资料据隗瀛涛、赵清主编:《四川辛亥革命史料》下册,四川人民出版社 1982 年版,第 633 页。
⑦ 民国《灌县志》卷 4,第 5 页。

是双向的,它在为上海港提供幅员辽阔的经济腹地的同时,也推动了这一广大区域内的城乡商品流通和市场发育。

第二节　商　路　变　迁

以上海为中心的长江流域市场网络的物质基础,是长江流域各地为上海港内外贸易所提供的丰富的物资来源和广大的销售市场。两者通常又是重合的,往往在向外输出商品的同时,也成为接纳外来产品的销售地。将这些商品产销地与上海联结起来的,则是众多纵横其间的货物运输线路,沿线经济生活因此也呈活跃态势。谨将几条主要干线的变迁考订、梳理。

一、下游地区

(一)南路:钱塘江水系

钱塘江水系流经的浙、赣、皖三省毗邻地区,是上海港出口茶叶主要来源地。先前,该区域连同武夷山南麓所产茶叶,却因广州一口通商的禁令,均西向入鄱阳湖经赣江越大庾岭南下广州,全程约 60 天。[1] 当时,"江浙之丝斤、福建之茶叶来粤,均由此路雇觅挑夫过岭运送,虽过岭陆路仅止一百二十里,而每日来往约用挑夫三四千名不等"[2]。有人估计,是时"江西之广信、南安,广东之南雄、韶州,沿途船户、挑夫藉此营生者不下数千万人"[3]。自上海开埠,局面改变,该地区出口茶叶不再舍近求远运去广州,而是改为东向循钱塘江水系经杭州或宁波运往上海,河口和屯溪是两大起运点。

地处信江岸边的河口镇,属江西铅山县,主要接纳当地及武夷山南麓所产茶

---

① ［英］复庆:《中国茶区游历记》,姚贤镐编:《中国近代对外贸易史资料》第 3 辑,第 1539 页。

② 《革职留任两广总督祁埙奏为遵查船户挑夫照旧谋生可无失业折》(道光二十三年二月十九日),中国第一历史档案馆编:《鸦片战争档案史料》第 7 册,第 70 页。

③ 《御史黄赞汤奏陈江浙福建通商后赣粤船户挑夫将失其业应预防滋生事端折》(道光二十二年十月二十一日),中国第一历史档案馆编:《鸦片战争档案史料》第 6 册,第 493 页。

叶外销,运输线路为河口—玉山—常山—杭州—上海。河口至玉山段仍走信江,两地相距约 180 里。抵玉山后须起岸雇用挑夫搬至约百里外的浙江常山,入富春江支流下杭州转上海,全程约 28 天,较之去广州大为便捷。河口镇成为购销两旺的茶叶集散地,在镇上"到处都可遇到大客栈、茶行和仓库,沿河一带更多,停泊在市镇附近的船只非常之多"。除了周围地区所产茶叶从这里外运,还吸引了福建崇安、安徽婺源等茶区的货源。19 世纪 50 年代福州港茶叶出口未畅时,"武夷山南面地区所制的茶叶,都是先运至河口,然后转往一个输出口岸的。所谓婺宁茶或宁州茶,是更西边靠近鄱阳湖的一个地区所产,也是由水路经河口运往上海"。交易的活跃和运输的便捷,给周围地区的植茶业带来新的刺激,"在玉山及河口镇一带即是在武夷山的北面,栽种及制造着大量茶叶以供外销。上万英亩的土地都种着茶树,而且大部分的土地显然是最近几年内(时为 1852 年——引者注)开垦和栽种起来的"[1]。

位于皖南茶区的屯溪镇,可与河口镇比肩。它地处新安江上游,因屯溪以上河道狭窄,货船不便通航,屯溪因此成为皖南茶区主要的外运通道,"杭州及严州大船均泊此载货",经新安江"运至杭州转往上海的绿茶,几乎全部是在屯溪装运的"。出口茶叶的生产、交易、加工和转运,已是当地经济的主干。茶商在向茶农收购茶叶后,雇工加以分类、精制,装箱运往上海,因此又有不少专做茶箱的木匠铺,"屯溪及其附近人烟稠密之区,可以说事实上是依靠茶叶的对外贸易为生的"。而从上海输入的洋货,也从这里销往周围地区,"屯溪和婺源每年要销售大量的外国匹头,如果交通运输更加迅速可靠,销售量还会大为扩大"[2]。1858 年英国驻沪领事在上海港对外贸易报告中评述与浙、赣等地的交往时称:"有关出口的情况同样适用于进口,同内地交通的便利总是会使上海变成一个贸易集散地的。本港能够通过水路把旅客和货物运往上述的任何县城或地方,可以不经过长江就能从上海到江西省的宁州和甚至更远的地方。"[3]

---

① 姚贤镐编:《中国近代对外贸易史资料》第 3 辑。第 1536—1539 页。

② [英]复庆:《中国茶区游历记》,姚贤镐编:《中国近代对外贸易史资料》第 3 辑,第 1532 页;《英商致英国驻华公使兼英国对华贸易首席监督官阿礼国》,聂宝璋编:《中国近代航运史资料》第 1 辑,第 370 页。

③ 《领事罗伯逊 1858 年度上海港对外贸易报告》,李必樟编译:《英国驻沪领事贸易报告汇编》,第 67 页。

值得注意的是,河口、屯溪外销茶叶还有一条货运线路,即在运抵杭州城外义桥后,不就近入运河赴上海,而是折向东南,改道经宁波转海路去上海。实际上,这是茶叶运销商为躲避一些苛捐杂税的不得已之举。《1868 年上海港贸易报告》载,当时取道杭州的捐税远较改走宁波苛重,"预定来上海市场销售的安徽绿茶原来由钱塘江下达杭州,再通过运河到上海,现改为绕大圈取道宁波,再装外国沿海航船运到它的自然终点——上海"。其原因在于:"使茶叶在钱塘江的义桥上岸,越过难走而拥挤的道路运到宁波的运输费用,加上宁波的轮船运费,用它避免在直运路线上被征收的沉重税款比较,还是合算的。"[①]由于同样的缘故,即使在1858 年九江开埠后,赣东北和皖南外销茶叶仍多走东路,经杭州或宁波去上海,据外商观察,"发生这一情况的原因有二,一是运往宁波比运往九江安全便宜而迅速,一是由于课税的差异"[②]。这种状况在其他地区也有存在。可见考察具体的货运线路,除了注重地理条件,还需顾及相关的人文因素。

(二) 北路:江北段运河

自上海崛起,京杭大运河沟通南北经济联系的作用减弱。1855 年黄河在河南兰阳铜瓦厢决口,从山东张秋穿运河东去,改道山东利津入海,一时黄水泛滥,运河阻滞,航运功能更为削弱。但以为大运河从此无足轻重是不确切的,运河受黄河改道影响最大的是张秋以北区段,"自河决兰仪,黄水穿连挟汶东趋,其张秋北之运河,仅恃黄河旁溢之水为来源,入运之处各南坝所口日形淤垫,从前秋冬尚能过水,近则水落辄至断流"[③]。19 世纪 60 年代初,张秋至东昌段运河"河身淤狭,已为平地,实不及丈五之沟、渐车之水"[④]。

而张秋以南河段,则有沿河诸湖的挹注仍能通航,只是因张秋以北河段淤浅及南漕北运改走海路,先前那种南北船只穿梭的景象不复再现,沿河城镇的商业活动因之减色。但张秋以南河段尚能行船,因此在经镇江中介,沟通上海与苏北、

① 《领事麦华陀 1868 年度上海港贸易报告》,李必樟编译:《英国驻沪领事贸易报告汇编》,第 173、174 页。

② 《英人通信》(1872 年 5 月),姚贤镐编:《中国近代对外贸易史资料》第 3 辑,第 1532 页。

③ 《张之万等奏》(同治四年十二月初四日),《军机录副·财政》

④ 《李鸿章复尹耕云书》,太平天国历史博物馆编:《太平天国史料丛编简辑》第 6 册,中华书局 1962 年版,第358 页。

鲁西南、豫东南、皖北等地区的经济联系方面，镇江至张秋运河区段仍发挥着主干道的作用。"凡由镇江购运洋货之处，以江北及山东、河南、安徽等省水路近便者居多，镇江为该水路之总口，水路指运河而言，可通江北、山东等处，若往安徽、河南两省，则清江浦过洪泽湖及淮河一带均属一水可达。"另一方面，"凡土货出产之地，皆为本口(镇江)运销洋货之处"。其货物流向、品种及产地，统计见表5-1：

表 5-1　江北段运河货运统计　　　　　　　　单位：%

经镇江入运河进口商品地区分销比重（1899 年）		经运河抵镇江转运的农副产品产地比重（1899 年）		经镇江入运河北销进口商品品种构成（1899 年）	
地区	百分比	地区	百分比	品种	百分比	品种	百分比

地区	百分比	地区	百分比	品种	百分比	品种	百分比
苏北	45	苏北	48	棉纱	40	煤油	8
河南	25	河南	28	棉布	22	五金	2
山东	20	安徽	20	糖	16	火柴	2
安徽	10	山东	4	杂货	10		

资料来源：《光绪二十五年镇江贸易情形论略》，《江南商务报》第 21 期(光绪二十六年八月二十一日)，《列说》。

统计表明，津浦铁路通车前，在沟通上海与上述各地区经济联系方面，运河仍是主要的货运通道。洪泽湖北的江苏桃源县，"洋货有石油、火柴、洋布各种，均由上海辗转运入，每岁输入数亦巨万"[1]。位于原黄河运河交会处的清江浦，商业活动依旧活跃。"查清江浦地属清河县，在淮水之北，距淮安府城三十里，为南北水陆要冲，从前海道未兴，商务为南省诸省之冠。"这时则因仍有山东、河南等处的贸易往来，"百货屯集，争先售卖"，人称"为内地商业总汇之区，道南北水陆商货，商业不减镇江"[2]。

(三)中路：皖江、赣江水系

中路是由芜湖、九江两个中介口岸为基点，分别统率皖、赣两省主要商路的。

---

[1] 民国《泗阳县志》卷 19,《实业》。
[2] 《清江浦商董请设立商务公所举绅董禀》,《江南商务报》第 14 期(光绪二十六年六月十一日)，《公牍》。

芜湖,乃货物进出皖省腹心地区的门户,南经青弋江、鲁港河直通南陵、宁国、太平,西北经新裕河可达巢县、无为、庐州,均为物产丰饶之区,尤以盛产米粮和茶叶著称。但 1876 年开埠后,经芜湖运往上海港出口的茶叶数量并不多,多数年份在 2 000 担上下波动,仅占安徽茶叶实际外销总量的约 1％。① 原因有二:一是皖南茶区外销茶叶经屯溪走东路水道较之往北驳运至芜湖更为便捷;二是运往芜湖的税捐更重,"在通向茶区的内地水道上,各个据点都建立了税卡,公开宣称其目的在于对运到芜湖的茶课征厘金"②。

安徽各地汇聚芜湖外运的大宗货物是米粮,据海关统计 1885 年至 1936 年,稻米一直占芜湖港输出各货值的首位,其中输出最多的 1905 年为 843.8 万担,占各输出货物总值的 91.22％。稻米输出的多寡,左右着芜湖港的进口贸易,若输出多、游资增,进口商品输入亦增,反之则减,如芜湖海关报告所说"本港的全部贸易,主要是随着大米的出口贸易而变化的"③。由芜湖维系的货运线路,也主要是通达各稻米产区。首先是江对岸的巢湖周围府县,该地区"聚粮之地首在庐州府之三河、运漕两处,不特一府之米会集于此,即河南光(州)、固(始)等处产米亦皆转运而来,每处每年出粮不下数百万石",这些外销米粮多经新裕河输抵芜湖外运。其次则是近旁的太平府之官圩、宁国府之湾沚镇,"皆系聚米之地",亦均循水路运至芜湖外销。④ 停靠芜湖的"轮船以装载搭客、输出农产品为目的,其出口货以大米为大宗,大都为庐州、三河、安庆、宁国、南陵等地之生产,先集芜湖,再运上海"⑤。

上述米粮运销线路,同时也是进口商品输入孔道,"外江庐州、巢县、三河,内河宁国、徽州各处,均来本埠(安庆)贩运"。在当涂县,"洋呢、洋缎、洋绸、洋布、洋纸、洋油、洋火、洋皂并零星洋货,以及外省糖、盐、布匹、纸张、油、酒、药材并各项杂货,均由芜湖运入本境(当涂)各镇市销行,每年约值银二十万两"⑥。周围

---

①　王鹤鸣:《芜湖海关》,第 30 页。

②　《通商各口英国领事商务报告》1884 年,《芜湖》,第 60 页。

③　王鹤鸣:《芜湖海关》,第 29 页。

④　李文治编:《中国近代农业史资料》第 1 辑,第 470 页。

⑤　王鹤鸣:《芜湖海关》,第 74 页。

⑥　民国《芜湖县志》卷 35,《实业》;民国《当涂县乡土志》。

地区外销稻米集聚芜湖外运,直接推动了粮食加工业的发展。芜湖的碾米工场,嘉道年间约 20 余家,至清末民初已增至百余家,净增约 4 倍。①

上海开埠前,受广州一口通商禁令的束缚,江西及江、浙、皖等省进出口货物多经赣江走大庾岭赴粤,"由南昌至广州计程二千余里,中隔大庾县之梅岭极其高峻,山路陡险",全凭人力挑扛搬运。② 江西境内两大货物集散地则为樟树镇和吴城镇,前者当袁江与赣江交会处,后者扼赣江、修水入鄱阳湖之要口。"樟树居吉安、南昌之东,东连抚州、建昌,西通瑞州、临江、袁州,吴城濒江而瞰湖,上百八十里至南昌,下百八十里至湖口。凡商船之由南昌而下,由湖口而上,道路所经,无大埠头,吴城适当其冲,故货之由广东来江者,至樟树而会集,由吴城而出口;货之由湘、鄂、皖、吴入江者,至吴城而厫存,至樟树而销。四省通衢,两埠为之枢纽"。这种运输格局长期延续,"内销之货以樟树为中心点,外销之货以吴城为极点",其商业之盛,"彼时省会转视两埠弗如焉"。③

但自上海开埠,原先南下走大庾岭的商货纷纷改道经赣江趋九江转上海,"商贾懋迁趋利乘便,孰肯舍近图远再出广东,以致赣关绝无大宗货物经过,所收税课均属小贩零星,纵使竭力招徕,总不能照前畅旺,实为时势使然,莫能强求"④。以往"商贾如云,货物如雨,万足践履,冬无寒土"⑤的大庾岭商道顿显冷落。随着货运流向的变化,江西境内主要的进出货物运输线路,虽仍走赣江水系,但已形成以九江为中枢的赣州—吉安—樟树—南昌—吴城—湖口—九江的基本构架。

茶叶是经九江外运的大宗出口商品,当地茶叶加工业也从无到有,发展迅速。"1861 年九江初开放时尚无茶商,因此在本埠购买的茶,须以未曾加工的形态运往上海,在上海再为加工、包装,然后运销外国市场。"但次年就有"十六七个商人在九江设立茶行,为茶的输出加工"。出口茶叶运销线路所经地区的茶叶生

---

① 民国《芜湖县志》卷 35。

② 《江西巡抚钱宝琮奏》(道光二十一年正月二十二日),中国第一历史档案馆编:《鸦片战争档案史料》第 3 册,第 103 页。

③ 傅春官:《江西商务说略》,《江西官报》第 27 期(1906 年),《论说》。

④ 刘坤一:《赣关短征四年分盈余银两邀恩援案减免折》(同治五年十月二十八日),《刘坤一遗集·奏疏》卷 3,第 38 页。

⑤ 桑悦:《重修岭路记》,同治《南安府志》卷 21,《艺文》。

产,也有新的发展。1875 年英国驻九江领事商务报告称:"本埠周围产茶地区的发展是很有趣味的,距本埠 87 英里的建德县是 1861 年才开始种茶的,今年提供的茶大大增加了,有些卖价极高。五个新产区的茶已经进入了市场,此即距本埠 280 英里的吉安,距本埠 287 英里的建昌,距本埠 35 英里的瑞昌和九江附近包括庐山山脉的一些地方。"1881 年,在沿途产区已设有从事茶叶贩销的茶行 252 家,次年又增至 344 家;九江城内的拣茶女工有近万人。①

上海与九江轮运航线的辟通及赣江水系货物流向的相应变化,促使九江港区重心由内河移向长江。② 原先九江港货物装卸码头位于龙开河畔,以后在龙开河以西琵琶亭江岸至九华门沿江地带形成新的港区,供轮船停靠。至 1880 年,上起龙开河口,下至九华门一带已建成石砌护岸。是年进出九江港的轮船共有 600 余艘,以后几年又增至 700 余艘。③

二、 中上游地区

(一) 湘鄂线

广州一口通商时期,两湖地区进出口货运由广州经佛山,循北江至韶关,顺武水折向西北,经乐昌过南岭至宜章,入郴州、耒水、湘江,历经郴州、耒阳、衡阳、湘潭、长沙等地,过洞庭湖入长江趋汉口。地处湘江中段的湘潭,是这条粤汉商路主要的货物集散转运点,"凡外国运来货物至广东上岸后,必先集湘潭,由湘潭再分运至内地;又非独进口货为然,中国丝、茶之运往外国者,必先在湘潭装箱,然后再运广东放洋,以故湘潭及广州间商务异常繁盛"④。各地挑夫汇聚此地,嘉庆二十四年(1819)曾有"江西客民在湖南湘潭县设立脚行,因争码头,与本地挑夫械斗,竟至酿成巨案"⑤。

① 姚贤镐编:《中国近代对外贸易史资料》第 3 辑,第 1536、1474、1475、1537 页;《申报》1884 年 5 月 6 日。
② 《扬子江》,《清议报全编》第 3 集第 12 卷,第 22 页。
③ 聂宝璋编:《中国近代航运史资料》第 1 辑,第 1274 页;孙述诚主编:《九江港史》,人民交通出版社 1991 年版,第 90 页。
④ 容闳:《西学东渐记》,岳麓书社 1985 年版,第 84 页。
⑤ 《御史黄赞汤奏陈江浙福建通商后赣粤船户挑夫将失其业应预防滋生事端折》(道光二十二年十月二十一日),中国第一历史档案馆编:《鸦片战争档案史料》第 6 册,第 493 页。

这些货物在翻越粤湘交界的南岭时，"交通皆以陆，劳动工人肩货往来于南风岭者不下十万人。粤汉商路鼎盛时，南风岭因"地处湘潭与广州之中央，为往来必经之孔道，道旁居民咸藉肩挑背负以为生，安居乐业，各得其所"①。扼郴江水路的郴州，"南通交广，北达湖湘，为往来经商拨运之所，沿河一带设立大店、栈户十数间，客货自北至者，为拨夫、为雇骡；由南至者，为雇舡。他如盐贩运盐而来，广客买麻而去，六七月间收焉，九十月间取茶、桐油，行旅客商络绎不绝，诚楚南一大冲会"②。

自上海崛起，传统的粤汉商路亦发生逆转，原先南下广州的货物纷纷改由长江东赴上海进出，"茶叶尽趋汉口，概不逾岭；洋货之销售于两湖、山、陕者，皆由上海入江，概不来粤，从此粤海税项江河日下。现在(时为1862年——引者注)每月收银约不过四万，通年牵算约不过五十万，与江海关岁征银二三百万者，絜长较短"③。货物流向转道，使五岭两侧昔日繁忙的商路陷于萧条。光绪《郴州直隶乡土志》载："海运既通，百货遂徙而之他，加以陆运濡迟，夫骡偷损，富商大贾悉视郴道为畏途。今昔比较，十一悬殊，河街店栈落落晨星，仅存数家，且有不能持久之势。"广东一侧的佛山，原先"地扼两江上游，七省货物皆取道佛山，然后运出各省，故商务为天下最，而土产之美，手工业之巧，亦为远近所贵"，此时却因过往商货剧减，"儳焉不可终日"。④

同一时期，湖南境内物产分头循湘江、资江、沅江、澧江四水而下，汇入洞庭湖经岳州入长江。南下货流改向后，过往湘潭的货物不及以往之多，但它地处湘江、连溪、涓水交汇处，湘江中上游物产多经这里转运北上，市面仍得维持。时人称："湘潭在前无轮船时，所有两湖、两广来往之货均屯集于此，相传烟村十万家，生意推粤商为巨擘，今虽不逮前此之昌盛，然亦系湘省一巨镇也。"⑤益阳、常德、澧州亦因分处资、沅、澧三水入湖要口，过境货运频繁。江汉关税务司称："常德

---

① 容闳：《西学东渐记》，第84页。
② 嘉庆《郴州总志》卷21，《风俗》。
③《劳崇光来函》(同治元年八月二十七日)，中国社会科学院近代史研究所资料室编：《曾国藩未刊往来函稿》，第224页。
④ 光绪《郴州直隶乡土志》卷下，《实业》；民国《佛山忠义乡志》卷6，《实业》。
⑤《光绪二十五年岳州贸易情形论略》，《江南商务报》第26期(光绪二十六年九月十一日)，《列说》。

固属沅江第一大埠,然在沅江路关系岳州者,常德外,仍有澧州。"①1909 年,"行驶常德、益阳、湘潭、株州等埠各小轮合计不下十余艘,生意均极畅旺"②。湖南外运商品"以茶、米、木、煤、棉花五者为大宗",其中"湖南茶在汉口售者最多亦最平常,每年约有五六十万箱"。③

货运渠道的便捷,同样刺激了出口物资的生产。浏阳县原先多种麻,"咸同间增开五口,互市便利,西人需茶急,茶船入泊汉口,收茶不计值,湘茶转运近捷,茶者辄抵巨富,于是皆舍麻言茶利矣。浏阳以素所植麻,拔而植茶"。平江县"凡山谷者向种红薯之处,悉以种茶"。据 1871 年的统计,湘鄂两省"茶的种植近来有了扩张,几乎较十年前增加了 50％"。④

从上海运抵汉口的进口商品,亦循着同一线路输入湖南,与出口物资形成对流并得到了上海、汉口钱庄、票号的信用支持,当时从汉口运往湘潭的货物几乎都是用钱庄、票号的期票支付的。"从事输入棉纱、棉布的洋货商人,大都从湘潭向上海输出米谷,以求收支相抵,减少拨兑。"⑤足见两地相距虽远,但通过市场网络的中介、传递,货物流通活跃,经济联系紧密。以湘江为主干的这条商路的一根分支,还从衡阳向西延伸至贵州乃至云南。据前去实地考察的英国人记载,在安顺及省城贵阳都遇到来自湖南的商旅,通常是 20 人或更多人为一帮,"他们由湖南西部衡州府一带携来洋货及银子,运回去鸦片作为交易"。由于"湖南西部的城市与贵州及云南的城市之间没有银号以供汇兑,所以这些行商必须携带银子或货物"。为躲避苛重的捐税,其货运线路常偏离大道,"而在人迹罕至的山路上行走多日"⑥。另有一路则由沅江沟通,"盖滇、黔百货输委中原,由沅水经流以达长江流域,无不以常德为停储改运之区"⑦;由汉口输入的商品则逆向经沅江销往镇远、贵阳等地,大宗货物有洋纱、洋布和掺用洋纱织成的土布。⑧

① 《光绪二十五年岳州贸易情形论略》,《江南商务报》第 27 期(光绪二十六年九月二十一日),《列说》。
② 《航业日旺》,《长沙日报》1909 年 5 月 15 日。
③ 《光绪二十五年岳州贸易情形论略》,《江南商务报》第 27 期(光绪二十六年九月二十一日),《列说》。
④ 姚贤镐编:《中国近代对外贸易史资料》第 3 辑,第 1472 页。
⑤ 《通商各口英国领事商务报告》1869—1871 年,《汉口》,第 19、192 页。
⑥ 《中国中南部的贸易报告》(1898),姚贤镐编:《中国近代对外贸易史资料》第 3 辑,第 1554 页。
⑦ 《湘抚端方自开商埠筹办情形折》,《湖南历史资料》编辑室编:《湖南历史资料》第 1 期,第 211、212 页。
⑧ 《布莱克本商会访华团报告书》(1896—1897),姚贤镐编:《中国近代对外贸易史资料》第 3 辑,第 1429 页。

（二）汉水线

从汉口出发，循汉水向西北方向穿越鄂省并跨省一直延伸至汉中地区和南阳盆地，是以汉口为中介沟通上海与长江中游地区货物流通的又一条运输干线。

汉水是鄂省主要内河干道，"流域所经，物产丰美，而支流纵横，范围广阔"①。就资源分布言，"鄂中物产最饶之区推襄河（汉水）两岸"。沿途汉川、沔阳、天门等地植桑养蚕，是著名的"沔丝"产地，安陆、襄樊盛产棉花，襄阳、宜城一带"邑少丝麻，惟恃木棉，乡野亦多种者"。② 毗邻的汉中地区和南阳盆地，是陕、豫两省经济开发较早之地。有清以来，汉川、宜城、襄阳、老河口、均州、郧阳等沿岸城镇，"往来行船夹岸停泊，商贾云集"。流通货物主要是地区间农副产品的交换，汉川县所产土布"近而襄樊、楚南，远而秦、晋、滇、黔咸来争市"③；汉水上游陕西南郑、城固等县所产药材，"水运销行湖北老河口镇十之九"④。汉水在商业运输方面的潜力早已引起在沪外国人的重视，《1858年度上海港对外贸易报告》依据实地调查称："汉水有很长的一段可以航行，山西（似应译为陕西——引者注）和河南两省的土产，就是通过它运到集散地汉口的。"⑤

自汉口成为上海港进出货物在内地的中介口岸，汉水货运航路汇入以上海为中心的长江流域市场网络，从上海港运出的进口商品经汉口入汉水深入至秦岭以南地区。汉水支流所系的商州镇安县，已有"汉江、上海棉花、布、糖等由兴安河口运入"；1910年，经汉水输入陕西汉中府的进口棉纺织品和煤油价值29 340银两。⑥ 同时，经汉水外销的货物也与上海港出口贸易沟通，河南南阳府邓州所产优质烟叶的出口，"大大提高了中国烟草在伦敦市场上的声誉"。当地的烟叶生产受到推动，"邓州纵横数十里皆烟田"⑦。汉水的商业运输功能。更

---

① 湖北省志贸易志编辑室编：《湖北近代经济贸易史料选辑(1840—1949)》第1辑，第320页。

② 民国《夏口县志》，《商务》；同治《宜城县志》，《物产》。

③ 同治《襄阳县志》，《乡镇》；同治《汉川县志》，《物产》。

④ 民国《南郑县志》，《实业》；光绪《城固县乡土志》，《商务》。

⑤ 《领事罗伯逊1858年度上海港对外贸易报告》，李必樟译编：《英国驻沪领事贸易报告汇编》，第69页。

⑥ 光绪《平利县乡土志》，《商务》；［日］日本东亚同文会：《支那省别全志》，李文治编：《中国近代农业史资料》第1辑，第488页。

⑦ 《通商各口海关贸易报告》1883年，《汉口》，第78页；《烟叶述略》，《农学报》第21期(1898年2月)。

加引起外国人的注意,1869 年他们就曾设想在汉水行驶小轮船,认为"汉水行轮肯定能促进贸易发展,并能刺激河南省的洋货贸易",后因时机未成熟作罢。①

湘鄂线、汉水线连同经宜昌、沙市顺长江而下的各类货物,以及由上海港运抵的各种商品在汉口的交会、集散,使汉口的中介口岸特征充分展露,"得水运之便,当九省总汇之通衢,实为腹地无二之商市。其往来聚散重要物品,虽种类繁多不可胜计,然撮其大宗数之,则如谷米、煤炭来自湖南运往江南各处者,茶、鸦片、药材自四川运出者,茶、兽皮、药材自北部诸省经陕西出襄阳下汉水而来者,药材、棉布、海味、人参、樟脑等物经上海溯长江集于汉口者,盖一年之中,江上风光无时不帆樯如织,而贾客舟人各熙熙攘攘也"②。汉口港区及城区的重心亦相应位移。以上海为中心的长江流域市场网络组合前,长江的航运功能远未利用,沿江岸线亦未开发,汉口商业街区多在汉水沿岸③,港口系面河而立,这时则向江边发展,城区重心也从沿河的汉正街移向沿江的六渡桥一带,呈现近代城区沿江走向的基本态势。

(三) 川南、川西北线

长江上游所经的巴蜀地区,受群山峻岭的阻隔,市场流通相对封闭,"川省物产充盈,必达汉口,销路始畅"④。因此与长江中下游相比,上海崛起和以上海为中心的长江流域市场网络的组合在该地区的反应,主要不是货运线路或商品流向的转换,而是原有商路货物流通数量和品种的变化,以及经由重庆中介与外界经济联系的空前增强。

巴蜀地区的货运线路,以长江为主干,其支流为脉络。位于长江、嘉陵江交汇处的重庆,既是本省区贸易的中心,又是四川与长江中下游货物进出的枢纽,"有舟航转运之利,蜀西南北,旁及康藏,以至滇黔之一隅,商货出入输会必于重庆,故重庆者,蜀物所萃,亦四方商贾辐辏地也"⑤。从重庆出发,有两条货运线

---

① 《通商各口英国领事商务报告》1869 年,《汉口》,第 226 页。
② 民国《汉口小志》,《商业》。
③ 范锴:《汉口丛谈》卷 1。
④ 《外务部奏折》,宓汝成编:《中国近代铁路史资料》第 3 册,第 1058 页。
⑤ 民国《巴县志》卷 13,《商业》。

路分别向南联结滇、黔,向西南往川西北牧区乃至西藏。

川南线由重庆经叙州府宜宾,南下筠连出川至昭通。自宜宾起,主要依靠挑夫和马帮运输。昭通地处川滇交通要道,向南经东川通往昆明,向东则与贵州相接,是为川滇黔货运线路的主要集散地。由上海港输入的进口商品,历经汉口、重庆等地转输,运抵昭通上市,"商店里的洋货颇多,全部来自四川",实地游历的外国商人比较洋布的售价后发现,"尽管内地税捐苛重以及从汉口起运后水陆运费昂贵,英国货在这里的售价却并非贵得惊人"。① 经由昭通运往重庆的,则有包括鸦片在内的土特产品。《1868 年度上海港贸易报告》称进口鸦片滞销的主要障碍"是云南和四川两省种植罂粟的面积大为扩大,目前经常有一定数量的这种中国生产的鸦片从汉口运到上海"②。此外则有猪鬃,19 世纪 90 年代"由重庆输出的猪鬃,有 40%—50% 来自贵州省,贵州货和四川货在猪鬃需求远远超过供给的伦敦市场博得最好的价格",为此在宜宾设有 3 家工场,"加工的猪鬃都运往上海"。③

通往川西北和西藏的一路,由重庆至宜宾后,向北循岷江至乐山后分道,一支仍沿岷江上溯至灌县后陆路通松潘;一支入青衣江至雅州后,陆路经打箭炉、里塘、巴塘在江卡入藏,其中打箭炉为交易、转运要地,"汉夷杂处,入藏必经之地,百货完备,商务称盛,在关外可首屈一指,常年交易不下数千金"④。该路输出以羊毛为大宗,输入的商品有茶叶和进口棉纺织品等,为数甚巨。"由中国西部经打箭炉输到西藏的物品,除茶叶外,有棉货和丝货,同时由西藏输入麝香、羊毛、毛皮和药材。"因缺乏详细的统计,具体的贸易额难以确知,但据重庆海关的调查,每年经由重庆进出西藏的贸易额,"由内地输出(茶为主)价值 125 万银两,由西藏输入价值 100 万银两,总计 225 万银两"。从松潘运出的多为羊毛,"羊毛由松潘到灌县是用骡子或力夫负载,平均每一帮只能运十五担至三十担,到灌县后才能改行水路"。羊毛经由打箭炉和松潘来到重庆后,"随即解包分类,并略为

----

① 《云南商务报告》(1877),姚贤镐编:《中国近代对外贸易史资料》第 2 辑,第 1106、1107 页。

② 《领事麦华陀 1868 年度上海港贸易报告》,李必樟译编:《英国驻沪领事贸易报告汇编》,第 168 页。

③ 《重庆海关 1892—1901 年十年调查报告》,中国人民政治协商会议四川省委员会、四川省省志编辑委员会编:《四川文史资料选辑》第 9 辑,第 187 页。

④ 《打箭炉商务》,徐珂:《清稗类钞》,中华书局 1984 年版,第 2336 页。

清洗,然后运往上海,再行完全清洗和水力压榨,才完成运往外国港口之前须有的加工"①。1885年,英商立德洋行已在打箭炉和松潘设立羊毛收购站,运销美国赢利丰厚。市场需求刺激了羊毛出口,"在重庆的外销物品中,绵羊毛进展最快",1892年为10 000担,1894年达19 000担,后又增至22 000担,成为上海港出口羊毛的主要来源。②

由重庆港维系的上述两条商路货运繁忙,"西行前往泸州和叙府的货运民船,粗略估计常年抵埠和离埠的约750艘,运载约15 000吨",连同转往嘉陵江、渠江、涪江等其他货运线路,"可以看出重庆常年抵埠和离埠的民船大致不少于20 000艘,运载约500 000吨",构成以上海为中心的长江流域市场网络的重要一环。上海、重庆两地间的资金融通因此空前活跃,"上海每年多在夏初鸦片市场最旺时将款项以汇票兑到重庆,由重庆运进内地收购鸦片的生银逐渐又返回重庆投资于购买洋货"。与繁忙的货物流通相辅而行,"银两从陆路和水路涌到四川的这个最重要市场和分配中心——重庆",其中上海用汇票兑来的款项,数目之大竟使重庆票号感觉现银太多而把汇费提高到12%,促使一部分商人采用对远地交易货物划账互相抵消的办法,否则从上海流入重庆的现银"势必更要大增"。③

沪渝两地间缘于货运网络结成的紧密金融联系,又给贸易发展以新的推动。1891年至1910年,重庆港进出口贸易总值增长11.7倍,平均增长幅度达13.1%。④1913年从重庆输出的猪鬃货值877 551海关两,较之1891年的5 133海关两,增长约170倍。原先被农家基本丢弃的猪鬃,而今成为上海港一项引人注目的出口货种。与此相联系,出口猪鬃的加工技术,也从上海传入内地。1896年,英商立德洋行在重庆设立猪鬃加工厂,"并在上海延请熟手工人十余名经理其事",以后"很多中外的竞争者都参加到这一门实业中来",成为当地的一项新兴产业。⑤ 说明

---

① 《重庆海关1892—1901年十年调查报告》,中国人民政治协商会议四川省委员会、四川省省志编辑委员会编:《四川文史资料选辑》第9辑,第179、195、187页。
② 《通商各口海关贸易报告》1894年,《重庆》,第69页;聂宝璋编:《中国近代航运史资料》第1辑,第376页。
③ 《重庆海关1892—1901年十年调查报告》,中国人民政治协商会议四川省委员会、四川省省志编辑委员会编:《四川文史资料选辑》第9辑,第221、200页。
④ 周勇等译:《近代重庆经济与社会发展——重庆海关资料译编》,四川大学出版社1987年版,第500页。
⑤ 甘祠森:《最近四十五年来四川省进出口贸易统计》,1936年铅印本,第77页;彭泽益编:《中国近代手工业史资料》第2卷,第395页。

上海与内地市场经济联系的空前增强，也为近代技术的传播提供了内流的渠道，是内地近代工业兴起的最初动因之一，其作用不应忽视。

考察上海与内地市场双向物流的关系，还应论证交叉腹地。交叉腹地，是指处于不同口岸腹地的重合地带。由于这种特殊的地理位置，这些地区货物进出的流向往往呈两元或多元，随着本地区或相关口岸对外联系或交通条件的改变，它们作为口岸腹地的归属也会发生相应变化。地处上海港经济腹地外围的滇、黔、藏等省区，当属这类交叉腹地。云南和贵州，在接纳来自重庆方向的进口货物的同时，也从蒙自、北海等口岸输入外国商品。[①] 根据1894年中英《续议滇缅界务条款》，云南思茅、腾越先后于1897年、1900年设立海关，开放对外贸易，对经由两地的进出口货物规定自1894年起免征关税六年，以后则进口照一般税则减3/10，出口减4/10，吸纳了云贵地区的大部分进出口货源。西藏地区，原先与外界的经济联系，主要经由江卡入川商路。1894年4月1日，西藏亚东开埠通商，根据《中英藏印条约》及《中英藏印续约》规定，五年内对进口货物概不征税，实际则直到1914年亚东闭关从未征收过任何进口税。其间，经由该口输入的洋货除西藏市场还远销到西宁、打箭炉和丽江、中甸一带，内地与西藏的物资交流减为茶叶、丝绸等少数品种，西藏最大宗的出口物资——羊毛的输出，也大部归入大吉岭、加尔各答的英国商人之手。[②] 基于上述研究，对近代上海港经济腹地区域范围的界定：它由长江及沿江内河水系沟通，北抵秦岭南麓、豫省黄河南岸和鲁西南平原，西至四川盆地和青藏高原东缘，南接云贵高原、南岭及武夷山脉。这一幅员辽阔、物产丰饶、人口众多的经济腹地，是近代上海崛起的根基所在，同时也因上海崛起的带动，密切了彼此间的联系，活跃了商品经济和对外经济交往，加快了经济发展的步伐，长江流域在中国经济发展中的地位和作用因此更加突出。

---

① 姚贤镐编：《中国近代对外贸易史资料》第3辑，第1423、1428页。
② 中国近代经济史资料丛刊编辑委员会主编：《中国海关与缅藏问题》，中华书局1983年版，第4、5页。

结　语

　　在中国社会经济的发展进程中,近代上海的崛起,意义深远。自开埠后,它因其独具的自然、人文等综合优势,在沿海各口岸中脱颖而出,成为独占鳌头、左右全局的内外贸易枢纽港,并因此带动了上海近代城市的繁荣、长江三角洲的社会近代化进程和长江流域广袤地区商品经济的发展。港口与所在城市及腹地间互补互动的双向关系,在这里得到集中的体现。研究中涉及的一些问题,也深有启迪。

　　第一,近代上海独领风骚,是以中国其他沿海口岸发展的滞后映衬的。近代以来,与上海相比,中国其他沿海口岸的港口建设及相关设施明显滞后,直至 20世纪初年仍没有摆脱香港、上海分握中国南北海运门户的总体格局,其中上海的作用更为重要,成为维系华南以外大半个中国对外海上交往的枢纽,"盖上海一埠,就中国对外贸易言之,其地位之重要无异心房,其他各埠则与血管相等"[1]。究其因由,则有地区间经济发展的不平衡和外国对华投资地区分布的倾斜。

　　第二,近代上海的繁盛,是由其经济腹地的长江流域有力依托的。在近代中国,由于国力贫弱,航运以外的其他交通运输方式发展迟缓,长时期内,航运是中国各地区间主要的运输途径,铁路和公路的修筑进展缓慢。与后两者相比,航运受自然条件、地形地貌的限制较大,港口与腹地的联系一经建立,相对较稳定。

---

① 聂宝璋编:《中国近代航运史资料》第 1 辑,第 144 页。

上海正是依托了其经济腹地长江流域的有力支撑繁盛的。

第三，近代上海港的成长，是不断自我扬长避短的结果。上海港区位优势明显，但作为内河型海港，先天不足之处亦存，就近代而言，吴淞口内外淤沙和黄浦江航道狭浅便是障碍。若不治理，浏河港的衰落是前车之鉴。自上海开埠，对出海航道的治理一直受到重视，甚至被提交"辛丑议和"这样的外交场合。尽管这是列强出于维护其在华利益的需要，但撇开这层因素，为更好地开发和利用已有的港口，重视对其航道的治理，其中的合理性是客观和明显的。正是经过持续的疏浚，近代上海港的通航能力没有落后于世界航运业的发展步伐，始终富有活力。

第四，近代上海的发展，是与中外交往的不断扩大同步的。清中叶始，上海逐渐扬名于东海之滨，但真正发展成为中国内外贸易枢纽大港，是在1843年开埠以后。虽然这是一种被动的开放，但毕竟给上海的历史性发展提供了契机，沿海及长江的对外通商，使上海久被压抑的潜力得以释放；近代科学技术、机械设施、经营管理的输入，为上海的腾跃提供了可能。面向世界，顺应国际经济发展的新要求，与时俱进，是上海不断发展和在中国经济发展中长久保持领先地位的要因所在。

第五，近代上海与长江流域互补互动的双向关系，反映了客观经济规律的运作。上海开埠前，与长江流域的经济关系发展迟缓，人为的政策限制阻碍了客观经济规律的运作。自开埠后，这种束缚被打破，经济规律的作用得以显露，对外贸易重心的转移应是鲜明例证。而列强在华势力的扩张，传统政府统治的衰弱，虽是一种特定的历史现象，然又使得上海在其发展进程中，很少受到先前的那种人为限制或政区束缚之类的约束，较多的是客观经济规律在发生着作用，以上海为中心的长江流域市场网络的架构，当是这种作用的产物。

明确这些认识，有助于对近代上海崛起这一中国经济发展进程中突出历史现象的剖析，也有益于对现实问题的思考。

近代以来，长江三角洲一直是与上海联结最直接、关系最紧密的经济腹地，也是全国经济发展最快、城市化程度和人口密度最高的地区，又是外国投资最多的区域，至今仍是上海最可依凭的根基所在。长江作为中国的黄金水道，也是沟通上海与长江流域经济联系的主要渠道。背靠长江，拥有长江流域广袤的腹地，无疑仍是上海得天独厚的优势所在。随着洋山深水港的建成，上海港在中国沿海口岸中的领先地位仍是不可替代的，并将继续对长江流域乃至全国的经济发展发挥重要的推动作用。[①] 同时需要指出，无论是沿海或沿江港口的开发建设，都有一个不拘泥于现有行政区划、合理统筹布局的问题。而围绕着近代上海港的内外贸易，长江流域渐次形成的分级衔接的市场流通网络，已经从历史的角度提供了有益的启示。近代上海港作为长江流域枢纽港崛起的历史进程，及其对所在城市、周边地区及内陆腹地的深刻影响，亦从多方面可为当代的港口建设规划及区域经济的开发布局，提供历史的借鉴。

---

　　① 2005 年 12 月 10 日，位于东海的洋山深水港正式建成开港运营，从此开创上海港发展及国际航运中心建设的崭新篇章。开港 10 年来，累计完成集装箱吞吐量达到 1.08 亿标准箱，年均增速近 20%，截至 2015 年 12 月，集装箱吞吐量已连续第六年居世界第一，其国际航运枢纽港地位更加稳固，综合服务能级和国际竞争能力显著提升。详可参阅《解放日报》2015 年 12 月 11 日。

下 篇

核心经济圈：
上海与长江三角洲经济演进
(1914—1937)

引　言

近代上海尤其是民国年间上海与长江三角洲经济关系的历史演进,学术界已有的研究尚显薄弱。以往的成果,或着重于近代上海城市史,或侧重于明清江南经济史。前者可参阅熊月之著《上海通史》第 1 卷的"上海历史研究概况"(上海人民出版社 1999 年版)及熊月之、周武主编《海外上海学》(上海古籍出版社 2004 年版)等;后者可参阅陈忠平、唐力行主编的《江南区域论著目录(1900—2000)》(北京图书馆出版社 2007 年版)、王家范主编的《明清江南史三十年(1978—2008)》(上海古籍出版社 2010 年版)、张国义著《学术寻踪:明清以来江南社会经济史研究概览(1978—2013 年)》(上海人民出版社 2015 年版)等。综观以往的研究,有关近代上海尤其是民国年间上海与长江三角洲经济关系历史演进的综合考察仍显薄弱,亟待加强。[①]

本篇论述的时段为 1914—1937 年,适当向前追溯和向后延伸。以 1914 年为起点,主要基于下述考虑。其一,从上海港自身发展历程考察,1913 年 5 月 10 日江海关税务司颁布的《上海理船厅章程》,大体标志着近代上海港早期发展阶段的完成。[②] 其二,从外部社会条件考察,下列因素引人注目,一是随着 20 世纪初叶中国国内铁路线的增辟,包括上海港在内的航运业在国民经济中原先占有

[①] 近期出版张宪文、张玉法主编的《中华民国专题史》,第九卷为《城市化进程研究》(南京大学出版社 2015 年版),其主题亦侧重上海、天津、武汉等城市史研究。

[②] 该章程后一直沿用至中华人民共和国成立初期。

的突出地位相对下降，对长江流域经济的影响力，与前期相比也发生相应变化；二是第一次世界大战期间，上海的民族工业有了显著的发展，连同以后交通手段的多样化，在其城市经济的对外辐射力中，源于港口的作用力相对减弱。与前期相比，作为工业中心和金融中心及聚居约 200 万人口的经济中心城市的影响日益凸显。1937 年"七七事变"日本帝国主义全面侵华，中华民族遭受空前危难并奋起反抗，国民经济进入战时状态，拟另作专题研究，故以此作为时间下限。

本篇所论述的上海与长江三角洲的地域范围，前者是指 1843 年作为通商口岸对外开埠后逐渐扩展的上海城区，包括其中的租界①；后者北抵扬州、泰州、海安、拼茶一线，东临大海，西至镇江、南京，南迄杭嘉湖及宁绍平原，重心是沪宁铁路和沪杭甬铁路沿线地区。重点考察上海作为长江流域及中国经济中心城市崛起后，以其为依托的近代交通、商贸、工业、金融、教育和科技等经济社会发展要素，对直接与其毗连的长江三角洲所产生的巨大辐射力和向心力，及其所推动的这一地区作为长江流域乃至中国核心经济圈形成的历史进程。②

---

① 今上海地区清代属江苏省，1927 年 7 月 7 日上海特别市政府成立，市郊各县此后仍属江苏省。1958 年 1 月 17 日，国务院将原属江苏省的嘉定、宝山、上海三个县划归上海市。同年 12 月 21 日，又将原属江苏省的川沙、青浦、南汇、松江、奉贤、金山、崇明七个县划归上海(详见熊月之等主编：《上海：一座现代化都市的编年史》，上海书店出版社 2009 年版，第 532 页)。据统计，1914 年上海租界总面积达 48 653 亩，为最初面积的 24 倍，是上海县城面积的 10 倍(杜恂诚主编：《中国近代经济史概论》，上海财经大学出版社 2011 年版，第 157 页)；其中，1914 年法租界面积为 15 150 亩，是最初面积的 15 倍(伍江：《上海百年建筑史(1840—1949)》，同济大学出版社 2008 年版，第 30 页)。1915 年，上海连同租界在内的人口总数为 2 006 573(邹依仁：《旧上海人口变迁的研究》，上海人民出版社 1980 年版，第 90 页)。

② 近读当代经济学家陆铭的访谈，其新著《空间的力量：地理、政治与城市发展》，亦强调接近大市场和大的城市，对一个地方的经济发展是非常重要的(详可参阅《理论创新、经验研究和大国发展战略——陆铭教授访谈》，《学术月刊》2016 年第 1 期)。另据报道，2015 年 12 月 3 日，长江三角洲地区三省一市主要领导座谈会召开，谋划"十三五"协同发展，其中强调加快建设世界级城市群，充分发挥上海国际化大都市的龙头带动作用和综合服务功能(详可参阅上海《新闻晨报》2015 年 12 月 4 日)。2016 年 3 月 5 日新华社发布的《国民经济和社会发展第十三个五年规划纲要(草案)》，其中提出加快城市群建设发展，优化提升东部地区城市群，建设京津冀、长三角、珠三角世界级城市群(详可参阅上海《东方早报》2016 年 3 月 8 日)。

第六章　交通的拓展

上海作为经济中心城市崛起的同时，与长江三角洲各地之间的近代交通方式也大为拓展。

第一节　内河航运与市镇

上海开埠后，口岸经济的辐射，很大程度上决定了上海周边地区乡镇经济的演变。一项以金山县市镇为中心的专题研究显示，上海开埠前，在以苏州为中心的传统商品经济体系下，金山县市镇依托其传统资源和传统商路，适应了商品经济的发展，与苏州关系密切并因此纳入了江南乃至全国的市场网络。上海开埠并取代苏州成为经济中心城市后，传统市镇体系开始分化，部分市镇融入以上海为中心的经济体系得以继续发展，而朱泾等部分以传统手工棉纺织品产销为主业的市镇风光不再渐趋萧条。[①] 同一时期，另有一批集镇则随着上海开埠并迎合口岸经济发展的需求而兴盛。宝山县彭浦、江湾等乡镇村集颇为典型，民国《宝山县续志》载：

---

① 详可参阅安涛：《中心与边缘：明清以来江南市镇经济社会转型研究——以金山县市镇为中心的考察》，上海人民出版社 2010 年版。

彭浦，道光十三年由大场、江湾、真如分出，地跨彭越浦，俗称庙头，市面狭小，南北一街长不及半里，广不足百步，商馆十五六家，以邻近闸北，又为刘河、罗店、大场等镇至沪之孔道，比年市况稍佳。村集潭子湾，在彭浦镇西南乡四里许，地濒吴淞江，又为彭越浦出口处，从前只有村店数家，今则厂栈林立，商铺日增，居屋多系新建，帆樯往来，运输便利，商业之进步远逾本镇而上之矣。

江湾，以虬江蟠曲象形而得名，故别称虬江，亦称曲江。地当上(海)宝(山)往来要冲，明嘉靖间毁于倭寇，市肆荡然，清初稍复生聚。迨五口通商，江湾一隅以逼近租界，南乡结一等图马路日辟，外人争租地杂居，经营商业，几与沪埠相衔接。市街东西长五里，南北广一里，以秋季棉布为最旺，大小商铺三百余家，水道则有走马塘之运输，陆道则有淞沪铁路之便捷，其骎骎日上之势殆将甲于全邑市乡。

村集天通庵，在江湾镇南十里，地跨芦泾浦，商铺二十余家，本一小村集，近以毗连商埠，有丝厂、染织厂等，市面日繁，几与上海商场无异，迥非曩时村集气象矣。屈家桥，在江湾镇南五里，沙泾之旁，为江湾至沪必经之路，有茶、酒、杂货等店七八家。谈家桥，在江湾镇西南九里，斗入彭浦界内，自民国五年开设同茂丝厂，并建市房三四十幢，铺户居民渐见繁盛，翌年筑通新闸马路，厂栈益增。①

民国初年，有人纵览宝山县境内诸集镇盛衰的历史过程后感叹："综计三十年来，历时初非久远，而生计之丰约，一视地势之通塞为衡。自铁路通，商埠辟，或昔盛而今衰，或昔衰而今盛，非独市镇，即小而村集且然。"②1932年在上海县各乡镇的实地调查："一切商业市面，多以上海市区商情为转移。"③可见近代上海的崛起，对所在地区城乡市镇格局的影响深刻。其生动地体现，"江南腹地对经济发展机遇的反应相当灵敏，并给了上海市场有力的支撑。经济利益的驱动，

---

①② 民国《宝山县续志》卷1，《舆地志·市镇》。

③ 南京图书馆编：《二十世纪三十年代国情调查报告》第258册，凤凰出版社2012年版，第377页。

不到二三十年的时间,十府城乡几乎大半都卷入了外贸出口的热潮之中";并说明"经历四百余年商品经济熏陶的江南人,表现出了应对挑战、抓住机遇的特殊潜力。只要旧体制稍微松动,提供施展身手的缺口"①,局面就相应大变。1916年,在华日本人的《大运河调查报告书》载:"平望不过是一个有数千人口的小镇,但因北通苏州、南通嘉兴、西通湖州、东通上海,是各条运河的中心,乘客上下、货物集散量不小,加上周围出产大米和蚕茧不少,因而这些产品的外运量也不小。在水道各处停泊的民船,大小合计有百数十只。"②

这类乡镇又成为整个城乡运输网络中,沟通与周边农村联系的节点。浙江平湖县,1896年就有王升记轮船局设立,"自平湖至上海每日往来,禀请专利十五年。是年冬,增海盐、硖石航线,次年又增嘉兴、新塍、乌镇航线"③。民国以后,还有上海多家轮船公司的长途班轮途经和停靠平湖。

表 6-1　途经和停靠平湖的部分长途班轮航线

轮船公司名称	船名	行驶线路	创办年份
时和轮船公司	不详	上海—嘉兴	1916 年 8 月
招商内河轮船公司	新飞马	嘉兴—海盐	1916 年 9 月
嘉懋轮局	路迪马	上海—杭州	1917 年 9 月
凌季记	大东	上海—双林	1918 年 12 月

资料来源:上海社会科学院中国城市史研究中心、浙江省嘉兴市南湖区大桥镇人民政府合著:《浙北一座名镇的兴起——嘉兴大桥镇社会变迁》,上海辞书出版社 2012 年版,第 105 页。

浙江湖州吴兴县,20 世纪 30 年代有 6 条通往上海、杭州、苏州等地的定期班轮航线,即驶往上海的湖申线、驶往苏州的湖苏线、驶往杭州的湖杭线、驶往无锡的湖锡线、驶往嘉兴的湖嘉线、驶往长兴的湖长线。其下"吴兴各大镇市,如南浔、旧馆、织里、菱湖、袁家汇、双林、乌镇以及其他较大乡村,各有定班航船直通附近各村。船系木制,一二人搬橹,可坐十余人。……每日开行一二班不等,视

---

① 王家范:《漂泊航程:历史长河中的明清之旅》,北京师范大学出版社 2013 年版,第 199 页。

② 冯天瑜等选编,李少军等译:《东亚同文书院中国调查资料选译》,社会科学文献出版社 2012 年版,第 1361 页。

③ 民国《平湖县续志》卷 1,《建置·交通》。

航途远近而定,大约每晨由各乡村开船来镇,中午由镇返船;每日均有定时,来往尚称便利"①。江苏昆山县巴城镇,有分别驶往上海、苏州、常州、昆山等地的各类班轮,为便于辨识各条航线,各自都有名号,如沪锡、沪常、浒昆、张昆、常昆等航船。②

内河航运工具的改进,即轮船的运营和航线的拓展,连同原先就有的众多大小木帆船的输运,进一步密切了长江三角洲地区城乡间的经济联系。太湖岸边的宜兴、荆溪,"百二十里达于常州府,百五十里达于无锡,西至溧阳九十里,东至浙江湖州府百四十四里,虽一苇可杭,顾风雨不时,往往停顿,或因以裹足。自光绪二十九年以后轮船通行,常、锡、溧阳、乌溪、湖州均即日可达,从此征帆如驶,商业日增,土产流出殆难数计,物价由兹骤昂,风俗因而滋侈,回溯光绪初年景象,未可同日而语矣"③。崇明富商王清穆 1907 年集资创办了朝阳轮船公司(后改称崇明轮船公司)并任董事长,在上海求新造船厂购造"朝阳轮",首开崇明与上海间的轮船航班④;其经营"沪崇间行轮逾十年,以此船为较大,而速率亦较胜"⑤。

民国初年,松江县的脚划船从清末的 40 多艘增至百余艘,除了从松江县城到县域内各乡镇的定期航班,还开设了到上海、朱泾、张堰、青浦等地的定期航班,均可当天往返。此外,还有一些小型脚划船停泊在县城河边,可随时供人雇用。⑥ 1922 年,崇明富商杜少如与上海实业家姚锡舟等集资 12 余万银元,开办永裕轮船公司,向上海合兴造船厂购置 500 吨级轮船 1 艘,取名"大运轮",行驶于上海与崇明之间;1928 年,又以 18 万银元添置快轮 1 艘,定名"大连轮",亦投放沪崇航线⑦。同年,崇明轮船公司从上海求新造船厂添购一艘客轮,取名"天赐轮",投运沪崇间;后又从香港购置一艘客货两用轮,取名"天佑轮",也用于崇

---

① 刘大钧:《吴兴农村经济》,中国经济研究所 1939 年版,第 7、132 页。
② 民国《巴溪志》,《交通》。
③ 民国《光宣宜荆续志》卷 1,《津梁》。
④ 南通市政协学习文史委员会编:《张謇的交往世界》,中国文史出版社 2011 年版,第 151 页。
⑤ 王清穆著,周惠斌等整理:《农隐庐文钞》,上海社会科学院出版社 2015 年版,第 267 页。
⑥ 张汝皋主编:《松江历史文化概述》,第 95 页。
⑦ 上海地方志办公室、崇明县档案局(馆)编:《话说上海·崇明卷》,上海文化出版社 2010 年版,第 156、157 页。

沪航线。① 1932 年在上海县的实地调查：

> 水路则轮船行驶浦江者,有闵南、平沪、沪张三轮船公司。闵南、平沪两轮船,均自上海起,经王家渡、塘口、杜家行、闵行、洙泾、新埭,至浙江之平湖止,航线长约一百八十里。沪张轮船,自上海起,经闵行、松江,至金山县张捻止,航线长约一百余里,交通最称便利。②

成书于 1936 年的《江苏六十一县志》称："内河小轮则集中于上海、南京、镇江、吴县、无锡、武进诸处,各城市乡镇除偏僻不通水道者外,几于皆有小轮定期开驶。民船尤多,到处可通。"③1937 年抗战全面爆发前,上海市内河轮船商业同业公会有会员 30 余家。④

1913 年 2 月,杜锦祥、连锦棠等人集资在川沙设立协昌小轮公司,"租新吉利小轮拖带无锡快船,每日上午九时由川沙鼓轮,经由本邑(指川沙县——引者注)三王庙、陈推官桥,南邑(指南汇县——引者注)徽州店、牛角尖、北蔡,上邑(指上海县——引者注)严家桥、六里桥,而至上海,停泊董家渡。下午二时,由上海循原路驶回川沙,停泊西门外吊桥南首,平均载客五六十人"。次年因客流量大,又集股增资扩组大川小轮股份有限公司,添置船舶,"逐日两轮,一由上海驶至南汇,一由南汇驶至上海,皆绕道川沙,而在上海仍泊董家渡,南汇泊于东城外吊桥。其路线所经停船搭客地点,为南汇、四团仓、祝家桥、六团湾(以上均南境)、川沙、三王庙、陈推官桥(以上均川境)、徽州店、牛角尖、北蔡(以上又均南境)、严家桥、六里桥、上海董家渡(以上均上境)。上海上午九时开行,下午七时到南汇。南汇上午七时开行,下午五时到上海"。载客多者 400 余人,少者 100 人以下。1915 年 2 月,又有"南汇凌季潭等在上海以平安公司名义,加入老公茂轮船局,试行大北汽油船,继又添驶裕和小轮,逐日轮流来往,其南汇至上海路线

---

① 南通市政协学习文史委员会编:《张謇的交往世界》,第 151 页。

② 南京图书馆编:《二十世纪三十年代国情调查报告》第 258 册,凤凰出版社 2012 年版,第 367、368 页。

③ 民国《江苏六十一县志》上卷,《江苏省总说·交通》。

④ 董婷婷等整理:《上海市内河轮船商业同业公会调查抗战期间船舶损失档案选》,上海市档案馆编:《上海档案史料研究》第 18 辑,上海三联书店 2015 年版,第 285 页。

与大川同"。① 同年11月4日《申报》载：华商裕新号的"裕和"、"裕安"2艘轮船"均起上海迄湖州，经过浦东、川沙、南汇、松江、平湖、嘉兴、硖石、海宁等处"。

内河小轮船的运营，推动了沿途一些小城镇的崛起。地处上海远郊的青浦县练塘镇，"四面皆水，为吴越分疆之要点，松沪西北之屏藩"，民国初年其"镇东太平桥左右为米市，上海米舶及杭、湖、常熟之来购米谷者多泊焉；镇东新街至轿子湾，西界桥至湾塘，每早市，乡人咸集，舟楫塞港，街道摩肩，繁盛为一镇之冠"。② 在与上海有定期班轮通航的青浦县朱家角镇，米市繁盛，当地所产青角薄稻米闻名遐迩，沿漕港两岸的米厂、米行、米店有百余家。每年新谷登场，河港几为米船所壅塞。镇上商贸各业兴盛，其中小有名气者，南货业有恒大祥、宏大、涌源来等，茶食业有雪香斋、涌顺昌等，绸布业有永泰元、恒大、高义源等，百货业有广生祥、全丰洽等，国药业有童天和、张广德等，酿造业有鼎义顺、涵大隆、义成泰等，腌腊业有顾义隆、大盛等，地货业有东来升、恒茂等。此外，镇上还有上海、苏州、杭州等地商店的分号，其经营的日用工业品均直接来自上海等地的总店，且批发零售兼营，成为上海西南郊连接周围乡村的一个商贸集散地。③

南汇县闸港口镇，"为邑西南境门户，向来商店寥寥，近自轮舶通行后，商市大增，百货都有"④。上海县陈行，"本乡航船逐日往返上海者，陈行二艘，题艘、塘口各一艘。由周浦往返松江，道出本乡者四艘。光绪季年，闵南公司创办内河小轮，往来上海及松江、平湖等处，道经塘口。初则暂泊浦面，以小舟接载旅客，风涛殊险。后就塘口市北公地建筑轮埠，人始称便"⑤。地处上海两北两翼内河船只进出港要道的闵行、黄渡，客货船过往频繁，如"闵行为沪南通衢，各货以上海为来源，杭、嘉、湖等属为去路，通过居多"⑥，城镇经济活跃，"有小上

---

① 民国《川沙县志》卷7，《交通志·舟车》。
② 民国《章练小志》卷1，《形胜》。
③ 上海市档案馆编：《上海古镇记忆》，第147、148页。
④ 民国《南汇县续志》卷1，《疆域志·邑镇》。
⑤ 民国《陈行乡土志》，《交通》。
⑥ 《匡凤逵洪锡范厘捐调查报告(1911年)》，华中师范大学历史研究所、苏州市档案馆合编：《苏州商会档案丛编》第1辑，华中师范大学出版社1991年版，第875页。

海之称"①。《上海乡土地理志》记述："闵行为本邑首镇,地当水陆之冲,户口殷阗,商业繁盛,距县治约六十里许。地产棉花多于粳稻。风俗素称朴实,近亦渐趋浮靡。水道有小轮,陆路有汽车,交通颇便。"②1928 年的实地调查载:

> 陆有沪闵长途汽车往来其间,水有轮船行驶浦江,虽无火车、电车等设置,而汽车、汽船、人力车等络绎不绝,交通便利,邮电信件瞬息可达,闵行镇市廛枅比,工业振兴,商贾辐辏。③

　　浦东杨思的周家渡至浦西的董家渡,"有小轮往来,为南柘公司所设立;距周家渡里许,有白莲泾镇,镇中船埠甚多,缘该镇为入浦之孔道"④。浦东三林乡,"王家渡南,有浦益轮埠,民国五年招股建筑,由闵行至上海之小轮,至必停泊";塘口镇,"街之西北浦滨,光绪三十三年建四达小轮船埠。南滨塘者名河南,即塘之北滩,茶馆、糖食店、竹行等之所在";周浦镇,"街道回复,绵亘四五里。其东西街夹碱塘,南北街夹周浦塘。民居稠密,为南邑巨镇"⑤。浦东高行区,"自上海英租界南京路外滩俗名铜人码头,乘市政府公用局渡轮,不到一小时即可达本区之东沟镇"⑥;二区五团乡大水桥船埠,"接送上川南汽车、轮船外,长班轮船二艘,转运航船六艘,均达上海船埠"⑦。位于上海远郊的朱家角镇,也因内河小轮船的开通而闻名遐迩。清末民初时商业之盛已列青浦县之首,为周围四乡八里农副产品集散地。抗日战争前,镇上商贾云集,以北大街、大新街、漕河街为商业中心,从一里桥元号油厂至东市街梢,街长 3 华里多,店铺林立。⑧

---

　　① 《上海特别市各区农村概况》,原载《社会月刊》第 2 卷第 5—11 号(1930 年 11 月至 1931 年 5 月),李文海主编:《民国时期社会调查丛编(二编)·乡村社会卷》,福建教育出版社 2009 年版,第 463 页。
　　② 民国《上海乡土地理志》第九课,《闵行》。
　　③ 《上海特别市各区农村概况》,原载《社会月刊》第 2 卷第 5—11 号(1930 年 11 月至 1931 年 5 月),李文海主编:《民国时期社会调查丛编(二编)·乡村社会卷》,福建教育出版社 2009 年版,第 463 页。
　　④ 《上海特别市各区农村概况》,原载《社会月刊》第 2 卷第 5—11 号(1930 年 11 月至 1931 年 5 月),李文海主编:《民国时期社会调查丛编(二编)·乡村社会卷》,福建教育出版社 2009 年版,第 452、453 页。
　　⑤ 民国《三林乡志残稿》卷 1,《地名》。
　　⑥ 民国《上海特别市高行区概况》,《交通》。
　　⑦ 民国《二区旧五团乡志》卷 3,《建设》。
　　⑧ 上海市档案馆编:《上海古镇记忆》,东方出版中心 2009 年版,第 146、147 页。

1921 年,"经营杭州以北运河航运的航运公司,有戴生昌、招商局、正昌公司、立兴公司,以上四家的总部设在上海;宁绍公司、长杭公司、庆记公司,以上三家总部设在杭州拱宸桥;通利公司、久安公司、泰昌公司,以上三家的总部设在嘉兴;交通公司、通源公司,以上两家的总部设在湖州,共十二家。在杭州以南钱塘江及宁萧运河方面,有钱江公司、杭诸公司,以上两家的总部设在杭州闸口;振兴公司,总部设在杭州南星桥;越安公司,总部设在萧山县的西兴;永安公司、利运公司、美益公司,以上三家总部设在宁波,共计七家。各公司设有小轮船出发和回到的停泊处和营业所"。在杭州以北的运河上,小轮船航行的起点主要有杭州、嘉兴、湖州三地。杭州以南钱塘江及宁萧运河上,杭州南星桥、西兴和宁波三地为小轮船航行的起点。其中,杭州拱宸桥至上海的航程为 432 华里,湖州至上

表 6-2　杭州拱宸桥至上海航线(1921 年)

起讫及 停靠站	距离杭州 （华里）	航班往返时间	
		开往上海	从上海出发
杭州		下午 5 时	晚上 8 时
塘栖	45	晚上 7 时半	下午 5 时
石门	99	晚上 10 时半	下午 2 时
石门湾	117	晚上 11 时半	下午 1 时
嘉兴	153	次日 2 时半	次日 11 时
上海	432	次日下午 8 时	下午 5 时

资料来源:丁贤勇等译编:《1921 年浙江社会经济调查》,北京图书馆出版社 2008 年版,第 228 页。

表 6-3　湖州至上海航线(1921 年)

起讫及 停靠站	距离湖州 （华里）	航班往返时间	
		开往上海	从上海出发
湖州		中午 12 时	次日下午 2 时
南浔	63	下午 4 时	次日 10 时
震泽	81	下午 5 时	次日 9 时
平望	117	晚上 7 时	次日 7 时
上海	360	次日 9 时	下午 5 时

资料来源:丁贤勇等译编:《1921 年浙江社会经济调查》,第 240 页。

海的航程为 360 华里。这些小轮船除运载旅客外,还拖带货船,"运输的货物以上海过来的为多"。①

与此同时,穿梭往来的内河小轮船和木帆船,将长江三角洲各城镇乡村更便捷地联结起来。即使在有铁路经过的县乡,内河航运也因其价格低廉和招呼方便、停靠点多而继续运营,在松江县"自沪杭铁路开车,小轮船之往来松沪者无法营业,惟因船资取费较廉,乡村中人犹乐就之。凡苏州、杭州、盛泽、张堰、平湖、湖州等班小轮船,经过松江者,必于米市渡得胜港口岸稍停,另有拖船接送上下旅客,再有拖船载客送至竹竿汇、秀野桥两处登岸"。②

第二节　铁 路 的 运 营

铁路的修筑,对长江三角洲沿线民智的启迪影响颇大。1909 年 8 月沪杭铁路全线通车,沿途观者如堵。当时的情景,身为杭州人的夏衍晚年曾有追忆:"艮山门是杭州至上海的第一站。通车的第一天,整个杭州——包括沿路乡村都轰动了,我母亲也很高兴地带了二姐、四姐和我,背了条长板凳,带了干粮(南瓜团子),走了二里多路,到艮山门车站附近沿线的空地,排着队去看火车这个从来没有见过的'怪物',沿线挤满了人,连快要收割的络麻地也踏平了。在盛夏的烈日下晒了两个多钟头,好容易看到一列火车从北面开来。隆隆的车轮声和人们的呼喊声溶成一片,这个大场面,尽管时隔七十多年,到现在依旧是记忆犹新。"③沪杭铁路的开通,大大便捷了彼此间的交往,"原来从上海到杭州之间小轮船需要 20 多小时,而现在铁路只需要 6 小时就可到达"④。

沪杭铁路通车后的运营,时人曾有记述:"1910 年秋行车次数,每日沪杭间客运列车 3 对,定期货车 1 对,杭嘉间客货混合区间车 1 对,江墅间客货混合列

① 丁贤勇等译编:《1921 年浙江社会经济调查》,第 227、228、240、241 页。
② 民国《松江志料》,《交通类》。
③ 夏衍:《懒寻旧梦录》(增补本),生活·读书·新知三联书店 2006 年版,第 10 页。
④ 丁贤勇等译编:《1921 年浙江社会经济调查》,第 71 页。

车 4 对。行车最高时速为 80 华里。嘉兴杭州间快车行驶(包括停站)共为 2 个半小时(仅停硖、长、艮三站),各站都停的客车杭嘉间须行 3 个小时。"[1]1916 年,又建成上海站至新龙华间的铁路,联结了沪宁、沪杭两条铁路,形成贯通长江三角洲主要经济发达地带的交通干线——宁沪杭铁路。其具体经过,当事人曾有追述:沪杭甬铁路上海车站原设在南市,凡由沪宁路前往沪杭路各站的旅客,都须穿越租界到南市转车。1914 年沪杭甬铁路收归国有,便着手筹划由沪宁路上海站筑联络线,"经由上海西站、徐家汇站至新龙华站与沪杭线衔接。此项工程于 1916 年完成。衔接之后,列车由沪宁路上海站可以直达杭州,旅客到达上海亦无转车之烦。同时将原有沪杭路上海站至新龙华站一段作为支线,并改沪宁上海站为上海北站,沪杭上海站为上海南站"。[2]

宁沪杭铁路的衔接,以及沿途各地较多车站的设立,使上海与长江三角洲各地的联系更为密切。如沪杭铁路区段,全长约 200 公里,沿途共设有 28 个车站,平均不到 10 公里就有一个火车站,票价分为三等,可供选择。

表 6-4　沪杭铁路沿线车站的设置

站名	距上海北站的距离(公里)	票价(元)		
		头等座位	二等座位	三等座位
上海北站				
梵王渡	10	0.35	0.25	0.15
徐家汇	13	0.45	0.30	0.20
新龙华	17	0.60	0.40	0.25
龙华	19	0.65	0.45	0.25
上海南站	24	0.80	0.55	0.30
梅家弄	21	0.70	0.50	0.30
莘庄	26	0.85	0.60	0.35
新桥	33	1.10	0.75	0.40
明星桥	42	1.40	0.95	0.55

---

[1] 陈亦卿:《沪杭甬铁路修筑与营运的追述》,全国政协文史资料委员会编:《文史资料存稿选编・经济(下)》,中国文史出版社 2002 年版,第 758 页。原编者注:陈亦卿曾任沪杭甬铁路局副局长。

[2] 汪佩青:《沪宁、沪杭甬两路接通和统一调度的经过》,全国政协文史资料委员会编:《文史资料存稿选编・经济(下)》,第 762 页。原编者注:汪佩青曾任沪宁、沪杭甬铁路调度所主任调度员。

站名	距上海北站的距离(公里)	票价(元)		
		头等座位	二等座位	三等座位
松江	45	1.50	1.00	0.55
石湖荡	56	1.80	1.20	0.70
枫泾	71	2.30	1.55	0.85
嘉善	81	2.60	1.75	0.95
嘉兴	99	3.15	2.10	1.20
王店	116	3.60	2.40	1.35
硖石	126	3.95	2.65	1.45
斜桥	139	4.35	2.90	1.60
周王庙	145	4.50	3.00	1.70
长安	151	4.60	3.05	1.70
许村	160	4.85	3.25	1.80
临平	166	5.05	3.35	1.90
笕桥	179	5.45	3.65	2.05
艮山门	186	5.65	3.80	2.10
拱宸桥	192	5.85	3.90	2.15
杭州	190	5.80	3.85	2.15
南星桥	193	5.85	3.90	2.20
闸口	196	5.95	4.00	2.20

资料来源：林震编：《上海指南》(增订版)，商务印书馆 1930 年版，第 25 页。转引自冯贤亮：《公共服务的现代化：江南城镇地区的交通与食宿(1912—1949)》("首届江南文化论坛"论文，2011 年 7 月，浙江金华)。

　　应该指出的是，虽有铁路的开通，但相当发达的水路航运，一直是江南地区各城镇之间主要的交通渠道。[①] 宁沪杭铁路的贯通，为长江三角洲增添了一条便捷的交通干道，也带动了莫干山的旅游业。位于浙江省武康县境内的莫干山，风景优美，气候宜人，为避暑胜地。但以往从杭州去莫干山，交通并不方便，须由杭州乘船经水路到三桥埠，然后步行上山，山路曲折难行，游客往往畏而止步。沪杭铁路开通后，经由水陆联运的方式，去莫干山的交通大为便捷。1916 年 7 月 9 日，《申报》以"莫干山避暑之便利"为题载："沪杭铁路上海车站营业部以每

[①] 上海公路运输起步较晚。1919 年兴筑的军工路是上海第一条近郊公路。详可见熊月之主编：《上海通史》第 8 卷，上海人民出版社 1999 年版，第 201—210 页。

届炎夏，中外人士之往莫干山避暑者实繁有徒。今该山避暑会已经开幕，特订定便利办法，凡有乘车赴杭转往该山者，由杭路特备小轮载送，所有火车与轮船在途之时间仅须十二小时。如沪站上午八点时开行，至下午八时可抵山上。倘欲回沪，由山于上午六时起程，至下午六点半可抵上海。车、轮两费，每客收洋五元，幼童仆役减半，小孩四岁以下者免费。"

1920年，经沪杭甬铁路局沈叔玉等人实地考察，决定由该局在山上出资购买原由德国人经营的旅舍作为铁路旅馆，"并收回杭州至莫干山水路汽船营业由铁路办理，由工程处派工程队到三桥埠测量和建筑到山上旅馆这10余里一段的公路。该路地质坚实，都是红砂石底，除二三处石潭用炸药爆破和筑多处涵洞以泄山水外，工程顺利而迅速地完成。除水泥外，其他用料都是就地取材。以上的计划，除公路修筑费外，共费8万余元。旅馆开业后，营业发达。遂于1921年添建房屋一所，共有房63间及其他设备，共费65 000元"。①

据同年日本驻杭州领事馆的一项调查："莫干山是离上海最近的避暑地，因此开始逐渐在此处建造别墅和洋房，现在外国人拥有的房屋约有130幢，盛夏时节约有600人聚集到此地，俨然已经形成一个小部落了。"从上海来的游客，"如果是从上海出发走水路，可以先利用沪杭间的大运河到达塘栖镇，然后再由塘栖镇北折，直达三桥埠。一般游客都是先利用沪杭甬铁路到达艮山门车站，换乘后再到达拱宸桥车站，然后再乘坐石油发动机船。该铁路公司还在上海出售车、船以及轿子的联票。"②此外，如果上海的旅客"早上7点从上海北站乘火车出发，有拱宸桥出发的石油发动机船与该趟列车相衔接，每日发船1次，当天晚上9点左右可以到达莫干山。柴油发动机船，在每年的4月1日至10月31日之间定期发船。而在三桥埠码头，该铁道公司还设立了一个办事处，帮助乘客安排轿子以及搬运行李"③。

游客的增多，促进了相关的服务业，同时也提供了不少就业机会。上述调查

① 沈叔玉：《关于沪宁、沪杭甬铁路的片断回忆》，全国政协文史资料委员会编：《文史资料存稿选编·经济（下）》，第750—751页。原编者注：沈叔玉曾任沪宁、沪杭甬铁路局局长。
② 丁贤勇等译编：《1921年浙江社会经济调查》，第292—293页。
③ 丁贤勇等译编：《1921年浙江社会经济调查》，第292—293页。

称："关于居住在此地的中国人，在此地被开辟之前仅有两户。现在逐渐多起来，他们大多散居在外国人部落的四周，约有 500 人。他们多是轿夫、担夫、建筑工人以及佣人等，一年四季居住在此。除了冬季的三四个月外，这里可见到的中国人超过千人，他们建小茅屋作为居住的地方。""这里的商店几乎都是由中国人经营的，有食品店、杂货店、书店、五金店、鞋店、洋服店、竹器店、水果店、牛肉店、豆腐店、酒馆、干货店、理发店、洗衣店等，这些店穿插在外国人的房屋之间，或散落在其附近。"①

自 1921 年始，"中国银行杭州分行从 5 月到 9 月之间也在此地设立办事处，办理银行的一般业务。从船码头到三桥埠之间，已经由避暑协会架设了电话线，并且在每年夏季，还在此地开设电报局，可受理海外电报业务。邮局一年四季在此开设业务，因此，第二天早上就可以看到上海的报纸，还可以得到一些日常生活的资料。通讯比当地的县城还要方便。另外，还设有教堂，在夏季的每个星期天，教堂都会做礼拜。这里还设有一座医院，夏季有一名常驻医生，方便大家看病"②。有人回忆："因有铁路提倡和浙省公路衔接的便利，山中私人的避暑住宅到 1925 年止已发展到 700 余所。"③

宁沪杭铁路通车后，客货运量节节攀升。1914 年 9 月，中华民国政府交通总长朱启钤与中英银公司代表梅尔思订立收回杭甬之浙段铁路条款，正名为沪杭甬铁路总局，并设于上海，委任钟文耀任沪杭甬铁路管理局长。1916 年 12 月，沪杭甬与沪宁铁路接轨工程竣工，大大方便了乘客，运量大增。据记载，两路接通的第二年，沪宁铁路的乘客由 550 万人次增至 600 万人次，沪杭甬铁路的乘客由 111 万人次增至 450 万人次。④

另据海关资料统计，沪宁铁路 1912 年客运人数为 488.2 万人次，到 1920 年增至 820 万人次，增长率近 68%。商品和煤炭运输量的增长更为突出，1912 年的货运总吨位为 49 万吨，1920 年增至 140 万吨，增长率为 185.71%。沪杭铁路

---

① ② 丁贤勇等译编：《1921 年浙江社会经济调查》，第 295 页。
③ 沈叔玉：《关于沪宁、沪杭甬铁路的片断回忆》，全国政协文史资料委员会编：《文史资料存稿选编·经济（下）》，第 751 页。
④ 邵力夫等：《上海南火车站》，本书编委会编：《20 世纪上海文史资料文库》第 3 册，上海书店出版社 1999 年版，第 429 页。注：1937 年淞沪抗战爆发，上海南火车站被日军炸毁，后只留存南车站路、车站支路等路名。

1915 年客运量为 337.9 万人次,到 1920 年稳步上升至 357.1 万人次。1920 年货运量为 58.7 万吨,与 1915 年的 48.2 万吨相比,增长率为 21.78%。[1]

1921 年的杭州海关报告有更详细地记载:"尽管受到第一次世界大战和当地动乱之影响而导致交通紊乱等等不利因素,但是这条沪杭甬铁路的最近十年来之客运和货运都是蒸蒸日上。然而从杭州到宁波这段却仍未全部修通,只能从杭州接通到百官。百官位于曹娥江之东岸,当时曾有德国工程师负责修筑一座桥横跨曹娥江,恰巧是在大战开始那年 1914 年,当时该桥预计可于 1915 年 3 月竣工通车。战争爆发,架桥计划也从此落空……"

表 6-5 统计数据系由上海之沪杭甬铁路运输车务主任所供给:

表 6-5 沪杭甬铁路运输客货运

年份	载客数(人)	运载货量(吨)	年份	载客数(人)	运载货量(吨)
1914	954 462	2 584 574(市担)	1918	5 100 452	494 497
1915	3 378 991	460 463	1919	5 445 502	494 497
1916	4 121 493	365 218	1920	5 743 286	585 070
1917	4 682 645	464 059			

当时沪杭甬铁路所运载的主要货物有:水果、蔬菜、大米、豆类、茶叶、煤、煤油、丝及丝织品、木材、木料、柴、纸张、文具、蚕茧、食物和食糖之类。"[2]此后,这种增长势头得以延续。据 1931 年的一项调查,凡嘉兴需要进口的绸、布、糖、煤、卷烟、化肥、洋广货物等 36 种货物,全部来自上海的占 12 种,局部来自上海的有 9 种,两者合计占进口货种数的 58%;在当地包括米、黄豆、丝、纸板等 52 种输出货物中,销往上海的达 45 种,占货物种类的 86% 以上。[3]

1922 年至 1931 年《海关十年报告》称:"沪杭甬铁路也同沪宁铁路一样,本期既未铺设路线,亦未延长干线,但因货运畅旺,所有叉路都已成为 85 磅铁轨,

---

[1] 徐雪筠等译编:《海关十年报告译编》,第 219、220 页。此处原文增长率计算有误。
[2] 中华人民共和国杭州海关译编:《近代浙江通商口岸经济社会概况》,第 683、684、703、704 页。
[3] 建设委员会经济调查所统计课编:《中国经济志》,转引自张忠民主编:《近代上海城市发展与城市综合竞争力》,上海社会科学院出版社 2005 年版,第 22 页。

原来的75磅干线铁轨也都在改换成85磅铁轨。"①沿途各站运往上海等地的土特产,可见下表:

表6-6 沪杭甬铁路沿线各站物产运销一览

站别	物产	产量	产地	运销地点	销量
上海南站	桃子	约1 500担	龙华	上海	全销
莘庄	浜瓜	约4 000担	本地	上海及内地	全销
	米	约10 000担	本地	上海	全销
	豆	约4 000担	本地	上海及嘉兴	全销
新桥	米	约10 000担	本地	松江及上海	全销
枫泾	西瓜	约2 000担	本地	上海及内地	全销
	牛	约1 000余头	本地	上海	全销
嘉善	蟹	约2 000件	本地	上海及杭州	全销
	鲜虾鱼	约10 000桶	本地	上海	全销
王店	豆	15 000担	王店	上海	12 000担
硖石	鸡	200担	硖石	上海	200担
	羊	200担	硖石	上海及香港	200担
周王庙	鲜蔬菜	250余吨	周王庙及邻村	上海	无限量
许村	鲜鱼	1 000余担	许村	上海	
笕桥	鲜菜	1 500吨	本地	上海	
拱宸桥	鲜柿子	约6千万件	蒋村古塘	上海	年约五六万件
	鲜笋	约七八万件	上柏武康	上海	年约六七万件
艮山	蔬菜	约十万件	艮山门外	上海	约六七万件
南星	火腿	750吨	金华义乌东阳	上海及嘉兴转各处	750吨
	冬笋	625吨	龙游江山	上海及嘉兴转各处	625吨

资料来源:《中华民国全国铁路沿线物产一览》,1933年,铁道部联印处编印。转引自唐艳香、褚晓琦:《近代上海饭店与菜场》,上海辞书出版社2008年版,第303页。

规划中的沪杭甬铁路曹娥江至宁波段全长约78公里,至1910年(宣统二年)6月初动工兴建,1914年1月竣工。时因第一次世界大战爆发,预订的由德国制造的钢质桥墩未能运抵,曹娥江大桥没有建成,钢轨只铺设到曹娥江东岸。

---

① 徐雪筠等译编:《海关十年报告译编》,第282页。

1934年11月11日钱塘江大桥开工，1937年9月26日铁路桥通车。杭州南星桥至萧山段亦同时建成。10月，公路桥通车。因日军逼近，钱塘江桥由我方于1937年12月自行炸毁。萧山至曹娥江段于1936年10月21日开工，1937年11月通车。沪杭甬铁路除曹娥江桥外，全线建成。①

　　1922年，川沙交通工程事务所和上海浦东塘工善后局筹划，由川沙县西门三灶港至庆宁寺塘工局浦东轮渡码头修筑公路。1924年，经黄炎培等人商议，将其改为小火车路，成立上川交通股份有限公司，黄炎培出任董事长，着手筑路工程，铺设轻型钢轨，决定分段实施，先募股金15万元，每股20元，在上海和川沙城内分别设立了股金收款处，认股者踊跃，很快募集到所需资金。1925年10月，庆宁寺至龚家路口段工程竣工通车，沿线设庆宁寺、金家桥、新陆、邵家弄、曹家路、龚家路6站，川沙城内的居民可坐小轮船到龚家路换乘火车往返上海，每日乘客约千人。1926年1月，按原定计划，又募集股金15万元，修筑龚路至川沙段。同年7月通车，增设大湾、小湾、暮紫桥3站，抵川沙县城。② 1930年，卢作孚至川沙考察实业，搭乘上川线前往，印象深刻，"是一条轻便铁路，隔三四里有一个简单的小车站，据陆君（指陪同者——引者注）说：这条路已经修成了三十九里，每年营业十一万几，而开支则只有六万几；车头、柴油、蒸汽、洋油三种都有"③。1932年的实地调查："初仅有黑油机车、油电机车各一辆，拖车二辆。行驶一载，乘客日增，乃添购黑油机车一辆、拖车三辆。嗣后陆续更新，现有机车六辆、拖车九辆，较创办时增四倍余矣。"④

　　1934年5月，上川交通股份有限公司与川沙县政府订立租用川钦县道合同，将上川铁路向东延伸至小营房。原在四灶港北的川沙站移至川沙城北重建。1936年3月，又从小营房向南修筑至南汇县的祝桥镇。至此，联结上海与川沙、

①　王致中：《中国铁路外债研究（1887—1911）》，经济科学出版社2003年版，第143页。1938年，萧曹段为战时需要拆除。1953年7月，萧山至曹娥江段重建开工，后一度停工，至1954年9月复工，12月通车。曹娥江大桥亦于同月开工，1955年3月竣工。至此，沪杭甬铁路真正实现全线贯通。此时距1906年10月苏杭甬铁路杭枫段开工，已近50年。

②　上海市档案馆编：《上海古镇记忆》，东方出版中心2009年版，第205、206页；丁日初主编：《上海近代经济史第2卷1895—1927年》，上海人民出版社1997年版，第341、342页。

③　张守广：《卢作孚年谱长编》，中国社会科学出版社2014年版，第201页。

④　南京图书馆：《二十世纪三十年代国情调查报告》第254册，凤凰出版社2012年版，第438、439页。

南汇的上川铁路全长 35.35 公里,彼此间的交通联系空前便捷。[1]

长江三角洲地区的一些城镇,因铁路的修筑而盛衰互见。其中江苏较明显的,有南京和镇江。南京向为政治要地,商务欠发达。1911 年津浦铁路通车后,局面改变,是年该口岸土货出口总值为 297 万两,洋货进口净值为 395 万两;两年后,出口总值增至 581 万两,进口总值增至 641 万两;1920 年,又分别增至 2 500 万两和 2 100 万两,几达 1911 年的 10 倍和 7 倍。[2]

同一时期,不远处的镇江则明显萧条。原先豫东、鲁南等地外运物产,多经运河南下经镇江抵上海,内销货物则反向输运。1904 年胶济铁路通车和 1906 年京汉铁路建成后,上述地区的输出入货物呈多头去向,或仍抵镇江,或去青岛,或往汉口;津浦铁路通车后,又有就近去南京者,镇江乃趋于衰落。1911 年镇江口岸土货出口总值为 436 652 两,次年则降至 210 827 两。[3]

1900 年沪杭铁路规划时,原拟于经过桐乡去杭州,因遭桐乡官绅的反对,改为南折,取道海宁去杭州。这一改道,对桐乡、海宁两地城镇及经济的发展影响很大,桐乡境内的崇福、石门、梧桐、乌镇、濮院等市镇,因偏离铁路线相对衰落;海宁境内的斜桥、长安、硖石等市镇,因铁路的经过而兴旺。1936 年成书的《浙江新志》载,海宁县"各商场,以硖石为最繁盛,因该处扼沪杭交通之要冲,内地交通亦四通八达;其次为袁花、长安等镇,惟较硖石有霄壤之别。硖石商业之经营形式,合股与有限或无限公司为多,独资次之"[4]。

应该指出,很长一段时期,与发达的海运以及长江和内河航运相比,宁沪杭铁路在整个长江三角洲货物运输总量中所占比重仍居后。在中国的其他地区,也有类似情形。清末民初在华的德国传教士卫贤理,注意到中国铁路交通中的"一个奇怪现象":"这就是即使客运出现了堵塞,货运却永远吃不饱。这可能是因为在中国的国内贸易中,最重要的东西往往是那些不需要快速运输

---

[1] 上海市档案馆编:《上海古镇记忆》,第 206 页。按:这条小铁路,直到 1976 年才拆除(柴志光等编著:《浦东名人书简百通》,上海远东出版社 2011 年版,第 111 页)。

[2] 宓汝成:《帝国主义与中国铁路(1847～1949)》,经济管理出版社 2007 年版,第 612 页。

[3] 宓汝成:《帝国主义与中国铁路(1847～1949)》,第 611 页。

[4] 民国《浙江新志》上卷,《海宁县·实业》。

的商品,所以速度慢但价格便宜的人力和畜力运输,比铁路运输更适合这些货物。"①

在长江三角洲,则主要是这里河道纵横交错,又临江面海,轮船和木帆船水运通达四方,是线路受限制的铁路难以匹敌的。至 1927 年,沪宁、沪杭两条铁路全年货运量 129 万吨,而同一年上海海运河运的货运总量为 1 082 万余吨,铁路的货运量只是后者的约 12%②。此外,铁路的运费明显高于水运,也影响了铁路的货运业务。如 1928 年的实地调查显示:"干茧运沪,嘉兴从前由火车运输者多,但近年火车运费昂贵,多改由水运。火车运费,每百斤计 1.20 元左右,船运仅 3 角有零。"③但铁路运输的快捷,仍被广泛认同,1911 年杭州海关报告称,自沪杭铁路全线通车,"干线和支线客货运输都很踊跃……与上海的快捷交通大为改善本地区的生活条件"。④ 其自身货运量也节节攀升,1912 年沪宁线货运总量为 49 万吨,1920 年增至 140 万吨。沪杭线 1915 年货运总量为 48.2 万吨,1920 年增至 58.7 万吨。⑤

第三节　公 路 的 联 结

1906 年,苏州河上原有木结构的外白渡桥被拆除。次年,上海第一座钢桁架结构的外白渡新桥落成。此后,从 1908—1927 年,浙江路桥、新闸路桥、四川路桥、西藏路桥、河南路桥、乍浦路桥等钢结构及钢筋混凝土结构的新桥先后建成,苏州河南北的交通大为改善。1912 年,上海旧城墙拆除后,在原址上修建起了总宽达 19 米以上的民国路、中华路环线道路。1912—1927 年间,上海老城厢

---

① [德]卫贤理著,王宇洁等译:《中国心灵》,国际文化出版公司 1998 年版,第 397 页。
② 丁日初主编:《上海近代经济史第 2 卷 1895—1927 年》,第 340 页。
③ 曲直生等:《浙西农产贸易的几个实例——米粮、丝茧、山货贸易的概况》,原载《社会科学杂志》第 3 卷第 4 期(1932 年 12 月),李文海主编:《民国时期社会调查丛编(二编)·乡村社会卷》,福建教育出版社 2009 年版,第 727 页。
④ 中华人民共和国杭州海关译编:《近代浙江通商口岸经济社会概况——浙海关、瓯海关、杭州关贸易报告集成》,浙江人民出版社 2002 年版,第 683—684 页。
⑤ 丁日初主编:《上海近代经济史第 2 卷 1895—1927 年》,第 340 页。

又新建马路近 30 条,闸北因为已逐渐发展成为上海新兴的工业区,新筑的马路更多达 70 余条。① 凭借这些城市道路和桥梁系统,上海市中心区的租界、南市和闸北已连成一片。

汽车运输业则与公路的兴筑同步发展。1912 年,上海出现民族资本的汽车运输业。同时有龚子清创办的龚福记、朱铭创办的华盛义、孙寿康创办的恒泰 3 家汽车运输行,货运汽车发照数为 4 辆,有职工 49 人。通往郊区的公路,也开始修筑。1918 年,淞沪护军使卢永祥因部队调防及军需物资运输的需要,调用步兵第 10 师,在吴淞至杨树浦平凉路之间,沿着黄浦江堤修筑公路,全长 13 公里。1919 年完工通车,命名为军工路。这是近代上海修筑的第一条近郊公路。

1920 年,李平书、李石英、顾馨一、钱新之等人发起筹建沪闵公路。次年 10 月,集股成立沪闵南柘长途汽车公司。1932 年的实地调查载:"其原定路线,自上海沪南区之沪闵南柘路,经过漕泾区之土山湾,以达上海县属之颛桥、北桥、闵行,过黄浦,复经南汇县属之太平乡、奉贤属之萧塘、南桥、新市,而达柘林钦公塘。……先筑自上海至闵行一线,中经七站,为程凡三十一公里。备车十三辆,于十一年二月开始行车。每日来回共十一次。"②1921 年 1 月,穆湘瑶、朱湘绂等人发起成立上南长途汽车公司,资本定额 25 万银元。③ 同年 10 月,其动工兴筑上南公路。1922 年 6 月,北起上海县杨思乡周家渡,南抵南汇县周浦镇,全长 13 公里的上南公路正式通车。④ 1932 年的实地调查载:

> 其路线原定起上海市浦东杨思区之周家渡,迄南汇县城。时上海市尚未成立,杨思区属上海县管辖,当向上海、南汇两县交通事务局租借县道,于是年九月三十日订立合约。先筑周家渡至南汇县属之周浦镇一段,中经杨思桥、三林塘、天花庵、百曲四站,为程可十三公里。自周家渡至沪南董家渡

---

① 杨文渊主编:《上海公路史》第 1 册,人民交通出版社 1989 年版,第 36—38、43—44、50—55、59—61 页。

② 南京图书馆编:《二十世纪三十年代国情调查报告》第 254 册,凤凰出版社 2012 年版,第 441、442 页。

③ 丁日初主编:《上海近代经济史第 2 卷 1895—1927 年》,第 342 页;南京图书馆编:《二十世纪三十年代国情调查报告》第 254 册,凤凰出版社 2012 年版,第 429 页。

④ 丁日初主编:《上海近代经济史第 2 卷 1895—1927 年》,第 342 页。

一段，则由公司自备小轮接送。周浦方面，另有接班小轮直达大团、南汇、川沙、奉贤等处，于十一年秋通车。①

其中周浦镇，"为南汇、川沙、奉贤三县赴沪必经之要道，商业极形发达"。据1928年在浦东三林的调查记载："上海南汇长途汽车，由周家渡而至周浦，纵经南北，每日往来二十余次。"在浦西的吴淞，"则淞沪火车直达上海北站，历时仅20余分钟；距宝山县城9里，有长途汽车，每日10余次"，军工路则从吴淞直达杨树浦。② 嘉定县真如镇，"四周各有干路连络乡村、通达邻境，称曰官路。惟系泥涂，晴则灰沙眯目，雨则泥泞没踝，所赖以代步者，惟羊角车与肩舆而已。自清光绪间建沪宁铁路驶经镇北，至远道者称便利焉。民国九年，筑车站路。嗣后，交通、三民两路相继完成，于是人力车、摩托车畅行无阻，乡人之往返真、沪，视前有霄壤之别"③。与此相映照，当地"支干各河淤其十之七，船只稍大即不可入，航运殊觉不便"④。

上海的公路建设，给长江三角洲的公路修筑以示范和促动。20世纪20年代，中国民族工商业有较快发展，尤其是在临近上海的苏州、无锡、松江、南通等地，商旅往来和物资流通日多，昔日落后的交通运输已不能适应经济发展的需要。上海城市交通特别是租界中出现的电车、汽车等先进的交通工具，对长江三角洲各地创办汽车运输业有很大影响，有识之士意识到发展汽车运输业是振兴实业、繁荣家乡、便利商旅的重要途径，并开始行动。

上海与江苏间的第一条公路，是沪太汽车公司在1921年兴筑的上海至浏河公路，即沪太路。它起自上海，经余庆桥、顾村、罗店至太仓县浏河镇。浏河镇位于太仓、嘉定、宝山三县之间，距长江3公里，距上海约40公里。当地物产丰富，盛产棉花。20世纪初，随着上海纺织工业的发展，这里成为重要的原料供应地，棉花商行多有设立，与上海的商贸往来十分频繁，但其间的陆路交通不便，沪宁

---

① 南京图书馆编：《二十世纪三十年代国情调查报告》第254册，凤凰出版社2012年版，第429、430页。
② 《上海特别市各区农村概况》，原载《社会月刊》第2卷第5—11号(1930年11月至1931年5月)，李文海主编：《民国时期社会调查丛编(二编)·乡村社会卷》，福建教育出版社2009年版，第484、466、468页。
③ 民国《真如志》卷3，上海社会科学院出版社2004年版，《交通志·陆道》。
④ 民国《真如志》卷3，《交通志·航路》。

铁路通车前，只有一条能供独轮小车通行的小路，从浏河镇到上海要走一整天，如遇雨雪天道路泥泞，行路更难。

沪宁铁路通车后，尽管可取道嘉定到南翔，由南翔改乘火车入沪，但中途需两次转车，分乘独轮车、小火轮和火车，仍然颇费周折，诸多不便。1920 年 12 月，当地一些在上海经营的民族工商业者在太仓旅沪同乡会上，提议修建沪太公路，开办沪太长途汽车股份有限公司。次年 1 月，该公司在上海成立，额定资本 50 万银元，首批募集 30 万元，1922 年 3 月续招 20 万元。① 公司成立后，即着手选勘线路。对于沪太路的走向，有两种意见，一是主张利用海堤筑路，经过吴淞、宝山而达浏河镇；一是认为海堤堤身颇高，路面狭窄，凹凸不平，行车不安全，万一因筑路而毁坏堤身，造成坍塌，海潮涌入则会导致灾害，认为沿着过去走的小路，由上海自彭浦经余家桥、大场、塘桥、顾村、刘家行、罗店、潘家桥、墅沟桥而达浏河新闸桥，沿线市镇较多，对发展商贸有利。最后，沪太路筹备所采纳了第二种意见。

线路选定后，即着手筑路。自彭浦至墅沟桥 34.25 公里均在宝山县境内，路线较长，经沪太路筹备所与宝山县交通事务所反复协商，订立了垫款筑路合同。沪太公司垫款 16.35 万元，路基路面工程由宝山县交通事务所负责施工，沿途桥梁、涵洞及筑成后的养路事项由沪太公司负责。余下的 3 公里公路，由沪太公司自行购地筑路。全部工程共耗资 30 余万元，1922 年 1 月 1 日上海至大场段竣工通车，同年 3 月 23 日全线贯通。沪太路全长 37.25 公里，路基宽 10 米，边沟各宽 1.67 米，煤屑路面宽 8 米，厚 2.7 厘米。全线共有桥梁 45 座，其中永久式 2 座，半永久式 42 座，临时式 1 座，最大的三座桥是塘桥、三官塘桥和墅沟桥。② 沪太路建成后，由浏河镇乘汽车到上海只需约 1 个半小时，大大便利了彼此间的交通。其间，"大场镇距上海只 16 里，陆路有二丈余之马路，汽车、马车、人力车皆可通行，又为沪太长途汽车按时必经之地，交通便利无有过于此者"；彭浦，"陆路交通有县道，东北至上海（沪太长路汽车），西北至浏河，长途汽车往来其间，甚

① 刘荫棠主编：《江苏公路交通史》第 1 册，人民交通出版社 1989 年版，第 69—71 页；南京图书馆编：《二十世纪三十年代国情调查报告》第 254 册，凤凰出版社 2012 年版，第 433 页。
② 刘荫棠主编：《江苏公路交通史》第 1 册，人民交通出版社 1989 年版，第 69—71 页。

形便利"①。1932年的实地调查载:

> 十一年三月(指1922年3月),各站已先后通车。车辆方面,先备大者四辆,次者三辆,小者七辆,共十四辆。其后渐次增加,至十七年达三十辆。且复汰旧添新,共存二十辆。浏河自通行是项汽车后,太仓县城至浏河之县道,旋亦筑成。十八年,嘉定县建设局复就嘉定县城至宝山罗店一段铺设县道,亦由该公司派车行驶,直达上海。太、嘉两县交通,至是益臻便利矣。今年沪浏一线票价稍加,乘客尤形踊跃。②

　　1927年,由商人徐亮熙等集资5 000银元发起成立宝山城淞杨长途汽车公司,经营宝山县城至吴淞、杨行间客运③;并串连了与其他乡镇的公路交通,"陆路由宝山县城经过杨行镇至刘行,接沪太汽车路线,筑有县道,由吴淞至杨行镇计12里,乘坐长途汽车10分钟可达"④。1932年的实地调查:"开办时备车二辆,其后陆续添置,现共有车五辆。公司规模甚为狭小。"⑤

　　南京国民政府成立后,加快了公路的修筑。1927年底,时任江苏省政府主席致函上海县公安局长,嘱其"召集上海附近各县公安局长,辅助各县县长,督促地方绅民",着手修筑道路。指示"各就各县间创筑县路,以能驶行汽车为度,饬于本届内修成路基,逐年培筑坚实,俾成万国通例之路式即上海式之马路","松江各县接近租界,开发较易,且已有长途汽车路数条,如由此展筑,颇觉便利,经济既省,熟练之工人亦易招集"。随后,上海、松江等县的公安局长、县长共同发起邀请宝山、嘉定、太仓等县的局长和县长,在上海县政府商议筹筑县道的办法,并回函省政府。1928年1月8日,省政府发出指令:"令各县发起修路,先从松

---

　　① 《上海特别市各区农村概况》,原载《社会月刊》第2卷第5—11号(1930年11月至1931年5月),李文海主编:《民国时期社会调查丛编(二编)·乡村社会卷》,福建教育出版社2009年版,第480、428页。
　　② 南京图书馆编:《二十世纪三十年代国情调查报告》第254册,凤凰出版社2012年版,第434页。
　　③ 南京图书馆编:《二十世纪三十年代国情调查报告》第254册,凤凰出版社2012年版,第446页;民国《宝山县再续志》卷6,《实业志·工商业》。
　　④ 《上海特别市各区农村概况》,原载《社会月刊》第2卷第5—11号(1930年11月至1931年5月),李文海主编:《民国时期社会调查丛编(二编)·乡村社会卷》,福建教育出版社2009年版,第477页。
　　⑤ 南京图书馆编:《二十世纪三十年代国情调查报告》第254册,凤凰出版社2012年版,第447页。

属及太仓等县兴筑，次第举行，达于全省"。该指令由省建设厅转各县政府、建设局和公安局。

1928 年夏，武进县建设局长认为如果各县修筑公路时互不联系，势必会出现很多断头路，于是他邀请吴县、无锡县、江都县等 14 个县的建设局长召开联席会议，讨论协调公路线路，并联名上书建设厅，要求各地公路建设要加强联络，要明确建设经费。同年 12 月，县道建设列入江苏全省公路网规划。当时规划的县道，有 300 多条 8 400 余公里。至 1936 年，除部分县道划入公路干线和支线外，各县还修筑了一部分县道。据不完全统计，这一时期全省共修筑县道 76 条，总长 1 152.31 公里，约完成规划数的 14％。① 其中锡澄公路于 1929 年 4 月 3 日开工兴建，经费从无锡地方政府所征的"筑路捐"中支取。该路起自无锡北门，经塘头、堰桥、塘头桥、青旸、南闸而抵江阴城。其间无锡段长 14.6 公里，路宽 8 米，架设钢梁桥 11 座，以煤屑铺路面，于 1930 年 7 月建成，共用去 15.5 万银元。

次年 2 月，即由锡澄长途汽车公司通行汽车，"江北靖、如、通、泰一带商旅往来京沪各地者，咸取道于此（此时的京，是指南京——引者注）"。在锡澄公路建成后，又相继开始建设锡宜公路、锡虞公路等省道及通往风景区的湖山公路、扬西路等县道。其中，锡宜、锡虞公路先后在 1932 年、1935 年通车。与此同时，无锡的汽车客运业亦有发展。1925 年，无锡成立了最早的出租汽车行——袁世开汽车行，资本 1 000 元，有小汽车 2 辆，经营从火车站至西门、梅园的汽车出租业务。1930 年前，先后又有荣泰刘记、开通、兴昌等汽车行的开办。② 2014 年，有人向无锡市民族工商业档案馆捐赠一件珍藏级实物档案——民国时期跨越类汽车号牌，其虽已锈迹斑斑，但白底黑字"沪 61—995 跨越"字样仍清晰可见。其中"跨越"两字显示出这张车牌的与众不同，即可在上海、江苏两地使用。据考证，它是 20 世纪 30 年代中期锡沪长途客运汽车的牌照。抗日战争爆发后，锡沪间的客运停业，这类车辆牌照亦被人遗忘，但它却是以往两地间密切来往的历史见证。③

① 刘荫棠主编：《江苏公路交通史》第 1 册，第 101—102 页。
② 虞晓波：《比较与审视——"南通模式"与"无锡模式"研究》，安徽教育出版社 2001 年版，第 126 页。
③ 详可参阅《中国档案报》2014 年 10 月 16 日，第 2 版。

在毗邻上海的浙江嘉兴和湖州,20 世纪 30 年代初,则有乍浦—平湖—嘉兴—湖州公路的修筑。其中的焦山门大桥的钢梁招标时,由当时上海几家著名的建筑工程公司如新中公司、远东机器厂、远大铁工厂、信华铁工厂、扬子建业公司等竞标,最后由远大铁工厂中标,全部钢梁在上海锻造完成后运往工地安装。建成后,被誉为"这座桥是应用最新式钢架,在沪杭公路沿线一带无有出其右者"①。1932 年 5 月,南京国民政府全国经济委员会筹备处"鉴于以前各省修筑公路大都省自为政,不相联络",认为"殊有统筹规划之必要",因此召开了有江苏、浙江、安徽三省建设厅局长参加的公路会议,建议修筑三省之间的互联公路,"以冀由此树基,推近及远,使全国公路均可联络贯通"。并为此成立了苏浙皖三省道路专门委员会,作为修建三省互联公路的设计审议机构。

在其督导下,建成了沪杭公路沪金段。它起自上海谨记路,经北桥、闵行、南桥、柘林、金山卫至金丝娘桥入浙江省,全长 75.83 公里,其中上海至闵行路段已于 1922 年由商办长途汽车公司筑成并通行客车。② 途经的颛桥镇,"陆路有沪闵南柘路长途汽车通行其间,由沪至颛桥镇约 30 里,历时 40 分钟,车资 6 角,每日往来约 10 次"③。1932 年 5 月,江苏省建设厅成立了沪杭路工程处,负责修筑闵行至金丝娘桥路段及整修上海至闵行路段。同年 9 月,全路工程告竣。10 月 10 日,全国经济委员会会同江、浙两省及上海市在闵行镇汽车轮渡码头附近举行了通车典礼。④

此前,1929 年沪闵南柘长途汽车公司由于亏损,无力经营,遂将沪闵线租让给交通股份有限公司,租赁期十年。1929 年 2 月 15 日,交通公司在沪闵南柘长途汽车有限公司原址成立,集资 20 万元,拥有大小客车 13 辆。自 1932 年沪闵路至乍浦的金丝娘桥之间的公路接通,该公司与浙江省签约联营开办上海、平

---

① 上海社会科学院中国城市史研究中心、浙江省嘉兴市南湖区大桥镇人民政府合著:《浙北一座名镇的兴起——嘉兴大桥镇社会变迁》,第 109 页。

② 刘荫棠主编:《江苏公路交通史》第 1 册,第 131 页。

③ 《上海特别市各区农村概况》,原载《社会月刊》第 2 卷第 5—11 号(1930 年 11 月至 1931 年 5 月),李文海主编:《民国时期社会调查丛编(二编)・乡村社会卷》,福建教育出版社 2009 年版,第 458 页。

④ 刘荫棠主编:《江苏公路交通史》第 1 册,第 136 页。

湖、乍浦之间联运业务,又与江苏省及浙江公路处签约开办水陆联运。①

在浙江嘉兴,自平湖至嘉兴段公路通车后,就有公路间的联运、公路铁路间的联运等多种交通方式。如其与沪杭公路衔接,旅客抵达平湖后即可通过联运车辆前往上海,既便捷又省时省力。②

表6-7　上海闵行与浙江平湖间公路联运时刻表

上海闵行与浙江平湖间					浙江平湖与上海闵行间				
闵行	9：15	11：15	14：15	16：15	平湖	7：30	9：30	13：00	15：00
萧塘	9：21	11：21	14：21	16：21	虹霓堰	7：34	9：44	13：14	15：14
南桥	9：32	11：32	14：32	16：32	乍浦	7：58	9：58	13：28	15：28
柘林	9：56	11：56	14：56	16：56	全公亭	8：28	10：28	13：58	15：58
漕泾	10：10	12：10	15：10	17：10	金山卫	8：46	10：46	14：16	16：16
金山嘴	10：23	12：23	15：23	17：23	金山嘴	8：55	10：55	14：25	16：25
金山卫	10：32	12：32	15：32	17：32	漕泾	9：08	11：08	14：38	16：38
全公亭	10：50	12：50	15：50	17：50	柘林	9：22	11：22	14：52	16：52
乍浦	11：22	13：22	16：22	18：22	南桥	9：42	11：42	15：12	17：12
虹霓堰	11：34	13：34	16：34	18：34	萧塘	9：58	11：58	15：28	17：28
平湖	11：47	13：47	16：47	18：47	闵行	10：04	12：04	15：34	17：34

资料来源:中华全国道路建设协会编:《中国公路旅行指南》(1936年印行),转引自上海社会科学院中国城市史研究中心、浙江省嘉兴市南湖区大桥镇人民政府合著:《浙北一座名镇的兴起——嘉兴大桥镇社会变迁》,第274页。

1932年10月,经营松江至上海间客运的上松长途汽车公司成立,松江"西门外马路桥内设立总站,上海南市国货路、沪闵南柘长途汽车公司设立分站(交通线)。松江至北桥入沪闵南柘线,达上海,为上松线;新东门至泗泾为松泗线;砖桥至佘山为砖佘线"③。1937年的乡土文献亦载,自松沪公路通车,"松沪交通便利不少,去年松泗路告成,则居泗之人来往泗沪者亦感利便。……今年又筑砖佘路,由砖桥以达佘山,即松泗路之支线也,亦已于今年十月十日通车"④。其

① 盛国策:《旧上海的长途汽车》,上海市政协文史资料委员会:《上海文史资料存稿汇编》第8册,上海古籍出版社2001年版,第308、309页。

② 上海社会科学院中国城市史研究中心、浙江省嘉兴市南湖区大桥镇人民政府合著:《浙北一座名镇的兴起——嘉兴大桥镇社会变迁》,第111页。

③ 民国《松江志料》,《交通类》。

④ 张叔通:《序言》,民国《佘山小志》,上海社会科学院出版社2005年版。

间,为便利来往松沪的旅客,经协调,开辟了中途不需换乘的直达线路,1936 年出版的《上海市市政报告》载:

> 上松长途汽车公司于二十一年十月开始通车,惟驶至松沪交界处之汇桥为止,旅客往返松沪间,必须中途换车,殊感不便。该公司因于二十二年一月,与承办沪闵南柘线长途汽车之交通公司商定联运办法,订立合同,载明沪闵汽车可直驶松江,上松汽车亦可直接驶至上海。[①]

1928 年,嘉定县城至罗店的公路通车;1935 年,又于嘉罗公路起点的嘉定县城东门,"至南门外筑环城路(自望春桥至南门外接锡沪路)与嘉罗县道衔接,成为要冲,市面日形热闹"[②]。1935 年 8 月,全长 140 多公里的锡(无锡)沪(上海)公路竣工通车。其自上海虬江路、公兴路口起,途经绿杨桥、南翔、马陆、石岗门、嘉定南门、嘉定西门、外岗、葛隆、新丰、太仓南站、太仓西门、毛观堂、双凤、直塘、窑镇、支塘、白茆、古里村、常熟、颜巷、练塘、翁家庄、羊尖、安镇、查家桥、鸭城桥、东亭、周山浜、无锡等 30 余站,其中:上海、南翔、常熟、无锡四处为头等站,真如、嘉定、太仓、支塘为二等站,其余为三等站。有可乘 50 人的客车 50 辆,小客车 10 辆,运货汽车 5 辆;客车每隔 2 小时开班,小客车坐满 6 人即发车,大大便利了上海至无锡沿途各地间的客货运输和经济联系。其中,如常熟与上海的交往,"未通车之前,往来都靠轮船,上海有些人都没有到过常熟",自通车后,往来则大为便捷。锡沪干道以外,又从常熟筑成一条支线通往苏州,途经莫城、潭荡、辛庄、吴塔、界泾、渭泾塘、胡巷、蠡口、陆墓、齐门、平门、阊门,全长 40 多公里,串联了沿途各乡镇,因其与锡沪干道的衔接,更密切了上海与相关各地城镇乡村的经济联系。[③]

---

① 民国上海市政府秘书处编:《上海市市政报告》(1936 年 12 月出版发行),全国图书馆文献缩微复印中心:《民国时期市政建设史料选编》第 1 册,全国图书馆文献缩微复印中心 2009 年影印本,第 493、494 页。
② 民国《嘉定嘹东志》卷 1,《区域·市集》。
③ 曹师柳:《锡沪公司回忆点滴》,常熟市政协文史委员会编:《常熟文史资料选辑》,上海社会科学院出版社 2009 年版。

第四节　水陆联运衔接

　　长江三角洲依托上海而形成的相对发达的多种水陆交通线路之间，往往因地制宜，建立起便捷的联运方式。

　　相当发达的内河航运，一直是上海与长江三角洲各地交通的主要渠道①。民国初年，南汇县惠南镇由当地商人集资创办的轮船公司，经营南汇与上海间的客运班轮业务。轮船从惠南镇的西潭子出发，途经新场、航头、鲁家汇、闸港，进入黄浦江到达上海十六铺附近的大达码头。上海与川沙及南汇周浦的小火车通车后，相应车站设有轮船接送班次，实行水陆联运。惠南镇与各乡镇及邻县之间也有客运班船。② 1925年，"有沈衡甫创办之永兴轮船，每日上午九时自川沙开至周浦，下午一时由周浦开回，客票售银二角二分。乘客如由川沙至上海，可乘上南汽车，即购联票，票价只收三角五分"③。1936年私营浦建公司建成石子路面的沪南公路，惠南镇有公共汽车直达上海④。上海县的陈行镇：

　　　　由沪至陈行镇，有水陆二途。水路乘沪平汽轮（上海至平湖），至塘口镇停泊，每日往来一次。陆路先由董家渡乘上南长途汽车公司之渡轮，至杨思区之周家渡，搭汽车至三林塘，乘小车达陈行镇。镇距三林塘12里，周浦镇12里，与塘口桥头中心河镇相距各3里，南汇之杜家行8里，运输全赖舟楫。⑤

---

　　① 上海公路运输起步较晚。1919年兴筑的军工路是上海第一条近郊公路。1932年，全国经济委员会成立，公路建设移归该委员会办理，这一时期，公路建设速度明显加快。到1937年，连接上海的各干、支公路有：沪桂干线沪杭线、锡沪公路、苏沪公路、沪粤公路；支线沪太路（上海至太仓）、上嘉路（上海至嘉定）、上宝路（吴淞至月浦）、真南路（真如至南翔）、上松线（上海至松江）、上珠线（上海至珠街阁）、青沪路（上海至青浦）、沪七路（上海至七宝）等。沪杭公路于1932年建成，1935年上海至苏州、无锡等城市的公路陆续开通。另外，沪宁、沪杭铁路已先后于1908年、1909年建成通车。详可见熊月之主编《上海通史》第8卷，上海人民出版社1999年版，第201、209—210页。

　　② 上海市档案馆编：《上海古镇记忆》，第84页。
　　③ 民国《川沙县志》卷7，《交通志·舟车》。
　　④ 上海市档案馆编：《上海古镇记忆》，第84页。
　　⑤《上海特别市各区农村概况》，原载《社会月刊》第2卷第5—11号（1930年11月至1931年5月），李文海主编：《民国时期社会调查丛编（二编）·乡村社会卷》，福建教育出版社2009年版，第465页。

江苏常熟双浜镇，"交通向有自乡至城之航船，以后塘岸南石桥为码头，挨班来往。自民国二年，白茆塘开行永利内河小轮船，以典当桥为码头，由张市、归市、何市、支塘、白茆、唐市而达城中小东门。货物由航运，旅客由轮行，近且支塘、吴市开昆山班轮船，当日可达，苏申往来益便。昆山、苏州、太仓亦有航船，停泊吴市，按班来张收发，代客买卖，隔日即至，其自张市至吴市，日有小车装货寄物，俗称旱航船"①。

1909 年沪杭铁路通车后，浙江嘉兴境内的平湖塘成为沟通沿岸乡镇与沪、杭间的主要通道。平湖轮船业开设航班，"专自平湖至嘉兴，与沪杭铁路衔接"。其中，1910 年王升记轮船局与浙江铁路公司联手，新增"庆安轮"行驶乍浦至嘉兴航线。② 1911 年 4 月，又有通利嘉苏轮船局"特备坚快轮船，拖带公司船行驶嘉兴、王江泾、平望、八坼、吴江、苏州"，其与沪杭铁路"订立连带车票，以便乘客往来杭枫之间，并拟择日续开苏湖、杭湖、嘉湖等处，而便行旅"。③ 后因火车运行时刻表变更，平湖旅客无法赶乘快车，自 1913 年 6 月 15 日起，浙江铁路公司又添置"嘉平轮"，"由平至杭、湖各埠，可以当日往返"。④ 此后，又有往返于杭州、绍兴间的"轮船公司成立，在杭绍间行驶二次，第一次船与沪杭下午二时车衔接，第二次船与上午十时由绍开行与沪杭夜快车相接"⑤。丰子恺忆述，其家乡石门湾"位于浙江北部的大平原中，杭州和嘉兴的中间，而离开沪杭铁路三十里。这三十里有小轮船可通，每天早晨从石门湾搭轮船，溯运河走两小时，便到了沪杭铁路上的长安车站。由此搭车，南行一小时到杭州，北行一小时到嘉兴，三小时到上海"⑥。

---

① 王鸿飞纂：《双浜小志》(民国稿本)卷 1,《市镇》,转引自沈秋农等主编：《常熟乡镇旧志集成》,广陵书社 2007 年版，第 753 页。
② 上海社会科学院中国城市史研究中心、浙江省嘉兴市南湖区大桥镇人民政府合著：《浙北一座名镇的兴起——嘉兴大桥镇社会变迁》,上海辞书出版社 2012 年版，第 104 页。
③《时报》1911 年 4 月 16 日。
④ 上海社会科学院中国城市史研究中心、浙江省嘉兴市南湖区大桥镇人民政府合著：《浙北一座名镇的兴起——嘉兴大桥镇社会变迁》,第 104 页。
⑤ 聂宝璋编：《中国近代航运史资料》第 2 辑，第 1319 页。
⑥ 丰子恺：《丰子恺自述：我这一生》,中国青年出版社 2015 年版，第 161 页。

1905 年沪宁铁路通车,途经嘉定南翔,同年当地黄承炳等人集资设立通济轮船局,专驶嘉定至南翔间航线,沿途"并于石冈门镇横沥西岸、马陆镇横沥东岸分设轮步,每日往返嘉翔依火车之班次为准,船价每人钱八十文。继商准上海车务总管英人濮兰德发行沪嘉联票,旅客称便。初仅每日百余人,后乃增至四五百人,罗店、娄塘、太仓、浏河、浮桥各镇乡赴沪者,咸取道嘉定,营业日益发展"①。20 世纪 30 年代初,"因为南翔是上海近郊的大镇,乘客来往异常拥挤,原有京沪路(指沪宁铁路——引者注)的行车时间,不够乘客的需求,因此便在上海与南翔间建筑双轨,行驶沪翔区间车。车厢是小型的蒸汽车,自南翔上海间,每天往返二十四次"②。

1926 年,昆山克记青张轮船公司与沪宁铁路订立水陆联运合同,发售由上海至湘城及冶长泾、南桥、吴塔、张家甸等处水陆客运联票③。同年,在沪宁铁路沿线,还有"珠安汽船公司自安亭车站开往太仓,每日二班,有上海联票,旅客称便";另有"代步船,外冈之恒泰分典开至安亭,以运出入之物,沿途亦趁人载物,每日一次"④。青浦县练塘镇,"东南至松江,南至石湖荡,均有划船、航船、机器船以通沪杭路线,藉载客货。东北至角里(指朱家角镇——引者注)、青浦赵屯桥,西北至金泽、芦墟等处,有航船、机器船往来"⑤。

货运方面,1935 年关于江浙地区茧和米运输问题的调查,指出了江浙地区内的农产品较少使用铁路而较多使用帆船的原因:一是因为运距短,经由铁路运输必须多次装卸,又加上铁路运输中间还有转运公司插手,费用增多;二是因为当时货车车辆供给不充分,铁路运货要等车皮,往往反而比交由帆船运输慢;三是因为铁路手续麻烦;四是铁路官营,员工对营业盈亏不关心,不负责,而航船业运输者多系民营,负责尽心,又有传统的业务联系。因此,除天旱水涸或欲赶上海市价等不得已时用火车运输外,大多取道水路船运。⑥

① 民国《嘉定县续志》卷 2,《营建志·交通·航业》。
② (民国)倪锡英:《上海》,南京出版社 2011 年版,第 31 页。
③ 《申报》,1926 年 8 月 2 日。
④ 民国《望仙桥乡志续稿》,《建置志·航行》。
⑤ 民国《章蒸风俗述略》,《交通情形》。
⑥ 杜修昌:《京沪、京杭沿线米谷丝茧棉花贩卖费之调查》(1935 年),转见陈其广:《百年工农产品比价与农村经济》,社会科学文献出版社 2003 年版,第 235 页。

表6-8　民国年间沪宁及沪杭甬铁路沿线的水陆联运

铁路线	轮船公司	联运业务	开行日期	联结站	铁路联运站名	轮船联运站名
沪宁	珠安轮船局	各等旅客及行李联运	1912年11月25日	安亭	上海北站、南翔昆山、苏州、无锡	白鹤港、青浦、朱家角
	嘉定航业公司	头二三等旅客运	1919年5月1日	南翔	上海北站、苏州	嘉定
	招商内河轮船公司	各等旅客联运	1920年8月1日	苏州	上海北站、苏州	甘露、荡口
	大兴汽船公司	三四等旅客联运	1930年4月1日	安亭	上海北站	梦仙桥、前门塘、蓬莱镇
	通商汽轮局	各等旅客联运	1931年11月10日	青阳港	上海北站	常熟
沪杭甬	通达元记轮局	二三四等旅客包裹联运	1933年10月1日	青阳港	上海北站	泸浦、大虹桥
	裕丰船局总局	二三四等旅客联运	1934年5月1日	苏州	上海北站	杨湾、前山、石桥头、镇夏
	全益轮船局联运	二三四等旅客联运	1920年1月1日	嘉兴	上海北站、上海南站、硖石、拱宸桥、杭州、南星桥、闸口	沈荡、海盐
	通源轮船局	二三四等旅客联运	1920年1月1日	嘉兴	上海北站、上海南站、硖石、杭州、南星桥	盛泽、乌镇、震泽、南浔、双林、湖州
	王清记轮船局	二三四等旅客联运	1934年3月1日	嘉善	上海南站、上海北站、枫泾、嘉兴、杭州、南星桥	西塘、芦墟、黎里、周庄
	宁绍轮股份有限公司及三北轮埠有限公司	头二三等旅客联运	1934年10月1日	宁波	慈溪、叶家、文亭、余姚、马渚、五夫、驿亭、曹娥江	上海

资料来源：《京沪、沪杭甬铁路联络运输之过去现在与将来》，《交通杂志》1935年第3卷第7、8期合刊。

沪宁铁路通车后,经由无锡转往邻近的宜兴、溧阳、江阴及靖江、如东等地的过客大为增多,内河轮运业的发展得到新的推动。1912 年,华文川、吴增元等集资 10 万元在无锡开设了中华新裕恒记轮船公司。1915 年,又有利澄等轮运公司开设。1917 年,无锡已有 8 家轮局、8 条航线,航程为 570 公里。随着沪锡间人流物流交往的增多和无锡自身城市经济的发展,到 1929 年无锡共有 19 家轮运公司,有货轮 15 艘、客轮 42 艘,总吨位 631.43 吨。此外还有固定航线的航船 329 艘,其中 149 艘是开往外埠的如江阴、宜兴、常熟、溧阳、丹阳、金坛、沙洲、长兴等地。① 镇江通往苏北的小轮船有短班、长班两种,前者每天早中晚三班在镇江、扬州间往返,后者每天一班驶往淮阴,途经瓜洲、扬州、邵伯、高邮、界首、氾水、宝应、淮安等地②。在浙江境内,自沪杭铁路通车,"与铁路竞争引起的一个结果是在过去十年中(指 1912 年至 1921 年——引者注),新航道上的客运有了发展,杭州与湖州之间已有定期客轮,嘉兴与新塍及嘉兴与海宁之间的航道也已开辟,同时钱塘江的小火轮也大量增加。除了亚细亚石油公司和美孚石油公司的机动船之外,这一地区的运输业几乎都由中国船承担"③。

铁路和公路的展筑,为长江三角洲地区的水陆联运铺平了道路。20 世纪 30 年代,水陆联运是轮船招商局与铁路局之间经常性的协作形式。从 1934 年至 1936 年初,轮船招商局先后与京沪杭甬铁路及津浦铁路等办理了联运协作。④ 1937 年后,原沪杭甬铁路的新龙华至日晖港改为新日支线,开始办理黄浦江水陆联运业务。之后又在市内修建了联运沪宁、沪杭线的真西支线,逐步形成了延续至 20 世纪 80 年代初的铁路格局。⑤

城乡间的客货交往,也得水陆联运之便。江苏"昆山素无轮船,光绪中常熟创办轮船以通申江,路经昆山之东门外,乃辟码头以小泊焉。然船抵东门每至夜分,故附轮者亦绝少。厥后太仓亦有轮船停泊朝阳门外之小马路口,以便附乘火

① 虞晓波:《比较与审视——"南通模式"与"无锡模式"研究》,安徽教育出版社 2001 年版,第 125 页。
② 宗金林主编:《民国扬州旧事》,广陵书社 2010 年版,第 153 页。
③ 陈梅龙等译编:《近代浙江对外贸易及社会变迁——宁波、温州、杭州海关贸易报告译编》,宁波出版社 2003 年版,第 260 页。
④ 张后铨主编:《招商局史(近代部分)》,人民交通出版社 1988 年版,第 231、418—420 页。
⑤ 徐之河等主编:《上海经济(1949—1982)》,上海人民出版社 1983 年版,第 459 页。

车者。于是常熟亦添设日班轮船专驶昆山车站，以便交通"①。浙江平湖县王升记轮船局的航班，清末至民国常年运营，"专自平湖至嘉兴与杭沪铁路衔接"②。而嘉兴则是沪杭甬铁路主要的车站之一，"铁路交通有沪杭甬铁路自嘉善来，入嘉兴县境经三店区、汉塘区、东栅区、王店区，由王店区出境乃至海宁县之硖石镇"。其水路交通也四通八达，"四乡河道之可视为主干的：在东乡有冬瓜塘、三店镇(全线长 18 里)，直通嘉善、松江及上海。又有平湖塘(水线 45 里)、乍浦塘(水线 90 里)，与平湖县与海盐县之水运接联。在北乡有运河官塘(水线长 40 里)，通盛泽、平望、扒尺、梅堰、双林等处。在西乡有新塍塘(水线 36 里)，接严墓塘直达桐乡，接南浔塘直达南浔与菱湖，又杭州塘(或名三塔塘，水线 33 里)，直通桐乡、崇德、杭州等处。在南乡有长水塘，沿沪杭甬铁路并行(水道 36 里)，又姚家塘(水线 33 里)，通东南各乡"。③

一些小城镇的商贸活动因邻近铁路或公路，自身又有内河航运之便，交通条件改善而颇为兴盛。上海县诸翟镇，"在吴淞江南，与上海、青浦接壤，距沪宁铁路南翔车站十八里，沪杭铁路樊王渡车站二十里；市街南北约半里，东西一里余，以紫隄街为热闹，大小商肆百余家，有碾米、轧花厂，每日晨昼两市，从前靛商营业与黄渡、纪王、封浜并称盛，今(指民国以来——引者注)则以花、布、米、麦、蚕豆、黄豆等为贸易大宗，市况颇旺"④。金山县，"商业以县治朱泾镇及张堰镇为大，吕巷次之，泖港、松隐、干巷、廊下等又次之"⑤。宝山县月浦镇，"航船自本镇至吴淞、罗店各一艘，专代商铺寄载货物，兼搭旅客，当日往回"⑥。1935 年，上海至江苏无锡的公路通车，途经嘉定县马陆镇并设有车站，每天的客货过往明显促进了市镇经济的发展⑦。

---

① 民国《昆新两县续补合志》卷 5，《交通》。
② 民国《平湖县续志》卷 1，《建置·交通》。
③ 曲直生等：《浙西农产贸易的几个实例——米粮、丝茧、山货贸易的概况》，原载《社会科学杂志》第 3 卷第 4 期(1932 年 12 月)，李文海主编：《民国时期社会调查丛编(二编)·乡村社会卷》，福建教育出版社 2009 年版，第 717 页。
④ 民国《嘉定县续志》卷 1，《疆域志·市镇》。
⑤ 《金山县鉴 1935》，《民国上海县鉴汇编·金山县鉴》，上海书店出版社 2013 年版，第 125 页。
⑥ 民国《月浦里志》卷 7，《交通志·航船》。
⑦ 上海市档案馆编：《上海古镇记忆》，东方出版中心 2009 年版，第 38 页。

　　嘉定县南翔镇，"南北跨横沥、东西跨走马塘，街路南北长约五里，东西长约六里，距京沪铁路车站约有一里。交通方面，十分便利，商贾很多，物产也富，所以称为各镇中的首镇"①。《嘉定县续志》亦载，该镇"自翔沪通轨，贩客往来犹捷，士商之侨寓者又麇至，户口激增，地价、房价日贵，日用品价亦转昂，市况较曩时殷盛"②。奉贤县西渡口，"为沪杭公路渡浦处，置有轮渡码头。渡东数十步，又为横泾出口处，车辆船舶往来如织，商店、工厂时有增设，渐成市集"③。上海县"虹桥、北新泾二镇，马路通达，渐见兴盛"④。浦东三林乡原有孙家桥，"自筑上南汽车路，桥毁，改建水门汀，名三林塘桥。三林汽车站设于桥北，为行人往来孔道，店肆年有增添。桥之北，路东有三兴轧厂及收染店；路西店为最多，居民男妇都制果篮"⑤。南汇周浦镇，自上南公路辟通，与上海的往来大为便利，商业贸易兴盛活跃，有"小上海"之称⑥。

---

① 匡尔济编：《嘉定乡土志》下册，《九·南翔》。
② 民国《嘉定县续志》卷1，《疆域志·市镇》。
③ 民国《奉贤县志稿》，《奉贤县志料拾掇·疆域》。
④ 李右之：《上海乡土地理志》第十课，《蒲淞·法华》。
⑤ 民国《三林乡志残稿》卷1，《地名》。
⑥ 上海市档案馆编：《上海古镇记忆》，第90页。

第七章　商品的流通

上海作为经济中心城市的崛起和近代交通方式的拓展,大大促进了长江三角洲地区商品的流通。

第一节　工业品的推销

上海开埠后,各国洋行是根据本国工业品生产特长,争相来华推销商品,扩大市场占有。美孚石油公司,就是一个典型的例子。1870年由洛克菲勒等发起创办于美国俄亥俄州克利夫兰,至1880年已成为垄断美国石油市场的最大企业。[1] 1894年美孚首次把印尼石油运来中国。1900年美孚公司在上海设立分公司——三达公司,自营石油进口和销售。后来,总部设在纽约的美孚石油公司又将三达公司改组为华南公司和华北公司。华南公司设于香港,负责广东、广西、福建、云南、贵州五省以及越南、老挝、泰国等地的市场。华北公司设于上海,负责长江流域、华北、东北及西北各省市场。华北公司属下最早成立分公司的是汉口、天津、沈阳和上海(上海分公司管辖上海市区及附近各县城镇),后来逐步在长沙、郑州、镇江、苏州、温州、海门、济南、哈尔滨、石家庄、烟台等地设立了分

---

[1]　上海市历史博物馆编:《都会遗踪》第5辑,学林出版社2012年版,第10页。

公司,其经理行和代理处则星罗棋布,遍及各乡镇。①美孚公司把从石油进口到市场营销的各个环节都掌握在自己手中,很快打开了中国市场,"到1914年,全美对华出口的50%都是标准公司(即美孚公司,下同——引者注)的石油产品,那年标准石油仅在广东省的总利润就达3 390万美元"②。其广告宣传更是独树一帜,收效显著。

美孚经销的产品主要有精炼油(俗称火油、洋油,有寿星老人牌、老虎牌、鹰牌等)、汽油(美孚牌)、轻质和重质柴油、润滑油(莫比油、红车油、黄白凡士林等)、家庭用油(包括地板蜡、白蜡、医药用卡路尔、消毒用臭药水)、白矿蜡、蜡烛(有鹰牌、虎牌、扯铃牌等),共七大类产品。但最早打开中国市场的是照明用的火油和蜡烛。为使火油取代中国几千年来民间沿用的植物油和土制蜡烛,美孚不惜工本大做广告,廉价推销,并于1917年和1922年先后在上海设立制造煤油灯和玻璃灯罩的工厂,将煤油灯和灯罩作为赠品伴随售出的煤油附送。初期每箱两听,售价1.5元,每听30斤,不到8角,比民间习用的植物油都便宜,亮度则在植物油之上,整听购买还可得到价值一二角的铁皮听子。这样,美孚就在中国,特别是农村站住了脚,销量也不断上升。③其他外商也布点推销,民国年间在上海近郊嘉定县南翔镇的"大顺公南北货店"就设有美孚行火油经理处,在"永发百货店"设有僧帽牌火油代理处,在"五昌箔号"设有亚细亚火油经理处等④。

美商经销的洋胰(肥皂)、洋油、洋烛等日常生活用品的源源输入,给中国特别是农村社会生活的冲击是明显的。多少年来,中国农家沿用的一直是皂荚和植物油等,洋货的涌入,使前者相形见绌,又加上其附送赠品等在内的广告宣传,新旧更替的进程是显而易见的。"上海番舶所聚,洋货充斥,民易炫惑。洋货率始贵而后贱,市商易于财利,喜为贩运,大而服食器用,小而戏耍玩物,渐推渐广,

---

① 苗利华:《美孚石油公司》,中国人民政治协商会议上海市委员会文史资料工作委员会编:《上海文史资料选辑》第56辑,上海人民出版社1987年版,第44—46页。

② [美]玛丽布朗布洛克著,韩邦凯等译:《油王:洛克菲勒在中国》,商务印书馆2014年版,第26页。

③ 陈真等编:《中国近代工业史资料》第2辑,生活·读书·新知三联书店1958年版,第325、326页;苗利华:《美孚石油公司》,中国人民政治协商会议上海市委员会文史资料工作委员会编:《上海文史资料选辑》第56辑,第45页。

④ 上海市档案馆编:《上海古镇记忆》,东方出版中心2009年版,第38页。

莫之能遏。"①这种兴替，同样见之于长江三角洲其他地区。浙江桐庐人叶浅予忆述："1907 年我出生前后，到 1924 年我十七岁，这期间社会变动较大，洋货进口日新月异，由菜油灯到煤油灯，由旱烟筒到纸烟卷，由纸灯笼到手电筒，生活习惯变化大，社会关系变动也大，促成了商业竞争重大变化，市场周转速度加快。"②江苏泗阳县，"洋货有石油、火柴、洋布各种，均由上海辗转运入，每岁输入数亦巨"③。江苏泰县，"入县商品大都以上海为泉源，直接自产区输入者百不得一二，以舶来货为大宗"④。清末浙江富阳人郁达夫上了县城里的学堂后，缠着母亲去买皮鞋。囊中羞涩的母亲，"不得已就只好老了面皮，带着了我，上大街上的洋广货店里去赊去。当时的皮鞋，是由上海运来，在洋广货店里寄售的"⑤。

美孚石油公司自进入中国后，因地制宜，有针对性地借助广告宣传，扩大影响。这种拓展业务的方式，在美商在华开办的其他工业企业中，也有体现。千百年来，中国人一直习用水烟、旱烟等，并无卷烟行世。⑥ 五口通商后，卷烟随着各种洋货进入中国，最初仅供来华西人吸用，或作为馈赠亲友的礼品。直到 19 世纪后期，与外国人接触较多的人员中，开始有人吸用卷烟，上海始有少量的外国卷烟在市场上零星出现。19 世纪 80 年代，美国"烟草大王"杜克在美国建立烟草托拉斯，1885 年创办杜克父子烟草公司于纽约，宣布每年生产卷烟 1 万亿支的计划，开始与英国卷烟商争夺世界市场。是年，就向中国输入美国小美女牌卷烟，委托上海美商茂生洋行试销，这是外国卷烟正式输入中国的开始。稍后，又有美国的"品海"（后来被称为"老牌"）、"老车"（脚踏车）、"火鸡"等牌号的卷烟输入中国。

20 世纪初，英美烟草公司在上海青浦县的商业大镇朱家角，以启新烟站为代理商，销售洋烟。至抗日战争前夕，镇上有信孚裕、支万茂、夏瑞记等数家英美

---

① 光绪《松江府续志》，卷 5，《风俗》。

② 叶浅予：《细叙沧桑记流年》，江苏文艺出版社 2012 年版，第 8 页。

③ 民国《泗阳县志》卷 19，《实业志·商业》。

④ 民国《泰县志稿》卷 21，《商业》。

⑤ 郁达夫：《书塾与学堂》，沈从文等著：《浮云人生（民国大家散文选）》，重庆大学出版社 2012 年版，第 61 页。

⑥ 直到 1913 年以后，英美烟公司等从美国运来烟叶种子至安徽、河南、山东等省播种后，中国始有卷烟用的烟叶出产。见方宪堂主编：《上海近代民族卷烟工业》，上海社会科学院出版社 1989 年版，第 80 页。

烟草公司代理行。它们除经销洋烟外,还为洋商推销火油、火柴、肥皂等"五洋"杂货。① 有人忆述:

> 那时做生意要靠"乡脚",朱家角的"乡脚"远。因为朱家角以米业、油业、布业、南北杂货为主要商品集结地,商业市场十分繁荣。朱家角镇四周农民都要"上角里"(就是到朱家角来)粜谷、粜米、粜菜籽,购买油盐酱醋、调料、鱼肉、布匹等生活用品和添置生产工具,购买南北杂货,无事的也来"上茶馆"听书,看戏。所谓"乡脚远"就是离朱家角比较远的农民。那时东到斜沥桥,南到安庄、葑澳堂,西到金泽、芦墟,甚至浙江的西塘、陶庄、嘉善,北到商榻、陈墓(今锦溪)、千灯、石浦、杨湘泾。②

1931 年在松江县的实地调查:"松邑商业尚称发达,输入以洋杂货及药材为大宗,输出者以米、棉为主,袜、布、线毯等次之。"③在江苏常州,从上海输入的洋货经俗称"五洋店"的商家批发出售。五洋店包括莲箕巷的"益源昌",主要经销美孚火油;西瀛里的"公兴隆",经销德士古火油;织机坊的"协太祥",经销英美烟草公司红锡包、老刀牌香烟等。它们大都资金雄厚,在全行业资本构成中占有相当大的比重。④

在浙江杭州,亚细亚石油公司、美孚石油公司以及英美烟草公司都设有分公司⑤。1907 年生于浙江桐庐的叶浅予忆述:"吸香烟之风,先在茶馆里流行起来,原来的旱烟筒逐渐被淘汰,茶客嘴上叼起了大英牌或强盗牌香烟。"其父亲"开始时仅在纸烟专卖公司做小批量买卖,后来生意做大了,直接从省城整箱进货。上海的烟草公司颇有心眼,在大木箱里附送一种时装美女月份牌,一式数份,既做广告,又当礼品",更推卷烟销路⑥。浙江的烟草种植亦有扩展并行销沪上卷烟

① 上海市档案馆编:《上海古镇记忆》,第 148 页。
② 尔冬强主编:《口述历史:尔冬强和 108 位茶客》,上海古籍出版社 2010 年版,第 54 页。
③ 南京图书馆编:《二十世纪三十年代国情调查报告》第 83 册,凤凰出版社 2012 年版,第 29 页。
④ 郑忠:《非条约口岸城市化道路——近代长江三角洲的典型考察》,上海辞书出版社 2010 年版,第 262 页。
⑤ 丁贤勇等译编:《1921 年浙江社会经济调查》,第 79 页。
⑥ 叶浅予:《细叙沧桑记流年》,第 63 页。

厂,其中桐乡、萧山、新昌、松阳等县所产烟叶,"颇蜚声于上海,每年运销于各雪茄烟厂者达数万担"①。民族资本的南洋兄弟烟草公司的上海发行所,"厥初范围,仅管辖上海百里内营业,去年(指 1935 年——引者注)兼浙属杭、嘉、湖、绍兴等处,今年兼辖苏州、无锡、镇江、新浦四处货色";并因地制宜,拓展农村市场,"江浙一带水路很多,公司自己就包下很多小船,船上装运香烟,推销员跟着船走,沿途推销"。②

20 世纪初,在上海就有日本商人提着装满商品的皮包上门兜售者。1906 年出版的《沪江商业市景词》就有题为"日人走卖各货"的竹枝词:"为贪生意上门来,手执皮囊到处开。岂是日人资本小,时来亦可积钱财。"在沪日本商行还雇用中国民船,沿水路到江南各地的乡镇宣传推销,有的还与当地商铺建立长期销售关系。其间,他们还着力加强在城乡各地的广告宣传,如在铁路或内河轮船通过的沿线,在一些建筑物的墙壁上涂刷大幅广告。1922 年在华游历的日本人芥川龙之介的《江南游记》曾这样描述:

> 离桑田较远的地方,可以看到满是广告的城墙。在古色苍然的城墙上,用色彩斑斓的油漆画上广告,是现代中国的一大流行。无敌牌牙粉、大婴孩香烟,这类牙粉和纸烟广告,沿线所有的车站,几乎没有一处没有。中国从哪个国家学来的这种广告术?对于这个问题给予回答的,就是此地到处都能看得见的狮子牙粉啦、仁丹啦等等庸俗不堪的日本广告。③

上海的民族工业,也在外资企业市场扩展的夹缝中,努力在周边城乡各地寻找商机。1916 年,总部在上海的无锡茂新面粉厂在杭州拱宸桥设立了分销处,销售其所产面粉。次年,同属荣家企业的茂新和福新面粉厂在浙江嘉兴设立分销处,茂新还与嘉兴及湖州的增华公司订立独家专卖合同,由增华公司销售茂新

---

① 民国《重修浙江通志稿》第 21 册,《物产·烟叶》。
② 中国科学院上海经济研究所等编:《南洋兄弟烟草公司史料》,上海人民出版社 1958 年版,第 237、252、253 页。
③ 陈祖恩:《抗战前上海日商广告的调适与本地化》,《上海档案史料研究》第 13 辑,上海三联书店 2012 年版,第 130、131 页。

的产品。1920 年，茂新和福新在浙江嘉善县枫泾镇（现属上海金山区），与张成泰、翁效庭合组茂福新批发处，资本 2 万元，按 3 股分派，茂新和福新为 1 股，张成泰和翁效庭各为 1 股；如有盈亏，也以 3 股分摊。[①]

　　1928 年，苏北东台县的程益泰商号看到五洋百货业的商品市场需求大，在其原有洋布业的基础上又新增"洋广百货业"。其原本就与上海、杭州、苏州、镇江、常州、南通等地厂商有密切的业务联系，增设洋广百货业后，彼此的商业往来更为密切[②]。在江南水乡，载运客货的各种航船穿梭于城镇乡之间，周作人忆述：

> 　　在水乡的城里是每条街几乎都有一条河平行着，所以到处有桥，低的或者只有两三级，桥下才通行小船，高的便有六七级了。乡下没有这许多桥，可是港汊纷歧，走路就靠船只，等于北方的用车，有钱的可以专雇，工作的人自备有"出坂"船，一般普通人只好趁公共的通航船只。这有两种，其一名曰埠船，是走本县近路的；其二曰航船，走外县远路，大抵夜里开，次晨到达。
>
> 　　埠船在城里有一定的埠头，早上进城，下午开回去。大抵水陆六七十里，一天里可以打来回的，就都称为埠船。埠船总数不知道共有多少，大抵中等的村子总有一只。虽是私人营业，其实可以算是公共交通机关……它不但搭客上下，传送信件，还替村里代办货物，无论是一斤麻油，一尺鞋面布，或是一斤淮蟹，只要店铺里有的，都可以替你买来。[③]

　　当时，另有一种船店："这外观与普通的埠船没有什么不同，平常一个人摇着橹，到得行近一个村庄，船里有人敲起小锣来，大家知道船店来了，一哄而出到河岸头，各自买需要的东西，大概除柴米外，别的日用品都可以买到，有洋油与洋灯

　　① 上海社会科学院经济研究所等编：《荣家企业史料》，第 98、99、100 页。
　　② 程源编著：《程益泰商号经营史料选辑》，上海财经大学出版社 2014 年版，第 7 页。
　　③ 周作人：《水乡怀旧》，沈从文等著：《浮云人生（民国大家散文选）》，重庆大学出版社 2012 年版，第 29 页。

罩,也有芒麻鞋面布和洋头绳,以及丝线。"①亦有行走乡间的小商贩,有人忆述在抗日战争前的青浦县朱家角,"有上海来的卖布的宁波人,他们带来一批布住在我们的客栈里,每天早出晚归、背了布去乡下卖,卖完后再到上海进货,也不退房。有时一住就好几个月"②。

上海开埠后,杭州一直是经由上海的国内外贸易在浙江的一个转运点。1921年的经济调查载:"杭州所有的贸易即所谓的沿岸贸易,就是指杭州与上海之间、杭州与苏州之间的贸易往来,而掌握这些贸易的人,大多为居住在上海的国内外商人,杭州的商人只是居于从属地位,他们仅仅是贸易的参与者,并没有控制贸易的能力,……因此所谓的杭州贸易,仅仅是指将钱塘江本支线流域,以及把杭州附近的生产物资卖到上海,再从上海将外国货以及其他省份的产品购买回来,再分配到钱塘江本支线流域及杭州附近。"甚至有跳过杭州直接与上海交易者,"随着交通的发展,买卖土特产时,上海和原产地之间也开始有了直接的联系,上海商人会直接到原产地的小市场采购土特产,而地方上原产地的商人在购买商品时也会直接到上海与卖主交涉"。原先,"各地商人往往只是从附近的原产者那里收购土特产,商业圈很小,现在随着交通的发展,商业范围已逐渐扩大到其他县城、市镇以及钱塘江上游地区,其贸易额出现了逐年增加的趋势"。与此相联系,"杭州的消费能力不如上海,杭州在商业上的价值,无论是外商在杭州居住的数量上,还是从仓储业的发展水平上,都不如辖区范围外相邻的上海,因此上海理所当然成为商业中心"。其结果,杭州有许多商店都在上海设有总店,而在杭州开设分店,"究其原因,主要是杭州以及杭州以北和杭州以南钱塘江流域各城市的小商人,一般还是选择来杭州进货,虽然去上海进货价格会比杭州低些,但折合运费、旅费以及时间等花费后,也就与杭州不相上下了"。③

与此同时,以上海为中心的商业网络也更加清晰,"对一些不经由上海,而是通过钱塘江流域向其他省份发送,或者对由其他地方进入上海的商品进行分配,

---

① 周作人:《水乡怀旧》,沈从文等著:《浮云人生(民国大家散文选)》,第30页。
② 尔冬强主编:《口述历史:尔冬强和108位茶客》,上海古籍出版社2010年版,第48页。
③ 丁贤勇等译编:《1921年浙江社会经济调查》,北京图书馆出版社2008年版,第46、71、72页。

或在原产地进行收集和销售辖区内所生产的各类商品的小规模的地方性市场，各地都有一些，在它们中间形成的批发商大多称之为'行'"；在产地方面，"比较大的贸易地往往会出现批发商，他们批发商品或从小生产者那里收购商品，并将大量货物输出到上海"。[①]

宁波的情景与杭州相似，"与上海的发展相比，作为贸易港口和工业基地的宁波，尤其是与上海仅十二三小时行程距离，显得不太景气，作为当地商人真有难以想象的感觉。究其原因，主要是因地理位置上过于邻近上海，自然成为上海的一个附属港。除金融市场之外，其他全都附属于上海"。宁波商贸圈的具体范围，"包括了绍兴平原的一部分，和从宁波余姚到三门湾台州的沿海，即会稽道的东半部地区"。因为"除了宁波平原以外，其他为多山的地区，交通极为不便，使得宁波市场的势力范围受到局限"。[②]

20 世纪 30 年代，长江三角洲的货物流通已完全是唯上海马首是瞻的局面。

表 7 - 1　1936 年长江三角洲五城市输出、输入上海货值占该地总货值的百分比

	南京	镇江	苏州	杭州	宁波
输出	53.3	44.5	10.0	92.3	93.1
输入	59.5	30.1	97.0	99.8	84.9

资料来源：韩启桐：《中国埠际贸易(1936—1940)》，中国科学院社会研究所 1951 年出版，第 14、15、24、25 页。

第二节　农产品的商品化

上海作为经济中心城市的崛起对长江三角洲农村经济的直接触动，是受口岸经济推动的农产品商品化进程。

---

① 丁贤勇等译编：《1921 年浙江社会经济调查》，第 73 页。
② 丁贤勇等译编：《1921 年浙江社会经济调查》，第 371、372 页。

一、 植棉业

在浙江慈溪，"沿海岁产棉花，平时皆乡民肩贩，由二六、三七等市航船转运甬埠。商货之多如此，而南山、北山之人民辐辏来市者又更伙，难以数计，经商外埠者尤多"①。浙江余姚，"本地市场消费的棉花极少，几乎全部棉花都是输出的，当地居民缝衣所用的棉布，主要是以进口的洋纱织成的"②。与之相联系，渐有日资渗透至出口棉花收购环节。1927 年，江苏通、崇、海驻沪花衣同业发函称：

> 我通、如、崇、海所产棉花，虽为出口大宗货品，然皆由本国商人采运来沪转售外洋，从无外国人自备资本直接采运之例。近据同业纷纷报告，谓有源大昌张某者勾引日本人（三井洋行）在通、如、崇、海县属开设花行 18 处之多，外虽用源大昌名义，而资本皆日人所出，花衣出口由沪直接运东洋。③

自上海为中心的机器棉纺织业兴起后，周围农村的植棉业更添助力。如 1924 年的调查载，青浦县"籽棉约产 12 万担，自供约四之一，余者全销上海"④。1936 年出版的《江苏六十一县志》称："棉花之主要产地在江北之东南部及江南之东部，棉田面积广至 11 000 余万亩，全国产棉 800 万担，而本省约占十分之六，品质之佳、产量之巨，均冠全国。"⑤其中紧邻上海的崇明县"可耕之田共计 80 万亩，50 万亩为水田，30 万亩为旱田，大部分种棉花，年产约 15 万担以上"；宝山县，"农产物棉花及米为大宗，棉花年产约 20 万担"；川沙县，"农产物棉多于米，棉花年产约 8 万担左右，米年产不足 1 万石"；上海县，"可耕之田计有 247 375

---

① 《慈溪董圻等致浙路汤总理函》，《四明日报》1910 年 7 月 25 日。
② 英文《中国经济周刊》第 287 期(1926 年 8 月 21 日)，转引自章有义：《中国近代农业史资料》第 2 辑，第 258、259 页。
③ 章有义编：《中国近代农业史资料》第 2 辑，第 504 页。
④ 章有义编：《中国近代农业史资料》第 2 辑，第 231 页。
⑤ 民国《江苏六十一县志》上卷，《江苏省总说·物产》。

亩,其中旱田占 195 436 亩,所以农产物亦以棉花为大宗,年产约在 20 万担以上";奉贤县,棉花年产约 20 余万担,"每年销路值达数百万,上海各花厂均有坐庄买办来此收购"。①

在上海周围,长江口以北的南通"全县可耕之田共有 1 386 054 亩,大部分为沙田,十分之七皆种棉花,故棉花为大宗物产之一,年产在百万担以上";启东"全县可耕之田共计 97 万亩,旱田多于水田,盛产棉花,棉田占全县十分之五以上,每年产额在十万担左右";海门县"虽濒江海而旱田却占大多数,水田仅 4 万余亩而已,故农产物以棉及豆、麦为大宗,棉产年约 30 万担"。长江口以南的江阴县,"棉花年产亦近 20 万担,以西乡及沙洲所产为多";常熟县,"东北乡沙地则盛产棉花,棉田 45 000 亩,年产棉花 78 750 担";昆山县,"植棉之田计 16 650 亩,年产在 12 万担以上"。②

民国《双浜小志》载,江苏常熟双浜镇"大宗贸易当推棉花、米麦、纱布、油饼等项,本地产者仅棉花、土布,若米及大小麦、菜子、黄豆已稀少焉。年来开设花行,上海申新、江阴利用、无锡广勤各纱厂,遇丰稔之岁,亦来赁屋办花"③。1919年,常熟有棉花行 57 家,所收籽棉除运往本地支塘镇的顺记纺纱公司外,其余均分销上海、苏州、无锡等地纱厂。南通有棉花行 18 家,除运销大生纱厂外,兼销上海纱厂,年运出棉花近 11 万包。海门县城及各乡有棉花行 85 家,所收棉花分销大生纱厂和上海、太仓等地纱厂。④ 据 1919 年《中华棉产》统计,南通、海门两县共有棉田 1 018 万余亩,棉花产量 170 余万担;而江南的江阴、常熟和松太地区则有棉田 224.8 万亩,棉花产量 70 多万担。通、海两县的棉花产量几乎比后者多出近 100 万担,棉田面积几乎是后者的 4 倍多。⑤ 1932 年编纂的《奉贤县政概况》载:"捍海塘外,向有旱墩、中墩、水墩、草荡之别。乾隆初,中墩、水墩皆摊晒产盐之处,近则二团以东,海滩渐涨,三、四、五团凸出至二十里或八九里不等。道光初年,居民在水墩外更筑圩塘,与南汇土塘相接。近更添筑至三角漾,而圩

---

①② 民国《江苏六十一县志》下卷,《物产》。

③ 王鸿飞纂:《双浜小志》(民国稿本)卷 1,《市镇》,转引自沈秋农等主编:《常熟乡镇旧志集成》,广陵书社 2007 年版,第 753 页。

④ 整理棉业筹备处:《最近中国棉业调查录》,1920 年编印,第 105、109、115、119 页。

⑤ 张丽:《江苏近代植棉业概述》,《中国社会经济史研究》1991 年第 3 期。

塘内地渐次开垦"，其中多用于植棉。[①]

传统产区的棉花生产更是有增无减。美国《纽约时报》1916 年 8 月 27 日载文称："在各种棉制品的出口国中，中国列第二位，仅次于印度。中国是世界第一纺线进口国，世界第三大产棉国，排在美国和印度之后。约 70％的中国棉花出口发往日本和美国。"[②]1919 年的《江苏实业视察报告书》载："崇、海之棉，著称佳种，金(山)、青(浦)、南(汇)、奉(贤)，所产亦多"[③]。宝山县月浦乡，"棉花有紫、白二种，月浦以此为大宗"[④]；民国《月浦里志》亦载："棉花，本乡之大宗植物，有白色、紫色二种。"[⑤]在浦东高行，"东沟镇有花行数家，专收棉衣(指棉花——引者注)，运沪销售，营业较广"[⑥]。1928 年上海特别市对所属近郊闸北、彭浦、真茹、沪南、蒲淞、法华、洋泾、引翔、漕泾、塘桥、陆行、高行、杨思、曹行、塘湾、颛桥、北桥、马桥、闵行、陈行、三林、吴淞、殷行、江湾、高桥、杨行、大场、莘庄、周浦、七宝等 30 个区的农村调查显示："作物以棉花最占多数，居耕地面积 70％左右，水稻次之。"[⑦]

1931 年对上海近郊殷行一带 106 户农民生活状况的调查载："一般农民大抵以棉作为正项收入，一家生计咸赖是焉。"[⑧]另据 20 世纪 30 年代初期的统计，"南汇所产棉花 50％运销上海市场，1929 年运销数量为 238 680 担，与奉贤、川沙、上海等县相比，位居首位"[⑨]。1932 年《国产棉之概况》载：

江苏居长江下游，地土肥沃，又有运河贯通南北，运输非常便利，故最为

---

① (民国)奉贤县文献委员会编纂，载之点校：《奉贤县政概况》，上海市地方志办公室等编：《奉贤县志》，上海古籍出版社 2009 年版，第 714、776 页。

② 郑曦原编：《共和十年：〈纽约时报〉民初观察记(1911—1921)·社会篇》，当代中国出版社 2011 年版，第 392 页。

③ 《江苏实业视察报告书》，江苏档案精品选编纂委员会编：《江苏省明清以来档案精品选·省馆卷》，江苏人民出版社 2013 年版，第 268 页。

④ 光绪《月浦志》卷 9，《风俗志·物产》。

⑤ 民国《月浦里志》卷 5，《实业志·物产》。

⑥ 民国《上海特别市高行区概况》，上海社会科学院出版社 2006 年版，《六、农工商业状况》。

⑦ 《上海特别市各区农村概况》，原载《社会月刊》第 2 卷第 5—11 号(1930 年 11 月至 1931 年 5 月)，李文海主编：《民国时期社会调查丛编(二编)·乡村社会卷》，福建教育出版社 2009 年版，第 425 页。

⑧ 《上海市中心区一百零六户农民生活状况调查录》，原载《社会月刊》第 2 卷第 12 号(1931 年 6 月)，李文海主编《民国时期社会调查丛编(二编)·乡村社会卷》，福建教育出版社 2009 年版，第 542、543 页。

⑨ 李学昌主编：《20 世纪南汇农村社会变迁》，华东师范大学出版社 2001 年版，第 14 页。

植棉相宜之区；兼以上海纺织业日渐扩充，棉作业更易发展。至于棉之品种，可分为二。江北棉花称通州棉，江北即因此形成江苏第一产棉区域，包括南通、海门、崇明、启东等县在内。细别之，又有上沙棉、中沙棉与下沙棉三种。上沙棉最优，以南通为中心。中沙棉产区，自南通至长江沿岸，东西相距一百十里，南北三十里，皆由宋季港与登向港运往上海。下沙棉则以崇明、启东县属为限，棉作地有一百二十万亩。……至于长江以南，棉作发达之区，推常熟、太仓、嘉定、江阴及上海附近等处。常熟棉田，全境共有四十万亩。太仓棉作区，在横泾、浮桥、沙溪、新塘、毛市一带，品质极为优良。嘉定棉，则又称为白子棉。产于黄浦江以东者，另名浦东白子棉。奉贤产者较良，惟与通州、太仓等棉相较，则远不及焉。①

1932 年的实地调查："上海县农业，以棉为出产大宗，种棉之地约占全邑面积十分之七；其余十分之三，均种稻田。农民自有田产者，约占全邑人口百分之三十五，租种者约占百分之六十五。"因农田大多种植棉花，"所出粮食仅能供给全县人口半年之需，不足之数均仰给他处"。② 1932 年编纂的《奉贤县政概况》载："本邑僻处海滨，故产多鱼、盐，而盐业为尤甚。农产物则以棉花为大宗，居农产物十之七，谷类仅居十之三，其余豆、麦之类，则数量极少。"③

1933 年上海市社会局编录的《上海之农业》载："农家主要作物，首为棉，占 49.3％；稻作次之，占 30.2％；豆又次之，占 12.6％。"其中近郊的引翔区棉花约占农田总面积的十分之六，高桥区为十分之七，"陆行区为棉六稻四之比，高行区作物以棉为主，占十分之六；杨思区棉之栽培面积，竟达十分之八；吴淞区约占十分之七"。④ 地处远郊的金山："本县北部，大河纵横，港汊纷歧，故农皆种稻。惟南部地势高亢，取水不便，乃多植木棉。今（即 1935 年——引者注）第六区田亩约十分之六为棉田，兼植大豆。至滨海沙地，稻与棉、豆均不能生长，则改种番

① 刘平编纂：《稀见民国银行史料二编》，上海书店出版社 2015 年版，第 479 页。
② 南京图书馆：《二十世纪三十年代国情调查报告》第 258 册，凤凰出版社 2012 年版，第 376、380 页。
③ 民国奉贤县文献委员会编纂，载之点校：《奉贤县政概况·特产》，上海市地方志办公室等编：《奉贤县志》，上海古籍出版社 2009 年版，第 776 页。
④ 上海市社会局编：《上海之农业》，中华书局 1933 年版，第 90、33、34 页。

薯。海塘之外沙滩一带，居民以晒盐、捕鱼为业。"其中，"第六区田产木棉，大多运销于沪"。① 1935年《近年来东台之商业及金融概况》载："每当秋季，棉花收获时，上海、无锡、南通等地之收花庄客，纷集本地及大中集、大丰集、时堰等镇，设立花庄，就地收买，颇极一时之盛。"②

在同属长江三角洲的浙江，"土产之能大宗销行外省者，丝、茶外，则为棉花，沿海各地如镇海、定海、鄞县、慈溪、余姚、上虞、绍兴、萧山、杭县、海宁、海盐、平湖、富阳、新登等县，土质砂性，洵为产棉区域"，所产"浙棉除供各生产县之衣被所需外，自皆以供给纱厂所在地为主，宁波、杭州两地每年供不应求，皆吸收邻县之棉花，萧山则有余棉可输杭州、宁波、上海各地"。③ 1918年的经济调查载，浙江全省棉花总产量为972 055担，栽培亩数为1 026 188亩，平均亩产量为95斤。主产区在杭嘉湖和宁绍地区，其中杭县约5万担，平湖县约6万担，绍兴县约13万担，萧山县约35万担，余姚县约15万担，上虞县约8万担，慈溪县约5万担。④ 1929年的记载："浙江素以棉花著称，曹娥江、钱塘江南岸及沿海一带大多产棉。主要区域，除余姚、绍兴与慈溪、萧山外，有棉田颇广，如象山之大泥塘，宁海之青珠、大湖、下渡、毛屿，南田之龙泉塘等处……共有棉田五万余亩，每年出产棉花为数不少。"⑤

浙江所产棉花主要销往上海，因其"纤维较硬、短，且弹力较弱，在纺造二十支以下的细纱时，往往与印度产或美国产的棉花混用。棉花的含水量从百分之十二三到百分之六不等。辖区内棉花从阴历五月初开始播种，经过间播和摘叶等过程后，可生长到1尺5寸至2尺5寸左右，九月份开始结果开花。由于栽种比较简单，在设置棉田时，经常与蚕豆、菜种子等四五月份收获的作物间作。采摘下来的棉花六七成卖给棉花批发商，剩余的三四成由农家妇女通过旧式小型机器进行处理，或者经过打棉工(在栽培棉花地方的村落里，一般每村有这样的2到3个人)处理后，再由农家的妇女制成自家织布用的棉线。运

① 《金山县鉴(1935)》，《民国上海县鉴汇编·金山县鉴》，上海书店出版社2013年版，第123、124页。
② 刘平编纂：《稀见民国银行史料二编》，上海书店出版社2015年版，第150页。
③ 民国《重修浙江通志稿》第21册，《物产·棉花》。
④ 丁贤勇等译编：《1921年浙江社会经济调查》，北京图书馆出版社2008年版，第141页。
⑤ 郭华巍主编：《潮落潮起——近代三门湾开发史事编年》，上海人民出版社2010年版，第141页。

送到上海的棉花,一般通过批发商进行的,将 120 斤或 150 斤棉花捆成一包,大多数在宁波装船运往上海"①。1932 年《国产棉之概况》载,浙江棉花产区,"如萧山、绍兴、上虞、余姚、慈溪、宁波、镇海等县,皆其主产地",其中余姚尤盛,"全县产额占全省总额七分之二,棉市以周巷为中心,大都转运宁波而向上海输出"。②

随着棉纺织厂的建立,棉花在国内的销量大增,并逐渐形成上海、青岛、无锡、武汉、天津等五大棉花消费市场。这一过程在上海始于 1890 年,成于第一次世界大战期间。直到抗日战争爆发时为止,各地每年的消棉量,大体上海为 5 315 千市担,青岛为 1 608 千市担,无锡为 636 千市担,武汉为 507 千市担,天津为 209 千市担。③ 上海的消棉量,遥遥领先于上述其他四地。

二、 蚕丝业

19 世纪末 20 世纪初,无锡城乡有三大丝市:北门外北圹、南门外黄泥圬和东乡鸿山西侧的唐家桥。这三处共有丝行约 30 余家。《锡金乡土地理》载:"丝市至五、六月间盛行于北门外北圹及南门外黄泥圬等处,乡民未售茧而自抽丝者,莫不捆载来城,以售其丝焉。东南乡之丝售于南门者多,西北乡之丝售于北门者多。盖北圹和南圹其地为商务云集之处,又为乡人来城之孔道。故丝市之盛每岁有数十百金之货。"而且"历来以春蚕丝为大熟,夏茧丝叫二蚕丝,秋期更少。当春丝上市时,乡村通往县城的大路上,售丝农民肩背手提,络绎不绝,道为之塞"。另外,"西仓之东二里有鸿山,鸿山西阳有唐家桥,户口约数十户,无市街,惟每年四月间丝市甚盛。苏州丝商及邑人在此开设丝行七所,乡人售丝者甚多,每年收丝约值三十余万元。吾邑丝市除城南、北两处为丝市之中心点外,惟唐家桥之丝曰鸿山丝,为苏、沪驰名"④。有研究表明,从 19 世纪 60 年代一直到 20 世纪 20 年代,无锡蚕桑业的单位劳动收益基本上都高于稻麦耕作,而且在部

---

① 丁贤勇等译编:《1921 年浙江社会经济调查》,第 141、142 页。

② 刘平编纂:《稀见民国银行史料二编》,上海书店出版社 2015 年版,第 479 页。

③ 严中平:《中国棉纺织史稿》,商务印书馆 2011 年版,第 398 页。

④ 严学熙:《蚕桑生产与无锡近代农村经济》,《近代史研究》1986 年第 4 期。

分年份里远远高于稻麦耕作；当地农民之所以转向蚕桑业，是因为在国外市场对中国生丝需求的增加下，蚕桑业收益迅速上升。[①] 1928年，上海生丝出口总额为108 021海关两，占全国生丝出口总额的59.9%，其中来自无锡的就达21 210海关两，占上海生丝出口总额的19.6%。[②] 20世纪30年代出版的《江苏六十一县志》载，无锡"桑田约占全县田亩十分之三，农家皆以养蚕为收入大宗之一"[③]。1937年，无锡城内"有300余家茧行"[④]。

无锡的缫丝厂亦应运而生，1930年有45家，"设于无锡市区者有三十七处，余八处散于各乡区"；其原料即蚕茧，无锡"所产者占三分之一，余均采自宜兴、溧阳各地，产丝约21 000余担，以丝每担值银千两计，当值银2 100余万两"。上述各厂所产生丝，"大都运上海各洋行转运欧美"[⑤]。1936年，江苏省全年出产干茧约25万担，其中春茧约占65%，秋茧约占35%，"以地方论，则以无锡为最多，占全产量三分之一弱；其次为溧阳、武进、吴县、江阴、宜兴、金坛等县；扬中、江宁、靖江等又次之"[⑥]。1933年的资料载："浙江为蚕丝出产地，全省七十五县中，产蚕丝者达五十八县，完全以种桑养蚕为专业者亦不下三十余县。每年计产生茧百余万担，生丝八九万担，占全国丝茧总数三分之一。"[⑦]

民国初年，上海郊区的蚕丝业亦有所发展。至20世纪20年代始，海外化学纤维俗称"人造丝"涌入，渐趋衰落。中国银行《民国二十二年无锡农村概况》载："近年遭日丝之排挤，以及人造丝之突飞猛进，以致丝价惨跌，蚕桑前途一落千丈。"[⑧]民国宝山县《杨行乡志》载："本乡栽桑育蚕，自清季稍有兴办，如胡荣秋、张静年、陈冕卿、杨谱仁、胡师石等数家试验。嗣以欠于讲求，殊难获

---

① 张丽：《非平衡化与不平衡——从无锡近代农村经济发展看中国近代农村经济的转型(1840—1949)》，中华书局2010年版，彭慕兰：《序一》，第4页；万志英：《序二》，第4页。

② 郑忠：《无锡经济中心形成机理分析——以民国锡沪经济互动关系为中心》("上海与沿海沿江城市的经济关系"学术研讨会论文，2006年6月上海)。

③ 民国《江苏六十一县志》上卷，《无锡县·物产》。

④ 上海市档案馆编：《日本在华中经济掠夺史料(1937—1945)》，上海书店出版社2005年版，第124页。

⑤ 无锡县政府编印：《无锡年鉴(1930年4月)》，转引自陈文源等主编：《民国时期无锡年鉴资料选编》，广陵书社2009年版，第223、225页。

⑥ 中国第二历史档案馆：《抗战爆发前后江苏省及上海市之制丝工业》，《民国档案》2010年第4期，第7页。

⑦ 章有义：《中国近代农业史资料》第2辑，第223页。

⑧ 刘平编纂：《稀见民国银行史料三编》，上海书店出版社2015年版，第275—276页。

利,至蚕桑消灭无闻矣。民国九年春,陈家雁由省立蚕校毕业后,选购良种试育,鲜茧洁白坚厚,直接售与上海丝厂。据厂中执事云,此等高货在上宝区内堪称独优,故价亦提高百分之二十以上。惟预未栽桑,需叶远至嘉定陈行、广福购买,致难获利,翌年遂停办。民国十一年,马君武在裳四十九图宅前后栽桑数千株,并请农校蚕科毕业生周廷桢担任指导,成绩颇佳。只以售价低落,致受亏折,遂即停止进行矣。"①前述广福镇,"前数年茧市颇旺,近已式微"②。

作为以出口为主要导向的江南蚕桑业,除了在国内遭遇前述"人造丝"的市场挤压,还时常面对一旦国际市场波动,势必直接受到冲击并受损的严峻局面。据统计,1927 年至 1929 年,中国生丝出口增加了 18.74％,而美国华丝市价却跌落 12.98％,至 1930 年美国华丝市价跌落几近一半,而华丝出口量乃开始下降 5.36％,国内出现蚕丝生产的缩减③。1928 年对上海近郊农村的调查:"漕泾镇及龙华镇一带农民,栽桑育蚕者居多,桑树之栽培及整枝均颇合理,丝茧由龙华茧行出售于缫丝厂。惟近来丝价低落,有将桑园改种他种农作物而停止育蚕者。"大场、三林等区,"数十年前农家多喜养蚕,今因蝇害或无利息,相率停止。现在只有杨思区尚有养蚕者五十余家,年产鲜茧五千余斤;陆行区年产鲜茧八九百元"。莘庄"在二十年前,育蚕者约有数家,每年产茧 20 余担,嗣因无利可获,渐致改图别业,今则蚕桑无人过问矣"④。

1930 年出版的《无锡年鉴》亦载:"自无锡辟为商埠,邑民趋重工商,丝茧为主要出产。农民竞将高田改艺桑柞,从事育茧,产谷之田近年减少。近五年内,茧价低落,而桑价亦降,桑田改作稻田,为各村普遍之倾向。"⑤1932 年《常熟农村经济之概况》记述:"三年以前,南区农民每于冬季收获后,于次年春季即行栽植桑树,为养蚕之副业,获利颇多。但自民国十八年后,丝业惨落,养蚕实无利可

①　民国《杨行乡志》卷 9,《实业志·农业》。

②　民国《宝山县续志》卷 1,《市镇》。

③　严中平等编:《中国近代经济史统计资料选辑》,中国社会科学出版社 2012 年版,第 57 页。

④　《上海特别市各区农村概况》,原载《社会月刊》第 2 卷第 5—11 号(1930 年 11 月至 1931 年 5 月),李文海主编:《民国时期社会调查丛编(二编)·乡村社会卷》,福建教育出版社 2009 年版,第 447、426、483 页。

⑤　王立人主编:《无锡文库(第 2 辑)·无锡年鉴(第 2 册)》,凤凰出版社 2011 年版,第 1 页。

图,乃将桑田改植稻棉。"①1935 年《丹阳金坛商业概况》载："金邑丝茧尚称出名,申锡各埠均来采办,丝茧行共有十余家,当昔年丝茧繁盛时,每年出产约有二百万元之数。近年日丝跌价求售,外销因以停顿。故今年丝茧产量仅有三四十万元,以视当年盛况,诚不可同日语矣。"②

1921 年前后,蚕桑产销兴盛时的浙江吴兴农户,蚕桑与种稻比较,蚕桑收入占七成,种稻收入占三成;1934 年,其比例则变为种稻收入占七成,蚕桑收入占三成。③ 1936 年,浙江嘉兴硖石的张鹤龄以纪实体裁,描述了生丝滞销、价跌给蚕农生计乃至乡镇经济的伤害：

> 镇上的几家茧厂,今天开秤了。所以冷清了几星期的街头,便顿形热闹了起来。
>
> 旧历四月的乡村是个最忙的时节。每一户合家的男女,都把全副精神集中到育蚕的事务上去了,除了有免不来的事故外,谁也没有余暇再来上市。于至使本来萧条的乡镇商业,更加的冷清,落寞。据乡镇商业的经验来说,这段的时期叫做"蚕关门"。
>
> 今天,这扇因蚕忙而关的乡镇之门,算是第一天开啦。
>
> 经纶茧厂的门首,贴上了一张用红纸写的"开秤大吉"的字条,四面环环的挤成了一个人圈。从杂乱的声浪中,带透出一阵阵的热浪来,使初夏试伸的热度,又增高了些。
>
> 一篓篓椭圆形的雪白得可爱的茧子,经过了秤手先生的一度秤量讲价的交涉后,便向着茧厂的仓间内送。

但售出了茧子的蚕农的脸上并无喜色,有人抱怨："天地良心,我们并不望再有像从前一百多元一担的茧价和一百多元一百两的丝价,现在只要能够到五十元吧,我们辛苦了一时的,也能得到一点好处,那末大家也心服情愿了。"虽然镇

---

① 刘平编纂：《稀见民国银行史料二编》,上海书店出版社 2015 年版,第 3 页。
② 刘平编纂：《稀见民国银行史料二编》,第 173 页。
③ 刘大钧：《吴兴农村经济》,第 28、29 页。

上商家的伙计们，"竭力地向他们招徕着，然而没有发生效力，因为他们袋中的钞票，早已派定了用途，纳税还债只怕嫌少。所以这街头只是一场空热闹，这镇上的商业却并没有多大起色"①。

三、　植茶业

伴随经由上海茶叶出口增长而来的是长江三角洲各地新辟茶园增多，茶叶种植面积在原有基础上迅速扩大。民国年间的浙江，"所产之茶大半为绿茶，红茶甚少。以产区分别，可分为四种：一、杭湖茶，为杭市、杭县、余杭、临安、于潜及吴兴、长兴、安吉、孝丰、武康等县所产；二、平水茶，为绍兴、新昌、上虞、嵊县、诸暨、余姚、萧山等县所产者；三、温州茶，为温岭、平阳、青田、丽水、遂昌、云和、乐清等县所产者；四、分水茶，为分水、淳安、寿昌、开化等县所产者"。其中产自长江三角洲浙江府县的"平水茶产量甚多，上者名珠茶、珍眉、贡熙等专销欧美，次等粗茶专销俄国"。② 1921 年的经济调查载：

> 平水茶主要产于绍兴、诸暨、嵊县、新昌及富阳五县，总称为绿茶，以前从事茶叶贸易的主要集中在绍兴县城南 40 华里的平水镇，因此得名，平水茶之名也一直沿用至今。在茶叶原产地从事茶叶贸易的地方，除平水镇外，还有王化镇、王坛镇、上灶镇、杨树下（以上属于绍兴县）、嵊县、双江溪、石坛镇、登岸（以上属于嵊县）等八处。在以上各处，资金在 10 万至 30 万元之间的批发商有 44 家，他们将从原产地收购的十三四种茶叶，挑拣分类后再重新分装，装入 1 尺 2 寸见方的正方形盒子里，该盒子为里外两层，里层是锡制，外层为木制，再将数个这样的盒子放入竹笼里（一个竹笼号称可装 100 斤茶叶，实际上根据茶叶质量的优劣，只能装 70 斤至 80 斤左右），通过铁路运送到宁波或上海（从以上批发商所在地运送到上海的各项费用，每担需要 10 元左右）。每年从宁波输出的茶叶共计约 10 万担，约合 300 万元，其中

---

① 张蔼龄：《茧市》，陈伟桐主编：《嘉禾春秋》第 4 辑，嘉兴市历史学会等 2001 年编印。
② 民国《重修浙江通志稿》，第 21 册，《物产·茶叶》。

大部分都是平水茶。①

时至 1936 年的统计,平水茶"每年约产十余万担,由宁波转上海出口,价值达四百五十万元,大都销售美国"②。其间,上海茶栈的作用至为关键："平水茶运至上海后,须由上海茶栈代为经售,内地茶栈无直接与外商贸易之权。其手续先送小样于各家洋行,经茶师看样,由上海茶栈之通事与外商论价,如贸易议妥后,再发大样过磅,其间手续既繁,而费用尤多,浮支滥付,无理剥削,在所难免。其种类不下二十余种,概由上海茶栈代付,俟外商交款时开具清单,如数扣回。……各费大约净茶百斤,需银三元七角余。倘茶商较有声誉,而能脱售较早者,其所费亦较轻。如出售迟而货少之茶商,其亏耗更巨。大约最高之数,每百斤需费五元。上海茶栈恒贷资于内地茶商,使之大量收买茶叶运至沪栈,代彼销售。至货经脱手,即将债款本利及一切费用佣金开具清单,向内地茶商核算扣除。如遇贸易亏损,则由茶商负责补偿。"③

四、 粮食运销

经济作物种植业的发展,增加了对商品粮的需求,因而促进了粮食商品化的发展。江苏吴江县,"自泰西通商而后,多运白籼至上海"④。江苏六合县,"四乡农产以大小麦、豆、稻为大宗",以往"多贩运至浙江海宁之长安镇,光绪间改趋无锡、上海";其"稻、豆、麦岁销无锡、上海,舟车运往,源源不绝"⑤。无锡米市也小有名气,1930 年的《无锡年鉴》称："碾米一业,在无锡实业上占重要地位。厂址俱在西门外一隅,而在江尖者更占半数。该业始创于废清宣统元年,迄民国十八年止,计有十四家之多。……所碾原料,系稻与糙米,来源大多属于安徽及本省,

---

① 丁贤勇等译编：《1921 年浙江社会经济调查》,北京图书馆出版社 2008 年版,第 137 页。
② 民国《重修浙江通志稿》第 21 册,《物产·茶叶》。
③ 建设委员会经济调查所编：《浙江之平水茶》(1937 年),彭泽益编：《中国近代手工业史资料》第 3 册,第 734、735 页。
④ 光绪《平望续志》卷 1,《风俗》。
⑤ 民国《六合县续志稿》卷 14,《实业志·商类·农产物》。

将其轧成白米,分售各处以充民食。"①

1931 年的资料载:"上海从开埠以来,居民骤增,最近估计在三百万以上,食米的供应仰给外县,其来源以常熟、无锡为最多,缘该两县既属产米之区,又系聚米之地。常熟的米源,系常州、江阴等货色。无锡为水陆交通的中心,且有逊清漕粮的历史,宜、溧、金、丹、澄、武等货,大半堆存于此,米市营业不亚于上海。此外,还有商船公会的水贩帮,即船主自行出资向产稻区域装运,因此苏皖各县的米都在沪行销。"②当长江三角洲的产粮地遭遇歉收时,亦有从上海米市调剂者,1934 年中南银行的市场调查载:"今年江浙米谷秋收,比之往年缺少甚多。据米业中人之统计(抵照大概而论,并不十分详确),要比往年短少十分之四,如嘉兴、海宁、江北一带,更见遭受旱灾之猛烈,因此在秋收之际,浙路内地与无锡帮均到上海采办洋客米。去年有米运沪之江北,近来反多运去,江北南面以通、崇、海一带为更甚。"③

20 世纪 30 年代中叶,无锡共有米行 130 余家,其业务为代客买卖,"惟资本较厚者,率多自行屯积,盖欲在佣金之外,更取得一种利得,故均有宽大之栈房供储存"。无锡米行有客货行与土货行的区别,前者营业范围较大,除米稻外还兼营杂粮;后者日常以贱价收集各地输入的米谷,"本地市况良好,即售之于市,苟在本市无销路,沪杭各地市况较好,能得较厚利益时,即雇船运往"。④ 另有实地调查载:"米麦之集散,向为无锡主要之交易,战前(指 1937 年前——引者注)城内即有米商 100 余家之多。"⑤

20 世纪 30 年代,松江、青浦两县每年输出米粮约 250 万—260 万石,运销区域以上海为主,其次为浙江碳石及上海附近的川沙、南汇、奉贤等地。市场交易过程以米行为中心,围绕着米行的日常营业来进行。米行营业有代客买

---

① 王立人主编:《无锡文库(第二辑)·无锡年鉴(第二册)》,第 34 页。

② 上海市社会局:《上海市工人生活费指数:民国十五年至二十年》,1932 年编印,第 20 页。

③ 夏秀丽等整理:《中南银行档案资料选编》,李学通主编:《近代史资料》总 127 号,中国社会科学出版社 2013 年版,第 231 页。

④ 庄维民:《中间商与中国近代交易制度的变迁:近代行栈与行栈制度研究》,中华书局 2012 年版,第 174 页。

⑤ 上海市档案馆编:《日本在华中经济掠夺史料(1937—1945)》,上海书店出版社 2005 年版,第 124 页。

卖和自行贩运两种：前者即乡农载米入行出售，然后由顾客照行中货价选购，同时付给米行一定比例的佣金；后者是先由米行收买四乡米谷，然后送碾米厂碾白，再自行装运沪市出售。松江米行的资本大致在一二万元左右，难有雄厚实力从事米粮囤积，只能随购随销。比较而言，代理交易手续简便，风险小，所需资金也少，"故资本小者，每以代客买卖，搏取佣金为主要营业，惟其利极薄，所获无几，是以资本大者，多不喜此，而以自行贩运为大宗交易"。但是自营起伏波动较大，"遇市情畅旺，则获利备极盈丰，偶或差跌则米行即须受亏蚀之损失"。①

1928 年在浙江杭嘉湖农村的调查载："浙江在中国虽为一著名产米省份，惟以农民对于丝产极为注意，种桑甚多，故全省米粮在平年时并不敷用，时赖苏皖各地之米粮与洋米接济，故浙西米业对于全部农业经济状况实占重要位置。"其中沪杭铁路线上的海宁县硖石镇，就是一个重要的米粮贸易集散地。其"米之来源，为安徽之芜湖、宁国、安庆，江苏之无锡、高邮、镇江、南通，本省之芦溪亦占一部分。上三处供给量之比较，以安徽为最大，约占十分之七；江苏次之，约占十分之二；本省不过占十分之一"。其运输，"安徽、安庆之米，经长江入太湖由嘉兴塘河可直达硖石；或舟运至南京，由京沪（指沪宁铁路——引者）、沪杭路而来；或舟运至上海，再由沪杭路运埠。舟运时概用散舱，大船可载一千石，小船四五百石"。其销路，"为杭嘉湖一带及上江之金华、衢州，南河之绍兴、宁波、萧山等地；间亦有运沪时，则视四地价格之差异而定"。同处沪杭铁路线上的嘉兴，"客米大半自上海运来"；如遭遇灾情米荒，则更借助来自上海等地的客米输入，如 1926 年当地农村歉收，"向邻境输入大宗客米，但以上海米居多"②。1933 年 8 月，陈光甫指出："上海为米的消费和转运之所，……综计上海每月销米约三十一万石。"③当时上海米市的粳米类，既有来自江苏苏州、常熟、湖南靖港及江西者，也

① 陆树楠：《松青一带米粮的出产与运销》，《农行月刊》第 4 卷第 3 期（1937 年 3 月），转引自庄维民：《中间商与中国近代交易制度的变迁：近代行栈与行栈制度研究》，中华书局 2012 年版，第 172、173 页。

② 曲直生等：《浙西农产贸易的几个实例——米粮、丝茧、山货贸易的概况》，原载《社会科学杂志》第 3 卷第 4 期（1932 年 12 月），李文海主编《民国时期社会调查丛编（二编）·乡村社会卷》，福建教育出版社 2009 年版，第 711、715、720、717 页。

③ 刘平编纂：《稀见民国银行史料初编》，上海书店出版社 2014 年版，第 674 页。

有来自越南西贡、缅甸仰光者①。

第三节　城郊农副业生产

上海开埠后,随着中外贸易的扩大和相关行业的发展,城市人口增长迅速,其中有很多是外侨。以在沪美国人为例,"美国移民在上海的增加与中美贸易的增长成正比,因为大多数商业买卖都通过上海。生活在上海的美国人在1920年前的5年里上升了72%,到1920年达到3 000人,1925年大约有4 000人"②。适应这种变化,一批蔬菜产地在上海近郊陆续形成。"近乡农民,辄以所种蔬菜售之租界,所入较丰。"③

1924年上海县的农村调查载:"杨思乡新创蔬菜种植场一处,由穆湘瑶、葛敬中二君发起,资本定额二万元,已租地一百八十余亩,将来拟扩充至三百余亩。现有职员三人,农夫四十余人,专种蔬菜、花卉,用人工淡(氮——引者注)肥,深合西人改良之法。"④《1922年至1931年的海关十年报告》称:

> 江苏一省显然可划分为若干农业产区。江北地区自然形成三个产区,即徐州、邳州、海州三地生产杂粮;泰兴、阜宁以东地区几乎全部产棉;淮安、兴化、高邮、扬州各县产米。在江南地区,南京、苏皖边境、常熟、崇明以及青浦、松江至金山一带是产米区;太仓、嘉定、上海、南汇及枫泾是产棉区;蚕丝是江苏南部中心地区的主要行业,产区西起丹阳、金坛,东至昆山,北以长江为界,南达太湖及浙江省边境。以上如米、棉、蚕丝仅是这一富饶省份的主要农产品,其他较次要的农产品还很多。如全省种芝麻的土地约有50余万

① 财政部国定税则委员会:《上海趸售输出输入物价指数之国币基价(1934年4月)》,龙向洋主编:《美国哈佛大学哈佛燕京图书馆藏民国文献丛刊》,广西师范大学出版社2012年版,第33册,第29页。
② [美]何振模著,张笑川等译:《上海的美国人:社区形成与对革命的反应(1919—1928)》,上海辞书出版社2014年版,第3页。
③ 熊月之主编:《稀见上海史志资料丛书》第1册,上海书店出版社2012年版,第376页。
④ 章有义编:《中国近代农业史资料》第2辑,第343、344页。

亩，每亩年产 100 多斤。另一获利较多的农产品是菜园生产的蔬菜，各种蔬菜在人口稠密的上海市场十分畅销，近年来曾采用多种外国菜种，生产的蔬菜质量很好。①

宝山彭浦镇，"距上海市仅 9 里之遥，故农村中所经营者，大多数为蔬菜、花卉二业。蔬菜种类为小白菜、甘蓝、洋葱、菠菜、芹菜、蒿菜、苋菜、莴苣、黄芽菜等，每亩收入可得八九十元。花卉分草本与木本二类：木本如牡丹、腊梅、桂花、代代花、玉兰、桃、梅、月季、玫瑰等；草本如石芍、洋绣球、菊花、蝴蝶花、万年青等，每亩收入在百元以上。营花卉业者，皆以卖鲜花为目的，其出售方法，有直送上海市场者，有花贩前赴该地收买转售者"。上海西南郊的曹行，"果树有梅园 2 所，一在曹行镇，为镇人曹同庐所经营，占地 20 亩，创办仅及 2 年，梅树约五六百株，苗木则由上海新新公司购来。一在沙沟桥，乃华泾人吴树基所经营，名曰效生园，栽植已有五六年，果实未摘，不易向荣。全园占地亦 20 余亩，树亦五六百株，苗木购自沪上，皆用新法栽植，对于整枝、剪枝、施肥诸法，颇为注意"。② 南汇县，"北蔡一带园艺极多，一亩所值，收获一次有值至八九百金者，平均一亩一年获利亦在百元以上，故以种圃起家者颇不乏人"③。1935年，一位在沪的外国人记述："上海市场，这个得养活华人庞大人口的食品市场，它的最大货源是周边农村许许多多的中国小型菜田，这里也栽培了一些外国品种。"④

这类纯商业性的生产活动，无论作物品种的选择、播种茬口的多寡、经营时间的长短，都受市场供求规律的制约。如 1915 年广东商人杨宴堂：

在江湾地方租地六十余亩，仿照西法种植靛青，亲自督工三个月，合计

---

① 徐雪筠等译编：《〈海关十年报告〉译编》，第 269—270 页。
② 《上海特别市各区农村概况》，原载《社会月刊》第 2 卷第 5—11 号（1930 年 11 月至 1931 年 5 月），李文海主编：《民国时期社会调查丛编（二编）·乡村社会卷》，福建教育出版社 2009 年版，第 428、455 页。
③ 章有义编：《中国近代农业史资料》第 2 辑，第 437 页。
④ 江冬妮译：《上海 300 万人口的"食"》，上海市历史博物馆编：《都会遗踪》第 6 辑，学林出版社 2012 年版，第 145、146 页。

获得净靛三十余筒，每筒一百二十斤，试用与舶来品相埒，现照市价每筒可售银三十余两，比种（棉）花、稻可得二倍之利。本年（指 1916 年——引者注）杨君仍在该处租地二百余亩，极力扩充。①

宝山县农村，"菜圃之成熟岁可七八次，灌溉施肥工力虽倍，而潜滋易长，获利颇丰。凡垦熟之菜圃，地价视农田几倍之。邑城内外业此者甚多，各市乡近镇之四周亦属不少"。② 1928 年在该县大场的调查："年来沪上蔬菜供不应求，农民每于村旁篱角栽植甘蓝及甜菜之类，运沪贩卖，藉增收入。"③宝山县蔬菜"出产较多者，如城市之塌菜、青菜，罗店之瓜茄，杨行、月浦之红白罗卜，刘行、广福之韭菜、韭芽，江湾之马铃薯，真如之洋葱头，彭浦之卷心菜以及洋种菜蔬，均甚著名者"。④ 上海县："洋葱，外国种，近因销售甚广，民多种之"；土豆"每亩收获少者三四十担，多者七八十担。吴淞江、蒲汇塘两岸间种植甚富，近十余年来为出口物之大宗。"⑤一些新鲜蔬菜主要销往香港，其中崇明白菜是冬令的传统出口商品；咸菜也是销往香港的传统商品，是以上海郊县所产雪里红腌制；大蒜头是嘉定县所产，专销南洋各地。⑥

这方面的发展势头是醒目的，大片土地已用于蔬菜种植业。民国《上海特别市真如区调查统计报告表册》载："本区农产主要品，向以棉、稻、麦、豆为大宗。今（时为 1929 年——引者注）区之东南境应沪地需要，多改艺园蔬矣，老于此道者，类能起家立业。考其灌溉施肥，工力虽倍，而潜滋易长，获利之丰，固优于棉、稻、麦、豆也。"⑦毗连上海的彭浦，"地势平坦，土质肥沃，除潭子湾、中兴路、永兴路一带为工厂区域外，余为农地。镇北为作物栽种区，约占全区耕地 4/10。镇

① 章有义：《中国近代农业史资料》第 2 辑，第 343 页。
② 民国《宝山县续志》卷 6，《农业》。
③ 《上海特别市各区农村概况》，原载《社会月刊》第 2 卷第 5—11 号（1930 年 11 月至 1931 年 5 月），李文海主编：《民国时期社会调查丛编（二编）·乡村社会卷》，福建教育出版社 2009 年版，第 480 页。
④ 民国《宝山县续志》卷 6，《农业》。
⑤ 民国《上海县续志》卷 8，《物产》。
⑥ 上海社会科学院经济研究所、上海市国际贸易学会学术委员会编著：《上海对外贸易 1840—1949》，上海社会科学院出版社 1989 年版，第 463 页。
⑦ 民国《上海特别市真如区调查统计报告表册》，《农务》。

南为蔬菜区，约占耕地之半。镇之西南部为花卉栽种区，约占 10％。旷地极少，即墓旁亦均有栽种者，以蔬菜利息优厚，不忍使其荒芜也"①。

1928 年对上海近郊农村的调查记载："沪南、闸北二区，完全为蔬菜栽培区域。法华、洋泾、彭浦、塘桥、真茹(今称"真如"——引者注)、杨思、引翔、江湾等区，蔬菜栽培区域居耕地面积 20％左右。其他如漕泾、莘庄、三林等三区，本为棉、稻等作物耕种区域，近来亦相率改种蔬菜，以期获利较厚，盖农业上有渐趋集约之势也。"其中，"园艺以沪南区小木桥一带、漕泾区之龙华附近所产水蜜桃，杨思区之玫瑰，闵行区之甜瓜、西瓜为最著名。彭浦、漕泾二区经营鲜花事业，亦有成效。其他浦西、沪北一带，浦东沿浦一带，栽培蔬菜范围颇广，率皆供给上海市民之需"。② 一些菜农着眼于市场需求安排种植品种，并有采用温室栽培者，如毗邻法租界的沪南区：

> 蔬菜种类繁多，四季不同，惟菠菜、青菜、葱、韭等四时皆有。余如甘蓝，农户大都争种之。金花菜，花黄叶细，脆嫩可口，为市上时品之一。春季之蒿苣，夏天之瓜果，尤为特色。且备有温室温床等，故物品可以早出，而价值亦可高昂。花卉产额，占全收量 1/3。每户农家采取新种，勤于栽培，其利较种蔬菜者尤厚。③

在法华区：

> 蔬菜有金丝芥、塌苦菜、芸苔、白菜、雪里红、苋菜、菠菜、茄子、甘蓝、辣椒、芹菜、莱菔、慈菇、葱及各种瓜类等，种类繁多，且经营者有温室温床之设备，盖地近上海，蔬菜行销极多，业此者获利较厚故耳。

---

① 《上海特别市各区农村概况》，原载《社会月刊》第 2 卷第 5—11 号(1930 年 11 月至 1931 年 5 月)，李文海主编：《民国时期社会调查丛编(二编)・乡村社会卷》，福建教育出版社 2009 年版，第 428 页。
② 《上海特别市各区农村概况》，原载《社会月刊》第 2 卷第 5—11 号(1930 年 11 月至 1931 年 5 月)，李文海主编：《民国时期社会调查丛编(二编)・乡村社会卷》，福建教育出版社 2009 年版，第 425、426 页。
③ 《上海特别市各区农村概况》，原载《社会月刊》第 2 卷第 5—11 号(1930 年 11 月至 1931 年 5 月)，李文海主编：《民国时期社会调查丛编(二编)・乡村社会卷》，福建教育出版社 2009 年版，第 425、426、433 页。

市场需求的扩大,势必提出规模经营的要求。在浦东杨思区:

> 新桥附近办有农场 1 所,系集股经营,面积约 180 余亩,专植结球甘蓝、莴苣、番茄、草莓、黄蜀葵等,出品尚佳,价格亦昂,多供闸北一带外侨食用之需。该场设有温床百座,技师、管理各 1 人,雇工 20 余名。①

民国以后,真如曾有多家农场创办,可见表 7-2:

表 7-2　真如新办农场概况(1918—1926)

名称	设立年份	面积	创办人	主要作物	副作物	年产值(元)
江苏农场	1918	30 余亩	徐友青	树木、球根植物	苗种、盆景	3 000
浦氏农场	1918	10 亩	浦友全	花卉		300
不详	1920	2 亩	浦静安	花卉		不详
计氏农场	1923	8 亩	计作林	花卉		2 000
管生农场	1925	40 余亩	陈应谷	花木	蔬菜	5 000
范氏农场	1926	15 亩	范重之	花卉		1 500

资料来源:民国《真如志》卷 3,《实业志·农业》。

　　20 世纪 30 年代的调查资料载,宝山县江湾乡,原本"产物以棉、稻为大宗,豆、麦副之,自马路开辟以来,实业家纷纷在南境建厂,近则迤至走马塘南,一般年轻男女咸入厂工作而弃其业农生活,即操故业者亦舍棉、稻而植本洋蔬菜,盖获利较丰焉";彭浦乡,"农产物向以禾棉菽麦为大宗,今则南部各地为应社会之需要,都植菜蔬,至禾棉菽麦,乡僻处间或栽植,亦绝无仅有矣。其从事树艺花卉者,大率讲求栽移秀接,按时销售,以营业为主体"。②

　　上海近郊用于菜蔬园艺的这些土地的租金,也明显高于其他农田。1933 年的《宝山县农村经济概况调查表》载:"宝山耕地,十之六七皆种棉花,此种情况已

---

① 《上海特别市各区农村概况》,原载《社会月刊》第 2 卷第 5—11 号(1930 年 11 月至 1931 年 5 月),李文海主编:《民国时期社会调查丛编(二编)·乡村社会卷》,福建教育出版社 2009 年版,第 441、453 页。
② 王晖等编:《上海市各区概况》,上海市政府 1930 年刊行,第 145、165 页。

非朝夕。近年以花田利轻，多改种园艺。于是菜蔬、花卉、果木等园圃一时颇盛，同时田租亦急剧增高。据当地人称：园田（菜、花、果）租金，较普通租田高出百分之五十至一百五十。"①1930 年对上海市 140 户农家的调查载："纳金租制，特盛于上海，占调查佃租农户 95％，因上海人口繁多，附近田园早已形成园艺地带，工商交盛，而工艺用农作物，往往较食用作物而上之。"其租佃方式，多采用先收租金而后耕种，因事先约定并收取的租金与该田地最终收获物的价值并无直接联系，佃户生产和经营往往更为用力，"以租金之有限制，苟农产丰收，除纳租金外，地主无额外分润，其租金虽不时增加，然终较分益之依一定比例而具有弹性者为有利，故一般佃户多乐于承受此种租制"，同时"厚施肥料，勤劳工作，以冀其丰收"。其租金高低，则与距离市场之远近相关，"例如浦西之彭浦、引翔、蒲淞等区，田地环近市场，故租金特高；而浦东之塘桥，田租之高为上海冠；其南之杨思，北之洋泾、陆行等，租金亦颇高，盖以交通特便，村镇繁盛之故。浦西之吴淞，情形亦与此相同，此皆以便于从事园艺经营，而高于一般耕作地耳"②。另据 1933 年对宝山县的农村经济调查：

> 宝山较大的田主，均经商沪上及湘鄂一带，货币之需要愈形迫切，于是农民土地上之资金，随田租之增高（1922 年以后，十年内平均增加二分之一，近上海之大场、杨行等乡之商品作物地，有十年内增高一、二倍者），日见加剧的脱离农业范围而流于商品市场；更以商业兼高利贷资本的形式，向农民包种或收买商品作物（如月浦城厢一带，新近有沪地商人向农民包种番茄、洋山芋、洋葱以及桃树等作物。此种事实，罗店、大场、杨行等乡，亦数见不鲜。此外，包种美棉或就地预收农产等情，更所在皆是。营此者十之八九，皆本地大小田主而参加市场经营者）。③

---

① 章有义编：《中国近代农业史资料》第 3 辑，第 257 页。
② 《上海市百四十户农家调查》，原载《社会月刊》第 2 卷第 2—5 号(1930 年 8—11 月)，李文海主编《民国时期社会调查丛编(二编)·乡村社会卷》，福建教育出版社 2009 年版，第 535、536 页。
③ 章有义编：《中国近代农业史资料》第 3 辑，第 366、367 页。

为了更多地盈利,有人构建了直销渠道,并扩大生产规模。1934 年的资料载,嘉定县黄渡的地主,"有很多自己在上海设立菜行,这样非单自己土地上的生产品可以增多收入,还可以利用土著的势力,强行贱价收买佃农的东西而行销到上海,在他们是一举两得。最近有几个地主扩大经营,雇用了许多长工、短工,经营大块的农场,……原因是上海人口稠密,蔬菜的销量很大"①。1935 年编纂的《上海市年鉴》在《农业》一栏中概述:"农田生产向以棉、稻为大宗,惟因市场之影响,栽培状况不免稍有变更。距市近者,因地价渐趋昂贵,栽植普通农产获利甚微,近来大都为园艺作物之经营,或更兼营畜产,藉增收入。其离市较远者,因交通不便,园艺产品之运输困难,故仍从事于棉、稻、豆、麦等作物之栽培。"②1936年的《上海市年鉴》载:"本市人口众多,蔬菜消费之量极巨,总计全市种植蔬菜之园地,约占全面积百分之四以上,其盛可知。"③

上海近郊的畜牧养殖业也从无到有,发展壮大。民国《法华乡志》载:"蜂有数种,能酿蜜者为蜜蜂,收而养之,获利甚溥。吾乡戚秀甫在虹桥路建养蜂室,得红蜂一种,为东亚全洲所无,其创制之蜂箱灵巧无匹,培养方法经验极深,可谓养蜂专家,成效卓著。"④1912 年在宝山县杨行乡,"马君武暨周姓选购意大利种,多用新法,如蜂箱之形式,以及饲育、调护、采蜜、制蜡各法,仍照科学研究,每年蜜蜡产额约可一百余担"⑤。1916 年陈宗源在上海县莘庄创办的莼种园养蜂场:

> 蜂种为意大利产,购自美国,定买 6 箱,到沪仅剩 4 箱,现(时为 1928年——引者注)已分有 360 余箱,内土蜂亦有 10 余箱,以出卖蜂种为目的,酿蜜为附属品(作试验改良之用)。场凡四处,莘庄为第一分场,浙江嘉兴

---

① 徐洛:《黄渡农村》,《新中华杂志》第 2 卷第 1 期(1934 年 1 月)。

② 上海市通志馆编纂:《上海市年鉴(1935)》,《民国上海年鉴汇编·上海市年鉴 1935(3)》,上海书店出版社 2013 年版,第 133 页。

③ 上海市通志馆编纂:《上海市年鉴(1936)》,《民国上海年鉴汇编·上海市年鉴 1936 下(2)》,上海书店出版社 2013 年版,第 10 页。

④ 民国《法华乡志》卷 3,《土产》。

⑤ 民国《杨行乡志》卷 9,《实业志·畜牧》。

之濮院为第二分场,泰兴县为第三分场,杭州之塘栖为第四分场。每场固定饲养 10 余箱,余均转地饲养,视各地植物之开花期而移动。春季运至莘庄,以其有芸苔、紫云英等花之可采也。夏季则移至濮院,因该处富有乌桕花也。秋季运至泰兴,利其荞麦花之多也。冬季则运至塘栖,以枇杷、梅等正在开放也。春季所得之蜜,每桶约 40 斤。意大利种所产之蜜,每磅值洋 1 元左右。蜂种出售,每箱 15 元(每箱 5 筐)。蜂之繁殖,每年平均为一至三倍。[①]

1924 年在宝山县的农村调查载:"年来附近上海一带,畜牧公司林立,乳牛及养鸡者日多一日。最著者有殷行之陈森记畜牧场,专销售牛乳,营业极发达;彭浦之江南养鸡场,资本三万元,所养鸡类多外国种,一切设备均仿新法,所出鸡蛋为数不少。此外尚有养蜂事业,亦颇足称述,杨行一区岁出蜂蜜约一百担以上;罗店勤益果园,亦兼养蜂。"[②]此前的 1917 年,吴新民"在松江组织了一个亨达养蜂公司,这个事业很有成就,该公司正向邻县金山发展业务"。1926 年,"上海附近最近开设了一家青青养蜂场,地点在距上海数里的真如,将以新式方法从事大规模经营,其营业处设在上海公共租界北京路新庆余里"[③]。

1928 年高伯俊在真如创办高氏农场,占地 10 余亩,经营洋种鸡和蜜蜂的养殖[④]。同一时期,宝山县"在城市各沙有专行养鸭者,年约数万,供沪上各菜馆之用。此外有养鸡场及养蜂场多处"[⑤]。

1928 年对上海近郊农村的调查显示:"畜产一项,如塘桥区之孵鸡坊,陆行区之养鸭,杨行区之养蜂,洋泾区之养猪,事业颇大,成绩亦著。其他或组织养殖公司,或个人经营不一而足,而以莘庄区之莼种园、养蜂场及塘桥区之牛奶厂为最有成效。江湾区之养鸡坊,法华、彭浦二区之牛奶厂,或范围过小,或受外人牵

---

① 《上海特别市各区农村概况》,原载《社会月刊》第 2 卷第 5—11 号(1930 年 11 月至 1931 年 5 月),李文海主编:《民国时期社会调查丛编(二编)·乡村社会卷》,福建教育出版社 2009 年版,第 483 页。

②③ 章有义编:《中国近代农业史资料》第 2 辑,第 344 页。

④ 民国《真如志》卷 3,《实业志·农业》。

⑤ 民国《宝山县再续志》卷 6,《实业志·农业》。

表 7 - 3　宝山县养鸡场及养蜂场(1925—1928)

名称	成立年份	地址	面积	倡办人	主产品	年产量
彭浦养鸡场	1925	彭浦金十九图	4 亩	林泽民	洋种鸡	蛋万余枚
德园鸡场	1926	江湾青年村会	15 亩	费中成、黄中允	白色单冠来克亨鸡	雏鸡 5 000 只
品园	1927	彭浦金八图	4 亩	沈钊明、凌志前	洋种鸡	雏鸡百余、蛋千枚
高氏农场	1928	夜十二图	10 余亩	高伯俊	洋种鸡、蜜蜂	700 元
中华养蜂场	1925	江湾北周家宅	10 亩	周文彬	蜜蜂	150 箱
乐群养蜂场	1926	江湾镇西市	1 亩量	刘道魁	蜜蜂	300 箱

　　资料来源：民国《宝山县再续志》卷 6,《实业志·农业》。

制,畜产经营颇多阻碍。"[1]1935 年,一位在沪的外国人记述:"对于上海市民来说,食品类企业发展最为显著的是,牛奶棚的大量增加以及牛奶棚条件的改善。从 1925 年到 1935 年 3 月 1 日,牛奶棚的数量由十来家发展到 29 家;而牛奶生产的质量也在稳步改善,已有 10 家在 A 级执照的生产环境中运营,甚至其中两家已获销售生奶的资格。1934 年,这类企业饲养奶牛近 2 386 头,产奶约 33 万磅。"[2]上海近郊的这些新式农场,颇有吸引力。1936 年 3 月 15 日《蔡元培日记》记述:"晴,偕养友率儿辈并邀施塾师同游江湾。先到羊奶棚(似应为牛奶棚——引者注),约周柏生同往冯焕文之养蜂场。焕文他出,蜂尚未迁出,由其弟子导观安哥拉兔室及意大利鸡场。……又到上海种植园,占地七十余亩,花木颇多,闻是虞洽卿所经营也。"[3]1937 年,"上海最大的奶牛场是一个美国企业,拥有 400 头进口奶牛"[4]。

---

　　① 《上海特别市各区农村概况》,原载《社会月刊》第 2 卷第 5—11 号(1930 年 11 月至 1931 年 5 月),李文海主编:《民国时期社会调查丛编(二编)·乡村社会卷》,福建教育出版社 2009 年版,第 426 页。
　　② 江冬妮译:《上海 300 万人口的"食"》,上海市历史博物馆编:《都会遗踪》第 6 辑,学林出版社 2012 年版,第 146 页。
　　③ 王世儒编:《蔡元培日记》,北京大学出版社 2010 年版,第 439 页。
　　④ 〔美〕卡尔·克劳著,夏伯铭译:《洋鬼子在中国》,复旦大学出版社 2011 年版,第 267 页。

长江三角洲其他城郊的农副产品商品化进程虽不及上海,但发展趋势是相似的。苏南的农场即垦牧公司,起步于清末,1909年宜兴李逢庆、徐翰淦等集股在当地创办了阳羡垦牧树艺公司,"招股设立资本五万圆,契买民山八千余亩、山田一百余亩,湖汶沙滩房屋基地十八亩建造总厂,遣客民栽植松、竹、茶、桑等树,兼及播谷莳芋、畜豕牧羊各事。总局附设宜荆商会,分所设湖汶镇"①。此外,则多创办于民国初年至1936年间。其中,镇江"有官僚地主、工商实业家合营的均益、三益、益民等种植场;有教会的农场两所;有旅美华侨回国建立的农场一所"②。1919年在丹阳县的实业调查载:"树艺公司有三,曰通益,曰厚生,曰大盛,皆以种桑为主要,虽资本无多,而积极进行,实事求是,尚非徒具空名者可比"③。同年在无锡的实业调查载:

> 私人所办农树场所,共有三处:一在天下市地方,为邹煜熙所办,计地一百三十余亩,大半选种桑树,其余试植果类。一在南延市荡口地方,为华士巽所办,计地四十余亩,分养蜂、养鸡、植树三项,成绩优美。一在太湖边南独山鼋头渚地方,为杨寿楣所办,名曰竣实植果试验场,计地六十余亩,专种水蜜桃、大正桃、美种梨、杏等项,计有八千余棵,浇灌得宜,颇易长发。④

清末十年间,浙江省有40多家农垦企业开办。其中杭州有14家,如杭州农桑会1905年集资5万元,在艮山门至钱塘江边拥有土地1 000亩,利用荒滩地种植桑麻,养蚕兼业畜牧;杭州畜牧公司,1905年创办,资本5万元,采用日本饲养新法,繁殖牛羊鸡鸭,栽种果树。杭州还建有西城树艺园、柞蚕厂、花圃植物园,规模不大,各有所专。此外,绍兴有7家,宁波5家,温州、严州各3家,湖州、台州各2家,衢州、处州4家。投资较多者,是旅日华侨吴锦堂在杭州开

---

① 《阳羡垦牧树艺有限公司入股凭单》,江苏档案精品选编纂委员会编:《江苏省明清以来档案精品选·无锡卷》,江苏人民出版社2013年版,第14页。
② 章有义编:《中国近代农业史资料》第2辑,第343页。
③ 章有义编:《中国近代农业史资料》第2辑,第346页。
④ 章有义编:《中国近代农业史资料》第2辑,第344、345页。

办的浙西农业股份公司,资金30万元。上虞绅商陈春澜、王佐等创办的春泽垦牧股份有限公司,总部设在丰惠,资金20万元。[1] 1908年,在浙江湖州有一家务本公司设立,"董事长和重要董事都是上海商人,该公司计划开垦湖州的荒地"[2]。

20世纪20年代,上海的农牧公司在浙江嘉兴设有分支机构,当地濮院镇有"上海华绎之公司临时养蜂场,蜂系意大利种,有一百六十箱,每年割蜜二次,共收一百五十余担,运售于上海"[3]。1925年7月15日,《申报》以"甬埠将设大规模之农社"为题报道,宁波人张永年:"前在上海复旦大学肄业,因所志在农,遂于前年辍学,征求同志,在家研究农业已三年于兹矣。兹闻张永年君已与同志张锦云、石奇孚(皆饶于资),积极协力进行,对于农场一切设施业已筹备就绪,其筹备处设在江北岸生宝桥后三十一号。兹将张君等组织农社之内容略述如下:定名大同农社,资本额定五万元(现只有三万之谱),地址宁波压赛堰,内部区分果木、工艺林、蔬菜、苗圃、畜牧等六区,范围在开始期内六十亩。此六十亩在压赛堰,系张永年君自己之不动产。至其六区大小之分配,日前已请工程师张成(青年会新会所监工)、方刚(甬铁路工程处办事员)二君前去测量分配定当。至其章程及计划书等,现亦均已付印矣"[4]。

民国初年苏州郊外的木渎,"园艺菜蔬在长浜马市一带最伙,遍售城乡"[5]。无锡县的毛村,以经营粉坊作为主要副业,利用当地的蚕豆和绿豆做原料,利用农村的剩余劳动力实行加工,产品运销无锡、上海等城市,同时还可利用下脚料养猪肥田。最初是在1931年由一户富农开始经营,由于获利丰厚,于是经济比较宽裕者相继效仿,至1936年已有9家粉坊,大都雇用长工或短工,进行作坊式的经营。[6] 1921年的浙江经济调查载:"园艺作物主要包括蔬菜和果实两类,辖

---

① 胡国枢:《光复会与浙江辛亥革命》,杭州出版社2002年版,第35页。
② 李文治编:《中国近代农业史资料》第1辑,第225页。
③ 民国《嘉兴新志》第一章,《地理·濮院镇》。
④ 宁波市档案馆编:《〈申报〉宁波史料集》第6册,宁波出版社2013年版,第2581页。
⑤ 民国《木渎小志》卷5,《物产》。
⑥ 张会芳:《1929—1948年无锡县农村土地占有的变化趋势》,中国社会科学院近代史研究所编:《中国社会科学院近代史研究所青年学术论坛(2009年卷)》,社会科学文献出版社2011年版,第332、333页。

区内的蔬菜主要有白菜、青菜、芥菜等。还有各种瓜类、芋类等。因地理位置、气候等与日本基本相似，所以日本的各类蔬菜在这里几乎都有生产，其栽培大多在城市附近。"享有盛名的"塘栖镇的枇杷，还输送到上海市场上销售"。① 1935 年有人记述："当奉化水蜜桃成熟之后，装运极旺。盖水蜜桃成熟后，不能耐时，凡运销上海、华北、华南等处，均籍该路（指鄞奉公路——引者注）先运往宁波出口，以其时间经济，于运达上海等处，味尚甘而色尚善也。"②在当时的无锡："园艺事业，近年西南山麓一带，桃、梅果树增植颇多。蔬菜业仅分布于城市附郭，花卉业全城仅十余家，规模均小。畜牧，则城市方面乳用牛之牛奶房，不下二十余处，以惠康农场规模较大，设备亦完善，其余均尚简陋"③。当地"农村出产的鱼、虾、猪、羊、鸡、鸭、蔬菜，大都供应到无锡市区，部分供给上海（沿铁路的洛社、石塘湾、新安等地）"④。

上海市场的水产品，亦多来自长江三角洲。1936 年的统计载："冰鲜鱼在本市水产品消费中，堪称首屈一指。来源分渔轮捕获及冰鲜鱼船输入两项，而后者之所供给，几多于前者约五倍以上。进出于上海港之冰鲜鱼船，多来自江浙两省沿海，有湖帮、长涂、台州、奉化、镇海等帮，计船有二百余艘。其中，湖帮之六十余艘，殆常年以上海为其营业之根据地。如长涂等帮，平时兼往长江各埠及宁波、杭州等处，仅于沪市鱼类缺少及鱼价昂贵时期，始到沪销售焉。过去一年间，到沪之冰鲜鱼船共计一千九百八十一艘，输入鱼量有五十四万又六百十七担，价值达二百九十七万六千二百七十一元。"⑤据 1937 年在浙江宁海三门湾的实地调查，当地捕捞的海产品，"除供本地食用外，复销售于宁波、上海及温（州）、台（州）等埠，运销情形可分二类：1. 初由渔民售货于渔栈，转由渔栈冰藏入桶运销外埠。若逢鲜鱼过剩，销路不旺，则渔行加工制造，以利储藏而后运销外埠。2. 在渔场地点，常有冰鲜舶停泊洋面，坐待渔船捕获物，直接收买鲜鱼，然后驶往

① 丁贤勇等译编：《1921 年浙江社会经济调查》，第 134、135 页。
② 《浙江省公路运输状况概述》，《建设月刊》第 8 卷第 12 期(1935 年"路政专号")。
③ 无锡县政府编印：《无锡概览(1935 年 5 月)》，转引自陈文源等主编：《民国时期无锡年鉴资料选编》，广陵书社 2009 年版，第 492 页。
④ 贺云翱主编：《无锡人与中国近现代化》，南京大学出版社 2011 年版，第 349 页。
⑤ 上海市通志馆编纂：《上海市年鉴(1936)》，《民国上海年鉴汇编・上海市年鉴 1936 下(2)》，第 50 页。

甬、沪，以逐早市之利"①。此前的 1935 年，已有复旦大学教职员和校友在三门湾与人合作设立水产养殖场，据时任复旦大学校长李登辉向报界披露："有本校教职员与已毕业学生，联合当地吴某合作养鱼殖蛏。吴系地主，有地千余亩。今拟百亩，由本校教职员集资五千元从事养殖，做初步试验，俟有成绩再扩充。"②

---

① 郭华巍主编：《潮落潮起：近代三门湾开发史事编年 1899—1949》，上海人民出版社 2010 年版，第 239 页。
② 郭华巍主编：《潮落潮起：近代三门湾开发史事编年 1899—1949》，第 164 页。

第八章 工业的引领

上海作为中国近代工业及经济中心城市的崛起,在其发展进程中,对长江三角洲地区的工业进步形成了明显的集聚和扩散效应,并在一定程度上发挥了引领传统农业和手工业深刻变革的作用。

第一节 上海的集聚和扩散效应

上海近代工业,总体上自19世纪末开始较快增长。据统计,1895年至1911年上海工业产值的年增均增长率为9.36%,1911年至1925年上升为12.05%;1925年至1936年,在世界经济危机和国内政治经济的影响下,增速有所减缓,但年均增长率仍有6.53%。[①] 截至1930年的统计,上海仍是各国在华投资的首选地(见表8-1)。[②]

[①] 徐新吾等:《上海近代工业主要行业的概况与统计》,《上海研究论丛》第10辑,上海社会科学院出版社1995年版。

[②] 近代外资在沪企业,多利润丰厚。如上海电力公司(原为上海电光公司),在1893年以来的40余年中,账面盈利增加了1000多倍,其账面盈利的总和,相当于原始投资的1300倍以上。详可见严中平等编:《中国近代经济史统计资料选辑》,中国社会科学出版社2012年版,第84、105页。

表 8 - 1　1930 年各国在沪投资及占对华投资的比重

国别	在沪投资额（万美元）	占在华投资总额（%）
英国	73 740.80	76.0
美国	9 749.59	64.9
法国	3 890.00	40.9
日本	21 506.20	66.1（东北除外）

资料来源：张忠民主编：《近代上海城市发展与城市综合竞争力》，上海社会科学院出版社 2005 年版，第 381 页。

作为工业中心，20 世纪上半叶上海在全国所占的比重，见表 8 - 2：

表 8 - 2　20 世纪上半叶上海 30 人以上工厂数占全国的比重

年份	全国工厂数		上海工厂数		上海占全国比重（%）
	家数	指数	家数	指数	
1911	171	100	48	100	28.1
1927	1 374	780	449	930	32.7
1933	2 435	1 420	1 186	2 470	48.7
1947	12 812	7 480	7 738	11 950	60.4

资料来源：张忠民主编：《近代上海城市发展与城市综合竞争力》，第 359 页。

再从工业产出考察，据估计，1936 年上海中外资本工业的总产值达 11.82 亿元，比 1895 年增加 40 余倍，约占全国工业总产值的 50%。[1] 其中很多是棉纺织厂，据 1936 年底的统计："上海纺织业分别由日商、华商、英商经营，共有 61 家工厂，12 万职工。稍旧的统计如下：日本 30 厂，42 435 人；中国 28 厂，65 639 人；英国 3 厂，13 000 人，计 61 厂，121 074 人。日资工厂占了约一半，职工占了三分之一强。"[2]

在棉纺织行业，1930 年上海一地即占全国纱厂总数的 48%。另据 1933 年南京国民政府经济部对不包括东北地区在内的 22 个省市工业企业所作的调查，当时这些省市共有雇佣工人在 30 人以上的各类工厂 2 435 家，其中有一半以上

---

[1] 黄汉民等：《近代上海工业企业发展史论》，上海财经大学出版社 2000 年版，第 219 页。
[2]《上海日资纺织厂罢工资料选译》，李学通主编：《近代史资料》总 114 号，中国社会科学出版社 2006 年版，第 117 页。按：其原文据 1937 年 1 月 8 日日本外务省情报部《国际事情》503 号。

共 1 229 家集中在上海。又据 1935 年对江苏、浙江、安徽、山东、江西、河北、湖南、山西、陕西等省及北平、天津、威海卫、青岛、南京、上海、汉口等城市的工业调查，上述地区共有工业企业 6 344 家、工人 52 万余人，而其中上海一地就有工厂 5 418 家，工人近 30 万人，分别占总数的 85.4％和 57.5％。[①]

这说明，历经近百年的风云变幻，上海仍是中国工业最集中的地区。原因之一是，虽然上海并非工业原料产地，但较之当时战乱频仍、军阀横行的内地省份，企业的经营环境明显要好些，因而许多企业主宁可远离原料产地和消费区而将工厂设在上海。如《1922—1931 年海关十年报告》所言："与过去十年的工业发展密切相关的因素是内地动乱不宁，那里的工厂经常遭到骚扰。这就形成了工业集中于上海的趋势。许多本应迁出或开设在原料产地的工厂也都在沪设厂。虽然运费成本有所增加，但在上海特别是在租界内，可在一定程度上免受干扰。"[②]据统计，20 世纪 30 年代中期，上海公共租界内有各类工厂 3 400 多家，占上海工厂总数的 2/3。[③]

近代工业投资者之所以青睐上海，还因为以其为中心的沿海地区首先形成了一个相对广阔的工业品消费市场，上海又居于商品集散中心，如南洋兄弟烟草公司创办人简照南所说："上海一埠，于全国商务为总汇，以货物流行为先驱，凡一新出品，勿论外货或国货，未有沪市不销而能通销于各地者。"[④]刘鸿生亦称："上海为万商云集之地，水陆交通之区，设厂于是，良有以也。"他强调："工厂之创立与发展，须适应经济环境之条件。上海工厂之所以较能发展者，因有其经济环境之条件在焉。"这些条件包括：

> 航轮、铁道二者兼备，且水陆交通之便利，外来货料既易进口，内轮行销又极灵便，此其一。金融流畅，划汇简易，内外国银行林立，集资与借资迅捷，此其二。当地市场广大，本埠行销畅旺，人口密集，仰给自多，供需适合，

---

① 潘君祥等主编：《近代中国国情透视》，上海社会科学院出版社 1992 年版，第 319 页。
② 徐雪筠等编译：《海关十年报告译编》，第 277—278 页。
③ 史梅定主编：《上海租界志》，上海社会科学院出版社 2001 年版，第 15 页。
④ 中国科学院上海经济所、上海社会科学院经济研究所编：《南洋兄弟烟草公司史料》，上海人民出版社 1958 年版，第 126 页。

营业自盛,此其三。工厂与工厂间以及工厂与他业间,多有相扶相依情形,如食物与制罐、制瓶厂,书业、印刷业与造纸厂,上海各业较内地发达,工厂亦多,此其四。外侨商业茂盛,吸收外资较易,因之行销外国亦较畅便,此其五。①

而刘鸿生概括的上述有利条件,是当时上海以外的中国其他城市所难以提供的。

上海的航运、贸易和工业中心地位,在资金、技术、人才等方面,都有助于周边地区工业的发生发展。据对 1840 年至 1927 年历年所设中国资本民用工业、航运及新式金融企业的地区分类统计,"发现在(棉)纺织、染织、丝织、其他纺织、缫丝、面粉、水电、航运等行业中,江浙两省企业数的相加,一般都能比较接近上海企业总数,三者相加最高可占全国的三分之二"②。

无锡缫丝业的设备更新,也得助于上海。20 世纪 30 年代初永泰丝厂淘汰老式坐缫丝车,由上海环球铁工厂承接,改用日本式立缫车;该铁工厂后又与无锡合众铁厂携手,承担瑞纶丝厂改用立缫车的设备改造业务。③ 生丝出口贸易的扩大及近代缫丝技术的传入,促使无锡发展成为长江三角洲又一个机器缫丝集中产地,与上海的经济联系也更加密切,无锡作为苏南地区新兴的工业城市,已初露端倪。此后,无锡缫丝工业发展增速。无锡靠近太湖,太湖沿岸的苏州、宜兴、江阴、吴江、常州、金坛等县盛产蚕茧,生丝原料充足。太湖水质良好,适合缫丝需要,附近农村又有富于手工缫丝经验的农民,一经训练,便可成为机械缫丝的工人,工资又较上海低。此外,在税捐方面,如把缫制 100 斤生丝所用蚕茧运往上海,共需交税约 55.39 两,而把该批蚕茧在无锡缫成生丝运往上海,只需交税约 38.46 两。无锡丝厂又接近茧区,能比上海丝厂早 15 至 30 天收茧缫丝。把蚕丝缫成生丝运沪出口,比把原料茧直接运沪缫丝出口费用要低。据估计,无

---

① 上海社会科学院经济研究所编:《刘鸿生企业史料》,上海人民出版社 1981 年版,上册,第 159 页;下册,第 3、4 页。

② 王家范:《漂泊航程:历史长河中的明清之旅》,北京师范大学出版社 2013 年版,第 201 页。

③ 沈祖炜主编:《近代中国企业:制度和发展》,上海社会科学院出版社 1999 年版,第 41 页。

锡每担厂丝的成本比上海的厂丝便宜 30 两。因此到了 20 世纪二三十年代之交,无锡地区整个蚕丝业已发展到 10 多个行业:栽桑业、蚕种制造业、购茧干燥业(茧行)、生丝制造业(丝厂)、桑苗买卖业、蚕种买卖业、茧丝保管业、屑茧丝加工业、屑茧丝买卖业、蚕丝金融业等。①

时人记述:"无锡缫丝业是雄冠江苏省的轻工业之一,差不多占苏、浙、皖边界产丝区所有缫丝厂的十分之五强,它的原料的采集占了上述地区全部生产量的十分之六强,原料采集机构——茧行,像神经似的伸展到苏、浙、皖边界的穷乡僻壤,为它服务的劳力单位,也差不多占无锡全盛时代十万产业工人的十分之七。"②1935 年的《无锡概览》称:其"东有世界重要商埠之上海,运河、铁路横贯全县,锡澄、锡沪、锡宜等公路亦会辖于此。交通发达,运输便捷,商业旺盛,工厂林立,近年社会状况盖已渐离农村经济之阶段,而入于工商经济之阶段矣。迩岁强壮农民颇多抛离乡村,群趋城市或上海,舍农就工"③。1937 年抗日战争爆发前,无锡"向有'小上海'之称"④。

在苏南城市近代工业的发展进程中,上海先进工业技术、人才和企业管理制度的扩散效应,并不仅见于缫丝业。常州厚生机器厂的工部领班蔡世生、翻砂部领班周梅卿、木模部邹姓领班,都来自上海求新机器厂。⑤ 1924 年,曾在上海外商纱厂就职或实习的楼秋泉、余钟祥,去无锡申新三厂出任技术员,从事管理和技术改革,他们从设备运转到保养,从管理到技术,作了多方面的改革,收到良好成效;1925 年,在原上海大中华纱厂技师汪孚礼的主持下,无锡申新三厂的企业管理制度又有新的改进。⑥

可见近代上海的工业中心地位,要集聚的同时,又具有强烈的辐射功能,把发达的产业、先进的科技和技术人才扩散到周边地区,推动其工业的发生发展。

---

① 徐新吾主编:《中国近代缫丝工业史》,第 196 页。
② 高景岳等编:《近代无锡蚕丝业资料选辑》,江苏古籍出版社 1984 年版,第 90 页。
③ 无锡县政府编印:《无锡概览(1935 年 5 月)》,转引自陈文源等主编:《民国时期无锡年鉴资料选编》,广陵书社 2009 年版,第 492 页。
④ 刘平编纂:《稀见民国银行史料初编》,上海书店出版社 2014 年版,第 45 页。
⑤ 上海市第一机电工业局机器工业史料组:《上海民族机器工业》,第 227 页。
⑥ 上海社会科学院经济研究所:《荣家企业史料》上册,第 158、159 页。

无锡较大的资本集团如荣宗敬、荣德生兄弟的面粉、棉纺集团,薛南溟、薛寿萱父子的缫丝集团,杨宗瀚家族的棉纺集团,周舜卿的缫丝集团等资本集团的创始人,以及其他著名企业的创办人,如振新纱厂的荣瑞馨、豫康纱厂的薛宝润、振艺丝厂的许稻荪、源康丝厂的祝大椿、惠元粉厂的贝润生等人,都先是在上海发迹,开阔了眼界,然后才回到无锡创办新式工业。无锡的棉纺厂、面粉厂大部分为无锡籍上海资本家创办,1896 年至 1930 年,由上海资本家在无锡创办的丝厂达 17家。常州最有影响的企业大成纱厂的前身大纶,其最大的股东是长期在沪经商的刘伯青,其他股东多为上海工商业主。1925 年大纶改组,设总公司于上海,采用董事制,推顾吉生为常务董事,"驻上海主持大计"。1929 年刘国钧接盘大纶改为大成,同样在上海设立办事处,由刘靖基常驻上海负责,"每周回来一次,交流常州、上海两地情况"。其他重要企业,如厚生机器厂的创办、发展,得益于上海求新机器厂的技术支持;戚墅堰震华电气机械制造厂的创办资本,则主要来自上海。[1]

近代中国著名实业家张謇,自 19 世纪末决意致力于实业救国后,就对自己的实业建设有一个通盘的考虑,一方面他并不因为南通当时相对的落后就气馁,而是在周密调查的基础上,全面规划和投资开发苏北沿海沉寂已久的大片滩涂地,积极倡导和着力推动植棉业,包括在中国开风气之先,创办了第一家新式农垦企业——通海垦牧公司,与此相联系,又筹资创办了以大生纱厂为主干的一批近代企业,构成了自成体系和颇具规模的大生集团上下游产业链,形成有鲜明中国特色的对家乡近代化进程有大贡献的"南通发展模式";另一方面,张謇立足南通,但不拘泥于南通,而是充分注意并利用同处长江三角洲、隔江相望的近代上海自 1843 年开埠后的迅速崛起对建设南通所带来的诸有利因素,有力地促进了大生集团及南通的发展。

张謇的实业建设对南通与上海关系的处理,可以概括为"前店后工场"的基本架构。要言之,张謇充分注意到上海作为近代中国首位型城市,在资金集聚、

---

① 马俊亚:《规模经济与区域发展——近代江南地区企业经营现代化研究》,南京大学出版社 1999 年版,第242—244 页。

技术传播、人才荟萃、内外贸易渠道等方面所拥有的无可替代的优势,十分重视利用和发挥这些优势,用以催生和推动他在南通诸多近代企业的创办和经营,取得显著成效。1897 年冬,尚在筹建中的大生纱厂就在上海福州路广丰银行内附设账房。1898 年迁设小东门,1901 年迁天主堂街外马路。1907 年改称大生沪事务所。1913 年以前,大生沪所的主要业务是采办物料,购运原料。1913 年以后,大生各纺织厂连年盈余,大生沪所又承担了置办布机,开盘批售布匹,收款付货等业务,业务项目不断增加。当时上海银钱业纷纷向沪所提供信贷,送往来折给沪所的钱庄达 105 家。大生系统各企业凭借银钱业的信贷,遂在原有基础上全面扩张,所属企业单位大小有数十家之多。沪所营业范围随之扩展到国内外通都大邑,南通绣织局的绣织品和发网远销美国纽约,复兴面厂的二号面粉运销日本。这些产品的运销、报关、结汇以及银根调度等,都由沪所办理。大生沪事务所是大生企业集团驻上海的办事机构,更是其管理中枢,承担着采办原料、购买机器、筹集资金、销售产品等项业务,如 1930 年《大生纺织公司驻沪事务所办事细则》载,其负责人职掌如下:"(一)关于筹调金融事项;(二)关于观察市面盈虚消长,确定营业方针事项;(三)关于买卖花纱布匹及订购大宗机件、煤料事项;(四)关于上海对外交涉事项;(五)关于官商股东咨商事项;(六)关于开会应行报告事项。"[1]直至 1923 年,与无锡相比,大生纺织系统在纱厂规模、资本额及全系统总资本方面,仍高于申、茂、福系统。[2]

截至 1937 年,苏南的近代工业主要分布在沪宁铁路沿线,尤其是苏州(吴县)、无锡、常州(武进)、镇江、南京。这一地带是江苏也是全国棉纺织业、丝绸业、粮食加工业及机器制造业最发达的地区之一,它集中了江苏全省工业投资额的 75% 和工业总产值的 79%,其中包括全省轻工业三大行业中棉纺业总产值的 64%、缫丝业总产值的 100%、面粉业总产值的 71.5%。江苏近代工业较为集中的另一地区,是以南通为中心,北自扬州,南至启东、海门一带的同处长江三角洲的长江北岸区域。主要以棉纺织工业为主,占江苏全省棉纺织工业总产值的

---

① 江苏档案精品选编委员会编:《江苏省明清以来档案精品选·南通卷》,江苏人民出版社 2013 年版,第 15 页。

② 严学熙:《近代中国第一个民族资本企业系统》,《中国社会经济史研究》1987 年第 3 期。

36％,面粉工业总产值的 8.9％。江苏其他地区的工业极为薄弱,投资额只占全省的 2％,产值只占全省的 3％。①

　　长江三角洲浙江地域的近代工业起步稍晚,但同样得益于上海的集聚扩散效应。杭州的近代工业,要到民国初年才有较明显的起色,1917 年从美国留学归来的蒋梦麟在杭州目睹:"杭州是蚕丝工业的中心,若干工厂已经采用纺织机器,但是许多小规模的工厂仍旧使用手织机。一所工业专科学校已经成立,里面就有纺织的课程。受过化学工程教育的毕业生在城市开办了几家小工厂,装了电动的机器。杭州已经有电灯、电话,它似乎已经到了工业化的前夕了。"②有学者指出,早期杭州的不少工厂都起源于上海,其中有杭州第一棉纺织厂、六一织造厂、华丰造纸厂等;有些是由上海的企业注入资金,成为其下属企业,如 1929年上海三友实业社合并了杭州通益公纱厂改称三友实业社杭厂,1934 年杭州光华火柴厂被刘鸿生的上海大中华火柴公司合并等。同时,杭州的一些厂家如著名的都锦生丝织厂等,纷纷在上海设立办事处或门市部,推销自己的产品。③

第二节　工业的产销需求

　　以上海为中心的中国近代民族工业自 19 世纪六七十年代兴起后,至 19 世纪末 20 世纪初,有了较大的发展。据估算,"在 1912—1936 年间,中国(包括东北)工厂工业的实际产出,约以年均 8.1％的速度增长"④。成长中的中国民族工业的原料需求,给长江三角洲农村经济以很大的促动,两者间的互动关系明显。棉纺织实业家穆藕初记述:"我国棉产向以苏省通、崇、海三属为最,产量多而棉质佳,……上海各厂所用较良之原料,唯通、崇、海三属产品是赖,何年歉收,纺织界不免蒙甚大之影响。"⑤1907 年大生第二纱厂在崇明外沙久隆镇开办,1925 年

① 林刚、唐文起:《1927—1937 年江苏机器工业的特征及其运行概况》,《中国经济史研究》1990 年第 1 期。
② 蒋梦麟:《西潮与新潮——蒋梦麟回忆录》,东方出版社 2006 年版,第 129 页。
③ 汤洪庆:《杭州城市早期现代化(1896—1927)》,《浙江学刊》2009 年第 6 期。
④ 〔美〕托马斯·罗斯基著,唐巧天等译校:《战前中国经济的增长》,浙江大学出版社 2009 年版,第 348 页。
⑤ 穆藕初著,穆家修等编:《穆藕初文集(增订本)》,上海古籍出版社 2011 年版,第 25、26 页。

该厂有"大小引擎马力一千匹,锭子三万零二百支,男女工人二千余名,每年产出机纱一万七千余箱,除销通、崇、海三境及上海外,亦常销于长江上游各省,历年营业均有盈余,尤以民国六年为最,获利竟达三十二万一千余两"[①]。1934年,通州所产棉花,"大部分供给大生沪方厂商及日商"[②]。

以上海为中心的棉纺织厂的兴办,刺激了附近地区的棉花生产,1923年上海所在的江苏省:

> 棉产地之区域,分布全省各地,就中以通州、太仓、嘉定、常熟、上海与江阴六大区为最有名。先从通州一区而论,该区植产之地,占全州地亩总数十分之六、七,包括南通、崇明、海门等区,合计东西三百里,南北一百五十里,幅员极广,故该区不但为江苏一省出棉之要地,即综全中国产棉之区域计之,亦当首屈一指矣。该区平均产棉之额,约有一百五十万担之多,就中产额之大部,皆为崇明与南通之大生纱厂所吸收,其余则概运至上海销售焉。[③]

一旦棉花滞销,棉农的生计便大受影响,因此他们很期盼与棉纺织厂建立较稳定的供销关系。1933年有人致信银行家周作民,设法在太仓棉区与上海纱厂间牵线搭桥:"兹有恳者,弟家在太仓之璜泾里,濒海沙土宜于墨子棉,近年虽已衰退,而出数甚伙,品种可珍。贵沪行殷君纪常,对太地产花情形甚为熟悉,且与各纱厂金融往来,素富信用。本届敝地秋收,照现在花朵观察,大有丰收之象。而内地金融困难,商号疲敝,难以振拔。弟为桑梓救济农商困难计,拟请先生转知殷君纪常,惠为吾娄设法,倘能觅得一二厂家,在璜泾地方设立办花处,则不唯农民、商行得以救济,即纱厂亦得多收敝乡之墨子花衣,供细纱原料,彼此两有利益。"[④]

---

① 陈翰珍:《二十年来之南通》(1925年),南通张謇研究中心2014年重印本,第97页。
② 洪彬史致周作民函底(1934年6月18日)》,彭晓亮编注:《周作民日记书信集(文字版)》,上海远东出版社2014年版,第200页。
③ 章有义编:《中国近代农业史资料》第2辑,第220、221页。
④ 狄膺致周作民函(1933年8月3日)》,彭晓亮编注:《周作民日记书信集(文字版)》,上海远东出版社2014年版,第197页。

1935 年的调查统计,在浙江余姚棉花产区,"棉花贸易以周巷为集中市场,当新花上市,各就产棉中心之市镇设庄收买籽棉,若农家自备轧花机,则出售花衣。全县所产棉花,除一部分自用外,余均运销绍兴、杭州、宁波、上海各处,而以宁波为最大销场,其运往外埠之花,亦统由宁波转运。花包普通分大小二种,小包司马秤六十斤,大包一百二十斤,运至宁波每包火车费约四角,航运则二角五分"①。浙江萧山、绍兴,"棉花之市价,均以上海姚花价格为标准,所有棉花大都运销上海。区内只有通惠公纱厂一家,全年用棉亦甚有限,绍兴则只有小部分运销宁波。区内花行,大都代理上海厂家收花,绝少独资经营者。所收棉花,全系籽棉,运输出口时,用蒲包包装,连同包皮,每包重量为一百三十斤(市秤),大都经闸口转运上海,亦由经海宁转硖石运上海者"②。浙江海盐,"棉花运销,洋棉由汽车运销杭县三友纱厂,中棉由民船运往平湖转沪"。在浙江平湖,"洋棉由汽车运销杭县三友纱厂,中棉由各商店收买,迳由沪商船运上海销售"。③ 浙江上虞:

> 本县无棉花正式运销机关,于棉花收获之先,由各花行邀集境内秤花中人,议定市价,下乡收买。棉农挑运至指定场所,中人俟积有成数,装运至行家过秤。出售行家,则将棉花晒到相当身分,轧成皮花,装运至宁波或上海等处求售。其棉农出卖之花,则恒视上海市面及棉花之干燥程度为涨落之标准。④

随着民族工业的发展,一些实业家开始注意中国农作物品种改良问题。东南大学农科主任邹秉文忆述,20 世纪 20 年代中叶,该校农科每年经费开支 20

---

① 中华棉业统计会编印:《中国棉产统计(1935 年)》,孙燕京、张研主编《民国史料丛刊续编》第 569 册,《经济・农业》,大象出版社 2012 年版,第 148 页。

② 中华棉业统计会编印:《中国棉产统计(1935 年)》,孙燕京、张研主编《民国史料丛刊续编》第 569 册,《经济・农业》,大象出版社 2012 年版,第 152 页。

③ 中华棉业统计会编印:《中国棉产统计(1935 年)》,孙燕京、张研主编《民国史料丛刊续编》第 569 册,《经济・农业》,大象出版社 2012 年版,第 154 页。

④ 中华棉业统计会编印:《中国棉产统计(1935 年)》,孙燕京、张研主编《民国史料丛刊续编》第 569 册,《经济・农业》,大象出版社 2012 年版,第 156 页。

余万元，其中三分之一以上是向上海工商企业募捐而来。① 江浙地区的丝业资本家关心和支持蚕种改良，建立了江浙皖丝茧业总公所，后又参加中国合众蚕桑改良会，并对各地蚕桑学校或农学院蚕桑系的蚕种改良给予资助。② 上海合众蚕桑改良会，"为上海法、美、意、日等国丝商会同吾国丝茧公所发起成立……办理江浙皖三省蚕桑改良事宜"③。1925 年的《中国经济周刊》载，镇江的"大多数育蚕者都是小农，以他们有限的资金和保守思想，很不可能采用新式方法，现在有一些比较进步的农民采用南京蚕桑学校和蚕桑实验场培育的改良蚕种"④。

上海工商界人士郁怀智，"尝购桑秧数千株及美棉种子，劝令乡民种植，为提倡实业之先锋"⑤。嘉定县娄塘镇的印有模，幼时随父亲在上海日新盛布号习商，后经营近代棉纺织业。为了提高纱布质量，改进棉花品种，他赴欧美考察后引进国外优良品种，免费分发给家乡农民，并且聘请专家下乡指导。成功引种美棉，提高了他的纱布质量，也改进了家乡的植棉业，惠及四方乡民。⑥ 1936 年刊印的上海浦东《二区旧五团乡志》载："团地濒海，多数种棉，向以根密主义，年收每亩至多六七十斤。近自傅雪堂改良宜稀不宜密之种法（密则根多茎短，铃结较小，朵以钱计，遇雨易烂。稀则节外生枝，铃结较大，朵以两计，遇雨不烂），逢熟年每亩可收一二百斤，价值每斤四五百文，农家赖以起家。"⑦

上海德大纱厂创办人穆藕初，认为原棉不足、棉质退化是中国棉纺织工业发展的两大障碍，指出："工业中所最重要者，厥惟原料。棉质不改良，纱布竞争难于制胜。"⑧为此，他提出改良中国棉种和扩大植棉面积两项措施，而改良棉质又包括两项内容："一为改良华棉，采用选种、治地、疏栽、培肥、排水、摘芯、扫除虫害等方法，逐年求进，不厌不倦以改良之；一为移植美棉，选取合于我国天气地质

① 章楷：《近代农业教育和科研在南京》，《中国农史》1992 年第 4 期。
② 高景岳等编：《近代无锡蚕丝业资料选辑》，江苏古籍出版社 1987 年版，第 175 页。
③ 邹秉文编纂：《中国农业教育问题》（商务印书馆 1923 年版），孙燕京、张研主编：《民国史料丛刊续编》第534 册，《经济・农业》，大象出版社 2012 年版，第 88 页。
④ 章有义编：《中国近代农业史资料》第 2 辑，第 409 页。
⑤ 民国《法华乡志》卷 6，《游寓》。
⑥ 上海市档案馆编：《上海古镇记忆》，东方出版中心 2009 年版，第 53 页。
⑦ 民国《二区旧五团乡志》卷 13，《风俗》。
⑧ 穆藕初：《振兴实业之程序》，《穆藕初文集》，北京大学出版社 1995 年版，第 176 页。

之美国棉种,注意严格选种,以及治地、疏栽、排水、摘芯、扫除虫害等方法,逐步培育以发达之。"①

他亲自编写《植棉改良浅说》一书,散发给纺织界同仁及棉农,以传播植棉改良知识。同时,他还身体力行,从事棉种改良的实践。1914 年,他在筹办德大纱厂时,又租借了上海杨树浦引翔港附近 60 亩土地,开办了穆氏植棉试验场,引进美国长纤维棉种。经过两年的探索,第三年终于获得成功,单株产铃最多达 40 个,一般都在 20 个以上,比一般农家旧的棉种高出五六倍。继而,穆藕初又和上海工商界名流聂云台、郁屏翰、吴善庆、黄首民、尤惜阴等 6 人,联合发起组织了中华植棉改良社,推举郁屏翰为社长,穆藕初为书记,并制定了中华植棉改良社简章。简章指出:"本社以联络振兴内国棉产之同志,交换知识,以求棉业改良之普及为主旨",其宗旨是"专以研究棉产为范围,冀以天然之地利,施以人力之改良,庶将来东亚棉产成为商战健将,用兴实业而挽利权。"②

中华植棉改良社的一切费用,由郁屏翰、聂云台、吴善庆、穆藕初四人承担。该社社员有两个义务,即独力或合力举办植棉试验场和就近提倡植棉改良以图普及。该社在上海浦东杨思桥附近开辟棉种试验场,并购买了许多美棉种子分送各省试种,向各地提供植棉技术咨询,还刊印了一些有关植棉改良的书刊散发指导,"用最通俗、最浅近的文字,向农民解释怎样来改进植棉的方法"。③ 穆藕初还亲赴浦东各地演讲植棉方法,④听者踊跃。1915 年 8 月 6 日《申报》载,穆藕初赴浦东三林塘作题为"农作改良问题"的演讲,"听讲者虽值天雨,亦颇拥挤。可见浦东乡间风气渐开,农民已知所竞进矣"。他的这些努力初见成效,1918 年8 月 27 日《申报》以"松江试种美棉之成绩"报道:"本年春间,金山植棉专家张寄畦君,向沪上创办植棉场之穆藕初君处分得美棉种子若干,归而试种。辟地数亩,以其所余分给乡人。讵乡人富于保守性,无改良之心,恐受异种不合土性之损失,均不敢轻于尝试,故仅张君一人试种。现此棉非常发达,身长干粗,平均有

---

① 穆藕初:《上农商部》,《穆藕初文集》,第 248 页。
② 《中华植棉改良社缘起》,《东方杂志》14 卷 11 号,1917 年 11 月。
③ 陆诒:《悼穆藕初先生》,《穆藕初文集》,第 612 页。
④ 穆家修等编著:《穆藕初年谱长编》,上海交通大学出版社 2015 年版,第 216、217 页。

花四十五朵,结实二十余枚,大似鸡子叶,如桐叶,预计获利必多,向之目笑腹诽者,至此无不称美,参观者日必数起。"有学者指出,穆藕初和中华植棉改良社的努力,使中国的原棉产量大增,为上海以及本国的纺织工业提供了充足的原料。[1]

19世纪末20世纪初,无锡蚕桑业受上海缫丝工业迅速发展的影响及其对原料茧需求的刺激,颇具规模,几乎村村种桑养蚕。据1913年江苏省实业厅《江苏省实业行政报告书》的统计,无锡农业户数为142 134户,其中养蚕户就有142 005户,约占前者的近100%。无锡成为上海丝厂重要的蚕茧供应地,并促使当地机器缫丝厂的兴办。自1904年周舜卿在东垞开办裕昌丝厂始,陆续有新办者,其间有停业者,但至1930年仍存有48家,其中不少源自于上海资本的直接投资创办或参股。[2]

1912年创办于杭州的纬成丝织股份有限公司,产销不断扩大。1920年在嘉兴筹建裕嘉分厂,设力织、缫丝二部。1923年,又先后在上海筹建裕通织绸厂和大昌染炼厂,并设立上海总发行所,负责经营公司产品的内外销业务,由此成为拥有包括杭州总厂、嘉兴分厂、上海分厂及总发行所在内的颇具规模的丝绸企业。在其发展过程中,丝织原料即蚕茧质量欠佳直接影响丝织品的质量和销路,引起企业经营者的重视,从帮助和指导农户改良育蚕制种等环节入手,加以改进。相关史料载,该公司"除扩充机织外,并以所用土丝纤度不匀,未免损及织品,遂有收茧缫丝之举,同时劝导民间改良蚕桑,并亲自育蚕制种广为提倡,行之数年,成效颇著"。企业的发展更添助力,"用丝问题解决以后,所出织品更胜于前,以后制丝方面逐年扩张,生丝自用有余,兼销海外"[3]。

费孝通的姐姐费达生,1903年生于江苏省吴江县同里镇,在日本留学期间学的是制丝技术。回国后,学以致用,先是在吴江县震泽镇进行土丝改良,举办制丝传习所,研制了木制足踏丝车。至1928年,改良丝车有92部,改良丝的售价可比土丝高出三分之一。她忆述:"教养蚕的人家缫丝,九十几家呢,每家一部

---

① 沈祖炜主编:《近代中国企业:制度和发展》,上海人民出版社2014年版,第313—314页。
② 郑忠:《非条约口岸城市化道路——近代长江三角洲的典型考察》,上海辞书出版社2010年版,第246、247、259页。
③ 王翔:《辛亥革命与杭州纬成公司》,《工商史苑》2011年第3期。

车,缫丝车是每家要木匠做的。缫出的丝打成包,日本式的包,是我学来推广的。"之后是去上海推销,"上海人不认识,到上海怎么办呢? 我们住在旅馆里,翻电话簿里的绸厂。第一个是美亚绸厂,绸厂见丝好,就很起劲,所有丝价钱都要高出三分之一,农民高兴得很"①。1928 年的统计载:"丝厂之原料纯为蚕茧。每年于蚕事告竣之时,沪上各丝厂及专营茧业之商人,纷纷派员至江、浙、皖三省内地,租厂收茧。其产地以江浙两省为多,皖省次之。江苏产茧之地以无锡、常州、江阴三县为最,其他如溧阳、金坛、宜兴、常熟、丹阳等处次之。浙江产茧之地以杭州、嘉兴、湖州、海宁、萧山、嵊县、新昌为最,平湖、崇德、诸暨、余杭、临安等县次之。"其中,"上海各丝厂所用之原料,以苏产为最多,普通年岁约有干茧十四五万担,浙江 10 万担之谱,安徽 1 万数千担。此外山东、湖北等处,每年亦各有 3 000—4 000 担。"②

自城乡手工织布业采用日式脚踏布机后,上海的一些铁工厂即开始仿造,业务忙时,曾日夜开工,"在 1922 年至 1924 年间,年产铁木机四五千台"。这些铁木织布机,"初期销路以上海为多,后销至江浙两省的江阴、常州、无锡、嘉兴、杭州等地"③,引领了这些地区城乡手工织布业的技术进步。

依托上海的工业中心地位,也有一些原籍市郊的民间资本工商界人士相继在家乡投资创办近代企业,在自身赢利的同时,也有利于家乡的民生和经济发展。出生于南汇周浦镇的赵楚惟,幼年卒业于南汇县学。后就读于湖南岳阳书院。回沪后,弃文经商。1901 年始,任上海丰裕官银号帮办及上海海关道候补道员。1905 年,游历日本及俄国东部,考察银行、航运及工商业。在日本参加了同盟会。回国后,积极参与反对清朝专制统治的活动。辛亥革命后,致力于发展实业,于 1914 年创办周浦大明电气股份有限公司,周浦从此有了电力供应。南汇县坦直乡的胡篑铭,后迁居周浦,其父胡可贞在日本神户经商。1912 年胡篑铭中学肄业后曾去日本学习实业,回国后先后在南汇的坦直、新场开办安定袜厂

---

①　沈汉:《蚕丝人生:费达生女士口述》,李小江主编:《让女人自己说话——独立的历程》,生活·读书·新知三联书店 2003 年版,第 245 页。

②　陈真等编:《中国近代工业史资料》第四辑,生活·读书·新知三联书店 1961 年版,第 157 页。

③　上海第一机电工业局机器工业史料组编:《上海民族机器工业》,第 270 页。

和昌华碾米厂。1929年,胡簋铭参与筹备中华火柴公司,并就任周浦中华火柴厂厂长,经营10余年,至1937年已是沪郊名厂之一。① 祖籍奉贤的蒋燕生,"民国初年开设轧花厂,为鲁汇诸厂之先,并因奉贤县境各项捐税较低,遂于闸港河南购地开办油车及槽坊,先后利用机器振兴鲁汇河南,使成吾奉北境之工业区"②。

上海火柴制造业的兴起,带动了郊县诸如手工糊制火柴盒的加工业。民国《奉贤县志稿》载:"乡间因限于器材及原料、资本之不足,故惟有糊盒手工业而少火柴厂。中国于清光绪年间,湖北武昌始有张之洞发起成立火柴公司。未几,上海方面亦接踵而起。民国初年,浦东之周浦亦有火柴工厂,而我奉糊盒工作则始于民国十九年之金汇桥上海大华火柴公司代理发盒部,经理陈木生。自筹备成立后,即租用河西街前振源电灯厂房屋,除雇用糊工三十名外,并每月发盒二百万,以便新近居民糊制。材料之采取,大概从青岛、连云港、温州一带运来之松杉,在厂制造盒片后,即由厂方统筹运输。"③

一些在上海创业成功的企业家,对引领家乡农村的经济变革也颇有贡献。无锡新起的周新镇,就是与周舜卿密切相关的。他在上海投资工商业小有成就后,"新辟东埠市约半里长,曰周新镇,招乡民居住,开设典当、茧行、米行、槽坊以及各业,更开丝厂一所,抽丝机八十六座,女工数百人,每年出丝销售上海及出口,利益甚丰"。周舜卿的发迹,带动了无锡东埼一带村民离乡谋求发展,一批人先后进入上海,形成了上海早期的铁行帮。1904年周舜卿在周新镇开办裕昌丝厂后,东埼逐步从一个旧乡村转而成为拥有近代工商业的新兴市镇。无锡的荣巷古镇,则有荣宗敬、荣德生兄弟的建设。他们着手辟市镇、办学校,并修筑了全长9公里的开原路,这是无锡西郊的首条大马路,还修通了开原路至北山钱桥镇的钱荣路,以及开原路至大渲口出湖的支线。其间,荣氏兄弟在荣巷古镇周围建造或拓宽了不少桥梁,其中的宝界桥,是其连接无锡城区的唯一陆路通道。这些路桥建设,直接引领当地乡村走出相对闭塞的状态,融入近代经济的范畴。④

---

① 上海市档案馆编:《上海古镇记忆》,第92页。
② 民国《奉贤县志稿》卷5,《人物》。
③ 民国《奉贤县志稿》卷10,《实业》。
④ 贺云翱主编:《无锡人与中国近现代化》,南京大学出版社2011年版,第352、353页。

第三节 农副产品的加工和机灌业

上海开埠后,从各地汇聚来的茶、丝等大量出口农副产品经由此地输往海外。因长途运输的需要和迎合国际市场对产品的要求等考虑,它们在离港前都有一个初加工和再包装的工序。在源源不断的大宗出口贸易的推动下,一批出口加工业很快发展起来。依托上海经济中心城市的有利条件,民国年间长江三角洲机器碾米业、机器灌溉业等新兴行业也相继问世,颇为引人注目。

一、 出口丝、茶等加工业

与机器缫丝业不同,棉花初加工的技术要求较为简单,上海附近棉花产区清末民初已多使用上海机器船舶修造厂等仿造的日式脚踏轧花机,后又推及长江三角洲其他棉产区,这种小轧花机加工的棉花总产量,已占上海港出口原棉的大部分。上海机器棉纺织业兴起后,郊县的轧花业发展又添助力。1915年即川沙县就有十五六家,而使用牛拉以代替足踏,效率提高一倍。又有恒源轧花厂于1915年改用柴油引擎发动的轧花机,效率又较牛力提高二倍。以后又有唐源兴、顾仁和、协泰等厂改用机械动力,恒源厂鼎盛时曾拥有320台轧花机。[①] 1922年,南汇县周浦镇乔协泰轧花厂和合兴轧花厂,都采用了柴油内燃机动力[②]。规模较大的,还有1916年创办的奉贤县青村镇的"程恒昌"轧花厂,时至20世纪30年代已在上海闹市区的中汇大楼设立了"申庄",专门负责联系与上海各纺织厂的业务联系,并拥有厂房机器、码头和运输船等,被称为"花界巨擘"[③]。当时该县除了程恒昌轧花厂,还有钱义隆轧花厂、陈葵记轧花厂、方同和轧花厂等,轧花业"颇为繁荣"[④]。

---

① 许涤新等主编:《中国资本主义发展史》第2卷,人民出版社1990年版,第910页。
② 薛振东主编:《南汇县志》,上海人民出版社1992年版,第19页。
③ 上海市档案馆编:《上海古镇记忆》,第309页。
④ 民国奉贤县文献委员会编纂,余霞客点校:《民国奉贤县志稿·实业建设之沿革》,上海市地方志办公室等编:《奉贤县志》,上海古籍出版社2009年版,第609页。

二、 碾米业

上海民族机器工业制造动力机器，从水汀引擎(蒸汽机)开始。早期，水汀引擎主要是用于内河小轮船的制造。19 世纪 90 年代，上海机器缫丝工业兴起，永昌机器厂制造的小马力水汀引擎，开始应用于拖动缫丝机。20 世纪初，求新机器厂仿制成功内燃机火油引擎[①]。它标志着民族机器工业在动力机器制造方面的重大进步，并为民族机器工业开拓农村市场创造了条件。

内燃机的制造成功，对于农产品加工机器的制造，起了推动作用。水汀引擎体积大、搬运使用不便、价格昂贵，限制了农产品加工机器和农机具在农村的使用。内燃机仿制成功后，其体积小，搬运使用均较水汀引擎灵活，价格便宜得多，更适销于农村市场，而其销量的增长，又促进了民族工业的内燃机制造业。第一次世界大战前，民族机器工业内燃机与农产品加工机器和农机具的制造已有起步。上海郊县的米行米厂，已开始采用国产火油引擎拖动碾米机器，以代替落后的人力和牛力碾米，少数地方的轧花业及农田排灌也开始使用国产火油引擎，但数量尚极少。

第一次世界大战期间，民族工业发展较明显，内燃机与农产品加工机器和农机具的制造也有所发展，市场有所扩大。此后，引擎的燃料改用薄质柴油以代替原先的火油，费用减少一半，迨柴油引擎仿制成功，以柴油为燃料，费用更省，更有利于拓展市场。如上海大隆机器厂的"客户以富农商人为多，往往购买引擎、帮浦、米机三样一套，自用之外，兼做生意。一年之中，打水之后轧花，轧花之后碾米，业务络绎，利润亦厚"[②]。1931 年前的三四年间，是上海民族工业内燃机产销的鼎盛期。估计最高年产量 750 台，马力约 6 000 匹。其中以 3 匹马力火油引擎为最多，占总产量的一半以上；其次，6 匹至 25 匹马力引擎，亦有相当数量；25 匹马力以上则极少，最大马力不超过 90 匹。[③]

---

① 以下统称的内燃机，包括火油引擎、柴油引擎、煤油引擎。
② 上海市第一机电工业局机器工业史料组等编：《上海民族机器工业》，第 374 页。
③ 上海市第一机电工业局机器工业史料组等编：《上海民族机器工业》，第 354、355 页。

表 8 - 3 上海民族机器工业内燃机产量估计
（至 1931 年累计数）

厂名	产量（匹马力）	备注
新祥机器厂	5 500	1914—1931 年产量逐步有所上升
吴长泰机器厂	5 000	1914—1924 年产量上升，1924 年以后下降
吴祥泰机器厂	7 000	1920—1925 年产量最高，后即平平
勤昌机器厂	3 500	1925—1927 年产量最高，后渐下降
中华铁工厂	1 000	1927—1931 年制造，时期不长
新中工程公司	3 640	1926 年开始制造，1929—1930 年产量最高
大隆机器厂	4 000	1928—1931 年大量成批制造 3 匹马力引擎
上海机器厂	600	1930—1931 年，设厂时期晚，产量不大
其他各厂	10 000	1910—1931 年，各厂产量分散
共计	40 240	

资料来源：上海市第一机电工业局机器工业史料组等编：《上海民族机器工业》，第 356 页。

其中，1930 年设立的上海机器厂，创办人是一些毕业于上海同济大学，原任职于其他机器厂的工程技术人员。其办厂目的，是鉴于当时进口农用火油引擎价格昂贵，马力大，维修也难，不适合推广，而国内制造的多数为 8 匹马力的火油引擎，缺乏小马力引擎；又时值"火油暴涨，昂过柴油四倍，极不经济"，于是决定合伙办厂，制造农用小马力即 4 匹柴油引擎的抽水机、磨粉机等。其产品，"机体坚牢，取置极便，马力充足，可抵二十余人之工作，用费减省，每日仅需五六角之谱，效率足与外货相埒，而售价之廉实为各国所无"，所以销售额连年增长。[1]

当时上海民族机器工业所产内燃机的用途，主要有碾米、灌溉、榨油、轧花、电灯厂及锯木、磨粉等，其比例估计如下：

表 8 - 4 上海民族机器工业所产内燃机用途百分率估计（1931 年止）

用途	马力分配（匹马力）	百分率（%）	备注
碾米	23 540	58.5	
灌溉	7 700	19.1	大都兼营碾米

---

[1] 黄汉民等：《近代上海工业企业发展史论》，上海财经大学出版社 2000 年版，第 150 页。

续　表

用途	马力分配(匹马力)	百分率(%)	备注
榨油	4 500	11.2	同上
轧花	1 500	3.7	同上
电灯	2 000	5.0	部分兼营碾米
其他	1 000	2.5	小布厂、磨粉厂等应用
共计	40 240	100	

资料来源：上海市第一机电工业局机器工业史料组等编：《上海民族机器工业》，第 356 页。同页注：上列用途分类的百分率不是绝对的，经营灌溉的大都兼营碾米。即使榨油、轧花，甚至电灯厂，也有购置米机，以碾米为附带业务的。有些小电灯厂，则是从碾米基础上发展起来的。所以引擎用于碾米的百分率，实际上还超过上列数字。

据记载，上海的机器碾米厂始于 1900 年的美商美昌碾米厂，"因当时民智未开，金以机米为不合卫生，以致营业不振。翌年，上海复有国人经营之源昌米厂出现，力辟有疑卫生之谣，盛称机器碾米之便利，顾客试食后，并无不良影响，于是机米之销额突增，专营米业者接踵而起"[1]。20 世纪上半叶上海城市人口的剧增，催生了郊县的机器碾米厂。上海早期的碾米厂，多以蒸汽引擎为动力，间有使用煤气引擎者。常熟、昆山、无锡、芜湖等米产区早期设立的米厂，亦采用蒸气引擎。蒸气引擎大都是外国货，价格昂贵，非大资本之厂莫办。[2] 自火油引擎进口后，特别是 1910—1920 年间民族资本机器厂仿制火油引擎以后，8 匹马力连同 1 台碾米机售价约千元，这类"碾米机较人力牛力或水力之旧式碾米方法，效率高出数十倍，且所碾之米粒完整洁白，此又旧式各种碾米方法所不及"[3]，很有市场吸引力。江苏武进县：

碾米一业，旧有砻碾、滚碾二法。砻碾，以稻入石磨，运之以牛，用风力扇去稻壳而成糙米；更以米盛于缸白，人工足踏木杵舂白之。滚碾，用石碌碡运之以牛，以碾成白米为度，不再入舂。此类以北乡为多。自清宣统间，邑人吴康、吴九如于西门外日辉桥，试购煤油引擎及碾米铁机为代用，较之

---

① 实业部国际贸易局：《中国实业志·江苏省》，该局 1933 年版，第 365 页。
② 上海市第一机电工业局机器工业史料组等编：《上海民族机器工业》，第 382、383 页。
③ 上海市第一机电工业局机器工业史料组等编：《上海民族机器工业》，第 383、413 页。

人工白舂,其加量为一与二十之比例。于是西门外大来、溥利、公信、宝兴泰等,相继行之。其原动力分火油、柴油二种引擎。从前之砻碾、滚碾、白舂运以人力牛力的,尽入于淘汰之列。[①]

上海及江南太湖一带产米区纷纷购置设备,开设机器碾米厂。以 20 世纪 30 年代初期的上海和江苏为例,可见下列统计:

表 8-5 显示,上海城区米厂的发动机这时已都采用电力马达。一些邻近工厂区的村落也有电力碾米机的使用,1934 年对上海杨树浦附近 4 个村落的调查记载,其中一个村落"有一电力撺米机器,系用沿中公路的水流,据说自 1928 年输入该地,附近各户口凡有稻须去皮者,皆携就此机器,工作费时无多,每担出洋 2 角。至于以前,则此项工作系用旧式器具,并用人工"[②]。周边地区的城乡,则仍都使用柴油引擎。

表 8-5　上海和江苏碾米厂数及设备统计(1931—1933)

市县	厂数(家)	发动机数(台)	碾米机数(台)	备注
上海	53	53	126	上海米厂之发动机用电力马达
无锡	27	31	101	无锡米厂之发动机多用柴油引擎
镇江	25	30	38	
南京	39	42	112	南京米厂之发动机多用柴油引擎
昆山	18	26	77	除一家用电力马达外余皆用柴油引擎
武进	8	8	21	除碾米机 21 部外又有砻谷机 27 部
常熟	11	29	73	
江阴	15	18	22	
宜兴	5	5	8	
崇明	1	1	1	
青浦	15	18	21	
江浦	3	3	3	

① 彭泽益编:《中国近代手工业史资料》,第 2 卷,第 389 页。
② 何学尼译:《工业化对于农村生活之影响——上海杨树浦附近四村五十农家之调查》(以下简称《农户调查》),原载《社会半月刊》第 1 卷第 1—5 期(1934 年),李文海主编《民国时期社会调查丛编·乡村社会卷》,福建教育出版社 2005 年版,第 256 页。

续　表

市县	厂数(家)	发动机数(台)	碾米机数(台)	备注
金山	30	40	51	
奉贤	20	20	28	
苏州	14	14	17	
高邮	15	15	15	共计马力180匹,其中6匹者最多,12匹次之,24匹者最少
高淳	42	50	65	
南通	3	7	13	其中1家专营榨油
靖江	1	1	1	兼营榨油
南汇	11	11	14	其中1家兼营榨油,2家兼营轧花
阜宁	1	1	1	
兴化	21	21	30	
六合	10	10	20	
合计	388	454	860	

资料来源：上海市第一机电工业局机器工业史料组等编：《上海民族机器工业》，第384、385页。

　　随着国产柴油引擎的产销，上海郊县及长江三角洲地区这类碾米厂有较快发展。在浦东南汇，"大团西面的大兴公司，在1906年向德商禅臣洋行购进24匹马力引擎用于碾米，专门代米行加工，是为浦东方面最早使用动力引擎的几家厂。自民元以后，民族机器工业制造火油引擎日渐增加，浦东碾米事业使用引擎遂有发展"[①]。当地碾米业的格局及其与上海市场的联系，也发生相应变化，在南汇县，"米市向推周浦镇最盛，七八月间，华(亭)娄(县)奉(贤)青(浦)各属之谷船云集镇之南市，彻夜喧阗，米肆籴谷亦必卜夜，至晓载归，砻之春之既成白粲，黄昏装船运沪，销售沪市，谓之东新，获利颇厚"；自碾米机推广后，"碾米机厂遍设各镇，籴谷者散而不聚，周浦米业日衰"[②]。

　　据统计，1925年以后，仅上海新祥机器厂制造的引擎碾米机，年产销量都在30台以上，"百分之九十左右的客户集中在上海郊区、苏南太湖地区及苏北，浙东、浙西较少，福建、广东、江西、安徽则仅有个别客户"[③]。1932年编纂的《奉贤

[①] 上海市第一机电工业局机器工业史料组等编：《上海民族机器工业》，第386页。
[②] 民国《南汇县续志》卷18，《风俗》。
[③] 上海市第一机电工业局机器工业史料组等编：《上海民族机器工业》，第387页。

县政概况》载:"本县工业除水木等为农家副业外,机器工业则以电气碾米为多,计有碾米厂一家,电气兼碾米厂四五家,电气兼碾米轧花厂一家,碾米轧花厂一家,碾米榨油厂一家,男女工友共有二三百人。"①成书于 1936 年的《乌青镇志》载:"碾米设厂,始于北栅大有厂。近时青镇东栅、乌镇南栅均设厂,而各大米行又自置机器在行自碾乡米。绍籍人更创制碾米船,设机船中,下乡代碾,碾米一石收费一角至一角五分,取费既轻,时间尤速,故遇丰登之岁,此业颇为发达,旧时恃人工以臼舂者淘汰殆尽"②。20 世纪 30 年代浙江嘉兴县的机器碾米业,分布于各主要市镇,尤其以县城和近城各市镇以及新塍为主。

表 8－6　嘉兴县机器碾米业的地域分布(1933 年)

市镇名	碾米厂数	年加工总额(石)	市镇名	碾米厂数	年加工总额(石)
新塍	5	192 000	王店	3	35 000
县城	8	190 000	王江泾	2	35 000
凤喈桥	3	86 000	南堰	1	32 000
余贤埭	4	72 600	东栅口	1	30 000
南汇	2	45 000	新丰	2	10 500
塘汇	2	40 000	总计	36	804 100
新篁	3	36 000			

资料来源:黄敬斌:《近代嘉兴的城镇体系与市场层级》,《复旦学报》2014 年第 4 期,第 36 页,表 5。

　　1935 年的《金山县鉴》记述:"本县居民以农为业,故近世工业无可言者,有之惟碾米厂耳。北部各镇,秋收登场,各碾米厂机声轧轧,生意至为兴隆,每镇少则三四家,多则七八家。"③1937 年,松江县泗泾镇沿河下塘有米行 37 家,碾米厂 12 家,米市交易量最高日达 2 000 余石(约 158 吨),销往上海及棉花产区的南汇和川沙等地。④ 与周边地区碾米厂纷纷开办的态势相联系,上海城区碾米厂的增长则显缓慢,因其很大一部分加工业务已被前者所取代。1930 年的《上海之

---

① 民国奉贤县文献委员会编纂,载之点校:《奉贤县政概况·工商业》,上海市地方志办公室等编:《奉贤县志》,上海古籍出版社 2009 年版,第 776 页。
② 民国《乌青镇志》卷 21,《工商》。
③ 《金山县鉴 1935》,《民国上海县鉴·金山县鉴》,上海书店出版社 2013 年版,第 124 页。
④ 上海市档案馆编:《上海古镇记忆》,第 282 页。

米市调查》载:"近年无锡、常熟、昆山、吴县及陆家浜、巴城等处米厂纷设,河米大都碾白来沪,因此沪埠米厂自民元而后已少增进。"[1]

三、 机器灌溉业

内燃机的产销,直接推动了诸如机器抽水机等新型农机具的应用,在地处水网地带的上海及长江三角洲尤为明显。据1928年的记载:"今者太湖流域,机械灌溉已甚流行。考其由来,则当五六年前,上海之机器行商沿沪宁线各处,推销引擎抽水机用于农事,问津者极鲜,旋在常州、无锡等处售去数具,试用之下,功效甚著。"具体而言:

> 常州一带之田,皆赖运河以资灌溉,通例自运河起水,注于漕河,再由漕河分灌各田,运河低于漕河可二三丈,漕河低于稻田者数尺至十余尺不等。每年插秧之期,每亩灌水须用人力一工半至二工,计工资四角至六角。待插秧后以至成熟,尚须加水四五次以至十余次不等,随雨水之多寡而异。但每次所加,不如前次之多,约二、三寸即足,每亩每次约须人力半工。综上计算,一亩之田,昔由人力灌溉者,其费用即在雨旸时若之年,亦须在二元以上,一遇亢旱,费用增至四五元,而犹难期全获焉。无锡情形,与常州相似。稻田需水,仰给于漕河,漕河干涸,仰给于运河,各漕河狭小而短,资以灌溉之田,自一、二百亩以至千余亩不等。雨后漕河积水,农人踏车,便能取水。迨漕河告罄,须先设车,自运河起水,暂贮漕河,然后车灌田中,费用与常境不甚悬殊。[2]

费用省、效率又高的引擎抽水机在当地一经试用,很快就打开销路,"自新式机械流行后,自运河起水多改用帮浦,满贮漕河,由各农户任意车取。机械为公司或农社所置备,取费按每亩计算,每年每亩约二元"。因为有市场,农户也有需求,且单靠他们个体的力量难以置办机械,当地便有人集资并预收农民灌水定金

---

① 上海市第一机电工业局机器工业史料组等编:《上海民族机器工业》,第386页。
② 上海市第一机电工业局机器工业史料组等编:《上海民族机器工业》,第358、359页。

"组成公司,专以包灌稻田为业"。这类专业的灌溉公司:

> 凡着手之始,即向农户分头接洽,取得溉田定洋。然后采办机械,从事灌溉。此项公司,大率事简利厚,例如包灌稻田一千余亩,即可收入定洋千余元,以之置备小引擎离心抽水机管子零件等等,不敷无几矣。嗣后一面灌水,一面陆续向农户收款,其进出相抵,不敷者无几。至于第二年,除开销外,偿清购机余数,尚有余利,而机械之成本,则已完全赚得矣。

针对江南水网地带的地理特点,其运营方式贴近小农的需求,灵活便捷,"引擎帮浦大都装于河旁岸上,然亦可装于船中,如所灌之田聚在一处,自将机械装设岸上为佳,如田散处各地而有水道可通,则将机械设在船上游行灌溉,甚属便利"①。如"无锡地方经营灌溉的商人、富农等,都将引擎帮浦装在木船上,以便流动,乡间称谓'机船'。每只机船一般备有12匹马力柴油机连帮浦米车一套,约需1 200元,木船约需400元。这些经营'机船'的大都只凑集很少资金,或根本没有资金,资金来源系先向农民预收部分打水费,再向上海购买帮浦,先付少数货款,余款拖拖欠欠,待下半年才能结清"。1931年左右,无锡一带装置柴油引擎抽水机经营灌溉业务的"机船",约有二三百艘。其承包农户的灌溉,为期约5个月,至一季稻熟时止。每艘船大都装有12匹或20匹马力引擎及8英寸帮浦各一具,可承包六七百亩,每亩每年收灌溉费一元多。② 当地的农业生产亦有改进,1930年的《无锡年鉴》载:"近来利用机器戽水,一熟之田可以种麦,而蒲田亦可种稻。"③此前,无锡东北"怀上、怀下各市乡,地势高亢,土亦稍瘠,往岁麦虽丰收,稻乃难熟。自戽水机兴,人力之灌溉易之机力,于是水流上达,乃无远勿届,而高田遂得尽熟,故戽水机对于本邑之农产,其功固未可没也"④。

在1929年的杭州西湖博览会上,就有抽水机的展示,参展各机"每日开机,

① 上海市第一机电工业局机器工业史料组等编:《上海民族机器工业》,第359、360页。
② 上海市第一机电工业局机器工业史料组等编:《上海民族机器工业》,第364页。
③ 王立人主编:《无锡文库(第二辑)·无锡年鉴(二)》,凤凰出版社2011年版,第1页。
④ 无锡县政府编印:《无锡概览(1935年5月)》,转引自陈文源等主编:《民国时期无锡年鉴资料选编》,广陵书社2009年版,第492页。

颇能引起观众之兴味,且虽行驶多日,尚未见有损坏之处,足徵其结构之坚固矣"。其中上海大隆机器厂生产的戽水用内燃机,"在会场内已售去数十具"①。因其市场需求大,上海制造的抽水机在苏南的销路逐渐受到当地制造业的有力竞争,有的工厂只得相应调整产品结构,"1930年以后,无锡的机器厂自造帮浦有很大发展,上海制造的引擎帮浦销路大受打击,新中厂仿造慎昌洋行及怡和洋行进口货式样,制造的城市自流井及矿山用空压机及高压多级抽水机数量逐步增长,销往无锡的引擎帮浦数量日渐减少"②;有的工厂为降低产销成本,还因此从上海迁往苏南。据行业史料载,1930年以后:

> 无锡、常州的机器工业亦纷纷仿制内燃机和农产品加工机械,如无锡工艺、合众机器厂,常州万盛、厚生机器厂,皆以制造内燃机引擎及帮浦著名。因此在太湖及苏北等地狭小的机械市场上,竞争加剧,内燃机制造重心亦转往无锡,上海制造的内燃机反而日少,制造内燃机较早的俞宝昌机器厂亦于是时从上海迁往无锡。③

这种态势更助推当地农村的机灌业,有当时人忆述其亲友曾集资1 000元,"向无锡民生机器厂购得20匹马力柴油引擎一台,10英寸对径抽水机一台,双连碾米机一台,共计价值1 000余元,当时仅付400余元,其余价款言明使用以后陆续拨还;另置木船一艘,约五六百元,然后开始营业,承包打水"。他强调:"无锡的'机船'组织经营,大率如此。迄抗战前夕,无锡城乡一带,共有机船800多艘。"④在少数有电力供应的乡村,则有改用电力马达拖动抽水机者,据1928年的记载,在常州城外,"益以常州戚墅堰震华电气公司之提倡,设立杆线,通电力于四乡,以转动抽水机,农民得此便利,更乐于采用",但这类乡村为数极少,无

---

① 全国图书馆文献缩微复制中心:《中国早期博览会资料汇编》(七),全国图书馆文献缩微复制中心2003年版,第247、244页。
② 上海市第一机电工业局机器工业史料组等编:《上海民族机器工业》,第364页。
③ 上海市第一机电工业局机器工业史料组等编:《上海民族机器工业》,第357、358页。
④ 上海市第一机电工业局机器工业史料组等编:《上海民族机器工业》,第365页。

电力处全赖内燃机引擎拖动抽水机灌溉农田。[①] 1930 年,在江浙沪考察实业的卢作孚记述:"用小的柴油引擎,带动离心力帮(泵)浦,为农田吸水,在江苏尤其是江南特别普遍。我们过无锡、苏、常一带,随时见着一只木船,撑着一根高的水管弯向旁边,都是装的水帮(泵)引擎在里边。而且上海、无锡有好多厂专造水帮(泵)引擎。"[②]1934 年苏南遭遇旱灾,苏州商会先后两次派人赴上海购置抽水机,由商会雇船 43 艘,每船配载抽水机 1 台,驶往各乡抗灾[③]。

　　在上海郊区农村,亦有这类"机船"的运营。有当时的浦东人忆述:"火油引擎问世后,许多地主富农购备一套,主要用于灌溉,每台 3 匹引擎拖动 5 英寸进口 4 英寸出水的帮浦,每小时约可灌溉六、七亩,一天一夜可解决百余亩土地的用水问题。我家中在浦东川沙种田四十余亩,稻棉各半,曾购用中华厂引擎帮浦灌溉。当时连年干旱,采购引擎帮浦者增多,中华厂经常日夜赶制,常感供不应求。我在这时曾备中华厂出品 3 匹引擎帮浦 3 套,分装在 3 只小船上,一度在浦东经营代客打水。一般情况下,每亩收费五角,天旱时取费达每亩一元多,利润极高。因此浦东一带拥有数十亩以上土地的地主富农,都纷纷购买引擎帮浦,以代替人力牛力,也有些富裕中农合伙购买的。"[④]一位机修工回忆:

　　　　我 25—26 岁时(1930—1931 年),使用引擎始较普遍。在浦东大团东西二面,我修理过的引擎就有上海冯瑞泰、陆顺兴、黄德泰、明昌等机器厂的出品,每家有三、五部,俱系老式冲灯 6 匹马力,亦有大隆、上海等厂出品的 3 匹马力小引擎踪迹。周浦祝家桥则专销中华厂出品的 3 匹马力小引擎;奉贤方面,大隆、中华出品的小引擎较多,俱用于灌溉棉田及稻田。棉田灌溉的作用亦大,大团的棉田每亩收籽花一百四五十斤,如在农历五六月间天旱无雨,能及时灌溉二三次,可多收获籽花一二十斤,因此浦东地区使用小引擎帮浦较多。[⑤]

①　上海市第一机电工业局机器工业史料组等编:《上海民族机器工业》,第 358 页。
②　卢作孚著,文明国编:《卢作孚自述》,安徽文艺出版社 2013 年版,第 150、151 页。
③　王仲:《民国时期商会对农业的扶持——以苏州商会为例》,《中国农史》2011 年第 1 期。
④　上海市第一机电工业局机器工业史料组等编:《上海民族机器工业》,第 378、379 页。
⑤　上海市第一机电工业局机器工业史料组等编:《上海民族机器工业》,第 379 页。

在沪杭铁路沿线的嘉善等地,也有抽水机的应用。据当事人记载:"沪杭铁路上的嘉善地方,富农地主雇工耕种较多,采用引擎的也不少。如中华铁工厂的客户之一嘉善沈起超,系退职官僚地主,雇工耕种二百多亩稻田,购用引擎、帮浦、碾米机器,以供灌溉轧米之用。一般购置 3 匹马力引擎的以自用为主,专门以灌溉为营业的则以购置较大的 6 匹、9 匹马力引擎为多。"而中华铁工厂的引擎,"仿照日本进口式样制造,主要零件'麦尼朵'(发火器)尚未能制造,一般都购用美国进口的惠可牌,每只需数十元。3 匹马力引擎每台售价 300 元左右。销售地区以上海近郊及江、浙二省的沪宁、沪杭铁路沿线为多"①。

宁波亦有人经营机灌业,1926 年 1 月 8 日《申报》以"大同农社筹办水利"为题载:"宁波大同农社自创办后,已逾数月,各种园艺如瓢菜等均将发卖。兹闻该社前由沪某洋行购来之机器车水机一架(计银元六百余两),用煤油马达汲水,非常简便省费,故为谋农民之公共利益起见,特定价全年每亩保车水价一元(用牛车每亩每年均约需费二元)。该处一带农民闻已纷纷定保,故该处农业另呈一番气象。"②成书于 1936 年的《乌青镇志》记述:"近年有戽水机器,其器装置船内,农田遇有水灾或旱干均可用。机器戽水较旧式水车专恃人力者其速倍蓰,各村农无力购置,现仅绍籍人备有二三机代人戽水,价较人工为廉。"③

总的来说,受小农经济拮据和农民实际经济承受能力的制约,抽水机在上海郊区和长江三角洲农村的应用并不普遍,地域范围有限,主要是在那些地势较高亢、人力取水成本较贵的地区;反之,即使在上海郊区仍多沿用传统的人力、畜力或风力取水方式。1923 年,美国记者在上海郊县目睹:"苏州河是一条对比强烈的河流,有时十分狭窄,有时几百码宽,形成富饶的三角洲。土地很平坦,四处都是开垦的田地。稻田沿河岸延展,取水的方式很原始,由两名男子或女子用缠着绳子的小圆水桶把水从河里舀到泥池中。一次只能取不超过两夸脱的水,大概一分钟能取六次,一小时又小时地进行着。想一下所需的劳动,首先填满泥池,

---

① 上海市第一机电工业局机器工业史料组等编:《上海民族机器工业》,第 378、379 页。
② 宁波市档案馆编:《〈申报〉宁波史料集》第 5 册,第 2642 页。
③ 民国《乌青镇志》卷 7,《农桑》。

然后将少量的水注入稻田中,或者填满灌渠来灌溉稻田。"①1933 年的调查,南汇县有"机器水车,但用者甚少";奉贤县,"现有新发明之戽水机、甩稻机等,因购价较贵,农民用之甚少"②。有当年亲身参与抽水机制造和推销的人追述:

> 如邻近上海的松江、昆山一带,由于田低水平,田与水距离一般仅一、二英寸,农民大都使用范风力或牛力戽水,一台风车仅数十元,费用省,使用柴油机帮浦不合算,因此极少购用。在常州以上地区又因田高水低,田与水距离往往达二三丈,需要较大马力的柴油机帮浦,成本较大,农民无力负担,因此又无法推广。苏北有些地区则水高田低,帮浦大都用于排灌,而小规模的排灌大部用风车代替,大规模的则无力举办,因此购用者亦有限。至于浙江宁波等山地,又因水源不大,田地分散,加上运输不便,无法将引擎帮浦装在船上移动。

他们感叹:"除非有较大的灾害发生,否则帮浦是很少有销路的。"并指出:"帮浦在无锡略有销路,主要由于无锡有充足的水源,有取之不竭的太湖水。其次,无锡的耕田与水源高低差距一般在一丈以上,当地耕牛很少,一向雇用人力戽水。无锡是发展较早的工业城市,产业工人有一定的数量,农村人力较缺,雇工工资较高,特别在农忙时,戽水日夜不息,雇工更为困难。因此,柴油机帮浦出现后,即为农民所乐于接受,帮浦尚有一定限度的市场。"③而在那些农村劳动力相对过剩的乡村,抽水机的应用则多受冷落,1936 年费孝通在家乡江苏吴江县开弦弓村实地调查,得知前两年村里就有了两台柴油抽水机,但这两台机器并未被村里的农户普遍租用,原因在于使用机器而节约下来的劳动力找不到其他生产性的出路,如租用抽水机,则意味着他们在省力的同时,却额外多了一分开支,这是他们所不愿接受的,于是他们宁可沿用传统的人力或畜力抽水方式④。

---

① [美]格蕾丝・汤普森・西登著,邱丽媛译:《中国灯笼:一个美国记者眼中的民国名媛》,中国言实出版社 2015 年版,第 236 页。

② 章有义编:《中国近代农业史资料》第 3 辑,第 874 页。

③ 上海市第一机电工业局机器工业史料组等编:《上海民族机器工业》,第 368、369 页。

④ 费孝通:《江村经济》,上海人民出版社 2006 年版,第 113 页。

在作为新型农机具的抽水机的应用和推广方面的上述史实,较为生动具体地反映了近代机器工业引领中国农村传统生产方式的改革和进步,而自身的发展亦从中受益,同时在其过程中所遭遇的种种阻力和单凭其自身之力难以突破的窘境。近代中国城乡经济关系的有所作为及同时所受到的种种束缚,于此可见一斑。

第四节　手工业的新趋向

近代中国虽有机器工业的发生发展,但城乡手工业仍在国计民生中占有重要地位,据截至 1933 年的统计,在中国工业总产值中,工厂占 25%,手工业占 75%。[1] 时至 1933 年至 1935 年间对上海市市区 5 874 家手工业的调查,共涉及 14 类行业,其中有日用品手工业、家具手工业、冶炼手工业、交通用具手工业、机器及金属品手工业、土石手工业、纺织手工业、造纸印刷手工业、木材手工业、橡革手工业、烟草饮食品手工业、化学手工业、饰物仪器手工业、其他类手工业等[2]。截至 1937 年,上海有工厂 5 525 家,作坊 16 851 家,即手工作坊占全市工业总户数的 75.3%。上海的棉纺织业,20 世纪二三十年代手工棉织工场仍有 1 500 余家,"沪西一带工场林立,其中以小规模棉织业工厂占最多数,大都织造毛巾、棉布、线毯之类,所用机件均系木制"[3]。与此同时,受外国机制工业品大量输入的冲击,上海与长江三角洲的城乡手工业,也发生一系列相应变化。

一、棉纺织业

1919 年在江苏常熟的实地考察:

① 巫宝三等:《抗日战争前中国的工业生产和就业》,《巫宝三集》,中国社会科学出版社 2003 年版,第 41 页。
② 上海市社会局:《上海市市区 5 874 家手工业概况之分析》,原载《实业部月刊》第 2 卷第 6 期(1937 年 6 月 10 日),李文海主编:《民国时期社会调查丛编(二编)·乡村经济卷》乡村经济卷(中册),福建教育出版社 2009 年版,第 623 页。
③ 彭泽益编:《中国近代手工业史资料》第 4 卷,第 107 页;第 3 卷,第 96、536 页。

常熟之有织布厂,实始于前清光绪二十九年,厥后逐渐增多至三十一家,间有设立分厂者。厂之大者有织机二百数十部,少亦八九十部,合计三十一家之铁机、提花机、平布机总数当在三千部左右,每机百部约需男女工一百六十人,共当需工四千八百人,以男一女九计之,则男工当有四百八十人,女工当有四千三百二十人,年产之数约有四十万匹,价值银一百八十万元。销路除本省外,更远至浙江、四川、湖北、哈尔滨等处,而皆以上海为转运之区,故各该厂于上海一埠并设有发行分销所。各该厂营业发达,互相竞争,而以勤德一家最占优胜,其内部设有力织、染色、上浆、干燥、轧光、伸张、烧毛、制丝光线等各机,故出品优美。①

1927 年的《中外经济周刊》载:"常熟之布机,均系手拉机,并不借机器之力,亦有木机及铁木机之别。"②1928 年,无锡有 17 家棉织工场,其中的 1 家规模较大,有织机 160 架,投资额 50 万元,并使用电力运转织机,"其余大多数织布工场则仍在家庭工业时代,每家设备极为简陋,仅有木制织机数架,资本亦极有限,每家资本有仅 5 000 元者"③。1930 年 4 月 29 日,卢作孚一行在上海近郊的川沙县城,"看见在一条街里,很有几家扯梭织布厂,大家都很惊奇,机器工业势力发达的上海附近,这种手工业的小厂仍然存在"④。1934 年,浙江海宁县"硖石一处,每年各种扣布总出口值估计在 200 万元以上。大部多输至江北之皖苏两省及浙江东南部诸省,即福建省亦有扣布之市场,中以浦城一县每年消费硖石之扣布为数最伙"⑤。直至 1937 年,上海公共租界区域内还有八九千架手织机,赖以为生者约 5 万人。⑥

1919 年,崇明县堡镇土布业富商杜少如,利用崇明原棉和劳动力资源,与上

① 彭泽益编:《中国近代手工业史资料》第 2 卷,第 666 页。
② 《常熟之经济状况》,《中外经济周刊》第 214 期(1927 年 6 月 4 日)。
③ 方显廷:《方显廷文集》第 1 卷,商务印书馆 2011 年版,第 290 页。
④ 张守广:《卢作孚年谱》,重庆出版社 2005 年版,第 80 页。
⑤ 方显廷:《方显廷文集》第 1 卷,第 294 页。
⑥ 严中平:《中国棉纺织史稿》,商务印书馆 2011 年版,第 320 页。1950 年,在杨浦区境的手工业者分 660 类共 2 915 人,其中手工棉纺织业位居榜首,共 224 家 1 103 人,资本 28.3 万元,分别占该区手工业户数的 37%、职工数的 37.8%、资本数的 36.8%(详见罗苏文:《高郎桥纪事》,上海人民出版社 2011 年版,第 9 页)。

海实业家姚锡舟集资 64 万银元，在堡镇开办了大通纱厂；1932 年，杜少如又与人集资设立了富安纱厂，其所产机纱大部分由当地土布织户购用①。1928 年上海特别市对所属近郊闸北、彭浦、真茹、沪南、蒲淞、法华、洋泾、引翔、漕泾、塘桥、陆行、高行、杨思、曹行、塘湾、颛桥、北桥、马桥、闵行、陈行、三林、吴淞、殷行、江湾、高桥、杨行、大场、莘庄、周浦、七宝等 30 个区的农村调查显示，手工棉纺织业还是各区普遍的农家副业，其中如真茹、蒲淞两区，年产值在 10 万元以上。② 在蒲淞区，其原料原为"自纺之棉纱，现以厂纱细致，大都改用十二支纱。每家置有木机一架至数架不等，但出品迟钝非常，今改用手拉机者仍极少数。工作辛勤，每于深夜犹闻机杼之声。织就后，销售于上海布行，购回棉纱"③。

1930 年，对上海市百四十户农家调查载："农家妇女，料理家务及保育食事以外，农忙时则从事田园工作，暇则鲜有不从事纺织者，故纺车与布机，几无不备具。140 家中，共有布机 94 架，平均每家 0.7 架。纺车 68 具，平均每家 0.5 具。纺车之数，所以不及布机之多者，以上海纱厂林立，所出之纱价廉而质美，自家纺纱远不如买纱织布之为得也。"④1934 年 2 月及 1935 年 8 月在沪郊农村的两次调查，发现在 944 户，4 094 总人口中，尚有 862 人以织布为副业，超出任何其他副业人数之上。⑤ 上海民族工业所生产的铁木织布机，"初期销路以上海多，后销至江浙两省的江阴、常州、无锡、嘉兴、杭州等地，并远销汕头、厦门⑥。

在以上海为中心的机器棉纺织厂开办的同时，长江三角洲江苏区域内以机纱为主要原料的家庭手工织布业仍很普遍，1934 年对沪宁沿线 17 个县的调查结果，其总产量达 1 400 万匹。其中，南通、江阴、武进、常熟 4 县，年产均在 200 万匹以上；崇明年产在 100 万匹以上；他如松江、海门、吴县、无锡、溧阳、镇江、南

---

① 上海市地方志办公室、崇明县档案局（馆）编：《话说上海·崇明卷》，上海文化出版社 2010 年版，第 118 页。

② 《上海特别市各区农村概况》，原载《社会月刊》第 2 卷第 5—11 号（1930 年 11 月至 1931 年 5 月），李文海主编：《民国时期社会调查丛编（二编）·乡村社会卷》，福建教育出版社 2009 年版，第 425—488 页；严中平：《中国棉纺织史稿》，商务印书馆 2011 年版，第 320 页。

③ 《上海特别市各区农村概况》，原载《社会月刊》第 2 卷第 5—11 号（1930 年 11 月至 1931 年 5 月），李文海主编：《民国时期社会调查丛编（二编）·乡村社会卷》，福建教育出版社 2009 年版，第 437 页。

④ 《上海市百四十户农家调查》，原载《社会月刊》第 2 卷第 2—5 号（1930 年 8—11 月），李文海主编：《民国时期社会调查丛编（二编）·乡村社会卷》，福建教育出版社 2009 年版，第 505 页。

⑤ 严中平：《中国棉纺织史稿》，商务印书馆 2011 年版，第 320 页。

⑥ 上海市第一机电工业局机器工业史料组等编：《上海民族机器工业》，第 270 页。

京及铜山,年产均在 10 万匹至 90 万匹之间。这些地方的手工织布业,多已使用改良织机,仿制宽幅布匹,销往大江南北各省,若南通、江阴、松江等地所产,还远销南洋。此外未经调查的宝山、太仓、金山、江浦、靖江、六合、宿迁、萧县、睢宁、邳县、高淳、启东等县,亦各有相当产量。[①]

　　浙江的家庭手工织布业,较之江苏逊色。1934 年所调查的上虞、余姚、海宁、镇海、鄞县、绍兴、杭县、金华、兰溪、平湖、嘉兴、嘉善等 12 个县,共计产布约600 万匹。其中,平湖约 200 万匹,海宁、绍兴各约 80 万匹,其余除余姚、镇海之外,均在 10 万匹以上。[②] 在嘉善县,20 世纪 30 年代的实地调查载:"农家织布,各乡均有,惟多为'自织布',即农家购得洋纱后,自织自用,完全是一种家长式的家庭手工业,并且颇不重用。但另有一种所谓'织庄布'者,是商业资本支配之下的家庭工业,有些地方的农民把它当成一种主要的副业,从而获取工资。例如五区云南乡,织花布的农民就很多;其次卿云乡、镇东乡、王店镇等处也不少。……所谓织花布者,即由农民向布庄领取洋纱,织成后仍交还布庄,而获得工资。上述各乡织布庄农民的雇主,有些远在海宁县的硖石镇,大部分则在本区的王店镇。"这些雇主"发纱由农民织布,则其利益颇大,盖同量棉纱与白布价格之差异,远较付给农民之工资为多"。其成品布的销路,"远及宁波、绍兴、上海、苏州、常州、镇江、扬州等地"[③]。

二、 丝织业、草编业等特色手工业

　　据 1919 年调查,盛泽镇共有丝绸行 70 余家,每年销售量约在 6 000—11 600余担。[④] 20 世纪 30 年代后,由于海外人造丝的竞销,盛泽镇的丝绸业有所衰落,但仍颇具规模。1932 年的报道称:

　　　　盛泽纺绸业之为农村副业,和普通的有很大不同的地方。普通所谓副

---

　　① 严中平:《中国棉纺织史稿》,商务印书馆 2011 年版,第 327 页。
　　② 严中平:《中国棉纺织史稿》,商务印书馆 2011 年版,第 327、328 页。
　　③ 冯紫岗:《嘉兴县农村调查》(国立浙江大学、嘉兴县政府 1936 年 6 月印行),李文海主编:《民国时期社会调查丛编(二编)·乡村经济卷》上册,福建教育出版社 2009 年版,第 353、354 页。
　　④ 彭泽益编:《中国近代手工业史资料》第 2 卷,第 631 页。

业，如其名所示，是从属于农业为主。而盛泽的情形则恰恰相反，从事纺绸业的农民固然都有土地，而大部分都是自耕农，可是对农业并不重视。他们的重要经济来源是在纺绸，这一年纺绸业如兴盛，他们竟至于让土地去荒芜。所以年岁的丰歉，他们视之很漠然，而纺绸业的盛衰，却是他们全部的生活所系。[①]

1910—1929 年，日本式半机械提花织机传入盛泽，当地机户因惯于使用传统的手工木织机，不谙新织机和新工艺，于是"乃往杭湖各处招集织工来盛，日渐加多"，1925 年已约近千人。20 世纪 20 年代末至抗战前夕，电机织造在盛泽推广迅速，1937 年全镇已拥有电力织机 1 000 余台。织机设备的革新，还派生了钢筘、梭箱、梭子、车木、纹制、电机、修配等辅助行业，来自上海、杭州的相关专业人士遂到盛泽开坊设店，兼营修造。[②] 1936 年出版的《无锡区汇览》载："盛泽有一特区，即所谓'庄面上'，在镇之东南部，为绸类买卖之集散地，每日上午八九时至下午三四时止，绸之营业总数，每年约五六百万金。"此处的'庄面'，是指镇上绸行、绸庄的集中地，它与周围丝行、染练作坊和开设在上海、汉口、南京等地的分行，组成一个辐射面广的丝绸销售网络。分散在周围农村的众多手工织户，通过'庄面'卖掉手上的绸匹，再从丝行买回蚕丝织绸，周而复始，维持生计。[③]

当时苏州城乡的丝织业也很兴盛，实地调查载："吴县织缎手工业最为著名，民国二十一年间，乡间计有庄号五六十家，专发原料给农家妇女织造，此项农家妇女从事织缎副业的计有数千，每年所出苏缎、纱缎、素缎价值三百余万元。"[④] 截止 1937 年前调查："苏州之工业向来停留于小规模之手工业及轻工业时代，而以浒关之织席、唯亭之毡毯、城郊一带女工之刺绣及丝织品为著名特产。"[⑤]苏州市档案馆现藏有一份《苏城现卖机业缎商文锦公所章程(1918 年 11 月 8 日)》，

① 河冰：《盛泽之纺绸业》，《国际贸易导报》第 4 卷第 5 期(1932 年 10 月)。
② 罗婧：《移民社会的整合与地域认同感的构建——以盛泽市镇社会的成长为例》，《江南社会历史评论》第 8 期，商务印书馆 2016 年版，第 205 页。
③ 朱云云、姚富坤：《江村变迁：江苏开弦弓村调查》，上海人民出版社 2010 年版，第 287 页。
④ 曹博如：《发展太湖沿岸农村副业的研究》，《实业部月刊》第 2 卷第 6 期(1937 年 6 月)。
⑤ 上海市档案馆编：《日本在华中经济掠夺史料(1937—1945)》，上海书店出版社 2005 年版，第 118 页。

其中规定:"一、本公所系苏州商埠城厢内外现卖机户缎商同业集合设立,定名曰文锦公所。一、现卖机业之种类范围,以购办丝经自织各种花素纱缎,或雇工帮织或兼织各缎庄之定货者为限,依照农商部《修正工商同业公会规则》第二条,将同业牌号、姓名呈由苏州总商会认定之。一、公所之设立以研究实业原料、改良制造货品、维持同业公益、兼办各种善举为宗旨。一、凡同业自应加入公所,须遵守章程,不背前项宗旨。如不愿入者,亦不强迫。"①

清末苏州丝织业的兴盛,已使与其相关的丝经染业颇盛,苏州城内一度染坊众多,并对水环境造成影响。现藏苏州市档案馆的 1909 年吴县府衙致苏州商务总会的照会就称:"凡设染坊,即一里之中水为变色,居民饮水、洗涤均受其害,甚碍卫生。"以致有市民强烈要求其迁往城外空旷处,但如照会所言"迁往城外,耗费生财,实属为难",因此"姑准暂免迁移,但严禁添设,如有闭歇之户,不准再在原处顶替复开",以求"利卫生,清河道"。而自 1906 年始,除了已有的染坊外,苏州城内就不再准许增设染坊。到了民国,同样对城内染坊数量进行控制,大约保持在 100 家左右,整个行业的重心逐渐向苏州城外转移,以免给苏州城内的水环境造成更大的影响。② 据 1912 年的统计,"丝绸主要是由产丝地区的农民织户用手工织成的,每一织户从许多种类不同的蚕丝中采用一种特出的蚕丝,江苏和浙江为出产上等丝绸的省区,这两省以江苏的苏州、无锡、南京和浙江的绍兴、杭州为主要产绸中心,所织丝绸达二百至三百种"。③ 1927 年,丹阳"当地之织工,据绸业中人言,约有三万余人。大部分之工人,皆耕织并举者,农事忙则皆尽力耕作;农事既竣,乃就而织绸"④。1931 年,包括手工业在内的杭州全市工业企业中,手工丝织业有 3 479 家,职工 26 010 人,资本 5 650 640 元,分别占全市总数的 61.3%、30.3%和 49.6%。⑤

① 江苏档案精品选编纂委员会编:《江苏省明清以来档案精品选·苏州卷》,江苏人民出版社 2013 年版,第 32 页。
② 肖芃主编:《档案里的老苏州》,古吴轩出版社 2014 年版,第 123—125 页。
③ 章有义:《中国近代农业史资料》第 2 辑,第 243 页。
④ 章有义:《中国近代农业史资料》第 2 辑,第 412 页。
⑤ 陶士和:《民国时期杭州民间资本发展的几个特征》,杭州文史研究会编印:《民国杭州研究学术论坛论文集》(2009 年 12 月,杭州)。

丝织业的兴旺，从外贸出口方面亦得到反映。除了欧美国家，南洋各地需求也多。1895 年后，在上海经营丝绸匹头出口的南洋办庄，广帮有同永泰、广记祥、协生祥、粤安和、公昌和、钜安、裕德栈、福兴纶、广裕纶等，闽帮有大华商业公司，潮帮有黄隆记等。1937 年前上海每年输出约五六万匹，大多经由上述南洋办庄出口。①

江浙地区与其相关的农户也从中获益，除了农作外，又多一生计。浙江湖州双林镇，明清时期就以生产绫绢而闻名，人称双林绫绢甲天下。民国年间，双林镇周围各村落，约有 4 000 多农户从事绫绢织造，每户约有木机一二架，每天可产绫一匹或绢三四匹。镇上从事收购、贩卖的绫绢庄(行)23 家，将农家生产的绫绢集中转卖给外地客商。1919—1921 年，双林镇附近各村有脚踏手拉织机 2 000 台，从事织造绫绢的农民有 5 000—6 000 人，几乎家家户户织绫绢，年产量达 240 万米。② 在濮院，"镇上业丝者无不兼业绸，而业绸者虽不业丝，亦必购买新丝以贷于机户而收其绸，谓之拆丝"③；在盛泽，"其地并无丝厂及丝织工人"，"皆系零星机户，散处乡间"；在吴兴，丝绸"大都为乡人所织，每年产额约有 40 余万匹……遇农忙时期，则绸机相率停织，以事耕耘"；在杭州，"生货机户散处乡间，素来兼营农业，如机织业有利可图，则以所产之丝多分其力以赴之；势一不顺，则售其丝茧，退而专营农业"④。1936 年的《嘉兴县农村调查》载："梅湖全乡 2 401 户，以织绸为副业的约计 1 700 户左右，占总户数百分之七十以上；每户每年平均以出绸 90 匹计算，全乡全年所出可 153 000。又如复礼乡的本帮人，以织绸为主业的在百分之六十以上，每家仅种田五亩至六亩以充饭米，反使农业退居次要地位。"⑤

依托上海的销售渠道，宁波的织绸业也颇兴旺。1926 年的《中外经济周刊》

---

① 上海社会科学院经济研究所、上海市国际贸易学会学术委员会编：《上海对外贸易 1840—1949》，上海社会科学院出版社 1989 年版，第 451 页。

② 樊树志：《文献解读与实地考察》，王家范主编：《明清江南史研究三十年(1978—2008)》，上海古籍出版社 2010 年版，第 189 页。

③ 民国《濮院志》卷 14，《商业》。

④ 彭泽益编：《中国近代手工业史资料》第 3 卷，第 221、222、85、391 页。

⑤ 彭泽益编：《中国近代手工业史资料》第 3 卷，第 650 页。

载："现在甬地绸厂以华泰为最大,约有力织机 20 余台,手织机一百数十台,地址在卜文记巷,每年约产花素缎及塔夫绸等一万数千匹,价值五六十万元。此外有通洲绸厂在紫薇街,涌昌诚在十字井,纬纶厂在小梁街,经大在城内新街,每家有手织机四五十台至七八十台。又有绸庄十余家,如协成、和永、和仁、大生祥、余丰祥、锦兴祥、大昌、大盛、裕新、九章、华昌、恒昌、恒孚、大纶、新大、云章等,每家有手织机十余台,或放料与机户,织成给价。合之各厂所有绸机总数大概约及千张,每年产额三四万匹,价值一百数十万元,是项塔夫绸等产品,大半织成后即运往上海染织,各绸厂在沪亦均有分庄出售货品。"[1]

可见自上海开埠通商和崛起,周边地区的农村手工业依托上海的贸易和工业中心的地位,在面临洋货竞销时,得以通过调整生产结构、流通渠道和市场取向等重要环节,较快地转向附丽于直接与世界资本主义市场沟通的进出口贸易,避免了在国内其他地区常见的那种一旦手工棉纺织业趋于衰落,农家生计便陷于困境的窘况,农村经济也没有因此发生大的动荡。如南汇县,"向所谓男子耕获所入,输官偿息外,未卒岁,室已罄,其衣食全赖女红(指织土布——引者注),于今所望,幸有新发明之结网、挑花、织袜、织巾等工,贫家妇女或可小补"[2]。

这些变化所体现的发展趋向无疑是积极的,而且随着上海港内外贸易规模的不断扩大和上海城市经济的繁盛,这种演变表现得也更加充分。1910 年前后,上海四郊乡镇已有一些以发包加工为主的针织小厂或手工工场的开设,它们垫资并发放原材料,委托农户从事刺绣和做花边等手工生产。以后又有发料编织网袋、绒线、手套、织毛巾、摇袜子等多种样式的家庭手工业。[3] 这些手工业生产,多数无须支付成本,工序简单,又可在自家从事,还能兼顾日常家务乃至农活,其收入又较原先的织土布稍多些,销路也无须费心,因此除上海远郊和一些农户中的老年人继续其熟悉的手工织布外,很多人陆续转向其他手工业。清末民初,上海周围农村已相继出现一批新兴的手工业,嘉定的黄草编织业,南汇的织袜业,嘉定、川沙的毛巾织造业,川沙、上海、宝山等县的花边编织业都颇具规

---

①《宁波之经济状况》,《中外经济周刊》第 193 期(1926 年 12 月 18 日)。
② 民国《二区旧五团乡志》卷 13,《风俗》。
③ 徐新吾主编:《江南土布史》,第 302、303 页。

模,名闻遐迩。如 1922 年张謇就曾概述其中的花边编织业：

> 查此项出口货,统计上海、南汇、川沙、宝山、无锡、如皋及浙江宁波等处,年达三四百万金,赖之衣食者不下四五万人,挽回利权,调剂社会,事亦匪细。[1]

它们的发生发展,同样与上海内外贸易繁盛的有力推动紧密关联。20 世纪二三十年代,在浦东三林镇以刺绣闻名的杨林宝与上海的洋行达成协议,从事刺绣业务,有近千贫苦农妇借此谋生,补贴家用。其后,三林刺绣销路更广,在上海、香港、南洋等地开设了多家"专卖店"。[2] 据 1928 年在上海西南郊莘庄的调查：

> 畴昔经营织布业者甚盛,嗣因工厂发展,销路迟滞,相率停止,改业花边,惟在乡间尚偶有织布之家。花边业分接花与挑花二种,均代厂方工作,销售沪地。接花以码计,挑花以打计,种类不同,而工资亦异。每日产量,视个人之勤惰快慢而定,大致每人每日平均可得 2 角左右之收入。[3]

上海郊区的嘉定县,原先作为农家主要副业的纺纱织布业,于清末渐被黄草编织等取代。此后,"洋布盛行,黄草事业日见发达,徐行附近多改织黄草品"。黄草为嘉定特产,编织历史久远,但其较快发展是在光绪年间,"初种于澄桥,渐及于徐行"。[4] 其黄草编织品"每年运往上海,转输至宁波、福建、广东及南洋群岛等处,为数甚多"[5]。其间有商业资本的大力推动,地方史料载："入民国,布市衰落,附近之黄草工业日见改进。其首先提倡改进者,为县城开设森茂绸缎号之

---

① 李明勋等主编：《张謇全集》第 3 册,上海辞书出版社 2012 年版,第 1059 页。
② 上海市档案馆编：《上海古镇记忆》,第 229 页。
③《上海特别市各区农村概况》,原载《社会月刊》第 2 卷第 5—11 号(1930 年 11 月至 1931 年 5 月),李文海主编：《民国时期社会调查丛书(二编)・乡村社会卷》,福建教育出版社 2009 年版,第 483 页。
④ 民国《嘉定疁东志》卷 4,《实业》。
⑤ 民国《嘉定疁东志》卷 3,《物产》；民国《嘉定县续志》卷 5,《物产》。

朱石麟氏,设公司曰兴业草织公司,多方设计,除凉鞋发明各种式样外,并织造各种新式日用品。"内有提包、文夹、书包、钱袋、信插、笔筒、信簏、坐垫、杯套、杯垫,以及新式凉鞋、拖鞋等十余种,大小、方圆、洞密均有,颜色、花字、西文齐备,"曾得劝业会奖凭及金牌奖章,织品行销全国外,美、加、英、德、法、意、日、澳、南洋等国,整数采办,供不应求,则订期分解之,老幼编工日得银圆七角至一圆以外"。①其"在沪分设发行所,作为对外贸易机关;在乡附设兴业草织传习所,招收当地农家妇女来所实习,六个月毕业。第一批毕业生五十余人,第二批六十余人"②。

继起者,"有振兴、新华、达利、合成、大华等草织公司,式样种类与日俱增。嗣由北门汪季和氏提倡兼制麦缏用品,行销亦广。二者均除销售本国各地外,并推销至南洋、美国等处,每年输出额甚巨"③。其中亦有在上海设立经销机构者,"徐行乡陆家宅陆洪伦氏初为肩贩,收购鸡与鸡蛋,继改贩黄草织品至上海。民国十六年后,设华成草织厂于徐行,发行所设上海金陵东路,经营大规模之黄草织品事业"。④又有当地人忆述,民国初年徐行镇北有位有张的,人称"阿相祥",专事"转村串户收购黄草包和拖鞋……运到上海,再漂洋过海",后来"生意越做越大,家里很多人都迁到了上海",并在十六铺附近开了一家专营黄草编织品出口的公司,徐行当地也有人"帮这个公司收购黄草织品"。⑤在望仙桥乡,"黄草春种夏获,高逾于禾,性喜湿,茎析为缕,以编织鞋篚等。箬亦有用,多产于东乡徐行、澄桥等地,其地之人因取以编织之,近则吾乡亦有种植之者矣"⑥。据统计,1930年该县从事此项生产者有3 000余人,1935年增至2万余人⑦。当地农家的生计不无助益,地方史料载:"黄草工日见发达,除徐行附近地区以外之农

---

① 民国《嘉定疁东志》卷1,《区域·市集》。
② 彭泽益编:《中国近代手工业史资料》第3卷,第117、118页。
③ 民国《嘉定疁东志》卷1,《区域·市集》。
④ 民国《嘉定疁东志》卷4,《实业·实业家》。
⑤ 张剑光:《学海随心》,上海书店出版社2015年版,第322、323页。按:时至20世纪下半叶人民公社时期,徐行的草编业仍是当地农户主要的经济来源之一,有亲历者忆述,当他"睡醒睁开眼睛看到的,是家里的女性在做黄草包,没日没夜。大多数情况下,做多少只草包是有任务的。但大家都知道,田里的粮食是只能吃,不能当钱来用的,家里的钱哪里来?就是做黄草包。一个星期到徐行镇出售一次,哪个大队是星期几到草织社出售,轮流着有条不紊。男人和小孩,一般是做点辅助工作"(《学海随心》,第324页)。
⑥ 民国《望仙桥乡志续稿》,《风土志·物产》。
⑦ 民国《江苏六十一县志》下卷,《嘉定县,工业》。

村,男女老幼农隙之时亦争为之,尤以妇女为多,走遍全区,贫寒人家之家用半赖于此。"①

在川沙县,代之而起的是毛巾业。毛巾又称"手巾",亦是川沙农村的传统手工业,据俞樾编于光绪五年(1879)的《川沙厅志》称:"毛巾,以双股棉纱为经纬,蓝纬线界两头,长二尺许,多双纱毛巾。"上海开埠后,土布日趋衰落,毛巾业逐渐兴起,工艺亦有改进。民国《川沙县志》载:

> 本境向以女工纺织土布为大宗,自洋纱盛行,纺工被夺,贫民所恃以为生计者,惟织工耳。嗣以手织之布尺度既不甚适用,而其产量更不能与机器厂家大量生产者为敌。清光绪二十六年,邑人张艺新、沈毓庆等,鉴于土布之滞销,先后提倡仿制毛巾。毓庆就城中本宅创设经纪毛巾工厂,招收女工,一时风气大开。其后经纪停闭,而一般女工皆能自力经营,成为家庭主要工业。二十年来,八团等乡机户林立,常年产额不少,于妇女生计前途裨益非浅。②

如上引方志所说,1900年沈毓庆等人在川沙镇开设了一家织造毛巾的工厂,规模不大,但开当地手工业转向的先风。短短三四年间,川沙镇及四周村镇相继有10余家毛巾厂开办。到1920年,川沙县已有大大小小毛巾厂75家,织机2 500台,从业人员3 750人。1930年,卢作孚至川沙考察实业,到了三友实业社的毛巾工场参观,印象深刻:"这个工场是专织毛巾的,七十几架机头,都是人工扯梭,牵梳是一部简单木机。线筒一架一架的成行列着,由牵到梳,只须一道手续就可以上机织成。除了齿轮之外,其余都是木制的。一部机同时导筒四十八个,只须两个人管理,一个人便要当旧法的二十四个人。"③1937年,川沙县有毛巾厂202家,织机5 371台,从业人员8 600多人,年产毛巾260万打。④

---

① 民国《嘉定嘐东志》卷4,《实业·工》。
② 光绪《川沙厅志》卷4,《物产》;民国《川沙县志》卷5,《工业》。
③ 张守广:《卢作孚年谱长编》,第201页。
④ 上海市档案馆编:《上海古镇记忆》,第208、209页。

表 8-7　川沙毛巾业发展概况统计(1900—1937)

年份	厂数	木机数	从业人数(人)	毛巾产量(万打)
1900	1	30		
1920	75	2 500	3 750	50
1930	142	4 390	7 123	208
1937	202	5 371	8 695	260

资料来源:上海市川沙县地方志编纂委员会编:《川沙县志》,上海人民出版社1990年版,第254页。

在南汇县:

　　毛巾织工以十五至二十岁左右的女子为最多,约占十分之六、七;二十至三十岁者,仅占十分之三、四;老妪孩童,只任摇纱工作。规模较大的工厂,有时也雇用男工二三人;在规模较小的厂中,像漂白等等工作,多由厂主兼任。雇用男工织巾者,只周浦镇纶华一家。

　　工资分计时和计件两种。经纱和漂白大率为时工,织巾摇纱按件给资。摇纱工资分每支二十文、二十五文、三十文及三十五文几种。摇经纱的工资普通比摇纬纱的多十文或五文,这是因为经纱加浆摇时比较费时。织巾工资,按条或按打计算,每条工资分十二分、十八文、二十文及三十文数种,每条十二文或十八文的,大都洋价以二千文(即二十文等于一分)合算的。若以打计,每打约一角二分。

　　摇纱工作,普通每人一天可摇八支,每支以三十文计,得二百四十文,合大洋八分,每月也不过二元四角,充分每天可摇十支,一月所入也只三元罢了。织巾工作,普通每人一天可织一打,每打工资一角二分,每月可得三元六角;若加紧工作,每日能织一打半,一月也只有五元四角。并且还有许多厂家,每打工资尚不及一角二分,每支不满一分,则工资的低微可想而知了……

　　织巾女工,大半来自农家。农忙时,都往田间工作;到农事空闲了,又回厂工作。[1]

────────

[1] 彭泽益编:《中国近代手工业史资料》第3卷,第578、579页。

　　着眼于离土不离村的廉价的劳动力和更大的利润空间，上海的一些工厂即使有能力机器生产，也一直沿用手工制造或发料加工的经营方式。从事毛巾织造的三友实业社自手工作坊起家，至 20 世纪 20 年代已颇具实力，也从日本购置电力织巾样机 2 台，但仍在上海郊区农村大量发展手工织巾场和向农民发料加工，未再添置电力织巾机。因电力织巾机的售价为 300 元，而购置木质手工织巾机仅需 10 元，尽管两者劳动生产率之比为 3∶1，但其投资比例却为 30∶1。1928 年，三友实业社除原有大型织巾工场外，在上海郊区还设有总计 1 800 台手工织巾机的 12 家工场，以及向农民发料加工的手织机四五百台。[①] 其中在川沙设有 7 家，生产的"三角牌"等毛巾已经能与日本的"铁锚牌"毛巾竞争，并远销东南亚各国。[②] 上海西南郊的闵行，"镇中妇女以织毛巾与摇线袜及各种丝织品为副业，在村间者以糊火柴盒及纺纱织布为副业"；东北郊的吴淞，"农家副业，离镇较近者均以代厂方糊自来火盒，每千只取值 300 文，每人每日可制 800 余只，离镇较远者则以织布为副业"。[③]

　　嘉定县，"邑中女工向以纱布为生计大宗，光绪季年，土布之利被洋布所夺，于是毛巾代兴。毛巾为仿造日本货之一种，以十六支及二十支二种洋纱为原料，分轻纱二重，上重薄加浆粉。下重浆粉甚厚。织巾时，隔三梭或四梭用力一碰，经纬交错，上重因而起毛，略似珠形。组织简单，织造甚便，每机一乘，织工一人，摇纱半之，经纱工、漂白工又若干。工苦而利微，唯洋纱贱、毛巾贵时，每人每日可获六七角之利，然不多见也。在清季，邑中无正式之厂，统计其业约分两类，一简陋之厂，置机十余乘至五十乘不等，招集邻近女工，以友谊管理，出货直运上海庄，庄给四十日之庄票，回嘉可购洋纱，此类以城镇内外及东乡为多，约有三十家，共机五百乘左右；一不成厂之散户，置机一二乘，妇女得暇则织，全属家庭工业，出品销本城曹氏、大全、仁庄，多数掉换洋纱，彼则远销上海及杭、嘉、湖，此类散户约共机三百余乘"。[④]

---

① 许涤新等主编：《中国资本主义发展史》第 2 卷，第 937 页。
② 上海市档案馆：《上海古镇记忆》，第 208 页。
③ 《上海特别市各区农村概况》，原载《社会月刊》第 2 卷第 5—11 号(1930 年 11 月至 1931 年 5 月)，李文海主编：《民国时期社会调查丛编(二编)·乡村社会卷》，福建教育出版社 2009 年版，第 464、470 页。
④ 民国《嘉定县续志》卷 5，《物产》。

　　"民国后,近城妇女争织毛巾,西南隅除在家置机自织外,间有设厂经营者。徐行、澄桥、东门外且有大规模之工厂,如恒泰、华成、达丰等。"①1919 年在嘉定的实地考察:"毛巾工厂多至数十家,每家用机多或二十只,少至七、八只不等,各乡如东北澄桥、徐行各镇亦甚发达。闻该县旅沪商人已在沪上开设总栈,为收买发行本地毛巾机关,此种营业工本无多,而于贫民生计实有关系。"②20 世纪 30 年代初,嘉定县"毛巾业最盛,城内外计有毛巾厂五六十家,织巾机一千数百座"③。1935 年当地的一些村落,"农家织毛巾之木机,几乎每家都有,少者一二架,多者六七架。每当农事之暇,村落间机声轧轧,终日不息"④。时人称:"毛巾为嘉邑有名之土产,战前(指 1937 年全面抗战前——引者注)每日可出四百打左右。"⑤

　　川沙县的花边编织业也颇具规模,民国《川沙县志》称:"毛巾而外,厥惟花边,俗称做花。最盛时,全境一年间,工资几及百万元。女工每人每日二三角、四五角不等。"⑥其经由上海与海外市场联结,产销两旺:

　　　　花边一物,西国妇女服装大都喜用,如窗帘、几毯等装饰品亦多需此,于美国为尤盛。民国二年间,邑人顾少也发起仿制穿网花边,设美艺花边公司于上海,并在高昌乡各路口镇设传习所,教授女工,不收学费,一时本境女工习此业者不下千数百人。其所出物品,因货美价廉,销路颇畅,除批发于同业各号外,余均行销欧美诸邦。三年十二月,赴菲律宾嘉年华会比赛,得最优等奖凭。四年十月,北京农商部开国货展览会,前往陈列,得一等奖凭……自此以后,顾镇、高行南北镇、新港、合庆等处,相继设立公司,传授女工。地方妇女年在四十岁以下、十岁以上者,咸弃纺织业而习之。合邑出品价值,每年骤增至五六十万元以上,妇女所得工资达二十万元以上,贫苦之

---

① 民国《嘉定疁东志》卷 3,《物产》。
② 彭泽益编:《中国近代手工业史资料》第 2 卷,第 661 页。
③ 民国《江苏六十一县志》下卷,《嘉定县·工业》。
④ 杨公怀:《江苏嘉定县之农村工艺品》,《东方杂志》第 32 卷第 18 号(1935 年 3 月 16 日)。
⑤ 国家图书馆选编:《民国时期社会调查资料汇编》第 2 册,国家图书馆出版社 2013 年版,第 37 页。
⑥ 民国《川沙县志》卷 14,《方俗》。

户赖此宽裕者数千家。①

其中的高行,村民"除赴沪经商作工以外,在乡者十九以耕作为业,竟无工业之可言,惟近十年来,有女工所做之花边、花网及刺绣之衣裙,运沪销售或输运至外洋者,每年约值国币十万元左右。至乡间农妇所织之土布,以前系运销牛庄等处之大宗产品,顾年来机声久辍,渐归淘汰"②。据1928年在高行的调查:"家庭工业有花边一项,运销海外年达数万元,亦农家收入之一助。"③在浦东,还有绒绣手工业,其起源于欧洲,上海开埠后由外国传教士传入。20世纪初,在上海谦礼洋行任职的杨鸿奎在浦东石桥开设了纶新绣花厂,后业务扩大,又开办了新华、华新、丽新、博美等6家绣花厂。绒绣主要用于日用工艺品,如鞋面、粉盒、提包、靠垫等图案的装饰工艺品面料。之后,浦东高桥、顾路、合庆、三林等地在开展花边业务的同时,也引入绒绣手工业。1930年代后,从业人数渐多,生产有所发展。④ 1932年编纂的《奉贤县政概况》载:"花边、土布等品则纯为手工业,数量亦不在少。"⑤

宝山县,原先"境内工业向恃织布,运往各口销售,近(指民国初年——引者注)则男女多入工厂,女工或习结绒线,而花边尤盛行,其法纯恃手工业,以洋线结成各式花边,美国上流社会衣服恒以此为缘饰,航海销售,获利颇厚,甚至有创设花边公司者"⑥。因为"妇女工价低廉,习之亦极适宜,一时大场、江湾首先推行,城厢、罗店、月浦、杨行等处继之,花边之名乃大著"⑦;在高桥,也有农妇"以织布及刺绣花边为副业者"⑧。亦有织造毛巾者,民国《杨行乡志》载:"本乡地处

---

① 民国《川沙县志》卷5,《工业》。
② 民国《上海特别市高行区概况》,《六,农工商业状况》。
③ 《上海特别市各区农村概况》,原载《社会月刊》第2卷第5—11号(1930年11月至1931年5月),李文海主编:《民国时期社会调查丛编(二编)·乡村社会卷》,福建教育出版社2009年版,第452页。
④ 唐国良主编:《近代东外滩》,上海社会科学院出版社2013年版,第58页。
⑤ 民国奉贤县文献委员会编纂,载之点校:《奉贤县政概况·工商业》,上海市地方志办公室等编:《奉贤县志》,上海古籍出版社2009年版,第776页。
⑥ 民国《江湾里志》卷5,《工业》。
⑦ 民国《宝山县续志》卷6,《工业》。
⑧ 《上海特别市各区农村概况》,原载《社会月刊》第2卷第5—11号(1930年11月至1931年5月),李文海主编:《民国时期社会调查丛编(二编)·乡村社会卷》,福建教育出版社2009年版,第476页。

僻壤,交通濡滞,除普通工艺外,又无工厂设立,乡村女工恒以农作暇时纺织为生者。自洋纱盛行,土布衰败,女工实无副业可恃。1915 年,里人陈克襄、苏允文等在成善堂西偏创设国华毛巾厂,聘请专门技师王秋云悉心教授。旋以房屋不敷应用,遂迁苏家宅。"①1921 年,同县的月浦"里人张鉴衡在北弄本宅创办裕民棉织厂,设机三十余乘,专织毛巾,运销上海"②。1928 年在该县江湾的调查:"本区近接淞沪,村民于农闲时,每多出外工作,妇女都织绒线及刺绣袜上花纹,此二项为该地著名手工。"③

　　南汇县的手工织袜业,也与上海直接有关。1914 年,南汇有 48 家袜厂,它们"虽设在南汇,但商标却挂上海,因为经营袜子的商号都在上海"④。据记载,其始于捷足洋行手摇织袜机的推销⑤。此前,人们穿的多是布袜,清末有进口棉纱袜输入,又有手摇织袜机的推销,便有人引进织造。1912 年,惠南镇维新袜厂从日本购买织袜机和辅助设备,用手工操作机器织袜⑥。继而,上海民族资本的机器厂"纷起仿造手摇袜机"⑦。有当事人忆述:"第一次世界大战爆发后,我在老家兴机器厂工作,当时老家兴开始造手摇袜机。每月造 20—40 台,供不应求。一年后(1916 年),我即与欧阳润合伙创设振兴机器厂。开始只有三五个工人,每月只造一打(12 台),每天工作到深夜。当时进口货罗纹袜机每台价格昂达 70 两至 120 两,中国货只售 40 两至 50 两,进口货平机售价 30 至 40 两,国货只售 30 至 40 元,生意非常好,销路多数是本埠。……大战结束,销路扩展至松江、硖石、嘉兴、嘉善、平湖等地,当时定货踵至,我厂工人增加至 80 多人,每日出品一打尚觉供不应求,上海想买一部现货亦无买处,因此袜机厂纷纷设立。"⑧

　　① 民国《杨行乡志》卷 9,上海社会科学院出版社 2006 年版,《实业志·工业》。
　　② 民国《月浦里志》卷 5,《工业》。
　　③ 《上海特别市各区农村概况》,原载《社会月刊》第 2 卷第 5—11 号(1930 年 11 月至 1931 年 5 月),李文海主编:《民国时期社会调查丛编(二编)·乡村社会卷》,福建教育出版社 2009 年版,第 474 页。
　　④ 唐国良主编:《穆藕初——中国现代企业管理的先驱》,上海社会科学院出版社 2006 年版,第 104 页。
　　⑤ 徐新吾等主编:《上海近代工业史》,上海社会科学院出版社 1998 年版,第 119 页。
　　⑥ 上海市档案馆编:《上海古镇记忆》,第 84 页。
　　⑦ 上海市第一机电工业局机器工业史料组等编:《上海民族机器工业》,第 230 页。
　　⑧ 上海市第一机电工业局机器工业史料组等编:《上海民族机器工业》,第 230、231 页。

表 8 - 8　上海针织机器制造厂(1914—1924)

开办年份	厂名	创办人	企业组织	备注
1914	求兴机器厂	周惠卿	独资	制造圆机
1914	马家兴机器厂	马伯荣	独资	同上
1914	老家兴机器厂	张金龄	合伙	同上
1914	金家公司机器厂	金　荣	合伙	同上
1914	长康祥机器厂	计国祥	独资	同上
1914	兴昌祥机器厂	陈云龙	独资	同上
1914	发昌祥机器厂		独资	同上
1915	吴兴昌机器厂	吴阿三	独资	同上
1916	振兴机器厂	杜子良	合伙	同上
1916	袁昌机器厂	袁长根	独资	同上
1918	成兴袜机厂	高万卿	独资	同上
1918	严华泰袜机厂		独资	同上
1918	隆兴袜机厂		独资	同上
1918	公兴袜机厂	张泉发	独资	同上
1918	顺昌袜机厂	沈三宝	独资	同上
1918	洽兴袜机厂		独资	同上
1918	华兴袜机厂	吴瑞卿	独资	同上
1919	新康袜机厂	陈忠良	独资	同上
1919	百利袜机厂		独资	同上
1919	高昌公记袜机厂	钱嘉嵩	独资	同上
1920	新昌袜机厂	温栋臣	独资	同上
1920	志兴袜机厂	胡春涛	独资	同上
1920	精华袜机厂	张桂岸	独资	同上
1920	锦余袜机厂	徐士锦	独资	同上
1920	永昌袜机厂	张祥胜	合伙	同上
1920	恒兴吉记袜机厂	倪杏生		
1920	鸿泰袜机厂	陆鸿生	独资	同上
1921	信昌袜机厂	计国彬	独资	制造横机
1921	民新袜机厂	计桂荣	独资	同上
1921	有兴袜机厂	黄载之	独资	同上
1921	义记袜机厂	陶文义	独资	同上
1923	利兴袜机厂	冯聚金	独资	同上
1923	锦华袜机厂	周兰荪	独资	同上
1924	竞新袜机厂	薛鸿奎	独资	同上
1924	永泰守记袜机厂	梁守仁	独资	同上
1924	实业袜机厂	张文彬	独资	

资料来源：上海市第一机电工业局机器工业史料组等编：《上海民族机器工业》，第 236、237 页。

原编者注：1913 年止上海针织机器制造厂共有 3 家,1914—1924 年共增 36 户,1924 年止共 39 户。

织袜业成为惠南镇的主要手工业。1937 年,全镇共有 23 家袜厂,产品远销海内外。① 其经营形式,主要是来料加工,"南汇的大多数袜厂并不自备资本,而是向上海各商号领取原料,遵循商号的要求织造,制成品仍交给商号销售。南汇袜厂与上海批发商号的这种产销合作关系,为南汇织袜业节省了大量资金,使南汇袜厂在资本额极低的情况下,也能顺利开工生产,这对于资本积累不足的南汇农村来说至关重要。而上海的商号则利用南汇手工工场近沪之便利、劳动力之低廉,增强市场竞争能力"②。而农户因能兼顾农作,也乐于接受这种生产方式,当地袜厂的女工,"大都来自农家,农忙时要去田间工作,织袜是副业"③。

凭借这种联营关系,南汇织袜业发展很快,"南汇地处浦东,与上海隔江相望,县境毗连,轮渡往返日必数次,益以铁道筑成,自周家渡至周浦瞬间可达,境内航轮联贯各区重要市镇,海上风气所向,南汇必紧承其后,故针织袜业得日兴月盛"。④ 1918 年去浦东考察实业的穆藕初感叹:"仆入川沙境,查得毛巾、花边、织袜三项实业,关系于川沙、南汇两邑民生甚巨。"⑤1919 年至 1926 年,"此七年中,南汇袜业大有欣欣向荣之象,城厢四郊袜厂林立,机声相应,盛极一时"⑥。据统计,1933 年全国有机器袜厂 110 家,产袜 542 万打。同年南汇县手工袜厂产袜 266 万打,是前者总产量的近一半⑦。至 1935 年,盛况依旧:

> 南汇城内设立的大小袜厂,共有二十余家之多。每一大厂,备有织袜机四、五百架,小的亦有一、二百架,故该城内及附近乡村间之妇女,莫不依此为业,每晨六时开工,至下午五时停止,倘不愿到厂者,可向厂方租机到家摇织,工资概无固定,全仗自己能织袜之多寡而定,每织一打,约一角三分或五分。其中最快者,每日每人能织袜六打,惟普通每日每人能织五打左右,那

① 上海市档案馆编:《上海古镇记忆》,第 84 页。
② 李学昌主编:《20 世纪南汇农村社会变迁》,华东师范大学出版社 2001 年版,第 14—15 页。
③ 彭泽益:《中国近代手工业史资料》第 3 卷,第 770 页。
④ 《南汇织袜业现状》,《工商半月刊》第 5 卷第 11 期。
⑤ 穆家修等编:《穆藕初文集(增订本)》,上海古籍出版社 2011 年版,第 51 页。
⑥ 《南汇织袜业现状》,《工商半月刊》第 5 卷第 11 号。
⑦ 吴承明:《市场·近代化·经济史论》,云南大学出版社 1996 年版,第 184 页。

末每日就能得六角,每月就有十八元的收入。[1]

至全面抗日战争爆发前夕,南汇全县有袜机 5 万台,从业者 6 万人,所产袜子经由上海销往国内各地及南洋。[2] 如当时人所描述:"南汇的花边商号,收售制品运往上海向洋行兜售,或委交中间人或掮客销售。南汇的袜业,都系委托制造性质,仅代上海商号包织,制品送交商号后,便可卸责。仅有极少数的工场,自设批发所或在沪设有营业部。南汇的毛巾,也多由厂家售给上海的批发商号转销与客户,自设批发所的仅有一家。"[3]松江县华阳桥农妇亦多有代为加工织袜者,甚至有携幼女一起劳作,以赚取微薄利润补贴家用者,1935 年有人实地调查:

据说每日每人平均可成一打,每打工资一角八分,机和原料均由厂中供给,每只机须缴保证金四元,按月行租一元,租期起码一年,农忙时可以请假,请假时必须将机的机壳子运交厂中,表示决不偷织,才可免除月租。另有一九岁的小女孩,在缝袜头。据说这便是幼女们的一种普通副业,辛苦一天,仅得工资二分。[4]

上海开埠后,随着海内外市场的拓展,久负盛名的上海顾绣产销两旺。20世纪二三十年代,上海刺绣业有经营传统手绣的 80 余家,加工绣衣和抽绣的 10余家,绒绣生产 7 家,经营农村绒绣、抽绣花边外发加工的 3 万余人,形成专业街。刺绣品主要有手绣枕套、台布、绣衣、绒绣等,年出口绒绣总值 120 万美元、绣衣总值 7 000 万法币。[5] 绒线编织业则主要面向国内市场,1927 年的《经济半月刊》载:

---

[1] 彭泽益编:《中国近代手工业史资料》第 3 卷,第 579 页。
[2] 李学昌主编:《20 世纪南汇农村社会变迁》,第 9 页。
[3] 彭泽益编:《中国近代手工业史资料》第 3 卷,第 743 页。
[4] 王绍猷:《九峰三泖话松江》,《农业周刊》第 4 卷第 9 期(1935 年 3 月)。
[5] 刘克祥等主编:《中国近代经济史(1927—1937)》,人民出版社 2012 年版,第 1070 页。

近年以来,织造毛绒线衫,已成为上海一种家庭工业,销路日增。此种织工,多居江湾、吴淞、徐家汇、浦东及城内各处。内分两派:有向百货等店领取绒线,织成后由店中按照件数给以工资者,其工资男衫每件一元二角,女衫每件一元,孩衫每件八角;有自备绒线,织成后售与商店者,男衫每打售三十八元至四十元,女衫每打售三十六元至三十八元,孩衫每打售十二元至十八元。商店出售,则男衫每件售银八元至九元二角,女衫每件六元至九元,孩衫每件四元至五元。一转手间,其利倍蓰。

上海出品,亦分销外埠如福建、广东、云南、贵州及安徽等处。至织衫所用绒线,大部分来自英国,次德国,亦有来自日本者。平均织男衫一件用线一磅半,女衫一件用线一磅十绞,孩衫一件用线十绞。绒线每磅售银二元二角至三元二角。以上所述,系用人工织造。①

上海开埠后,城市建设迅速,建筑市场需求很大,各路建筑业者纷至沓来,其中来自浦东川沙农村的那些工匠引人注目,该县"水木两工,就业上海,在建筑上卓著信誉"②。人称近代上海建筑业远近闻名的"川沙帮",其代表性人物是来自川沙青墩(今蔡路乡)的杨斯盛。1880年,已在上海历练多年、小有积蓄的他创办了沪上首家由中国人开设的营造厂——杨瑞泰营造厂。这类营造厂,按照西方建筑公司的办法,进行工商注册登记,采取包工不包料或包工包料的形式,接受业主工程承发包。此后,由川沙人在上海开办的营造厂相继设立。1907年,杨斯盛等人在上海老城厢福佑路集资创建了沪绍水木工业公所。其碑文《水木工业公所》记载:"上海为中国第一商埠,居民八十万,市场广袤三十里。屋宇栉比,高者耸云表,峥嵘璀璨,坚固奇巧,盖吾中国最完备之工业,最精美之成绩。业此者惟宁波、绍兴及吾沪之人,而川沙杨君锦春独名冠其曹。"③截至1933年,上海较具规模的由川沙人创办的营造厂有19家,详见表8-9:

---

① 《经济半月刊》第1卷第4期(1927年12月15日),"汇闻",第3页。
② 国家图书馆选编:《民国时期社会调查资料汇编》第2册,国家图书馆出版社2013年版,第30页。
③ 民国《上海县续志》卷3,《建置》;上海博物馆图书资料室编:《上海碑刻资料选辑》,上海人民出版社1980年版,第321页。

表8-9　上海著名的川沙籍营造厂一览表(1880—1933)

厂名	创办人	开办年份	承包的代表性建筑
杨斯泰营造厂	杨斯盛	1880	江海关大楼二期、公平丝厂厂房
顾兰记营造厂	顾兰洲	1892	英国领事馆、先施公司大楼
赵新泰营造厂	赵增涛	1894	农业银行大楼
周瑞记营造厂	周瑞庭	1895	苏联领事馆、礼查饭店、扬子保险公司大厦、新闻报馆
姚新记营造厂	姚锡舟	1900	法国总会、中央造币厂、中央银行、华洋德律风(电话)公司、中山陵一期工程
杨瑞记营造厂	杨瑞生	1903	上海证券交易所大厦、巴黎戏院、新光大戏院
王发记营造厂	王松云	1903	哈同花园(爱俪园)、汇中饭店
裕昌泰营造厂	谢秉衡(合伙)	1910	上海市工部局、怡和洋行、天祥洋行(有利大楼)
赵茂记营造厂	赵茂勋	1913	国泰大戏院、国际电影院、建国西路克莱门公寓
利源建筑公司	姚雨耕	1917	毕卡地公寓(今衡山饭店)、广州白云山飞机场、金陵大学
安记营造厂	姚长安	1919	浦东光华火油公司厂房、码头、油池等全部工程,上海虹桥疗养院,圣保罗公寓,道斐南公寓,泰山公寓
创新营造厂	谢秉衡	1920	杨树浦煤气厂、自来水厂、正广和汽水厂、南洋兄弟烟草公司、黄金大戏院、伍廷芳住宅、杜月笙祠堂、南京邮政局、青岛纱厂
陶桂记营造厂	陶桂松	1920	永安公司新厦、中国银行、沪光电影剧院、美琪电影院、龙华飞机场
公记营造厂	赵景如、张振生	1928	大陆商场、圣三一堂、仁济医院
昌升营造厂	孙维明、姜锡年	1928	大中华火柴厂,中华码头公司码头、堆栈
陆福顺营造厂	陆秉玑	1929	蒋介石、宋子文、孔祥熙住宅
朱森记营造厂	朱月亭	1930	上海特别市政府大厦、陈英士纪念馆、大世界游乐场
利源合记营造厂	朱顺生、叶宝星等5人	1930	交大铁木工场、向明中学、国际饭店基础
陶记营造厂	陶伯育	1933	上海迦陵大楼、康绥公寓

資料來源：高红霞、贾玲：《近代上海营造业中的"川沙帮"》,《上海档案史料研究》第8辑,上海三联书店2010年版,第18、19页。

其中的王松云,幼年读过私塾,后随父学习水木匠手艺。20 岁进上海一家营造厂做工,后与人合作经营仁泰营造厂。他与杨斯盛相交甚厚,曾入股杨创办的营造厂。后又与杨创办上海水木业公所,并有自办的营造厂。王松云发迹后,为家乡高桥修筑了大同路、轮船码头等。谢秉衡,自幼家贫,13 岁到上海城区谋生,跟舅父学木工。先与人合伙开设营造厂,后独资创办。20 世纪 30 年代初,上海市建筑协会成立,他积极参与,加强同业间的协作,增强华商抗衡外商的实力。① 此外,也有一些是包工头,浦东七团乡"钦公塘东南有褚家宅,人口繁多,宅有泥水工头褚海林者,向包工沪上,饶于财"②。1918 年,在杨斯盛的家乡青墩(今蔡路乡)到上海当建筑工的农村青壮年就有 1 318 人,占全乡男性人口的 20％。20 世纪二三十年代,川沙县有建筑工人 15 000 余人,大多就业上海,他们的生计与上海建筑市场需求的波动息息相关。③ 郊县的砖瓦制造业也相应发展,如 1920 年上海冯泰兴营造厂与轮记砖灰行冯家祥等集资,在青浦县蒸淀镇建成轮兴砖窑公司,日产红砖 3 万块。④

可见近代上海的崛起和城市经济的发展,在很大程度上改变了周围农村经济旧的运行机制,促使其逐渐将自己纳入、归附资本主义经济体系运行的轨迹,当地农村的经济生活与城市的联系越来越紧密。"即以川沙论,花边、毛巾销路之式微,则女子停工者多矣;建筑工程之锐减,则男子失业多矣。川沙人民生计之艰难,将与上海市场之衰落成正比。"⑤如浦东五团乡志载:"吾乡套布,黄道婆起自有元,向销东三省。数百年来,贫家妇女恃此生涯。自海禁大开,……套布销滞,我之利权日渐涸辙,向所谓男子耕获所入,输官偿息外,未卒岁,室已罄,其衣食全赖女红,于今何望,幸有新发明之结网、挑花、织袜、织巾等工,贫家妇女或可小补。"⑥其中,"花边结网挑花多用洋线,竹桥镇附近出口最多,运销欧美各

① 柴志光等:《浦东名人书简百通》,上海远东出版社 2011 年版,第 103、173 页。

② 民国《七团乡小志》,《沙泥码头》。

③ 高红霞、贾玲:《近代上海营造业中的"川沙帮"》,《上海档案史料研究》第 8 辑,上海三联书店 2010 年版,第 18、20、22 页。

④ 冯学文主编:《青浦县志》,上海人民出版社 1990 年版,第 15、16 页。

⑤ 民国《川沙县志》卷首,"导言"。

⑥ 民国《二区旧五团乡志》卷 13,《风俗》。

国，为衣服饰品；纱袜、丝袜，名有长统、短统，男女多喜用之""蒲包，出闸港、杜行等处，包口贯稻草，供农家包棉之用""交椅，周浦出品最多，近仿上海式样"。①

依托与上海毗邻的地缘优势和经济联系，长江三角洲苏南和浙东北的城乡手工业也适时地效仿和调整生产结构及经营方向，相关行业产销两旺。"江苏毛巾业，以上海、川沙、南汇、宝山、嘉定、武进、无锡、松江、南通各县较为发达。上海规模最大，内地则多小厂家，以木机制造，尚不脱手工业范围。内地各厂多属上海大厂家或大批发商之代织者。而内地之小厂家，又多将原料分发与各乡机户分织，论件给资，情形大约与针织业相似。"②民国初年，镇江开始出现"家庭袜厂"，每家有手摇袜机二三台。1936年达70余家，从业者500多人，年产纱线袜12万打。③

上海开埠后，在迅速扩大的国内外市场特别是对外贸易刺激下，历史悠久的苏州刺绣业产销趋旺。苏州吴县，20世纪初，绣庄开始做出口产品，随即加速了苏绣业的发展和向农村的扩散。1917年全县有绣庄32家，其中城内10家，乡村集镇22家，绣工1.63万余人，年营业额21.5万元。1927年绣商增至74户，年营业额86万元。1936年有刺绣工商户109家，从业8.1万人，资金124万元，生产被面3.25万条、戏剧服装1.95万件、枕套21万对、鞋面52万双、童装1.23万件。其经营形式，广泛采用包买商制。④ 1937年的《实业部月刊》载：

> 全县(指吴县——引者注)从事此项手工业之妇女，数约一万人左右，城区乡区各占其半，精细的均为城区女工为之；粗放绣件，乡村妇女多往绣庄领料绣织，成品由绣庄收买，获利殊厚。姑苏顾绣名闻海内，所出枕被、门帘、床沿、桌披、椅披，销路之广，无远弗届；其他舞台戏装、神袍、画镜等物，年销亦颇可观，统计以上各项手工出品，年达一百余万元之巨。即以城区女工占去半数，四乡农村女工依此副业为生者，除原料成本，年当亦有三十万

---

① 民国《二区旧五团乡志》卷14，《物产》。
② 彭泽益编：《中国近代手工业史资料》第3卷，第646页。
③ 刘克祥等主编：《中国近代经济史(1927—1937)》，人民出版社2012年版，第1061页。
④ 刘克祥等主编：《中国近代经济史(1927—1937)》，第1070页。

元以上的纯利。

刺绣一道，原为吴县妇女之特长，普通妇女类能操是业的，尤以农民家庭的副业为多，往往于农暇之时，即向顾绣庄领取绸缎绒线，尤以浒墅关、木渎、光福及香山一带为甚，故此种工艺与农村副业关系殊深。①

此外，"民国肇始以后，元、二年间，江苏浦东、川沙、无锡均相继有花边业出现。至民国三、四年，各国商场因我国花边价廉物美，由是外商咸来采办，其时我国出品尚属有限，供不应求，一般洋行无不争先购买，或放价格，或预订期约，或垫款包办，收货愈多愈妙，华商亦乘机推广，放价招工，无锡一县花边营业达一千七百元，经营花边者不下数百家"。1916 年，在江苏丹阳开办的编织花边的文明求精厂，"资本五千元，已学成者约千人，现（时为 1919 年——引者注）代厂中工作者四百余人，均系将原料领回，限期交货，计件付值"。江苏太仓县，"花边工作行销欧美，此为对外贸易国民利权所攸关，该县妇女多事制造，商民设厂收买，运输外洋，实一特别利源"②。

1926 年的《中国经济周刊》较为具体生动地记述了受上海的促动，无锡城乡花边业的兴起和经营："无锡花边业，系沈鹤鸣氏于 1912 年所创，当时沈氏为私立工职女学校长。后来无锡及其附近所产花边，渐为上海出口商所欢迎，认为品质优良。"其具体分工：无锡的网边是和花边出在一个地方，但是由另一种女工编织的。有些公司只售网边。花边公司收买网边散给做花边的工人，网边公司则收买纱线散给做网边的工人。出售花边或网边的公司，给来领活的女工发给一个小记账本，上面记着发给她的纱线重量或网边的码数。女工领去原料并保存这个账本。编织完成后，便将成品交给公司。公司验收认为满意时，便在记账本批明收讫字样。因为织花边工作是采取包工制，因此工资不是按月支付，一般是按码数计酬，于交回成品时立即照付。织成的花边，可以先呈交四分之一或二分之一，其余以后续交。公司只按实际成品给资。在无锡，女工向公司领活，不像浦东那样需人介绍。③

① 曹博如：《发展太湖沿岸农村副业的研究》，《实业部月刊》第 2 卷第 6 期（1937 年 6 月）。
② 彭泽益编：《中国近代手工业史资料》第 2 卷，第 701、702、703 页。
③ 章有义编：《中国近代农业史资料》第 2 辑，第 515、516 页。

1925 年，又由上海传来供出口的抽纱即当时人所称的"麻纱绣花"。其具体步骤：首先由花边公司向上海出口商（洋行）领得细麻布，然后将麻布按照需要尺寸加以剪裁。麻布上面印上各种图案，它们是用很容易洗去的浅蓝色印上的。这些工作都由花边公司做好，然后把麻布散发给女工，用"土尔其"木线刺绣。绣好的麻布送回公司后，公司便发给另外一种女工，她们会做必要的剪接工作。这种剪接工作是要剪去几块麻布，并在剪去的地方镶入与剪去部分的大小、形式相同、做得极为精密的花边，并且把它缝好。之后，公司再将它们洗上两三次，并用化学剂，有时用石灰水，加以浸漂，然后熨平，这时成品便显得整齐、漂亮。刺绣和剪接的女工工资，每三平方英寸约为银元三分，大件四至五分。当时无锡做花边的女工，估计共有五六万人，但会做抽纱绣花的女工只约有五六千人。"无锡最大、最著名的公司为恒昶花边厂，该厂直接接受很多美国定货。其他公司，大多数都是派人到上海与经营花边和抽纱的外国洋行接洽交易。"[1]

邻近上海的常熟县浒浦乡间的花边业也颇盛。1935 年有人记述，最初是"在浒浦口的几个耶稣教徒就把这'花边'从上海带到了浒浦来。真好，做一根线，有二三个铜板，十五个钟头的一天，可以做六七十根线，一月可以通扯几十块钱，那比做纱布好得多，而且省力、简便、自由，不比那做纱布像囚犯般的整天坐在布机里。于是你也去学'花边'，我也去学'花边'，只要眼睛好。发的人呢，看见'花边'的利息厚，于是你也到上海去领来发，我也到上海去领来发。这样地，把整个浒浦的妇女赶进了'花边'的圈"[2]。

浙江花边业的经营，与上海和苏南相似，"名虽为花边厂，实际上则为商号，所有织造女工大都散居各乡，厂方将原料发给织户，到期或派人收货，或汇集送厂。至于工资，则论码计算"。其中，萧山的花边业始于 1913 年：

> 当时各处花边业尚称发达，于是上海花边商利用内地工资低廉，到萧传授花边织造之法，同时发给花线，收买出品。其首先开办者，为沪越花边厂，

---

[1] 章有义编：《中国近代农业史资料》第 2 辑，第 516、517 页。
[2] 《挣扎在"花边"圈里的浒浦妇女》，《妇女生活》(1935 年)第 1 卷第 4 期。

工人只四五百名。民国十四五年,有沈子康者发起盈余花边厂,工人增至三四千名。民国十六七年,新华、德丰、泰丰等先后成立,工人增至八千以上。民国十九年,萧山之花边厂几达三十余家,织造女工多至二万余人。①

20世纪二三十年代,苏南的织席业,虽有公司、工场等名目,实际则是接受外商订货,转而"向各农家定做"②。在镇江,"木机织布业城内外约有三十余家,织袜业约有四十余家",此外还有农妇的草编业等。③ 南京的针织厂坊,"每家雇佣三四人至十人,资本自400元至2 000元不等"④。无锡"农村副业,若周泾巷、下甸桥一带之丝绵,惠山之泥人,东北塘、寺头之丝弦,许舍之黄草布,东北乡之花边、土布,及西南乡之织袜等副业,均颇兴盛"⑤。在太湖沿岸,"织袜亦为近年农村妇女之主要副业,但多以袜厂之附近地带为限,如工业发达之无锡四乡,以及武进县属东南乡、雪堰桥、潘家桥、周桥等处农村,摇袜工作颇盛。因各处袜厂多将袜机及织袜纱线散放农村,农家妇女织成后,整打送交袜厂,其中利益殊不薄,故亦成为农村重要副业"⑥。

得益于与上海的经济联系,苏南乡村的家庭手工业往往能因时制宜,调整生产内容,不致因传统产品衰落而坐困。1927年在无锡的实地调查,清晰地勾勒了这种互联互动的态势:以往无锡农妇"暇则以纺织为事。在昔日,纺纱织布换棉花,如此循环不已。其后纱厂发达,徒手纺纱无利,于是一般换棉花庄改变方针,购买厂纱分发织户织成土布,行销于江北及安徽一带。织布工资,每人月得仅一二元不等,然农村妇女仍乐此不疲,可谓廉矣。其故,由于妇女兼理家政,不能远离家乡也。民国以来,海外花边盛销,于是年轻妇女改习花边,有月可得工资五六元者,然亦视其手术之巧拙缓速而定。但年长者以目力不及,仍以织布为

① 彭泽益编:《中国近代手工业史资料》第3卷,第186页。
② 彭泽益编:《中国近代手工业史资料》第3卷,第118页。
③ 彭泽益编:《中国近代手工业史资料》第4卷,第118页。
④ 彭泽益编:《中国近代手工业史资料》第3卷,第153页。
⑤ 无锡县政府编印:《无锡概览(1935年5月)》,转引自陈文源等主编:《民国时期无锡年鉴资料选编》,广陵书社2009年版,第492页。
⑥ 彭泽益编:《中国近代手工业史资料》第3卷,第750页。

事。近二三年来,花边业失利,于是织袜机又盛行于农村之间矣。无锡农村妇女坐食者甚少,故农田收入虽甚薄,而妇女手工所得则不无小补"①。

浙江平湖的织袜业,也直接源自上海的导引。1926 年刊发的《浙江平湖织袜工业之状况》载:

> 查该县织袜事业创始于前清宣统二、三年间,其时针织工业仅上海有之,内地各处均尚未发现。该县商人高姓见社会上需用洋袜日多,遂向上海购买袜机十余架,其时袜机均系英美所造,价值较昂,每架需银洋百元上下。该县试办一年,所织线袜形式虽甚粗陋,而袜身颇极坚固,取价亦较廉于舶来之袜,渐为社会所乐用。至民国元年添购袜机数十架,设立光华袜厂,招收女工四十余人,所出之货颇能行销沪杭间。惟女工人少,尽一日之工作,每机出货不过一打,而各地需过于供,乃改为女工到厂租机领纱回家工作,缴袜时给与工资。于是有家庭职务之妇女,不能到厂工作者,亦纷纷租机领纱,于务闲暇时在家工作。自此制一行,而平邑针织工业遂日臻兴盛,织袜遂为一种家庭之副业。无家务之累者,则日夜工作不稍休息。近来附郭四五里内之乡农妇女,亦均改织布之业而为织袜。……至织袜之纱,均向厂家领取,各厂均向上海购入。②

1925 年当地有袜机约 1 万台,大多是放机放料给四乡农户加工,收货后由厂雇工缝袜头、袜底并熨平。放机给织户时,收押金 6 元及小租 2 元,以后每月租金 2 元在工资中扣除。以每机日产 1 打计,织户扣除押金,月收入约六七元。当时由上海制造的织袜机,每台售价约 20 元,有些织户虽有能力自备,但凡自置织机者袜厂往往拒绝再放料,以促其维持原先的约定。③《浙江平湖织袜工业之状况》称:"平邑全年出袜,约有一百八九十万打,每打工资以二角三分计算,已有四十余万元之巨,况缝纫袜头袜底及以熨斗熨袜之工作,又系另一部分,每打工

---

① 容庵:《各地农民状况调查征文节录:无锡(江苏省)》,《东方杂志》第 24 卷第 16 期(1927 年 8 月 25 日)。
② 上海市第一机电工业局机器工业史料组等编:《上海民族机器工业》,第 232、234 页。
③ 许涤新等主编:《中国资本主义发展史》第 3 卷,人民出版社 1993 年版,第 204 页。

资亦有三四分之谱,故每年织袜工资当有五十万元之收入。"①其中,"新仓与乍浦,皆为平湖邻近之区,各有机器六七百架。此类商人雇主所织之袜,种类不等,或为线袜、毛袜、丝袜,或为人造丝袜。一九一七年前,平湖所织之袜,不过销行于江、浙两省。一九一七年后,推广至扬子江沿岸各省。一九二六年,更扩张至黄河流域"。② 20 世纪 30 年代,平湖"当地摇袜以线袜为大宗,平均每年出袜 200 万打,值银 100 万元左右,原料大多来自上海,全县袜厂 29 所,设置引擎者 2 所,出品除供给本县需用外,行销上海、长江各埠及南洋群岛"③。

平湖织袜业的运营方式,被邻近各县所效仿。1926 年的报道载:

> 浙江之针织业,以沪杭甬沿线之平湖、嘉兴、嘉善、石门及硖石为最发达。平湖针织业,可为我国商人雇主制之代表。针织厂坊,既为资本家,又为商人,资本、机器、纱线皆由厂坊自备,缝织则雇用散处工人,论件计资。散处工人自商人雇主处领取纱线,必向其租赁针织机一架,交特费二元及押款六元。特费概不退还,押款则于交还机器时退还。此后散处工人于工作期间,每月每架机器皆交租金二元,直接自工资内扣除。
>
> 采用此制之商人雇主获利极厚,每架机器成本平均不过 20 至 25 元,修理费用为数极微。若按每机每月租金二元计算,则一年之中,商人雇主即可收足机器成本矣。至散处工人所获之利,虽不若其应得之多,亦未尝不受商人雇主制之赐。盖散处工人多为妇女。于 1912 年采用商人雇主制之前,贫家妇女除家务事外,别无副业,而青年女子之无家事者尤多虚糜岁月。自采用商人雇主制后,妇女不需筹备资本,能以余暇从事职业矣。④

《浙江平湖织袜工业之状况》亦载:"查浙西针织袜厂,以平湖开办为最早,故其工业亦称最盛。现在嘉兴、嘉善、石门、硖石等处,虽皆相继创办袜厂,但嘉兴

---

① 上海市第一机电工业局机器工业史料组等编:《上海民族机器工业》,第 234 页。
② 彭泽益编:《中国近代手工业史资料》第 3 卷,第 155 页。
③ 段荫寿:《平湖农村经济之研究》,萧铮主编:《民国二十年代中国大陆土地问题资料》,成文出版社 1977 年版,第 22752 页。
④ 彭泽益编:《中国近代手工业史资料》第 3 卷,第 154 页。

虽有三十余家，而机数仅及平湖之半（乡镇未详），嘉善尤少。惟硖石为浙西巨镇，为沪杭铁路所经，商业素称兴盛，刻下袜厂亦复不少，每年出品堪与平湖伯仲，若嘉兴、嘉善、石门等处均不及也。以上各处袜厂，其织袜制度亦均采包工方法，一切手续及工资等项亦多仿平湖办法。"①海宁的织袜厂，也是自备织机和纱线，散发给城乡家庭织造，论件计资②。1927 年，"硖石全镇现有袜机四千余部，长年出租者约三千二三百部"，这些袜机"以上海华厂所出之蝴蝶、牡丹两牌为最多"。③ 1937 年的《平湖妇女的生活》记述："妇女们除了育蚕，平时的唯一职业，便是织袜子了。你们只要有机会走到平湖去，那末在十家之中，至少会给你发现七八家有几部织袜机的，而在每一个村庄里，都能听到一片摇袜的机声。据说伊们收入平均每月至多只有十多元，但是十多元的收入在那儿足够一个人的生活而有余了。"当地很多农妇，"除了帮助丈夫耕种外，也打袜子，但多数因为无力自备织袜机，所以只得被一般袜厂雇用，早出晚归，工作非常劳苦，每月的工资大约十元左右"④。

在宁波，"家庭纺织破产以后，吾甬最普遍之妇女家庭工业，厥为编帽与织席"⑤。1880 年左右，宁波有了中国商人开设的草帽行，初期称作"草帽栈"，是一种中间商的形式。他们一手委托帽贩向乡村编户收购产品，一手整理分档后运往上海卖与上海洋行。上海经营草帽出口业务的有瑞记、怡和以及上海永兴洋行，以后有鲁麟、礼和、安利、禅臣、捷成、福来德、有裕、百多等洋行。随着上海洋行草帽出口业务的兴起，需要量日渐增加，相应刺激了宁波草帽行业的发展。到第一次世界大战之前，在宁波西门外陆续开设了六七家草帽行，如利康、兴丰、甬丰等；不久相继开设的有永丰、坤和、衡泰、三泰、源泰、顺余等草帽行，"他们都派代理人（俗称跑街）在上海兜销草帽"。⑥

---

① 上海市第一机电工业局机器工业史料组等编：《上海民族机器工业》，第 234、235 页。
② 彭泽益：《中国近代手工业史资料》第 3 卷，第 153 页。
③ 上海市第一机电工业局机器工业史料组等编：《上海民族机器工业》，第 235 页。原编者注：蝴蝶牌袜机系上海求兴机器厂出品，牡丹牌袜机系上海振兴机器厂出品。
④ 罗正：《平湖妇女的生活》，《申报》1937 年 5 月 1 日。
⑤ 彭泽益：《中国近代手工业史资料》第 3 卷，第 539 页。
⑥ 滕惟训：《草帽出口的历史沿革》，中国人民政治协商会议上海市委员会文史资料工作委员会编：《上海文史资料存稿》第 6 册，第 242 页。

法商永兴洋行为稳固在宁波草帽业的地位,增强竞争能力,着意在草帽品种上不断出新。第一次世界大战后,永兴洋行派人带了两位宁波织帽女工去菲律宾,一面采购金丝草,一面就地学习金丝草帽的编织技术。学成回国后,于1920年编制成二芯金丝帽和盔头对花金丝帽,还相继制成麻草帽等多种式样的产品,自此走俏市场,作为原料的金丝草的进口也大增。[①] 民国《重修浙江通志稿》载:

> 浙东沿海各县昔常以土产之草编结草帽者,质陋工简,仅供本地农人之用。自海外新式麦秆草帽输入后,土产草帽日趋淘汰。民国十年,外人利用我国低廉之工资,以外国之金丝草、玻璃草、麻草发给工人,指示式样编制欧美式草帽。本省草帽工业予以复兴,始于宁波西乡、南乡,继推及于余姚之长河市及周巷等处。民国十五年,普及于临海、海门、杜镇,又辗转推至黄岩、温岭、乐清、永嘉、宁海、平阳、瑞安诸县。民国十六年为出产最旺盛时期,出草帽五百万顶,价值二千六百万元,工人赖此副业以助家庭生活者计三十三万余人。[②]

这类草编业主要采用放料加工的方式,"制造皆用手工编织,工具甚简单,只半圆形木模一枚而已。其编制皆为农家之妇女,草帽之价值视编制之技术、大小而异。经营由内地草帽行放草与草帽行贩,草帽行贩再放草与编帽之妇女。迨草帽编成时,由行贩收帽,同时付给工资;亦有内地草帽行直接放草与编帽之妇女者。内地草帽行须将草帽用硫磺漂白一次,用石矸光,使其洁白有光泽,然后运至上海帽行转洋行出口"。[③] 当时,"各地需用之原料,大都自沪上来,故其价格亦相一致。凡出帽量愈多之县,则其所消费之草料亦愈多"[④]。

1921年,宁波所产"草帽的输出地点依次是:美国居第一位,370万顶;英国

---

① 滕惟训:《草帽出口的历史沿革》,中国人民政治协商会议上海市委员会文史资料工作委员会编:《上海文史资料存稿》第6册,第243、244页。

②③ 民国《重修浙江通志稿》第22册,《物产·特产下·草帽》。

④ 建设委员会调查浙江经济所编:《浙江沿海各县草帽业》,郑成林选编:《民国时期经济调查资料汇编》第17册,国家图书馆出版社2013年版,第139页。

居第二位,30万顶;法国第三位,12万顶;香港,6.8万顶;日本,5.2万顶"。当地还有不少通过放料给农户加工,"经营向日本输出榻榻米席和向欧美输出花边的商人"。并"出现了用蔺草制成手提袋和草鞋,草鞋以每双四五钱的低廉价钱销售,经上海输出到日本和其他海外各国,可以推测其数目也是相当巨大的"①。外贸史料载,金丝帽和麻帽是20世纪初期兴起的出口商品,采用国外进口的金丝草和麻草,由出口商在浙江沿海一带农村发放原料,收购成品,运销欧美;并几乎全部经由上海出口,且增长很快,即使海关对这项出口草帽的估价偏低,1930年仍计值535.1万关两,占上海出口总值的1.71%。从事这项来料加工编织业的农妇约有20万人,分布在宁波、余姚、海门等浙东地区,对这些农家的生计不无助益。② 1933年8月有报道称,在余姚等地除了棉花,"而妇女编织之草帽缏亦为浙东出口之大宗"③。

① 丁贤勇等译编:《1921年浙江社会经济调查》,第368、369、371页。

② 上海社会科学院经济研究所、上海市国际贸易会学术委员会编著:《上海对外贸易(1840—1949)》,上海社会科学院出版社1989年版,第307页。

③ 宁波市档案馆编:《〈申报〉宁波史料集》第7册,宁波出版社2013年版,第3340页。

第九章　资金和人口的流动

　　近代上海城市工商业的繁盛,多元化交通的拓展和商品流通规模的扩大,带动了上海与长江三角洲各地间资金和人口的流动。有学者指出,上海开埠后,很快形成了以上海为龙头的城市群。在长期的发展中,苏州、宁波、镇江、扬州、绍兴等形成了以钱庄为主的金融主导型城市,南通、无锡、常州等成为工业主导型城市。前者金融的流动趋向,明显地以服务于后者以及周边更低层级城市的特点,并逐级直至服务于整个周边农村。这些城市,也因此构成了上海金融流动的桥梁。[①] 其中,民国前期苏州民营的信孚商业储备银行(以下简称"信孚银行"),由原吴县田业银行经理林幼山发起,并邀同费仲深等人筹设组成。费仲深是吴江县著名绅士,该县地主大多乐于将田租收入存入信孚银行。后者将其大部分资金注入于不动产和债券交易,亦有一部分投资于上海、苏州、无锡等地的商业或近代工业[②]。

　　① 马俊亚:《长江三角洲地区中等金融城市货币资本的积累及其融通功能》,范金民等主编:《江南地域文化的历史演进文集》,三联书店 2013 年版,第 416 页。
　　②〔日〕夏井春喜:《民国前期苏州的田业会:与吴县田业银行、苏州电气厂的关系》,唐力行主编:《江南社会历史评论》第 6 期,商务印书馆 2014 年版,第 273 页。

第一节　上海的金融中心地位

据统计，截至 1932 年有 67 家银行的总行设在上海，占中国全部银行资本的 63.8%（不包括东北和香港）。按资产计，26 家上海银行公会会员约占中国所有银行总资产的 3/4 以上。[1] 中外金融机构汇聚上海，据 1936 年的调查统计，外商在华银行"约有十余处，共计八十余单位。其中以设立在上海者为最多，计有二十余家；天津次之，计十余家；汉口、北平各有八家；广州有六家；余如青岛、厦门、烟台、福州、汕头、大连、哈尔滨、长春、沈阳、牛庄、旅顺、昆明等地，有一家至四家不等"。详见表 9 - 1。

表 9 - 1　外商银行在华地区分布（1936 年）

地名	家数	行名及国别
上海	24	美国运通银行、朝鲜银行(日)、台湾银行(日)、华比银行(比)、中法工商银行(法)、东方汇理银行(法)、麦加利银行(英)、大通银行(美)、义品放款银行(比)、德华银行(德)、汇丰银行(英)、华义银行(意)、有利银行(英)、三菱银行(日)、三井银行(日)、莫斯科国民银行(俄)、花旗银行(美)、安达银行(荷)、荷兰银行(荷)、大英银行(英)、沙逊银行(英)、住友银行(日)、友邦银行(美)、正金银行(日)
天津	14	运通银行、朝鲜银行、天津银行(日)、华比银行、中法工商银行、东方汇理银行、麦加利银行、大通银行、义品放款银行、德华银行、汇丰银行、华义银行、花旗银行、正金银行
北平	8	运通银行、中法工商银行、东方汇理银行、麦加利银行、德华银行、汇丰银行、花旗银行、正金银行
汉口	8	台湾银行、华比银行、东方汇理银行、麦加利银行、德华银行、汇丰银行、花旗银行、正金银行
广州	6	台湾银行、东方汇理银行、德华银行、汇丰银行、花旗银行、正金银行
青岛	5	朝鲜银行、麦加利银行、德华银行、汇丰银行、正金银行
大连	5	朝鲜银行、麦加利银行、德华银行、汇丰银行、正金银行
厦门	3	台湾银行、汇丰银行、安达银行

---

[1] 杜恂诚：《民族资本主义与旧中国政府(1840—1937)》，上海社会科学院出版社 1991 年版，第 253 页。

续　表

地名	家数	行名及国别
福州	3	台湾银行、麦加利银行、汇丰银行
哈尔滨	3	麦加利银行、汇丰银行、正金银行
烟台	1	汇丰银行
汕头	1	台湾银行
长春	1	正金银行
牛庄	1	正金银行
旅顺	1	朝鲜银行
昆明	1	东方汇理银行
合计	85	

资料来源：上海市档案馆馆藏：《旧中国外商银行调查资料》，《档案与史学》2003 年第 6 期。

表 9-1 显示，外商在华银行主要分布在以上海为中心的沿海各口岸城市。它们又通过电汇等方式，将业务范围伸展到中国内陆各地。1936 年，中国资本的银行总行共有 164 家，各地分支行共有 1 332 处。其中上海一地就有总行 58 家，约占总行总数的 35％；分支行 124 处，约占分支总数的 9％。如以沿海地区及长江沿岸的上海、武汉、北平、天津、南京、杭州、重庆、广州、青岛九个城市而论，则总行有 99 家，约占总数的 60％；分支行 386 处，约占总数的 29％。就所在省份而言，以江浙两省为最多，总行共有 30 家，约占总数的 18％；分支行 285 处，约占总数的 21％。[1] 如以人口和土地计，除去设置于香港及海外的金融机构，则九大都市和江浙两省以外的其他各地占全国 83％的人口、97％的土地，却仅拥有总行数的 21％、分行数的 50％。[2]

与此相联系，上海的国内贸易的进出口总值在 1935—1936 年间约 3 倍于汉口，4 倍于天津，5 倍于广州，6 倍于青岛。埠际贸易最大的 15 个口岸中，除上海外，长江流域占 7 个，上海与这 7 个城市的贸易量占其贸易总量的 70％以上。全国各地（除东北外）向上海输出货物总量占其一半以上的城市有 16 个，即秦皇岛、天津、烟台、胶州（青岛）、重庆、万县、沙县、长沙、汉口、九江、南京、苏州、宁

---

① 杨荫溥等编著：《本国金融概论》，邮政储金汇业局 1943 年印发行，第 42 页。
② 杜恂诚主编：《上海金融的制度、功能与变迁(1897—1997)》，上海人民出版社 2002 年版，第 319—320 页。

波、温州、厦门和蒙自。[①] 外国在华银行的资金和决算手段供应等,给通商口岸之间贸易的扩大提供了便利。

19 世纪 80 年代后半叶始,随着中外贸易的扩大,外国银行就与钱庄建立起了信用和资金融通关系。[②] 据估计,1920 年农副产品贸易额达 39.09 亿元,占国内市场贸易总额的 42.28％,是工业产品的 4.43 倍、矿冶产品的 13.43 倍、进口商品的 3.29 倍;1936 年农副产品贸易额达 75.33 亿元,在国内市场中的比重为 44.82％,是工业产品的 2.66 倍、矿冶产品的 15.19 倍、进口商品的 4.83 倍。农副产品贸易每年数十亿元的资金,绝非直接从事这项贸易的商人们所能承担,这些款项主要依赖以上海为中心的钱业市场的调拨。[③] 以上海出口生丝主要产地的浙江湖州为例:"丝茧交易以现款为原则,惟机户自丝店购取原料,则可欠至织品卖出后,再行结账。其取货时,全凭信用,并无须中保立票等手续,此等办法已成惯例。丝商除固有资本外,遇短缺时,则在本地钱庄通融。首次须由信用卓著之殷实商号介绍担保,由钱庄付折,以后即可凭折调取。借款利息,视银根之紧缓为转移,自一分至一分七八厘,普通月息一分二三厘。吴兴有钱庄组织设立之存丝堆栈一所,各丝商收买之丝,如去路迟钝,可向堆栈抵押款项。"[④]民国初年荣家企业福新面粉一厂开办后,所需小麦多在无锡采购,而且利用行、庄借款,基本上不需要动用本企业的资金。"小麦购进之后,即向无锡钱庄卖出申汇,得款后还麦价。无锡钱庄将汇票寄到上海,向茂新、福新办事处收款。上海见票承兑之后,照例还有几天期才付款。而这时小麦已装船,从无锡到上海只需一夜天的时间,小麦入仓,即可磨粉,再有一夜天产品便可出产。而货未出厂时,批发部已经抛出,用收入的货款,偿付承兑的申汇,时间上还绰有余裕。"这种金融支持,无疑帮助了荣家企业的发展。[⑤]

---

① 洪葭管:《20 世纪的上海金融》,上海人民出版社 2004 年版,第 5 页。

② [日]滨下武志著,高淑娟等译:《中国近代经济史研究——清末海关财政与通商口岸市场圈》,江苏人民出版社 2006 年版,第 426—427 页。

③ 马俊亚:《近代国内钱业市场的运营与农副产品贸易》,《近代史研究》2001 年第 2 期。

④ 曲直生等:《浙西农产贸易的几个实例——米粮、丝茧、山货贸易的概况》,原载《社会科学杂志》第 3 卷第 4 期(1932 年 12 月),李文海主编:《民国时期社会调查丛编(二编)・乡村社会卷》,福建教育出版社 2009 年版,第 728 页。

⑤ 上海市粮食局等编:《中国近代面粉工业史》,中华书局 1987 年版,第 124、125 页。

　　20世纪30年代,一些商业银行和专业银行开始向农村进行渗透,因这些银行的总行大多设在上海,因此对长江三角洲的影响要远远高于其他省份。1931年在松江县的实地调查显示:"松邑共有银行二家,钱庄三家,大抵皆与上海往来,汇兑可通一切市面,统以上海为标准。币制有银两、银元、纸币等,最通行者为银元、银角、铜元及江浙中外银行各种钞票。"[1]1932年在上海县的实地调查显示:"上邑金融状况,除闵行设有浦海银行一家外,均以上海市区各银行为转移。"[2]但这些银行的放款一般只针对信用合作社、殷实商家或有农产品抵押的地主和富农,贫苦农民再向这些商家、地主和富农进行二次借贷,需要付出更高的利息。这些银行业向农村的渗透,只不过是城市剩余资金在农村寻找出路,是银行业的典当化,并没有真正发挥现代银行的作用。[3]

第二节　钱庄和典当业

　　受以上海为中心的内外贸易商品流通扩大的促动,长江三角洲乡村钱庄有明显发展,并同城市钱庄和城市金融业紧密相连。它最初也是源于货币兑换,清末民初随着当地农产品商品化和商业性农业、城乡商品经济和商业流通加速发展,农民与市场的联系更加密切,农村需要新的资金融通渠道和手段,上海、宁波两地的钱庄适时地介入和运营。每逢农副产品收购季节,商人向农村地区的小商贩收购产品,临时性需要大量资金,待出售后收回货款归还贷款。1921年的浙江经济调查在评述宁波金融概况时称:"茶叶与棉花出产时资金最为紧张。"[4]据估计,20世纪20年代初期无锡茧市所需大量银元70%由上海运来,其余30%在苏州、杭州等地通融[5]。1932年《余姚金融之概况》载:"姚地钱业共有二十三

①　南京图书馆编:《二十世纪三十年代国情调查报告》第83册,凤凰出版社2012年版,第30页。
②　南京图书馆编:《二十世纪三十年代国情调查报告》第258册,第378页。
③　燕红忠:《中国的货币金融体系(1600—1949)》,中国人民大学出版社2012年版,第274页。
④　丁贤勇等译编:《1921年浙江社会经济调查》,第357页。
⑤　郑忠:《无锡经济中心形成机理分析——以民国锡沪经济互动关系为中心》("上海与沿海沿江城市的经济关系"学术研讨会论文,2006年6月,上海)。

家,资本由一万元至二三万元不等。内部组织,大致与各地之合资或独资经营者相同,其股东及执事人均负无限责任。至各钱庄业务,大致以吸收存款而转贷于商号,或领用银行钞票而转用于客帮,或留秋季棉花登场之时,由沪甬汇入款项,藉卜现升之沾润。年终盈余,亦由数千元至二三万元不等。"①1935年《近年来东台之商业及金融概况》载,每当秋季棉花收获时,"用款颇巨,各花庄均出汇票,由银钱业承做,庄票迟期十天,在申、锡、通等地交款"②。

其间,商人需以所购销的商品作为质押物向钱庄融资,钱庄代商人汇款给对方,但是买入的商品应质押给钱庄,习称"押汇"。一般钱庄为了开展押汇业务,设有仓储堆栈。货物进入指定的堆栈,等于钱庄控制了货权。商人每销售一批货物,其所得货款归还钱庄欠款,直到本息收回,钱庄放行货物控制权。宁波是茶叶、棉花及草编业等产地,钱庄业的押汇融资方式有其市场需求。那些分散的各自为生的小农和个体手工业者,所需要的生产资金并不多,但钱庄顾虑贷款风险,不愿直接放贷与他们,而是选择放款给那些与他们有联系的商人,相当于商人为那些贷款做了担保,也使商人因此与生产者建立固定的联系,产品来源更有保障,生产者则获得了一定的生产资金,能够较顺利地从事生产活动。

如鄞县的草席编织业,有种草的农民,有加工作坊,有较小规模的本地收购商,他们有的是宁波大商家的当地代理人,有的是独立的供货商。宁波的大商号是批发商,再转卖给外地客商。其间,宁波的大商号会从钱庄贷款,把其中的部分资金以定金形式给那些代理商或与自己联系密切的小商号,小商号也会再付定金给作坊或小农,保证其产品能够卖给自己。在鄞县农村如蜃蛟、凤呇、黄古林等地,都有钱庄的这类业务活动。20世纪20年代后,一些商品经济较活跃的市镇陆续有钱庄出现。20世纪30年代,鄞县有乡村钱庄26家;凤岱有5家;黄古林有4家,1934年增至6家;横街3家;栎社、蜃蛟、前虞塔各2家;姜山、五乡、高桥、北渡、鄞江、横涨各1家。此外,余姚的周巷、浒山,慈溪的陆埠、洪塘,奉化的溪口、西坞、江口,象山的石浦,镇海的庄市,都已陆

① 刘平编纂:《稀见民国银行史料二编》,上海书店出版社2015年版,第225页。
② 刘平编纂:《稀见民国银行史料二编》,第150页。

续出现钱庄。①

在青浦县的朱家角镇，设有长源、震裕、鸿茂三家钱庄，其中长源开办于1929年，资本总额为48 000银元，其主要业务是存贷，存款月息一般为一分，贷款利息则为浮动，人分忙、淡两期。凡每年的三节（端午、中秋、年关结账期）前后为忙期，银根紧，利率就高，此外则是淡期息低。有人忆述长源钱庄因善于经营，其营业额占三家钱庄之首，"那时秋后粮食、菜籽大量上市，腌腊店入冬后腌制火腿，经营商店的老板们需要大量资金，长源就运用资金放贷。它本身资本不过四万八千元，但每年放款额常达一百万元之多……且长源因规模大、信誉好，借款时一般不像银行那样必须抵押，具有方便灵活之特点，故朱家角镇上商家老板均乐意前往长源存贷"。②

就总的态势而言，长江三角洲的借贷关系尚处于转型之中，近代金融形式被引入一些乡村，但传统借贷方式仍发挥着主要作用。前者如1921年浙江社会经济调查记载，宁波有中国银行开设的分行，"其他还有四明银行、民新银行的分行，办理与上海之间的金融业务。四明银行和中国银行发行的纸币，也在当地通用。另外，一般当地金融概况，茶叶与棉花出产时资金最为紧张，从农历正月到初夏资金就相对缓和"③。又如上海浦东杨思人陈子馨，先在其父创办的恒源花厂任职，后在杨思镇创办恒大新记纱厂、恒源兴记花厂、恒兴泰榨油厂等企业。1928年，成立浦东商业储蓄银行，最初资本2万元，总行设在杨思，分行设于上海。1931年增资为30万元，迁总行于上海泗泾路1号，并增设赖义渡分行。1933年复增资为50万元，又增设周浦分行。1934年总行迁于大上海路284号，赖义渡分行迁至东昌路。1936年，在浦东同乡会所浦东大厦内增设办事处及洛

---

① 陈铨亚：《中国本土商业银行的截面：宁波钱庄》，浙江大学出版社2010年版，第93、97、136、139页。从全国范围看，20世纪20年代末期以前，农村钱庄业基本上处于兴起和发展、扩散阶段，1921—1931年达于高峰。此后由于东北沦陷，国内银行加速发展，废两改元和法币政策推行，钱庄数量明显下降，到1935—1937年，已经不到高峰期的60%，农村钱庄业急剧衰落，东北钱庄更所剩无几。1937年日本帝国主义全面侵华后，绝大部分钱庄停业、倒闭，农村钱庄陷入凋零状态。详可参阅刘克祥：《近代农村地区钱庄业的起源和兴衰》，《中国经济史研究》2008年第2期。

② 尔冬强主编：《口述历史：尔冬强和108位茶客》，上海古籍出版社2010年版，第63、64页。

③ 丁贤勇等译编：《1921年浙江社会经济调查》，北京图书馆出版社2008年版，第357页。

胜路分行。① 1930 年，崇明富商杜少如为解决其大通纱厂资金周转的需要，发起兴办金融机构，与人集资 20 万银元，在崇明南堡镇设立了大同商业银行，并在桥镇开办了分理处，又在上海设有通汇处。②

后者如 1928 年对上海近郊农村的调查：农户间的"金融流通，多半先向亲友暂借，继挽中人以田地或其他货品抵押，利率每月 2 分。又有集会之举，农民如有急需，乃邀集亲朋醵资成会，以济眉急"③。亦有人发起带有互助性的合作储蓄社，1929 年 5 月 29 日，崇明的《新崇报》以《颂平乡之合作储蓄社》为题载："沈汝梅、吴仰参等集资数千元创设于万安镇，分存款、放款两部，历时数载，成效大著。现在储户已有数十人，存款达二千余元。"并称此举"诚平民之福音。"④

1930 年的《无锡年鉴》载，贫苦农民"终年勤劳，尚不足以温饱，大都寅吃卯粮，其借贷赊欠，均以茧市为约期，故农村金融均以茧市结束。其金融之流通方法，大别之为聚会、借贷、典当、预约赊欠及抵卖"⑤。1907 年生于浙江桐庐县的叶浅予忆述：

> 桐庐县放高利贷的主儿，欢迎你向他借钱，起码三分利，十元钞每年要付三元利，三元不还，翻一番，变成二十元，这还算一般的放债法。有的黑心人，发现你急需钱，便来个对本利，年利百分之百，一年之后翻一番，十元变成二十元，这就够厉害的了。……为了躲避借高利贷，老百姓之间流行一种"钱会"，是以钱财互相支援的互助组织。如某人因为某种正当的用途，个人财力不够，如娶媳妇、办丧事、造新屋、开店铺，和亲朋好友商量，发起一个"钱会"，邀集八人入会，主人办一桌酒席，吃一顿，每人交出一定份额的钱，

---

① 柴志光等编著：《浦东名人书简百通》，第 288 页。

② 上海市地方志办公室、崇明县档案局(馆)编：《话说上海·崇明卷》，上海文化出版社 2010 年版，第 156 页。

③《上海特别市各区农村概况》，原载《社会月刊》第 2 卷第 5—11 号(1930 年 11 月至 1931 年 5 月)，李文海主编：《民国时期社会调查丛编(二编)·乡村社会卷》，福建教育出版社 2009 年版，第 439 页。

④ 秦约等著，徐兵等整理：《秦约诗文集(外三种)》，上海社会科学院出版社 2015 年版，第 173 页。

⑤ 王立人主编：《无锡文库(第 2 辑)·无锡年鉴(第 2 册)》，第 16 页。

供组会人使用。正式名称叫"兜会"或"扶会"，比如一百元的会，兜会者第一年使用这一百元，第二年轮到按份额为二十元的第二会使用，第三会递减为十八元，依次再递减，第七会为末会，只交六元。这一百元，由头会每年办一次会酒，到时每年按每个会友的份额交钱，就是说，按顺序每人可轮流集到一百元现款，每人都能应付急用，如无急用，也可放债收利，这利是低利，不是吃人的阎王利。①

20 世纪 30 年代的浙江鄞县，"农民借款，普通多为私人借贷，先挽中人说合，写立借据，以不动产抵押，其利率按每月自一分至一分五厘，期限由双方议定。次之以抵押品或仅凭信用向钱庄借贷，利率按月一分三厘，期限一年。再次为典当，以实物作质，利率按月二分，十个月满期。此外以集会方式借贷者亦多，可约分为认会、坐会、摇会、月月红四种"②。在邻近大城市的农村，也有实物借贷的存在。1931 年，乔启明在南京郊外的江宁县淳化镇乡村的社会调查所得：

> 粮行在乡村的地位，好比就是农民的银行。农民要钱用时，每将自己出产的粮食，零星向粮行交换现钱。在每天的早晨，我们当可看见许多贫寒的小农手携筐篮，内盛米麦来到市镇上的粮行从事出卖。所卖的数量虽不多，不过三升或五升，而卖到的钱，却一方面可以作当日的茶资，他方面还可用作购买其他的物品的现款。

> 粮行不但只作粮食买卖的生意，他还是个乡村放账惟一的机关。农人急需用款的时候，粮行每乘机放债，获利很高，并且还有确实的担保；同时粮行更利用农人借款还谷的方法，从中牟利，甚至不到一年，能收到百分之百利率之息金。凡是由粮行借钱不作正用的农人，利率更高。普通皆是付谷的，在每年收稻之时，许多农人的妻子终年辛勤，到了谷已落场，粮行主人却

---

① 叶浅予：《细叙沧桑记流年》，江苏文艺出版社 2012 年版，第 42 页。
② 民国《鄞县通志》，《食货志·甲编·农林》。

携驴至家,将谷负去,农人妻子只能灰心丧气,无可如何。这种事实,在南京一带却很普通。①

银行等不愿借贷给农民,而绝大部分的农家却急需借贷度日。20 世纪 30 年代的社会调查载,"浙西农民各种贷款的来源,始终不脱亲友、地主、商贩,以及专做放债营生的土劣等身份,其信用范围至为狭小。而都市间之资本,并无流通于农村的机会,以存余在农村间之少数资本,自难使农村金融为有效的周转,苛重的抵押与高昂的利率,自为必然的结果"②。1934 年,浙江"兰溪共有当店 4 家:城内 1 家,游埠 1 家,诸葛 2 家。当物以动产为多,如衣服、被褥、珠宝、首饰等等,且亦间有以粮食及茧丝等作当品者。当期通例为 18 个月,惟近年以市场不景气,间可延长至 20 个月或 24 个月。质物利息,普通以 2 分计算。中国银行及地方银行,皆在兰溪城内设有堆栈,举办农产抵押;惟抵押款额至少自 20 元或 50 元起码,不能适合农民之需要,反而给粮食商人以资金周转而垄断市面之便"③。

即使在距上海不远的浙江省嘉兴县,"私人借贷是调节农村金融最普通最普遍的一个方法。各处农民,除少数富有者外,几乎大都负债。少者数十元,多者千元,亏欠二三百元者,比比皆是"。④ 1930 年对上海市 140 户农家的调查亦载:"借债一途,为生活不足时之暂时救济法,……有一部分农民,非赖此不能弥补入不敷出之现状";其"借款之方法有种种,最普通者为直接借入现金,其次典质,再次约会。以农家类别言,借债之家均超过半数以上。最多者半自耕农,几占 78.7%;佃耕农 72.7%;自耕农虽少,亦有 55%"。就其借债利息而言,不乏高利贷,而越是贫困者所受盘剥越重,该项调查者直言:"农家愈穷困,利率愈高,盖但求'医得眼前疮',即'剜却心头肉',亦不能不忍受痛苦。而其境遇较佳且有抵押

① 乔启明:《江宁县淳化镇乡村社会之研究》,李文海主编:《民国时期社会调查丛编·乡村社会卷》,福建教育出版社 2005 年版,第 103 页。
② 韩德章:《浙西农村之借贷制度》,原载《社会科学杂志》第 3 卷第 2 期(1932 年 6 月),李文海主编:《民国时期社会调查丛编(二编)·乡村经济卷》下册,福建教育出版社 2009 年版,第 36 页。
③ 冯紫岗编:《兰溪农村调查》(国立浙江大学农学院专刊第 1 号,1935 年 1 月),李文海主编:《民国时期社会调查丛编(二编)·乡村社会卷》,福建教育出版社 2009 年版,第 345 页。
④ 冯紫岗编:《嘉兴县农村调查》(国立浙江大学、嘉兴县政府 1936 年 6 月印行),李文海主编:《民国时期社会调查丛编(二编)·乡村经济卷》上册,第 373 页。

品者,则虽有重利盘剥者亦无所施其技。其利息以年利 2 分计者最多,佃农有 8/10 而强,半自耕农约 5/10,自耕农则不及 4/10。佃农有月利 3 分者 2 家,占 1/16,利率较国民政府规定年利不得过 20％之禁令几近 1 倍。其月利 2 分者,半自耕农有 1/5,佃农亦有 1/10。如此高利率债,自耕农直无一家。"①一些农户为躲避高利贷的盘剥,采用诸如"摇会"的传统方式互助互济。1928 年对上海近郊农村的调查:"乡民又有集合摇会者,每年举行三四次,每会自七八人至二十余人,会款自一二元至二十元不等,藉作经济之流通。"②1928 年对上海近郊农村的调查记载:

> ……各区农户,自耕农占多数。如真茹区占 95％,陆行区占 90％以上。其他如蒲淞、曹行、塘桥、高桥、三林、杨行、殷行、闵行、杨思、北桥、漕泾、颛桥、彭浦等区,亦以自耕农为多。
>
> 惟各区农户或因水旱濒仍,或受军事影响,经济渐见窘迫。如大场区农民之较为贫苦者,每日二粥一饭尚不易得。殷行、闵行、杨行、七宝、洋泾、吴淞、蒲淞、江湾、塘桥、陆行、北桥、真茹、法华等区,负债者达十之七八。盖各区农民,类多借债度日也。
>
> 至于佃农之痛苦,更不待言。赁租为陈行区特有之制度,豆租为蒲淞区苛刻之地租,七宝区地租名目繁多。塘桥区租金有定额,虽年岁歉收,不得减少。颛桥区之佃农,则须以所得七成归地主。此皆佃农所深恶痛绝。③

在金山县,"农人每当青黄不接之时,有射利者乘其急而贷以米,谓之放黄米,俟收新谷,按月计利清偿,至有数石之谷不足偿一石之米者"④。江苏阜宁

---

①《上海市百四十户农家调查》,原载《社会月刊》第 2 卷第 2～5 号(1930 年 8—11 月),李文海主编:《民国时期社会调查丛编(二编)·乡村社会卷》,福建教育出版社 2009 年版,第 522、524、525 页。

②《上海特别市各区农村概况》,原载《社会月刊》第 2 卷第 5—11 号(1930 年 11 月至 1931 年 5 月),李文海主编:《民国时期社会调查丛编(二编)·乡村社会卷》,福建教育出版社 2009 年版,第 429 页。

③《上海特别市各区农村概况》,原载《社会月刊》第 2 卷第 5—11 号(1930 年 11 月至 1931 年 5 月),李文海主编:《民国时期社会调查丛编(二编)·乡村社会卷》,福建教育出版社 2009 年版,第 426 页。

④ 光绪《重修金山县志》卷 17,《志余·风俗》。

县，"射利之徒假手刁侩，当农家青黄不接之时，乘其急而贷以款，在夏谓之青麦钱，在秋谓之青稻钱，期短利重，农民大受剥削"①。浙江吴兴县，"农民养蚕无资，贷钱于富家，蚕毕贸丝以偿，每千钱价息一百文，谓之加一钱，大率以夏至为期，过此必加小利"②。1932 年发表的对杭嘉湖地区农村借贷的调查揭示："需要短期借贷的农家，多在十分窘困情况之下，所借得的钱，并不是从容的扩张农业资本，乃是经营农场上急需的救济，因此投机者以任何高昂的利率，农民都不得不忍痛容受。"③

上海与长江三角洲地区的乡镇，常见的是典当，习称"当铺"④。民国《宝山县续志》载："业当铺者率系邑中富室，同治光绪之际，罗店最盛，且有投资外埠者。"⑤1929 年编纂的《南汇县续志》载，该县"向无金融机关，贫者借贷无方，唯以物质于典；商家转运不灵，亦以物质于典；富者财积而患壅滞，又乐典之取偿易也，因相率而设典"⑥。1932 年编纂的《奉贤县政概况》载，当时该县既无钱庄也无银行，"各市镇仅有典当铺数家，以通人民之缓急"⑦。

20 世纪 30 年代初，南京"典当计有公济等七家，合计店员二百余人，各家最多六十余人，少者亦十余人，合计资本二百万元。利息二分，赎期十八个月，营业季节以春秋两季最旺"。其背景是，"凡农民耕种、养蚕成本、红白庆吊用费、纳租还债及购买食粮、不时之需，多恃典当为唯一供贷机关"。⑧ 1936 年，浙江：

> 全省典业合共 319 家，以绍兴县为最多，都 44 家，其余如鄞县则为 25 家，黄岩则为 21 家，杭州市则为 19 家，余姚则为 12 家，嘉兴则为 13 家，萧

---

① 民国《阜宁县新志》卷 15，《社会志·礼俗》。
② 民国《双林镇志》卷 14，《蚕桑》。
③ 韩德章：《浙西农村之借贷制度》，原载《社会科学杂志》第 3 卷第 2 期（1932 年 6 月），李文海主编：《民国时期社会调查丛编（二编）·乡村经济卷》下册，福建教育出版社 2009 年版，第 36 页。
④ 详可参见戴鞍钢、黄苇主编：《中国地方志经济资料汇编》，汉语大词典出版社 1999 年版，《货币金融篇·典当·高利贷》。
⑤ 民国《宝山县续志》卷 6，《实业志·商业》。
⑥ 民国《南汇县续志》卷 18，《风俗》。
⑦ 民国奉贤县文献委员会编纂，载之点校：《奉贤县政概况·工商业》，上海市地方志办公室等编：《奉贤县志》，上海古籍出版社 2009 年版，第 776 页。
⑧ 民国《首都志》卷 12，《食货下·金融》。

山则为 12 家。海宁、温岭、杭县、嘉善、平湖、桐乡、长兴、德清、镇海、嵊县、新昌及临海等十二县，则自 6 家至 10 家不等。富阳、余杭、临安、新登、海盐、崇德、吴兴、安吉、慈溪、奉化、定海、象山、诸暨、上虞、宁海、天台、仙居、金华、兰溪、东阳、义乌、浦江、衢县、常山、开化、建德、桐庐、永嘉、瑞安、乐清、平阳及玉环等三十三县，则自 1 家至 5 家不等，……其营业范围大略相同，有仅收质衣服饰物者，亦有兼及农产品、农产物如稻谷、米、麦、棉、丝之属者。[①]

1934 年，有上海金融界人士直言："银行之集巨资以营业，本以调剂金融为目的，但处于今日商业衰落之际，而仍日见其多，在不知者视之，必以为上海商业繁盛，故银行得以日增日盛。然吸收存款而无出路，亦遗害存户。且在银行未发达时，存户之款皆散在乡间，作为农民游资。及后银行信用日佳，存户亦嫌放款农民，不若存入银行为便利；且上海乃通商口岸，交通极便，尚有租界可以保障，绝无兵灾危险；又兼近年来天灾人祸，愈为银行造机会。予观沪宁、杭沪二路一带市镇，在昔本富庶之地，今者渐成衰落之区，虽半由丝绸业之失败，但银行之吸收存款亦不能辞其咎。银行吸收存款，既不放于农民而反事投机，故余谓银行愈发达，农村愈衰落，或非诬也。"[②]此话不无偏激，但亦折射以近代上海为中心的城市新式金融业的发展，主要体现为服务于以进出口贸易为主干的资金流通，虽已向乡村渗透，但并未广泛惠及农民日常生计的急需。

第三节 人口的流动

1895 年中日甲午战争后，列强在华经济扩张加速，同时受实业救国思潮和清政府鼓励工商政策的推动，中国民族工商业和近代城市经济有明显发展。与

---

① 民国《浙江新志》上卷，《第 8 章浙江省之经济·金融》。
② 刘平编纂：《稀见民国银行史料初编》，上海书店出版社 2014 年版，第 161 页。

原先因战乱涌入城市而呈现潮汐形态的人口升降不同，这一时期进入城市谋生的人口表现为持续增加的态势。一项综合性的研究表明，"1910 年代都市人口增加是与那个时期中民族工业扩大相对应的"①。据统计，1895—1911 年上海工业产值的年平均增长率为 9.36%，1911—1925 年上升至 12.05%；1925—1936年有所减缓，但仍达到 6.53%。② 其总体增长态势及其在全国所占的比重，可见下表：

表 9-2　上海 30 人以上工厂数占全国的比重(1911—1933)

年份	全国工厂数	上海工厂数	上海占全国%
1911	171	48	28.1
1927	1 374	449	32.7
1933	2 435	1 186	48.7

资料来源：张忠民主编：《近代上海城市发展与城市综合竞争力》，上海社会科学院出版社 2005年版，第 359 页。

此外，从工业产出衡量，据估计 1936 年上海中外资本工业的总产值已达1 182亿元，比 1895 年增加 40 多倍，约占全国工业总产值的 50%。③ 与此相联系，上海工人总数猛增。据估计，1933 年上海工人总数为 35 万人，比甲午战争前增加 8.5 倍，而同期上海城市总人口由 90 万人增至 340 万人，增长幅度不到 3倍，足见工人的增速更快。④ 流入上海的农村人口之多，远非中国其他城市可比。有学者指出："上海地区人口的快速增加决不是仅仅由于辖区的扩大以及人口的自然增加，而主要是由于人口从广大内地迁入的缘故……广大内地的人民，尤其是破了产的农民经常地流入上海，这是上海市区，特别是租界地区百余年来人口不断增加的主要因素。"⑤尽管他们进入上海后的生活境遇仍很困窘，但较之在家乡时，尚多少有所好转。据 20 世纪 20 年代初的统计：

---

① [日]滨下武志著，高淑娟等译：《中国近代经济史研究——清末海关财政与通商口岸市场圈》，江苏人民出版社 2006 年版，第 223 页。

② 徐新吾等主编：《上海近代工业主要行业的概况与统计》，《上海研究论丛》第 10 辑，第 137 页。

③ 黄汉民、陆兴龙：《近代上海工业企业发展史论》，上海财经大学出版社 2000 年版，第 219 页。

④ 张仲礼主编：《东南沿海城市与中国近代化》，上海人民出版社 1996 年版，第 429 页。

⑤ 邹依仁：《旧上海人口变迁的研究》，第 13、14 页。

江苏省农村底农业工资,即令比长工有较高的工资的短工,膳食由雇主供给,每月也只三元六角弱;在上海,即令中国人住宅及公司中的仆人,膳食由雇主供给,每月也能得五元至六元的工资,仆人也能得到农业劳动者底一倍的工资。因而如长工每年二十七元强的低廉的工资,甚至于不及上海市中的大人车夫底年实收。即令吴江县中,农忙期工资最高时的散工底工资每日二角,也只能匹敌上海市中的清洁夫底月收六七元。比较女子农业劳动者与女子都市劳动者,也与上述无大差异。[1]

有学者指出,在 1927 年的上海,一个非熟练工人抚养五口之家需费 21.34元,其中饮食费 11.1 元[2]。以此观察,仆人或清洁夫上述每月 5—7 元的收入,可以勉强维持二至三口之家的糊口支出。大都市相多较多的谋生途径,驱使众多贫困或走投无路的农村人口源源涌入上海。据 1928 年在浦东塘桥的调查:"距今二十年前,客籍居民侨寓于此者日多一日,近以工厂勃兴,人烟稠密,顿成主客参半之象。"在吴淞,"比年以来,工商事业逐渐发展,客籍人民侨居于此者络绎不绝,与十年前人口比较,奚啻倍蓰"。另据 1929 年的记载:"近来曹家渡一带工厂林立,男女工人寄居于此者日益繁多,客籍土著杂居其间,与民国八年所调查者较多数倍。"[3]

据统计,1929 年上海全市 28.5 万多名工业职工中,纺织业有近 20 万人,其中大多数纺织女工是来自外地的农村妇女。此外在交通运输业中,又有近 3 万名码头装卸工人和 8 万多名人力车夫,他们几乎都是来自外地的破产农民。在商业方面,全市约有 72 858 家商业企业,共雇佣 24 万多名职工,其中也是以外地籍居多。综合以上各业及其家属,总数不下数十万人。至抗日战争全面爆发

---

[1] 章有义编:《中国近代农业史资料》第 2 辑,第 463 页。

[2] 慈鸿飞:《20 世纪二三十年代教师、公务员工资及生活状况考》,侯建新主编:《经济—社会史评论》第 6辑,三联书店 2012 年版,第 140 页。

[3] 《上海特别市各区农村概况》,原载上海特别市社会局《社会月刊》第 2 卷第 5—11 号(1930 年 11 月至 1931年 5 月),李文海主编:《民国时期社会调查丛编(二编)·乡村社会卷》,福建教育出版社 2009 年版,第 447、469、441 页。

前夕，上海的工厂职工已增至近50万人，加上商业职工、手工业工人、码头工人、人力车夫等，全市从事工商业及相关行业的人口已有128万多人。他们大部分是外来移民，连同其家属在内，成为总人口达数百万的上海城市人口的主干。[①]其中，大部分是青壮年。

表9-3显示，21—60岁的青壮年约占总人数的近60%。他们有些来自上海近郊，其中部分是不堪地主的剥削，进城另寻出路。1928年对上海西南郊塘湾的调查载："佃租定额，虽歉岁不得减少，致佃农亏耗血本者时有所闻，农民多来沪地改求别业。"[②]有的是因城市经济的扩展而另找谋生途径。民国《上海县续志》载："商市展拓所及，建筑盛则农田少，耕夫织妇弃其本业而趋工场，必然之势也""近年东北各乡机厂林立，女工大半入厂工作"。[③]1919年的调查载，该县"食力之民亦大都为工商所吸收，而务农者渐少"[④]。该县俞塘乡，据1934年的调查："青年相率到松沪一带习工或习商。"[⑤]民国《川沙县志》称："女工本事纺织，今则洋纱洋布盛行，土布因之减销，多有迁至沪地入洋纱厂、洋布局为女工者"；该县北乡，原先"男事耕耘，女勤纺织"，迩来壮强男子多往沪地习商，或习手

表9-3　上海"华界"人口年龄构成统计及百分比(1930—1936)

年龄 \ 年份	1930	1931	1932	1933	1934	1935	1936
0—12	11.99	12.14	12.03	11.70	11.36	11.32	11.61
13—20	14.73	14.74	15.48	15.86	16.02	16.34	16.92
21—40	38.55	38.48	37.53	37.66	37.84	37.81	37.00
41—60	19.96	19.69	20.11	19.86	19.96	19.50	19.32
61—100	3.10	2.98	3.01	3.10	1.98	2.84	3.12

资料来源：邹依仁：《旧上海人口变迁的研究》，上海人民出版社1980年版，第126页。

[①] 张仲礼等主编：《长江沿江城市与中国近代化》，上海人民出版社2002年版，第384页。
[②] 《上海特别市各区农村概况》，原载上海特别市社会局《社会月刊》第2卷第5—11号(1930年11月至1931年5月)，李文海主编：《民国时期社会调查丛编(二编)·乡村社会卷》，福建教育出版社2009年版，第457页。
[③] 民国《上海县续志》卷1，卷8。
[④] 吴清望：《沪海道区上海县实业视察报告书》，《江苏实业月志》第3期(1919年6月)。
[⑤] 江苏省立俞塘民众教育馆编印：《江苏省第四民众教育区二十三年度社教概况》，该书编者1935年版，《省立俞塘民众教育馆之部》，第7页。

艺,或从役于外国人家,故秧田耘草,妇女日多,竟有纤纤弱者不惮勤劳者,此则今昔之不同也。"①其感叹:"川沙滨海,天然之利不后于人,兼以近邻上海,扼中外交通之冲,农工出品销路惟何? 曰惟上海。人民职业出路惟何? 曰惟上海。"②据统计,1935 年川沙县有户籍 30 618 户,在上海从事建筑业泥水工和木工的大约有 15 000 人,平均每 2 户中就有 1 名建筑工人。③

1928 年的社会调查载,上海近郊彭浦"村中妇女,均赴各工厂工作";在浦东的洋泾,"上海自通商以来,工商繁盛,外人原有之特区(指租界——引者注)不敷发展,故近三十年来,外人在浦东沿岸建筑洋房工厂,迄今码头工场鳞次栉比。本区西北部农民,因见工资腾贵,弃农就工者日多一日"。④ 1929 年的实地调查显示,上海近郊真如乡民的就业途径呈多元化,在取样"调查的百家之 572 人中,除老幼外,男子有职业者共 168 人,内做工 15 人,农夫 134 人,商 8 人,公务 3人,教育 2 人,道士 6 人;女子有职业者共 191 人,内织布 118 人,做纱厂者 5 人,务农者 68 人"⑤。一些外地农民因此陆续来沪,在沪郊农村觅得生存空间,1928年的洋泾区,"客籍乡民之充农村劳动者,约百分之一二。西北沿江(指黄浦江——引者注)一带,农民占 6/10,且侨民日多,户口难于稽查,其东南方面全系农家,近有崇明、海门两籍人民侨寓于此,或租田耕种,或为人佣工"。引翔区,原先"乡民悉土著,近十年间,有由崇(明)、海(门)迁移而散居四乡者"。⑥

在浦东川沙,当时曾有人这样描述:"川沙上海间朝发夕至,自上川铁路通车,一小时即达,于是上海成为容纳川沙羡余人口之绝大尾间。论其量,则数之大,以水木工人为第一,他业亦颇有相当地位。论其质,则无论以知识,以劳力,凡能自食,或因以起家,百分之九十以上皆恃上海。夫以逼临上海之故,人口有

① 民国《川沙县志》卷 14,《方俗志》。
② 民国《川沙县志》卷 5,《实业志》。
③ 张银根:《浦东泥刀的领军人物杨斯盛》,唐国良主编:《百年浦东同乡会》,上海社会科学院出版社 2005 年版,第 161 页。
④ 《上海特别市各区农村概况》,原载上海特别市社会局《社会月刊》第 2 卷第 5—11 号(1930 年 11 月至 1931 年 5 月),李文海主编:《民国时期社会调查丛编(二编)·乡村社会卷》,福建教育出版社 2009 年版,第 429、442 页。
⑤ 民国《上海特别市真如区调查统计报告表册》,《农务》。
⑥ 《上海特别市各区农村概况》,原载上海特别市社会局《社会月刊》第 2 卷第 5—11 号(1930 年 11 月至 1931 年 5 月),李文海主编:《民国时期社会调查丛编(二编)·乡村社会卷》,福建教育出版社 2009 年版,第 429、442、443、444 页。

余，则移至上海；职业无成，则求之上海。"①1929 年在浦东杨思乡的调查，当地男子"大都赴纱厂或轧花厂或渡江作工，其田间工作与日常琐事，悉委诸妇女"②。交通相对不便的崇明县，亦是"其佣力者率至沪"③。据 1925 年在浦东高桥的调查："崇明农户移入本区耕种者约千余户，计占全区户口 1/10。"④

在嘉定县，"凡以劳力糊口者，俗谓之手艺，大别之为木、石、砖、漆、泥水、成衣等类。其每日工价，初以制钱计，后则以银币计，自光绪初迄清末，由数十文增至数百文"。原因之一，他们中的很多人去了上海，"自交通便利，各工人受雇于上海者日多，本地几供不应求，故工价逐渐增涨"⑤。该县黄渡乡，"许多男子都去上海谋生，每一家普遍总有一二人离着家乡奔入都市，因此剩余在农村的农力是妇女儿童和少数男子"⑥。民国《宝山县续志》载："境内工厂，邑人所创办者，大都为棉织类，盖一因妇女素谙纺织，改习极易；一因土布价落，设厂雇工兼足维持地方生活也。淞口以南接近沪埠，水陆交通尤宜于工厂，故十年之间江湾南境客商之投资建厂者视为集中之地，而大势所趋，复日移而北。"⑦当时，"郭乐在上海吴淞口建造永安第二纱厂的时候，就想到上海的郊区农村有大量的廉价劳动力"⑧。

1928 年设立于宝山县刘行顾村的宝兴纱厂，由余葆三、顾鸿儒等人倡办，"占地四十余亩，资本三十万两，锭一万三千，男女工约六七百人，出品有十四支、十六支两种，年产约七千余包，以'红宝星'为商标，原料除就地收买上白棉花外，复采购美棉及陕西、汉口等棉施用。该厂之开设于刘行也，经董顾鸿儒实促其成，盖刘行素贫窭，得是调剂，民生可稍裕"⑨。1934 年对上海杨树浦厂区附近 4 个村庄 50 户农家的实地调查，载有一位老农的陈述：

① 民国《川沙县志》卷首，"导言"。
② 黄立鹤：《上海杨思乡之农民概况》，《中央大学农学院旬刊》第 35 期(1929 年 11 月 20 日)。
③ 民国《崇明县志》卷 4，《地理志·风俗》。
④ 《上海特别市各区农村概况》，原载上海特别市社会局《社会月刊》第 2 卷第 5—11 号(1930 年 11 月至 1931 年 5 月)，李文海主编：《民国时期社会调查丛编(二编)·乡村社会卷》，福建教育出版社 2009 年版，第 475 页。
⑤ 民国《嘉定县续志》卷 5，《风土志·风俗》。
⑥ 徐洛：《黄渡农村》，《中国农村经济研究会会报》第 1 期(1933 年 11 月)。
⑦ 民国《宝山县续志》卷 6。
⑧ 徐鼎新等整理：《永安企业口述史料》，《上海档案史料研究》第 3 辑，上海三联书店 2007 年版，第 159 页。
⑨ 民国《宝山县新志备稿》卷 5，《实业志·工商业》。

工厂初设到附近地方的时候,经理派人下乡找工人,就有人抛开农事跑进工厂;但也有人因为不习惯和不喜欢机器劳动,不久又跑回来了。许多青年人跑进城去,弄熟了,便离开工厂,加入商界。最后,工厂需要女工,在这里找了些去,于是只剩我们一般习于田事的老年人在家耕田。因为许多人搬进城中做,村庄便见缩小了。①

与上海郊县农民进厂务工者相比,那些自外省农村来沪者人数更多。据1928年的统计,上海93家缫丝厂共有缫丝车22 168部,女工55 363人,男工约4 300—4 400人,合计约6万人。"各厂男女工人之籍贯,大约女工以江北泰州、盐城一带为最多;而苏省之无锡、苏州、上海,浙江之宁波及他处人次之。就各处人数而计,约江北人居50%,浙江人居10%,苏锡居20%,上海本地人及他处人合计20%。就工厂所在区域而论,则虹口、闸北之女工,多江北籍;而租界上新闸、老闸一带,则以苏、锡、宁波、本地人为多。男工以湖州、宁波、上海居大部分。就工人年龄而论,自16岁以上至40岁者,居工人总数60%,自16岁以下至12岁者居25%,自40岁以上至50岁者居14%—15%,其在50岁上12岁下者,不过占0.4%至0.5%。②

因为较之当地,上海的谋生机会更多,即使同为通商口岸的宁波也是如此。其中不乏成功者,20世纪二三十年代扬名沪甬工商界的宁波商人乐振葆,原籍鄞县,16岁来沪当木工,勤于钻研,技艺日精,所制西式家具颇受欢迎。工余,还先后去中西书院和英华书院学习英语。后将其父遗业泰昌杂货号改建为国内第一家自产自销的西式木器厂,不久发展为泰昌木器公司,自任董事长兼总经理。又在上海先后任和兴钢铁厂、大中华火柴公司、宁绍轮船公司、三友实业社、振华油漆厂、恒利银行、中英药房有限公司、闸北水电公司等企业的常务董事或董事长。在三友实业社董事长任内,首创国产"三角"牌毛巾、被单。此外,如振华油

---

① 何学尼译:《农户调查》,原载《社会半月刊》第1卷第1—5期(1934年),李文海主编:《民国时期社会调查丛编·乡村社会卷》,福建教育出版社2005年版,第254页。

② 陈真等编:《中国近代工业史资料》第四辑,生活·读书·新知三联书店1961年版,第155、156页。

漆厂的"飞虎"牌油漆、荧昌火柴厂的"双斧"牌火柴,均享誉市场。①

1921年的经济调查载:"与上海相比,宁波的劳动力的工资十分低廉,因为当地工业不发达,劳动力供给比较充裕。"②很多人都想去上海谋生,因此竟有以大量招工为名酿成风波者,1923年12月3日《申报》以"函询大康纱厂招收大批女工"为题载:

> 镇海北乡村范镇人范阿宏,近从上海返乡,四处张贴招收女工广告,谓有上海大康纱厂招收女工三万名(原文如此——引者注),委其代招。一般贫寒妇女纷纷前往报名,多至六百余人,均系十三四岁至二十岁左右之女工,间亦有三十许岁之妇人数名。旋以乡间猜测横生,遂有大半报名之妇女不敢尝试,自请退出。实招收女工六十名,男工七名,于前日在乡取齐动身,由镇北转余姚,于十一月二十九日到甬,拟趁甬兵轮赴申。后被一分署查悉,一面传范某至署询问,一面嘱长警会同海关西人,令男女工人等一律上埠。兹已由该署函询上海大康纱厂,是否招收此项女工,以凭核办。

同时当地也有不少人抵沪进厂务工,1923年12月4日《申报》以"今晨有大批甬女工到沪"为题载:"本埠宁绍商轮公司昨接宁波来电,谓四日即晨甬兴轮由甬到申时,乘有女工百六十余人,请为照料等语。此项女工均系宁波山北乡妇,此次来沪系应本埠日商新创大纱厂之招雇云。"本国资本的纱厂也有去浙江招工者,1929年10月20日该报以"大批男女工人运沪"为题称:"上海永安纺织公司因缺少工人,特派陈少林往新昌、嵊州等处招募男女工人。兹陈已招得女工六十九名,男工二十九名,昨晨来甬转乘新北京轮运沪,分别入场工作。"③据1929年对在沪游民的一份抽样调查,在被调查者中,"以江苏人为多,占51%;浙江次之,占22%。然以籍贯言,除不明者外,固18省皆有也。大致以与上海交通联络便利者,其在沪流落之人数亦愈多,故苏为冠而浙次之,鲁有80余人,皖有60

---

① 孙善根整理:《乐振葆1926年赴日〈东游日记〉》,《上海档案史料研究》第14辑,第254页。
② 丁贤勇等译编:《1921年浙江社会经济调查》,北京图书馆出版社2008年版,第370页。
③ 宁波市档案馆编:《〈申报〉宁波史料集》第5册,第2311页;第7册,第3099页。

余人,鄂有50余人,河南、河北各30余人,湘、粤、赣各20余人。此外如黑、甘、滇、新以距沪较远,于此1 471人中竟无一人"①。成书于1924年的浙江《定海县志》载:"各乡男子多有在沪上轮埠充当苦力者,谓之码头小工。妇女则多佣于沪上住宅,其月薪三四金不等。印刷、丝、纱各厂服务之男女,近来亦多有之。"② 1932年的《宁波旅沪同乡会月刊》称:"今者我国经济首都上海,人口三百万人,宁波人几占四分之一。"③这些在上海的宁波人不时将积攒下来的钱通过宁波钱庄的申庄汇给家乡的亲人补贴家用,当时宁波钱庄在一些集镇的有名商号设有代理解付点④。

1917年,留学美国的蒋梦麟回到其家乡浙江余姚蒋村,看到"许多人已经到上海谋生去了,上海自工商业发展以后,已经可以容纳不少人"。村里的老人告诉他:"很多男孩子跑到上海工厂或机械公司当学徒,他们就了新行业,赚钱比以前多,现在村子里种田的人很缺乏。"⑤1921年的社会经济调查载:"鄞县(包括宁波)的土地狭小,人口稠密,仅靠耕织一般不能自给自足,所以一直以来,这里到海外从事商业活动的居民较多。另外,生活在海边的人们多从事渔业或当船夫,其足迹不仅遍布甬江地区,还扩大到长江沿岸,向内地可深入到四川,以及各大江河的支流区域。"其中很多人去了上海,因为"与上海相比,宁波的劳动者的工资十分低廉,因为当地工业不发达,劳动力供给比较充裕,尤其是妇女劳动力"⑥。20世纪30年代初,浙江临海县的海门"有轮船公司十家,定期输船十余艘往返于上海、宁波、永嘉等埠"⑦。

1927年2月14日《时报》称:"上海近年以来人口日增,所需佣工亦日多,苏、松、常、镇、扬各地乡妇赴沪就佣者,岁不知几千百人。"1930年的《丹阳农村经济

① 《一千四百余游民问话的结果》,原载上海特别市社会局《社会月刊》第1卷第4期(1929年4月),李文海主编:《民国时期社会调查丛编·人口卷》,福建教育出版社2004年版,第304页。
② 民国《定海县志》第五册,《方俗志第十六·风俗》。
③ 上海市宁波经济建设促进协会、上海市宁波同乡联谊会、政协上海市文史资料委员会编:《宁波旅沪同乡会纪》《上海文史资料选辑》2010年第1期),第191页。
④ 陈铨亚:《中国本土商业银行的截面:宁波钱庄》,浙江大学出版社2010年版,第103页。
⑤ 蒋梦麟:《西潮与新潮——蒋梦麟回忆录》,东方出版社2006年版,第123、125页。
⑥ 丁贤勇等译编:《1921年浙江社会经济调查》,第373、370页。
⑦ 民国《浙江新志》下卷,《第46章·临海县·实业》。

调查》载："西北乡农民出外谋生者日众，如苏、常、沪一带之面店竹工，江北之烟商衣业，率多丹阳人也。"①江苏常熟的贫苦农民，"唯有向城市另谋生活之道，内地城市，工业尚未发达，无法容纳，大都转趋大城市，男子入工厂充劳役，女子多做人家的奴仆"②。据 1937 年的调查，上海丝织业职工，"大多来自浙东、浙西、江苏及其他地区，人数最多的首为浙东的嵊县、东阳、新昌，次为浙西的杭、绍、湖州，再次为浙东义乌、诸暨，江苏的苏州、常州，其他地方的人为数很少"③。

在英商上海电车公司，"工人的来源大多数是从农村中来的，按籍贯来说，车务部方面以苏北人占多数，其中尤以盐城人为多；其次为无锡、苏州、镇江一带的也不少。假若以省份来划分，则以江苏籍者占绝对多数；次为浙江、山东及其他。机务部则以宁波籍者为多，约占十分之六；其次为扬州、无锡、安徽籍者占十分之二，苏北帮占十分之二，大都为铁匠和小工"④。

他们的处境也更艰难，据调查当时流入上海的外来人口，"大多数为失业之后，无业可得，以及毫无把握莽莽撞撞至上海谋事"⑤。他们中的大部分人并没有如其所愿，在城市里找到稳定的工作，而是依旧难有温饱。人力车夫，是其中引人注目的一个社会群体。1897 年时，上海公共租界内人力车执照数为 48 888 张，1901 年时为 60 915 张，1908 年又增至 98 071 张，到 1924 年，租界内人力车数量已超过 1.3 万辆。20 世纪 30 年代时，上海街头有执照运营的人力车已有 2 万多辆，城市人口平均每 150 人一辆，人力车成为电车、汽车以外，市民外出主要的交通工具⑥。

全凭体力的人力车夫，原先都是农民。据 1934 年上海市社会局对 304 名人力车夫的抽样调查，其中 95.7% 是苏北人。⑦ 另一项社会调查也记载，上海人力

① 张汉林：《丹阳农村经济调查》，江苏省农民银行总行 1930 年 9 月出版，李文海主编：《民国时期社会调查丛编(二编)·乡村经济卷》上册，福建教育出版社 2009 年版，第 796 页。
② 殷云台：《常熟农村土地生产关系及农民生活》，《乡村建设》第 5 卷第 5 期(1935 年 9 月)。
③ 朱邦兴等编：《上海产业与上海职工》，上海人民出版社 1984 年版，第 137 页。
④ 朱邦兴等编：《上海产业与上海职工》，第 242—244 页。
⑤ 《一千四百余游民问话的结果》，原载上海特别市社会局《社会月刊》第 1 卷第 4 期(1929 年 4 月)，李文海主编：《民国时期社会调查丛编·人口卷》，第 304 页。
⑥ 马长林：《上海的租界》，天津教育出版社 2009 年版，第 138 页。
⑦ 上海市社会局：《上海市人力车夫生活状况调查报告书》，《社会半月刊》1934 年第 1 期。

车夫的籍贯"多属于苏北东台、盐城、阜宁、高邮、泰县等处,少数则属于南通、海门"。他们分早晚两班,"早班每月约可拉 20 天,晚班每月约可拉 15 天,平均每天可赚 1 元左右,家庭生活万分清苦,终年住草棚,穿破衣,吃小米"①。当时在沪开办内山书店的内山完造忆述,某天上午他问一位人力车夫早饭吃了什么,之后的答问令他震惊并记忆深刻:

> "我今早什么都没吃。""为什么不吃?""今早运气不好还没开张呢。"我无言以对。我猛地明白他一脸烦躁地连喝四杯热茶的原因了。呜呼,他最后的一句话,是我自己想明白的,想必当时我的脸色也变苍白了吧。我清楚地记得自己脸上的血液一下子倒流了。"我今早什么都没吃。""今早运气不好还没开张呢。"所以他才什么都没吃。他说自己每天早上六点就出门了。现在已经九点多了,却因为没生意所以什么都没吃。多么悲惨啊。他每天要工作赚了钱才有饭吃。想必不仅是他一个人,恐怕大多数人都是这样吧。一顿饭,不,一个点心,要赚了钱才能吃。正因为如此,他们每天都是背水一战。②

在近代工业较为发展的苏南地区,据统计,从 20 世纪 20—40 年代,约有 15%—20% 的无锡农村劳力在上海和无锡就业,而从城市寄回到农村的现金,约占农村纯收入的 8% 至 12%。③ 1927 年在邻近无锡的宜兴县乡村,"颇有入城进工厂作工者,甚有往苏、沪、锡等埠在纱厂纺织者。此亦以生活所迫,使其不得不如此也。统计全县由农妇变成工人者,可达六千之数"④。其背景是农村经济的相对凋敝,1934 年的资料载,宜兴和桥附近的农村,以往"有些佃农的耕种面积也有三四十亩,自田农有耕种到百亩左右甚至二百亩以上的。这些较大的佃农和自田农,如果自己的劳力不够,都还雇工耕种,都畜养耕牛一二头或五六头。

---

① 朱邦兴等编:《上海产业与上海职工》,第 674、675 页。

② 〔日〕内山完造著,杨晓钟等译:《上海下海——上海生活 35 年》,陕西人民出版社 2012 年版,第 165、166 页。

③ 张东刚等主编:《世界经济体制下的民国时期经济》,中国财政经济出版社 2005 年版,第 425 页。

④ 徐方干、汪茂遂:《宜兴之农民状况》,《东方杂志》第 24 卷第 16 号(1927 年 8 月),第 89 页。

但是，近数年来由于农产价格的惨落，农村的极度不安等原因，这些大的佃农或自田农都在逐渐缩小耕种面积，有些自田农甚至宁愿把土地分别出租给他人，自己跑向市镇去"①。

在无锡，"在昔农闲之候，农民之为堆栈搬运夫者甚多。近年来各种工厂日见增多，而乡间雇农大都改入工厂矣。乡间即使有一二雇农，均来自常熟、江阴、江北，工价年计三十元至六十元不等，而本地人之为雇农者，则不可多得矣"②。就无锡当地而言，"远高于稻麦种植和蚕桑生产的城市工业工资，是吸引农村劳动力向城市转移的一个重要因素；同时，20年代后蚕桑业的衰落，也是导致越来越多农民进入城市的另一个重要原因"③。从无锡进入上海发展的荣家企业，也偏向招收和倚重无锡籍的员工，1928年的调查显示，其总公司60名职员中，无锡籍的有41人，占68.3%，其中荣姓20名，占33.3%；在其各厂总计957名职员中，无锡籍人士617人，占64.5%，其中荣姓117人，占12.2%。④ 据1930年的《无锡年鉴》记载，赴沪农民占外出务工者的76.68%，其中大部分进入了上海的面粉厂⑤。

当时迁居城市的并非全是穷人，在嘉定县，"光(绪)宣(统)之际，邑人颇有以巨大资本经营棉纱、花、米、绸、木等业于上海而获利者"⑥。1930年，浦东川沙人冯义祥在上海与人合资开设东冯公司，并任该公司名下的梅林罐头食品股份有限公司董事长，梅林公司发行有股票，其产品曾在1934年美国芝加哥国际博览会获奖。⑦ 伴随着近代城市经济的发展，一些"乡居地主"向"城居地主"转化，离乡地主携带着从土地上积累起来的财富进入城市，把土地资本转化为工商业资本。因为与工商业利润相比较，出租土地所获的地租收益大为逊色。据1923年的调查，上海地区各县土地占有超过50亩者人数不多，而且越靠近上海市区其

---

① 李珩：《宜兴和桥及其附近的农村》，《中国农村》第1卷第2期(1934年11月)。

② 章有义编：《中国近代农业史资料》第2辑，第639页。

③ 张丽：《非平衡化与不平衡——从无锡近代农村经济发展看中国近代农村经济的转型(1840—1949)》，万志英序，第5页。

④ 上海社会科学院经济研究所编：《荣家企业史料》，上海人民出版社1980年版，第289页。

⑤ 宋钻友等：《上海工人生活研究(1843—1949)》，上海辞书出版社2011年版，第37、38页。

⑥ 民国《宝山县续志》卷5，《风俗》。

⑦ 柴志光等编著：《浦东名人书简百通》，第285页。

人数则越少。原因在于，上海发达的工商业与可观的利润，刺激地主把资金投入了工商业。[①] 1934 年的资料载，宝山县"罗店、杨行、刘行著名富农如陈沛然、金汉一、张选卿、桂履中、顾文名等均称：'脚色不易招，雇工工资又太贵，种田无多大好处，不如出租反可得固定租金。'特如陈沛然本以利贷起家，家中向有脚色一二十人，自种达一百数十亩，近已迁居上海，不事经营"[②]。1922 年，浙东农村的土地有 25％至 33％属城市工商地主所有。[③] 据 20 世纪 30 年代的调查，苏州城居地主已占当地地主总数的 95％，常熟为 85％，无锡为 40％。[④]

第四节　城区的伸展

大量人口涌入，促使上海城区伸展。虹口港区北侧的江湾镇，"昔不过三里之市场，今则自镇以南马路日增，星罗棋布，商埠之发展直与界联为一气，无区域之可分，繁盛殆甲于全县"。原因在于它贴近租界，"水道则有走马塘之运输，陆道则有淞沪铁路之便捷，其骎骎日上之势殆将甲于全邑市乡"[⑤]。一项专题研究揭示，1900 年时江湾地区仍为绿野平畴、河道纵横的乡村景观，东部沿黄浦江有衣周塘堤岸，堤坝外是大片的滩涂：东西向的河流有大坟港、杨树洪、老白港、徐和浜、南老河、巽风浜、毛家浜、钱家浜、横浜、虬江、浣沙浜、走马塘等；南北向则有随塘河和小吉浦。其间分布着近 90 个村宅，如洪东宅、杨家宅、奚家角、金许宅、汤家巷等。此后，这一地区逐渐城市化，先是 1905 年沿衣周塘堤岸建成军工路，1917 年筑西体育会路，1921 年筑殷行路，1922 年起陆续筑成连接相邻区域的淞沪路、翔殷路、翔殷西路（今邯郸路）、黄兴路、其美路（今四平路）5 条干道；1926 年，再筑闸殷路。1929 年后，更成为南京国民政府"大上海计划"城市建设

---

① 樊树志：《江南市镇：传统的变革》，复旦大学出版社 2005 年版，第 31—33 页。
② 章有义编：《中国近代农业史资料》第 3 辑，第 833 页。
③ 章有义编：《中国近代农业史资料》第 2 辑，第 302 页。
④ 张一平：《地权变动与社会重构——苏南土地改革研究》，上海人民出版社 2009 年版，第 29 页。
⑤ 民国《宝山县续志》卷 1，《市镇》。

的重心所在。①

　　毗邻内河港区的曹家渡，先前"地甚荒僻，绝少行人"；自内河轮运开通，"面临吴淞江，帆樯云集，富商巨贾莫不挟重资设厂经商，除缫丝、面粉两厂外，若洋纱厂、织布厂、鸡毛厂、牛皮厂、榨油厂、电灯厂，不数年间相继成立，市面大为发达，东西长二里许，鳞次栉比，烟火万家"。② 据 1928 年的农村调查，上海闸北原先"以天通庵为热闹市场，农田相望，日中为市。自淞沪铁路通车以后，交通便利，商贾辐辏，不数年间，自给经济受营业经济之压迫，大都易农村为市场，故现在农村寥寥无几"。在上海西郊的蒲淞区，"近十年来，当地人口骤然增加。揆其原因，盖自英人越界筑路以来，交通便利，工厂日增，侨寓本区，络绎不绝，而固有农户亦静观趋势，大都化农为工。其周家桥地方，居户日多，市面日兴，为一新成之镇"。在上海北郊的彭浦区，"近来潭子湾、永兴路及中兴路一带，工厂林立，悉为客籍侨民寄居之所"。在上海东郊的引翔区，"胡家桥一带，工厂林立，依工厂为生活者，半为客籍居民"。③ 同年 7 月，原属嘉定县的真如乡"划隶上海特别市，改真如乡为真如区"④。

　　大量外来人口的迁入，改变了上海近郊一些村庄的人口结构和日常生活，1934 年对杨树浦附近村落的调查记载："有一个年老居民这样讲：'我生长在这个庄上，我的祖父也生长于此。当我幼年时，村人个个皆种田，女人们皆缠足。当时村中没有几姓，现在却添了无数新姓。当时我们各人皆有一所房屋和一块田，现在却有许多人租田种。从前我们大家互相帮忙，遇到外侮，合力防御。我们当初在每年年初，选举年长者做乡董，后来却选有钱的做乡董了。'"⑤

　　上海开埠后，随着城市经济的发展，城区地价节节攀升。如英商作为房地

---

　　① 邹逸麟主编：《明清以来长江三角洲地区城镇地理与环境研究》，商务印书馆 2013 年版，第 112、113、114 页。

　　② 民国《法华乡志》卷 1，《沿革》。

　　③ 《上海特别市各区农村概况》，原载上海特别市社会局《社会月刊》第 2 卷第 5—11 号(1930 年 11 月至 1931 年 5 月)，李文海主编：《民国时期社会调查丛编(二编)·乡村社会卷》，福建教育出版社 2009 年版，第 427、435、436、427、444 页。

　　④ 民国《上海特别市真如区调查统计报告表册》，上海社会科学院出版社 2004 年版，《概况·沿革》。

　　⑤ 何学尼译：《农户调查》，原载《社会半月刊》第 1 卷第 1—5 期(1934 年)，李文海主编：《民国时期社会调查丛编·乡村社会卷》，福建教育出版社 2005 年版，第 254 页。

产投资公司的业广公司，1904 年出售仁记路（今滇池路）一块土地，每亩售价
9.5 万银两，是 1895 年购入时价格的 10 倍以上。[①]据 20 世纪 30 年代的调查：
"上海于道光二十二年（1842 年）辟为商埠，英商在黄浦滩购地亩价制钱 50 至
80 千文而已。洪杨军兴（指太平天国——引者注），避沪者众，于是地价大增。
然至光绪八年（1882 年），今南京路工部局所在地，每亩亦仅售银 3 750 两，及
宣统三年（1911 年）则亩值 7 万两，近更增至 20 余万两。公共租界之中区地产
之每亩平均价格，民国五年为 4.5 万两，十四年为 8.5 万两，二十一年为 17 万
两，16 年之间增涨 378％。"[②]投资上海城区尤其是租界地产，常是当时富人的
首选。如对 1920 年盛宣怀遗产清理结果的研究发现，至少在盛宣怀晚年，有
相当一部分资产置于城市，特别是上海租界的地产业；又如英美烟草公司买办
郑伯昭以佣金所得投资上海房地产，据估计，1937 年抗日战争爆发前的 15 年
间，他投入房地产的资金总数约 750 万元，但是在抗战前其所拥有的房地产价
值已达 3 000 万元[③]。

　　城区对乡村的扩展，在蚕食农田的同时，也推高了这些区域的地价。1928
年对上海近郊农村的调查，清楚地显示：

表 9 - 4　晚清至 1928 年上海近郊农村的土地价格变迁

镇　别	年　度	价　格
北新泾	50 年前	3 000—5 000 文
	40 年前	4 000—5 000 文
	30 年前	5 000—7 000 文
	20 年前	7 000—20 000 文
	10 年前	20—100 元
	5 年前	80—1 000 元
	1928 年	80—2 000 元

---

　　① 吴志伟：《业广公司及其大楼》，《上海城建档案》2013 年第 2 期。
　　② 土地委员会编：《全国土地调查报告纲要》（土地调查报告第一种，1937 年 1 月），李文海主编：《民国时期
社会调查丛编（二编）·乡村经济卷》下册，福建教育出版社 2009 年版，第 372 页。
　　③ 云妍：《盛宣怀家产及其结构》，《近代史研究》2014 年第 4 期。

续　表

镇　别	年　度	价　格
江桥	50 年前	3 000—5 000 文
	40 年前	5 000—7 000 文
	30 年前	7 000—10 000 文
	20 年前	10 000—20 000 文
	10 年前	40—60 元
	5 年前	60—80 元
	1928 年	40—80 元
诸暨、华漕	50 年前	3 000—5 000 文
	40 年前	5 000—6 000 文
	30 年前	6 000—10 000 文
	20 年前	10 000—20 000 文
	10 年前	20—40 元
	5 年前	40—80 元
	1928	40—80 元
虹桥	50 年前	3 000—5 000 文
	40 年前	5 000—7 000 文
	30 年前	7 000—10 000 文
	20 年前	10 000—20 000 文
	10 年前	20—40 元
	5 年前	40—100 元
	1928 年	40—100 元

资料来源:《上海特别市各区农村概况》,原载上海特别市社会局《社会月刊》第 2 卷第 5—11 号(1930 年 11 月至 1931 年 5 月),李文海主编:《民国时期社会调查丛编(二编)·乡村社会卷》,福建教育出版社 2009 年版,第 439 页。

　　该项调查者指出,这些地区的土地价格,"沿马路一带较高,近乡僻者较低",其中"在北新泾之东沿马路一带,每亩地价自千元至 2 000 元不等;梵王渡铁路以西,竟值 2 000 元以上"。[①] 1928 年,"闸北全区 2/3 已改为市场,其余不完整之耕地,率皆待价以沽。盖商业日形发达,耕地价值已涨至 2 000 元以上"[②];毗邻

---

　　① 《上海特别市各区农村概况》,原载上海特别市社会局《社会月刊》第 2 卷第 5—11 号(1930 年 11 月至 1931 年 5 月),李文海主编:《民国时期社会调查丛编(二编)·乡村社会卷》,福建教育出版社 2009 年版,第 438 页。
　　② 《上海特别市各区农村概况》,原载上海特别市社会局《社会月刊》第 2 卷第 5—11 号(1930 年 11 月至 1931 年 5 月),李文海主编:《民国时期社会调查丛编(二编)·乡村社会卷》,福建教育出版社 2009 年版,第 427 页。

法租界的沪南区则更贵：

> 上海自开辟商埠以来，万商云集，工厂日兴，客民日渐增多，而农村区域亦随之缩小。最初有望日江东出黄浦与日晖港相接。相传当时河道纵横，水利称便，农业颇为发达。后因通商开埠，居民日多，沿江大率建造房舍，因之日渐淤塞。至民国三年被镇守使郑汝成填塞，改筑马路，名曰真人路，至今尚留痕迹，每遇霉天，水溢路上，行人苦之。二十年来地价之变迁至堪惊异，二十年前凡值每亩数 10 元至 300 元之地，近虽出 3 000 元之重价，亦将不易得矣。①

1930 年上海近郊的乡村社会调查载："耕作土地价格之高下，一般多依作物成绩为标准，惟上海近郊土地业已受都市影响，每亩价格有达千元以上。"其中，因紧邻法租界，"法华区田亩租金在各区中为最低，而其地价则为最高，较诸最适园艺经营之浦东塘桥，地价高出 1/5，盖以近于市区，便于营造，以致价格激涨。若引翔、江湾、彭浦等区，亦准此而增高。要之，浦东土地价格贱于浦西，远郊贱于近市"。而法华区之所以田亩租金低廉，地价却最高，则因为其土地用途已不再是农业经营，而是随城区扩张而来的市政建设，"盖以地当闹市，多供建筑之用，栽培作物者极少"；其"环近市场之耕作土地，早已进为候补之建筑地，效用于农业者自属浅鲜，是非一般农村所通有，惟交通集中处始有此现象"②。有人记述："所谓龙华水蜜桃……老农相传其种南宋间来自汴京，但在民初已很难遇。自民十八（指 1929 年——引者注）后，高昌庙工厂林立，地价飞涨，桃农多拔树填土，以待善价而售，以致桃花零落，夭折日多。"③

1934 年对杨树浦附近村落的调查显示："这些村中的土地，从前的卖价比现在便宜多多，因为外人迁入以及自然繁殖，户口增加，土地之需要增大，地价遂亦

---

① 《上海特别市各区农村概况》，原载上海特别市社会局《社会月刊》第 2 卷第 5—11 号（1930 年 11 月至 1931 年 5 月），李文海主编：《民国时期社会调查丛编（二编）·乡村社会卷》，福建教育出版社 2009 年版，第 432 页。

② 《上海市百四十户农家调查》，原载《社会月刊》第 2 卷第 2—5 号（1930 年 8—11 月），李文海主编：《民国时期社会调查丛编（二编）·乡村社会卷》，福建教育出版社 2009 年版，第 501、536、515 页。

③ 陈定山：《春申旧闻》，海豚出版社 2015 年版，第 116 页。

高涨。城市本身扩张，及于村庄，地价乃更猛涨。据一老居民言，今日上等稻田每亩值洋 500 元，而在 30 年前，则 500 元可以购进 10 亩。"[1]

表 9-5　上海近郊土地每亩价格比较(1930 年)　　　　单位：元

	法华	江湾	彭浦	引翔	真如	蒲淞	漕泾	吴淞
最高	1 200	600	400	500	400	100	200	300
最低	500	100	300	250	80	60	155	100
平均	900	283	335	280	266	87	167	183

	殷行	塘桥	杨思	洋泾	高行	陆行	高桥	平均
最高	150	1 000	200	150	150	120	120	373
最低	100	150	120	100	90	70	100	152
平均	133	483	147	127	113	97	113	239

资料来源：《上海市百四十户农家调查》，原载《社会月刊》第 2 卷第 2—5 号(1930 年 8—11 月)，李文海主编：《民国时期社会调查丛编(二编)·乡村社会卷》，福建教育出版社 2009 年版，第 501 页。

　　地价的上涨，促使上海近郊土地买卖和析产分割活跃，一些原先附着于这些土地谋生的佃农或雇工因此生计陷于困境。1935 年的资料载，宝山县的"小地主和富农，有的家道中落，乃将交通便利地方所有土地，由'地敝虫'做仲介，卖给上海有钱的商人和豪绅(此种事实在近沪之地，更属显见)；有的因子侄兄弟连年析产别业，土地分割日益零细，在十年前或二十年前有五六十亩耕地的人家，今日已分成三四家十余亩的小农。因此，好多人家的田地，不须用长工或放'脚色'来耕种；原本靠佃田、做长工或当脚色活命的壮丁，寻不到长年工作，只能在农忙时期，间或给人家做些短工杂作，暂糊胃腹"[2]。

　　一项专题研究揭示，上海开埠后，随着租界的设立及其不断扩张，相应的农田转化成了租界道契土地。其间的土地交易中，存在"阴阳"双重价格：契内价(即中国原业主卖给中间商的价格)在阳面，数额偏小；而中间商卖给洋商的价格在阴面，数额大了不少。双重价格的存在，说明在上海早期城市化的农田收购并

---

　　① 何学尼译：《农户调查》，原载《社会半月刊》第 1 卷第 1—5 期(1934 年)，李文海主编：《民国时期社会调查丛编·乡村社会卷》，福建教育出版社 2005 年版，第 254 页。
　　② 陈凡：《宝山农村的副业》，《东方杂志》第 32 卷第 18 号(1935 年 9 月)。

转立道契的过程中,存在着利益分配的不均等,决定这种利益分配不均等的一个主要原因是信息不对称。在工部局董事会里担任总董、副总董和董事的房地产商人,掌握租界扩张和市政工程等最核心的机密或信息,他们可以自己利用这些信息,也可以向其他洋商或华商扩散信息。信息源会有很多扩散信息的渠道,以满足其利益链和社会关系链的需要。另外,洋商需要利用土地中间商和地保等为他们收购农田服务,土地中间商的存在是土地市场必不可少的环节。而中国原住民在土地交易中利益得不到充分保障,主要是因为信息不对称。由信息不对称导致的房地产市场上不同主体的利益差异,成为近代上海城市化早期资本和财富原始积累的一种历史途径。① 从中攫取巨额利润的,首推那些手握特权的外国商人。

如前所述,大量农村人口进入城市,主要是迫于战乱、灾荒和农村经济的凋敝。1930 年的社会调查亦载:

> 上海自辟为通商口岸以来,工商业日益发达。农民致力田亩,辛苦艰难,收益且复短少,因以转就他种杂役如店伙及工人等,收入均较农耕为多。即体力上之劳苦,较之雨淋日炙,带水拖泥者,不无轻易清洁。且因生于斯,长于斯,言语习惯无一不适。一般工商业者无不乐于雇用,而其亲友连带关系,离去乡土,入于都市,家主就雇于市场,妻女仍耕于农村者,亦常有事。但妇女童稚,缺乏经验,短于气力,春耕夏耘,田事每多遗误。其收益不佳,或因而亏本,自必难免。而地主之所征收,不能短少,反被种种逼迫,不能维持生活,往往随其家主而转入都市,以从事简易工作,若纱厂、纸烟厂、火柴厂等,皆需用女工、童工,以工资之所得,维持其生活,实较力田为愈也。故集中都市之原因,虽有种种,而经济的压迫,实其主要。②

当时城市所能提供的就业机会远不及实际需求。据巫宝三的研究,1933 年

---

① 杜恂诚:《近代上海早期城市化过程中的农田收购与利益分配》,《中国经济史研究》2012 年第 3 期。
② 《上海市百四十户农家调查》,原载《社会月刊》第 2 卷第 2 号(1930 年 8 月),李文海主编:《民国时期社会调查丛编(二编)·乡村社会卷》,福建教育出版社 2009 年版,第 493 页。

中国国民所得为 199.46 亿元。产业结构方面，排在首位的是农业，净产值为 122.71 亿元，占比为 61%；其次是商业，占比为 12.6%；再次是制造业，占比为 9.1%；其余各业，占比均在 5% 以下，可见当时中国的工业化程度非常低。[1] 另据吴承明的研究，1933 年全国人口约 5.108 亿，非农就业人数约 0.391 2 亿（主要在城镇），占总人口约 7.7%；而在非农就业人数中，约 85% 是在传统部门如手工业、人力搬运、建筑等行业中，现代化部门仅占约 15%，又主要由第三产业吸收，现代化工业只吸收 100 余万人[2]。如当时人所揭示的："中国在旧工业（指乡村手工业——引者注）中失了位置的人，虽然跑到都市中去，但是都市中的新兴工业还在幼稚时期，不能收纳乡村中投往都市的人口，因此造成中国今日乡村与都市的普遍失业现象。"[3]有鉴于此，1931 年的社会调查显示，即使在紧邻工厂区的上海杨树浦，仍有很多人以务农为生，"查该处农家收入，以农产物为主，如夏作之麦类蚕豆，冬作之棉稻大豆等。以副兼业为佐，如纺织佣工以及小贩畜牧等。一般农民大抵以棉作为正项收入，一家生计咸赖是焉。其他如纺织佣工等，虽为一般农民之副兼业，然收入甚微，仅可稍资补益耳"[4]。

即使好不容易入厂找到工作，很多也是短期雇用的季节工。以上海荣家企业为例，"福新面粉厂由于原料供应不经常，一年之中只有在端午节新麦上市后才开足工，到九十月麦子做光就要停工，每年开工只有四五个月。端午节前后，粉厂就开始招进大批工人；到了重阳后，大批工人又被解雇而不得不离开工厂。被解雇出厂的失业工人，就得找寻新的工作。如果家里有田，还可回家种田，否则就要流浪挨饿"。据当时的工人回忆，"有时因为市面好，老板就拼命加班加点赶制。九月以后，或在市面不好的时候，老板就'死人不管'，把工人踢开。过去厂里停工时，哪里有生活（指工作——引者注），我就到哪里去做。我曾先后在泥城桥和杨树浦的轧花厂扛过花衣（指棉花——引者注），还曾在杨家渡码头

---

① 巫宝三：《中国国民所得（一九三三年）》，商务印书馆 2011 年版，第 26 页。
② 吴承明：《论二元经济》，《历史研究》1994 年第 2 期。
③ 吴景超：《第四种国家的出路——吴景超文集》，商务印书馆 2008 年版，第 60 页。
④《上海市中心区百零六户农民生活状况调查录》，原载《社会月刊》第 2 卷第 12 号（1931 年 6 月），李文海主编：《民国时期社会调查丛编（二编）·乡村社会卷》，第 542—543 页。

做过装卸工"①。上海的机器缫丝厂,多数只是在新茧上市时开工几个月,其余时间停工歇业。20世纪30年代,世界经济危机波及中国的生丝出口。1935年,上海缫丝业工人失业者约达7万人,无锡缫丝业失业工人约3万余人。② 上海《商业月报》1937年第7期的调查载:"绝大多数丝厂工人都来自农村,还有农村亲属可以依靠,值此丝业萧条之际,许多人回到其家乡,那些无依无靠者只好另寻出路。"每当民族工业遭遇危机和萧条时,工人往往首当其冲,面临失业的困境。以上海为中心的机器棉纺织业,是一个缩影。

自1931年始,民族资本的棉纺织业迭遭灾难:英、日等国相继放弃金本位,导致中国对外贸易逆差扩大,白银外流,农村金融枯竭,以农村为主要市场的民族棉纺织工业深受打击;长江流域发生的特大水灾,使受灾地区的棉纺织品市场顿时衰减;"九一八事变"和东北沦陷,亦使民族棉纺织工业丧失了一大销售市场。接着,"一·二八"淞沪之战爆发,上海闸北多家棉纺织厂被战火摧毁,因战事停工者更多,上海的纱布市场完全停市3个月。沪战未已,伪满洲国成立,关内棉纺织品的东北销路完全断绝。1933年春,日本占领热河,并进犯长城各口,关外最后一块棉纺织品市场也断绝。受上述沉重打击,棉纺织品严重滞销,价格惨跌。1930年后,上海棉纱销路已开始下滑,1931年加快,1933年跌入谷底。纱厂严重亏蚀,资金周转困难,停工减产、亏损倒闭,或出租、清理、拍卖、转让,棉纺织业全面衰退。③ 与此相联系,众多工人陷于失业困境。以荣氏企业为例,其申新一厂和八厂于1933年至1935年间解雇工人超过1.3万人次④。

20世纪30年代的社会调查载:"城市工商业发达,工厂制造需人,交通运输需人,而其所需之人大抵来自乡村,足使乡村劳工感觉缺乏。一旦城市工商业衰颓,工厂制造减少人工,交通运输减少人工,则始而来自乡村者,失其在城市生活之凭藉,自有返回家乡。因回乡之分子多,乡村自感农工之太多。"⑤在近代城市

---

① 上海社会科学院经济研究所编:《荣家企业史料》上册,上海人民出版社1982年版,第125页。
② 陈真等编:《中国近代工业史资料》第四辑,三联书店1961年版,第140页。
③ 刘克祥等主编:《中国近代经济史(1927—1937)》,人民出版社2012年版,第91、92页。
④ 宋钻友等:《上海工人生活研究(1843—1949)》,上海辞书出版社2011年版,第112页。
⑤ 陈正谟:《各省农工雇佣习惯及需供状况》(中华文化教育馆1935年出版),李文海主编:《民国时期社会调查丛编(二编)·乡村经济卷》,第1158页。

经济较为发展的上海,劳动者失业的情况也很严重。据 1934 年 5 月上海市社会局的统计,仅华界内的无业游民就有 29 万人之多。[①] 即使按照最低年份的比例推算,1930—1936 年间整个上海的失业或无业的人口至少为 60 万或 70 万人以上。[②] 这就导致这些流入城市者大多成为触目皆是的城市贫民,或勉强糊口,或依旧衣食无着、流落街头,其中很多人在城市边缘地带搭建了成片的窝棚栖身。[③] 1949 年的上海棚户区分布图显示,"上海城市建成区几乎完全被棚户区所包围,这时的棚户区人口超过 100 万,占城市总人口的四分之一,棚户区充当了城区与外围乡村区域的连接带"[④],成为近代上海乡村城市化进程中带有浓厚历史特征的产物。

具体而言,上海开埠后,近代化的城市土地利用方式改变了原有的乡村景观格局。随着租界城市空间不断向乡村地区扩张,乡村聚落所依存的河道体系,因经济价值发生转变而在物质形态上被瓦解。地产商越过租界线,在附近乡村地区购置土地、开发房地产、修筑马路,是早期上海城市空间快速扩张的重要方式。与此同时,这些区域原先的乡村河道逐渐淤塞,城市又能提供很多新的就业机会,吸引周边乃至外省的农民进城谋生,于是将淤未淤、欲治不治的河道与堤岸空间,为大量来城市谋生的外来贫困人口提供了最初落脚的场所,出现了众多的棚户区,成为城市的边缘地带,乃至逐渐成为城区的一部分。[⑤]

据 20 世纪 30 年代的调查,上海租界的 10 万名人力车夫中,"大约有 6 万是没有家眷的,他们都住在车行里,由承放人搭建二层三层搁楼供给车夫居住。在每一家车行的二层搁楼上,须住着二三十个车夫;一间三层通搁,则须容纳四五十个车夫。他们在地板上铺着肮脏的被席,依次的排列着。他们中间拥挤得没有一些距离,这里的空气是污浊的,地板是醒醒的,臭虫、白虱是这里的特产品"。在有家眷的 4 万名车夫中,"约有 2 万以上是过着草棚生活的,他们在沪西越界筑路一带空地上花费一二十元,有的每月还要付几角钱的地租(有的没有地租),

---

① 阮清华:《上海游民改造研究(1949—1958)》,上海辞书出版社 2009 年版,第 29 页。
② 邹依仁:《旧上海人口变迁的研究》,第 31 页。
③ 详可参阅蔡亮:《近代上海棚户区与国民政府治理能力》,《史林》2009 年第 2 期。
④ 吴俊范:《河道、风水、移民:近代上海城周聚落的解体与棚户区的产生》,《史林》2009 年第 5 期。
⑤ 苏智良等:《景观的历史表述及其路径》,《史学理论研究》2010 年第 3 期。

搭一间简陋的棚舍,勉强作为栖身之所"①。棚户区的生活环境,只能用非人来描述:"草棚大率建于泥地之上,四周墙壁或用竹篱,或用泥草碎石等泥凝物,顶覆稻草,窗是大都没有的。通常一座草棚是一大间,长二丈,宽一丈余,也有用芦席或板壁隔成小间,前部为炉灶和休息之所,后部为卧室厕所。地下没有沟渠的设置,一遇天雨,积水是无法排泄的。"②《上海市大观》载:"上海有天堂仙境,也有地狱苦海,有精致洋房和崇大的摩天楼点缀其间,但在四周为都市所摈弃的近郊地带,中小工厂萃集和码头车站附近的地方,还保留着许多连猪羊舍都不如的草棚棚户,与洋楼大厦恰成为一强烈的对比。这种棚户,散布于杨树浦、曹家渡、北新泾、闸北一带,他们为生活在沉重的大石下面,使人决不相信在天堂的上海,会有这样的人间地狱。"据1936年不完全统计,上海这种棚户"共有二万余户,约十万人,在租界中的尚不在内"。③

严酷的现实,使得很多流入城市的农村人口很难在城市安家或长期立足,1912年至1921年海关十年报告载:"在劳动力方面,过去那种农民从四乡涌向上海,拿低微的日工资争做任何工作的日子,已一去不复返了⋯⋯人们不再把上海看作是理想的福地,他们倒是担忧,这里生活费用高,不易找到一个安身之处。"④民国江苏省嘉定县《望仙桥乡志续稿》载,在位于上海附近的该乡,"宿、靖客民业小贩、厂工,泛宅浮家,冬来春去,盈亏难于考察"⑤。如1931年的一份调查所揭示的:"他们的迁徙非因都市直接生产的工商业的繁荣需要劳力而被吸收到都市的,徒以天灾、战争、匪乱、土地不足等原因的循环,逼着乱跑。"⑥

1934年的《浙江省农村调查》载:"近年以来,都市工商凋敝,特别如织绸业之在浙江,失业人数增加,⋯⋯现在出外工作人数较民国十七年时较少,所以这种出外工作人数减退的现象,并不是农村经济复苏的征兆,而是都市工商萧条的恶果。"在江苏省,"丝厂之工人,大都向田间召集,此辈与乡村农民多有亲属关

---

① 朱邦兴等编:《上海产业与上海职工》,第676页。

② 上海市政府社会局:《上海市工人生活程度》,中华书局1934年版,第55页。

③ 熊月之主编:《稀见上海史志资料丛书》第7册,上海书店出版社2012年版,第527、529页。

④ 徐雪筠等译编:《海关十年报告译编》,第210页。

⑤ 民国《望仙桥乡志续稿》,《风土志·风俗》。

⑥ 李文海主编:《民国时期社会调查丛编·乡村社会卷》,福建教育出版社2004年版,第278页。

系,当此次丝业衰落之际,即多返其农村故乡。据某新闻记者称,丝业不振之结果,使无锡乡村之人口激增。因前赴都市工作者,今大都重返至田间;其无田可资耕种者,则代人垦作,于是农民之工资,因是减低约二成"。[①] 1935年上海近郊的宝山县,以往人们"求亲托友想法跑到上海去挣钱,最普遍的是'做厂'、'出店'(给商店当运输工人,内以米店最多)、'吃油水饭'(即在沪上本地馆子做堂倌)、'摆作台'(即开缝衣店),这是民国十五六年间的'时髦生意'。可是上海的饭也难吃,近几年来,因受不景气的影响,常有被辞歇的危险,所以跑上海的幻想早已破灭,不像七八年前那样踊跃了"。[②]

值得注意的是,随着上海工业的发展和城区的扩展,近郊农村所面临的环境污染如水资源的污染问题,也初露端倪。在宝山县江湾一带,"沿淞沪铁路天通庵与江湾车站之间,有威士制革厂,傍江湾河而立。凡厂中秽水,皆洩于河中。江湾沿河居民,因河水污染,饮之有害,乃于前月诉请地方会公团同淞沪警厅卫生科贾科长等,当场取河水四瓶,请同济大学化验师巴尔德检验。兹据巴氏检验之结果,谓此水实有毒质,不能为饮料……由查验之结果,证明此河之水,因受该厂洩水之污,全不可为饮料,虽在河流极远之处,仍蒙其害。此水不独生饮不宜,即煎沸食之,亦依然有害康健云"。[③] 1928年对上海近郊农村的调查:宝山彭浦"地近闸北,工厂林立,煤烟熏染,大不合于卫生",当地的河流"彭浦自民国二年开浚后,迄未续浚,以各工厂排泄污水,秽浊不堪,有碍灌溉与饮料之卫生"。蒲淞区,"吴淞江久未疏浚,有碍航行。两岸工厂利用河水发动机器排泄污水,以致流毒饮料";北新泾附近的新泾河,"污秽淤塞,臭气逼人,不可向迩,行人坐贾深感不便""其他如棉花受工厂之煤气与毒水之熏染,以致减少收量"。据调查,当地"农作物有棉花、豆、麦等类,而以棉花为收获大宗,稻次之,故该地人民有棉七稻三之谚。近来接近工厂之农田,因受煤烟熏染药物毒水之影响,渐致减少其生产力。如去年华漕、江桥等处棉田收量,每亩自160斤至200斤,而北新泾之棉田仅收四五十斤"。法华区,"李从泾(即法华港)绵亘3里,居民皆面泾而居,农

---

① 章有义编:《中国近代农业史资料》第3辑,第480、481页。
② 陈凡:《宝山农村的副业》,《东方杂志》第32卷第18号(1935年9月)。
③ 《江湾河水检验证书》,《申报》1923年9月29日,第14版。

田赖以灌溉。近来苏州河两岸工厂林立,污水排泄,河流淤塞,不但有害农作,且有碍公共卫生";当地"水产昔时称盛,现因河水污秽,鱼已减少"。沪南区,"自通铁路后,所产之桃类皆黑色味涩,因此所产之桃不及往昔之美";此外,"在张家宅村附近,因设立染织工厂未敷水沟,污水任意倾放流入河渠,既使水质含毒不能汲饮,复使农作物不可灌溉",虽"向该厂一再交涉,而置之不理如故"。①

1933 年 4 月 20 日,社会名流马相伯在土山湾乐善善堂召集蒲汇塘促浚会各委员及沿塘士绅数十人开会,马相伯在会上指出"蒲汇塘淤浅已久,污水内灌,有害卫生";又由李友贤报告"大木桥东西坝大而固,天钥桥西之坝低而狭,察其形势,似以大桥东为截流之坝。但大木桥之西,工厂林立,若断在该处,仍难免污水西流云"。最后议决由马相伯领衔,呈请上海地方政府"依照勘定天钥桥下堍筑建大坝,永不开放,以遏污水而利民生"②。1934 年,杨树浦厂区附近一位老农的直观感受:"自从许多工厂设到这里以后,因为厂里出来的烟灰伤及土肥,我们田里的出产,也就赶不上从前了。"③实地采访他的调查者也记述:"自工厂区域扩张,到达我们这些村庄之一般地区以后,工厂之烟灰减退了土壤之肥性,作者(其自称——引者注)尚未深明这可注意的土肥之减退,是否由于工厂烟灰?但吾人可以视察烟筒中冒出的大量黑烟,尤其是巨大的电力厂的烟,更常笼罩我们的农村。既然我们晓得,太多之厂烟足以伤害人体,损及房屋,害及世界上若干乡村区域之收获,则是谓其减退土壤之肥性,殆非虚语。"④

城市化进程的加快,也极大地改变了相关地域原有的景观。在 1920—1930 年间的法租界,"卡车、倾斜车和两轮车夜以继日地向工地上运送大量的泥土、碎屑和家用垃圾,为市政建设填埋河浜和低地,进行铺路;建设公司也在工作。不

---

① 《上海特别市各区农村概况》,原载《社会月刊》第 2 卷第 5—11 号(1930 年 11 月至 1931 年 5 月),李文海主编:《民国时期社会调查丛编(二编)·乡村社会卷》,福建教育出版社 2009 年版,第 429、437、439、440、441、433、435 页。

② 民国《龙华今日》,《龙华之交通·水道》。

③ 何学尼译:《农户调查》,原载《社会半月刊》第 1 卷第 1—5 期(1934 年),李文海主编:《民国时期社会调查丛编》乡村社会卷,福建教育出版社 2005 年版,第 254 页。

④ 何学尼译:《工业化对于农村生活之影响——上海杨树浦附近四村五十农家之调查》(以下简称《农户调查》),原载《社会半月刊》第 1 卷第 1—5 期(1934 年),李文海主编:《民国时期社会调查丛编》乡村社会卷,福建教育出版社 2005 年版,第 256 页。

到 20 年,辟筑的道路就有 42 公里之多。在 1920 年租界所有道路长度为 62.604
公里。在 1940 年为 105.259 公里。租界的面貌完全改变了,不再是宁静原始的
城市,不再是露天生活的殖民城市。所有的田地和种着芦苇的河浜消失了,乡村
原野消失了"①。1935 年编纂的《上海市年鉴》在"上海市各区农村统计"一栏中,
特别注明:"据上海市社会局调查,沪南、闸北两区已成市场;洋泾、引翔两区接近
工业区域,村落寥寥,故未列入。"②

---

① 上海市档案馆藏,牟振宇等译:《上海法租界关于公共道路、下水道和粪便处理系统的城市卫生工作报告
(1849—1940 年)》,《历史地理》第 23 辑,第 405 页。
② 上海市通志馆编纂:《上海市年鉴(1935)》,《民国上海年鉴汇编·上海市年鉴 1935(1)》,上海书店出版社
2013 年版,第 82 页。按:1928 年上海特别市成立后,规定将"上海县属之十一市乡及宝山县属之六市乡"即沪南、
漕泾、法华、蒲淞、闸北、引翔、殷行、吴淞、江湾、彭浦、真如、高桥、高行、陆行、洋泾、塘桥、杨思改称为区,归特别市
政府管辖(详可见同上书,第 79 页)。

第十章 文化科技的联系

近代上海作为经济中心城市的崛起,带动了长江三角洲各地间资金和人口的流动,也加强了彼此间文化科技的联系,是助推核心经济圈形成的又一要素。

第一节 近代文化知识的传授

民国建立以前,上海已基本形成了小学、中学、大学三级教育体系,其中如交通大学、复旦大学、同济大学、圣约翰大学、震旦大学、沪江大学等校的前身,都是在这一时期创办的,它们培养了一批学有专长的人文科技和管理人才。

辛亥革命后,南京临时政府极为重视倡导和普及新式教育,提高国民文化素质。孙中山曾以临时大总统名义,令教育部通告各省将已设立之优级、初级师范一并开学,并指出"教育主义,首贵普及,作人之道,尤重童蒙,中小学校之急应开办,当视高等专门为尤要"[①]。各地的新式教育,都有程度不同的发展。据《1912—1921年海关报告》的统计,"民国成立以来,上海的学校估计已增加一倍,学生人数为以前的三倍。在外国教会和已参加教育工作的留学生们的影响下,中国对现代教育开始产生了强烈的要求,这同过去一个时期的偏见形成了鲜

---

① 孙中山:《令教育部通告各省优初级师范开学文》,《孙中山全集》第2卷,第253页。

明的对照"。①

　　新式教育的这种发展,在上海等通商口岸郊县也有体现。上海宝山县光复后,新政权着力改革和发展国民教育,为此而发布的各类文件也最多,仅 1912 年在《宝山共和杂志》1 至 5 期刊出者,就有 80 余件。他们认为,"方今民国新兴,教育之一端,实为莫大之要务",决心"励精整理",改革旧时的弊端,"冀达普及教育之目的"②。为此,他们改革教育行政,裁撤劝学所,在县署设学务课,统辖全县学务;又设县级自治委员,统一筹划、管理全县学校公款、公产;作为基层的市乡学务,则统由市乡自治公所的总董、乡董掌管,并各设学务专员(后改称学务委员)1 名,专司本市乡的教育行政事宜。

　　1912 年 10 月始,又分别成立校长会和县教育行政会议。前者由各小学校长和县视学及学务课长组成,每年召开一至三次会议,具体商议有关教育的设施等问题,后者由县政府知事钱淦、县学务课长、县视学、各市乡董及学务员组成,负责研究统一和促进各市乡学务和教育改革等重要问题。③ 钱淦强调:"市乡行政,以学务为第一项",要求市乡公所不得玩忽、粉饰。④

　　在改革和健全教育行政的同时,新政权又采取了一系列措施,切实发展国民教育。择其要者:

　　一是多方筹集教育经费。除原有学田、义渡公款和官契中笔二厘(1912 年始再增一厘)等继续拨充教育费以外,又明文规定清丈出来的沙田围垦所得租息,全县每年征收的田赋附加税的 65%,县署经费的 40%。盐税每斤加一文所得等,悉数拨充教育经费,同时扩增学田,数年后增长近五倍。为此,1912 年始专门设立"教育款产经理处",制定章程,由专人按章具体管理。此外,"各市乡地方经费,较从前实蹭数倍"。⑤ 这些都为民初宝山推广国民教育提供了条件。

　　二是加强师资培养。光复以后,新政权明确提出普及小学教育"必先造就师

---

① 徐雪筠等译编:《海关十年报告译编》,第 221 页。
② 钱淦:《通告各市乡公所文》,《宝山共和杂志》第 1 期,《文牍》,第 46 页。
③ 《宝山共和杂志》第 4 期,文牍,第 19—20 页;第 4 期,《章程》,第 4—7 页。
④ 钱淦:《照会各市乡公所文》,《宝山共和杂志》第 4 期,《文牍》,第 24—25 页。
⑤ 《宝山共和杂志》第 1 期,《文牍》,第 46 页;朱保和主编:《宝山县志》,上海人民出版社 1992 年版,第 856页。

资"的方针。拟定办法七条,决定先开办师范讲习所,由县议会批准拨出专款,每期招生 50 名。① 1913 年,又筹办师范学校和教育讲习所。这些校、所,陆续为宝山的小学教育提供了必要的师资。

三是提高了人们对教育的重要性的认识。1912 年 3 月,钱淦布告全县父老,指出"东西各国以教育为立国之本",强调发展教育、提高人民的文化与开拓社会生计、增强国力的密切关系,指出"方今民国崛兴,共和建设,普及教育尤为共和国民之天职",使子女就学是家长"应尽义务",全县父老应"确信教育为有益身家之事",所有学龄儿童均应学满四年初小,使之"无一人不受教育""将来成人之后,无一人不有职业"②。除了布告,还针对文盲众多的实际,在各市乡组织宣讲团,以民众喜闻乐见的形式宣传教育立国的思想。

通过各种切实的措施,民国成立后,宝山的国民教育有明显的推进。1911年全县有小学 41 所,1912 年头 7 个月即增加 23 所,并把一些办学条件较差的学校加以合并,全年实增 18 所,共有学校 59 所。到 1913 年 9 月,全县有小学 71 所;在校学生,1911 年为 1 400 人,1912 年为 1 784 人,1913 年为 2 914 人,1914 年为 3 831 人,各年分别比上年增长 27.4%、63.3%和 31.5%。③ 在此期间,在各市乡还实施识字扫盲工作。在教育内容上,新政权也作了改革,废除读经,摒弃旧课本而采用 1912 年初商务印书馆编印的民国新课本;在高小开设历史、地理、英语课程,并把农业规定为必修课程等。

民国建立以后,上海城市教育近代化的步伐也明显加快。不仅新式学校大量增加,而且各种层次、水平的学校的比例渐趋合理;学校教育的专业类别多了,许多学校适时新设了与推进上海城市建设相关的工程技术、工商管理和市政建设等专业,高等学校的专业设置也以面向实际的应用科学为主;各种形式的社会教育和各类职业学校也都应运而生,尤其是工厂、企业办学较为普遍,有的还开办中等或高等专业学校,也有的自办研究社、研究所,并出现了教育界、科技界与企业界

---

① 钱淦:《照会县议会文》,《宝山共和杂志》第 4 期,《文牍》,第 30—31 页。

② 钱淦:《布告各市乡父老文》,《宝山共和杂志》第 1 期,《文牍》,第 47—48 页。

③ 《宝山共和杂志》第 10 期,《表册》,第 1—10、33—38 页;第 4 期,《表册》,第 7—10 页;第 6 册,《表册》,第 7—11 页;第 6 期,《文牍》,第 59—60 页;民国《宝山县续志》卷 7,《教育》;朱保和主编:《宝山县志》,上海人民出版社 1992 年版,第 821 页。

相互协作的新型关系，不仅在企业中产生了良好的经济效应，对整个社会也具有积极的影响。[1] 有研究显示，"从 1929 年至 1936 年，上海各类职业教育学校（包括职业实习学校）开设的学科门类，大致有农业、工业、商业、商业管理、金融、交通、建筑、运输、通讯、医卫、外语、打字、文秘、会计、簿记、家政、戏剧、师范教育、新闻等，举凡上海社会所需的职业门类几乎应有尽有"[2]。如沪上川沙籍建筑业界名人杜彦耿，在其经营过程中，有感于提高本行业技术水平的必要，于 1931 年发起成立了集设计、施工、材料为一体的跨行业的学术团体——上海市建筑协会。该协会不仅编辑出版专业学术刊物，还创办了上海第一所建筑职业学校——正基建筑工业补习学校，在抗日战争爆发前的 7 年间，培养了一批建筑业的技术骨干。其在 1936 年还主办了上海首届建筑展览会，向民众展示建筑业的技术进步和成就。[3]

据一项综合性的研究表明，20 世纪二三十年代，上海新企业的创办和老企业的发展，受过中等以上专业教育的经理、厂长显著增多。1934 年的一份抽样调查显示，在 118 家中小企业的经理、厂长中，大专院校毕业或从国外留学回来的专门技术人才和管理人才所占的比重为 31.4％。至于大企业中的高学历专业人才担任经理、厂长的人数所占的比例则更多。[4] 上海著名实业家刘鸿生是圣约翰大学的毕业生和董事，他利用同学、同校师谊关系，招揽了一些圣约翰大学的毕业生加入企业管理团队，并让他们担任重要的职务，如出任章华毛纺厂会计主任的林兆棠。1920 年后，刘鸿生在家乡宁波定海捐款设立了两所学校，一是专招男生的定海中学，另一是定海女子中学，这两所在其家乡设立的学校，成为刘鸿生企业招聘和培养员工的基地。其中一些人被选派日本学习毛纺织工业的生产技术和管理知识，学成归国后，在各车间负责生产技术和管理工作，其他的毕业生则直接入厂就业。[5]

---

① 黄汉民等：《近代上海工业企业发展史论》，上海财经大学出版社 2000 年版，第 227 页。
② 忻平主编：《城市化与近代上海社会生活》，广西师范大学出版社 2011 年版，第 11、12 页。
③ 高红霞、贾玲：《近代上海营造业中的"川沙帮"》，《上海档案史料研究》第八辑，上海三联书店 2010 年版，第 27 页。
④ 潘君祥等主编：《近代中国国情透视》，上海社会科学院出版社 1992 年版，第 87—88 页。
⑤ 上海社会科学院经济研究所编：《刘鸿生企业史料》上册，第 311 页；浙江省政协文史资料委员会编：《宁波帮的崛起》，浙江人民出版社 1989 年版，第 153 页。

在近代工业颇盛的无锡,新式教育的开展,得助于一批工商及知识界人士的积极参与和推动。1905 年,周延弼在周新镇开办了商业半日学校,后改为延弼商业学校。继而,荣氏兄弟开办了公益小学和公益工商中学,曾在上海经营钱庄和创办亨吉利织布厂等实业的匡仲谋在其家乡杨墅园开办了匡村中学,在上海经营桐油贸易致富的沈瑞洲在家乡方桥镇开办了沈氏小学和锡南中学。此外,留日学生侯鸿鉴 1905 年在无锡城内设立竞志女学,是无锡最早的女子学校。同年他还与人合作,在钱业公所内创办了商余补习夜校,是无锡最早的职工业余学校。① 其中,匡仲谋于 1918 年开办匡村中学前,已在 1906 年在家乡创办匡村初等小学堂,后又开设高等小学堂,增设女子部及匡村初等小学分校,并拨出 25 万元基金作为学校经常费用及扩充校舍之用②。1910 年,江苏常熟的《虞阳新闻》刊有"常昭公立淑琴女校"的招生广告:"编制:分师范、高等、初等三级。程度:不拘定格,酌量浅深分别插班。年龄:八岁以上二十五岁以下。纳费:学费不收,膳宿者每学期念(二十——引者注)元,午膳者每学期七元半。报名:须有的实介绍人具保。"③

与无锡工商业较发展相联系,当地的工商职业教育较活跃。继商余补习夜校设立后,1907 年无锡城区锡山绣工会附设刺绣传习所,传授刺绣工艺。同年,西门外的菁茂学校增设商业科。1911 年,无锡县立初等工业学堂在荣安寺设立,设染、织专科,学制 3 年,是无锡最早的职业学校。次年,该校迁入学前街,并易名为乙种工业学校,附设有染、织工场。1916 年添设商科,改名乙种实业学校,到 1922 年又改名乙种商业学校。1911 年,在无锡东北乡还开设了泾皋女子职业学校,开设缝纫、刺绣等课程,学制 4 年,是无锡最早的女子职校。辛亥革命前,无锡城乡共有公立、私立学校 152 所,其中职校和业余补习学校有 10 多所。民国建立后,职业教育又有新的推进,先后有设于城区的无锡实业学校和设于开

① 佚名:《无锡最早的职业学校》,无锡地方志编纂委员会办公室、无锡县志编纂委员会办公室编:《无锡地方资料汇编》第 8 辑,1986 年 12 月;方玉书等:《解放前的无锡职业教育》,中国人民政治协商会议江苏省无锡市委员会文史资料研究委员会编:《无锡文史资料》第 14 辑,1986 年 7 月。

② 徐兵:《上海钱庄资本家家族之无锡杨墅匡氏》,《银行博物》2015 春季号,上海锦绣文章出版社 2015 年版。

③ 江苏档案精品选编纂委员会:《江苏省明清以来档案精品选·苏州卷》,江苏人民出版社 2013 年版,第 228 页。

原乡的商业学校开办,还有荣德生创办的公益工商中学,米豆业公会创办的积余商业职业学校等。① 这些学校的开办,得助于无锡工商业的发展,也给当地近代经济以新的活力。

在浙江,一些宁波籍在沪经营工商业者,相继回乡捐资助学。1918 年 5 月 15 日,《申报》以《巨商热心兴学》为题载:"镇海谢蘅牕,沪巨商也,凡遇到地方公益、慈善之举,靡不慨输巨款,对于桑梓教育事业,尤尽力提倡。民国前六年时,乡间学校尚稀,谢君在鄞镇交界梅墟地方,独出巨资创办求精国民小学,越年复添设高小部。历年成绩卓著,入学者众,校舍不敷,去冬出资万余,建筑西式校舍。而谢君犹以本乡各处未获教育普及为憾,今春复择地设立分校十所(已成立者八所),以宏造就。"②1924 年 11 月 17 日,该报又以《热心兴学之踊起》为题载:"定海自朱葆三创办申义学校以来,相继而起者,有刘鸿生之兴办定海中学,胡鸣凤之兴办鸣凤义务初级小学,许廷佐之兴办廷佐义务初级小学,丁慎安之兴办平民夜校,梓桑子弟受惠非浅。"③

长江三角洲新式教育的开展,显然得助于以上海为中心的近代经济和文化发展的促进。1907 年,由著名建筑商、浦东人杨斯盛捐资 30 万银两创办了浦东中学。校址在浦东六里桥南,校训是"勤、朴",首任校长黄炎培、教务长张志鹤。学校以培养学生能从事实业或进习专科为目的,占地 60 余亩,拥有可容千人的大礼堂,实验室、宿舍、饭厅和风雨操场,声名远播④。1912 年,13 岁的钱昌照从家乡常熟考入浦东中学。他忆述:"浦东中学是由有名的建筑工人杨斯盛用一生的积蓄创办起来的。我进浦东中学的时候,杨斯盛已经过世。校长是朱叔源,校董有黄炎培、沈恩孚等人。我在浦东中学读了五年。那时的浦东中学与南洋中学齐名,是上海两所办得最好的中学。"⑤

---

① 佚名:《无锡最早的职业学校》,无锡地方志编纂委员会办公室、无锡县志编纂委员会办公室编:《无锡地方资料汇编》第 8 辑,1986 年 12 月;方玉书著:《解放前的无锡职业教育》,中国人民政治协商会议江苏省无锡市委员会文史资料研究委员会编:《无锡文史资料》第 14 辑,1986 年 7 月。
② 宁波市档案馆编:《〈申报〉宁波史料集》,宁波出版社 2013 年版,第 2126 页。
③ 宁波市档案馆编:《〈申报〉宁波史料集》,宁波出版社 2013 年版,第 2492 页。
④ 柴志光等编著:《浦东名人书简百通》,第 103、173、285 页。
⑤ 钱昌照:《钱昌照回忆录》,东方出版社 2011 年版,第 6 页。

同为浦东人的建筑商谢秉衡,曾在家乡高桥镇独资兴办日新小学。梅林罐头食品股份有限公司董事长冯义祥,原籍川沙顾路群乐村,1936 年在家乡独资创办兴东小学。[1] 1932 年,上海富商叶鸿英捐助 50 万元(当时约合黄金 1 万两),建立"鸿英教育基金会",其中 10 万元指定专办乡村教育,计划在上海的 10 个郊县各建一所"鸿英乡村义务小学";40 万元用于扩充人文图书馆。次年 9 月,该基金会委托中华职业教育社,在沪西漕河泾开办鸿英师资训练班,在沪郊筹设乡村教育实验区,开办 4 所鸿英小学,使附近学龄儿童和失学成人有上学的机会。[2]

上海城区有商业补习夜校等开办。1921 年 10 月 15 日日,上海总商会会董常会决议与中华职业教育社、上海商科大学合作,成立上海商业补习教育委员会,拟定《上海商业补习教育会简章》,旨在"扶助上海商界青年,增进商业知识,养成商业适当人材"。其任务是调查上海商业教育情况、商界人员对商业补习教育的需求、上海商店对人才的需求,研究实施上海商业补习教育方法、筹设以及扶助上海商业补习学校,组织商业讲演部,编辑及印行关于商业补习教育的各项调查和言论。1922 年 3 月 15 日,上海总商会商业补习夜校正式开学。校址设于上海总商会所内,修业年限为 4 年,课程有国文、英语、簿记、经济速记、商事要项、商业文件等科,各科课程考试及格者,给予毕业证书。商业夜校的学生来自商号、行号的学徒,以及社会青年,求学者逐年增加,第一年为 94 人,第二年为 221 人,后多达 1 000 余人。任教的多为学有专长者,其中有之江大学法政专门学校毕业生、总商会商品陈列所文牍股股长于楚卿,美国芝加哥大学商科硕士李培恩等。[3]

1930 年对上海市 140 户农家的调查载:"一般农民之谋生,不仅全恃田亩,教育之需要亦颇感迫切,故虽贫乏农民亦多忍其艰苦,使其儿童就学,惟仍狃于重男轻女习惯,农家女子之入学者犹属少数。"[4]浦东杨思乡,贫苦农家在女儿八

---

① 柴志光等编著:《浦东名人书简百通》,第 173 页。
② 施扣柱:《论近代上海教育发展中的民间参与》,《史林》2014 年第 3 期,第 11 页。
③ 上海市工商业联合会编:《上海总商会历史图录》,上海古籍出版社 2011 年版,第 124 页。
④ 《上海市百四十户农家调查》,原载《社会月刊》第 2 卷第 2—5 号(1930 年 8—11 月),李文海主编:《民国时期社会调查丛编(二编)·乡村社会卷》,福建教育出版社 2009 年版,第 495 页。

九岁时，就有令其下田参与劳作者①。农户的家庭经济状况与其受教育程度直接相关，该项调查显示："其受教育之人数，以自耕农为最多，半自耕农次之，佃耕农为最少。"其中，"佃农止于小学，绝无就学于中学者。半自耕农受中等教育者3人。自耕农受中等教育者13人，大学教育者1人。就中成年女子受教育者，中学2人，私塾1人，小学4人，皆属自耕农也。半自耕则甚鲜，而佃农则绝无矣"②。因毗邻都市，谋生机会相对较多，一些农家子弟未及成年就设法打工挣钱。1921年在浦东杨思乡的调查记载，其"与上海相隔咫尺，乡人求食甚易"，一些农户"本有遣其子弟进学之余力，而实际上儿童鲜有国民学校毕业者，因求食甚易，儿童一到十三四岁以上，其父母即令其退学，以从事于生利之事业也"；"统计入学儿童不过占总数之百分之二十二"③。1934年对上海杨树浦厂区附近4个村落50个农家的调查："50家内有失学的学龄儿童37人，女占21人，男占16人，这些失学的儿童将来均成为文盲。"从事这项实地调查者感叹："我们不能说工业化的结果，对于这些农村的教育发生若何影响。照达到学龄而未入学的儿童数目看，以及照前所表示教育费用之微少，我们大可以说，这方面并没有改进。一般皆认教育为富人的特权，儿童普通皆不送进学校，村人以为教育是不需要的。他们对一个调查员讲，有一孩子读书10年，现在无事可做，无法用他的学问。这件事更使他们相信教育只能耗费时间与金钱。"其结果，"这里学校并不敷用，益以父母忽视教育，儿童之不愿就学，于是养成大批文盲"④。1928年上海特别市对所属近郊闸北、彭浦、真如、沪南、蒲淞、法华、洋泾、引翔、漕泾、塘桥、陆行、高行、杨思、曹行、塘湾、颛桥、北桥、马桥、闵行、陈行、三林、吴淞、殷行、江湾、高桥、杨行、大场、莘庄、周浦、七宝30个区的农村调查结果："各区农民，识字者极居少数。"⑤另据1929年刊印的《上海特别市真如区调查统计报告表册》载：

---

① 陈鹤书：《上海杨思乡施行义务教育之实况》，《小学教育月刊》第1卷第4期(1925年10月)。

② 《上海市百四十户农家调查》，原载《社会月刊》第2卷第2—5号(1930年8—11月)，李文海主编：《民国时期社会调查丛编(二编)·乡村社会卷》，福建教育出版社2009年版，第495页。

③ 孙恩麟等：《调查杨思乡报告》《中华农学会报》第2卷第5号(1921年2月)

④ 何学尼译：《农户调查》，原载《社会半月刊》第1卷第1—5期(1934年)，李文海主编：《民国时期社会调查丛编·乡村社会卷》，福建教育出版社2005年版，第252、259页。

⑤ 《上海特别市各区农村概况》，原载《社会月刊》第2卷第5—11号(1930年11月至1931年5月)，李文海主编：《民国时期社会调查丛编(二编)·乡村社会卷》，福建教育出版社2009年版，第487页。

"调查百家的 572 人中,入过学者计 89 人,其中入学年数未满四年者约占半数,在十年以上者只有 4 人。"①

　　对新式学堂在农村的推广,不能估计过高。时至民国,"在法制上,书院制与私塾制不能存在,然而在实际则私塾遍布全国"②。在新式教育比较发达的无锡,1916 年前后亦有私塾 2 000 余所。③ 即使在上海,1930 年对 140 户农家的调查显示:"农家所受之教育,以私塾为最多。计自耕农 70 人,半自耕农 52,佃农 20,共 142 人。与受学校教育者 111 人较,尚超出 31 人之多。故上海乡村私塾尚有多数存在,于此可见。"当时从事这项调查者感叹:"农村教育苟能与都市教育并进,以都市教育费之一部振兴农村教育,使上海之普及教育名副其实,则将来农业之改良庶有望焉。"④民国《奉贤县乡土志》亦载:"各处的私塾仍不少,是当设法改良的。"⑤在南京城郊的江宁县淳化镇,1931 年乔启明实地调查所见:"教育在淳化镇乡村社会中,是不很发达的,大半学校多系私塾,俗名叫做'蒙馆',就是在一个乡村中的农人,他们互相联合起来,大家摊派几个钱,请一位能教四书五经的老先生,来教学生读古书。在淳化镇乡村社会里 56 村中,共有 34 村有了这种私塾,占全体村数中 51.8%,什么新式小学倒反很少。近年江宁县政府及私人方面极力提倡,到了现在,总算共有 5 个村庄已经设立,但亦仅占全体 7.1%。"⑥20 世纪 30 年代在浙江湖州的调查载:"自逊清末叶,各省提倡兴学,吴兴亦得风气之先。民国初元,各大乡村均设有小学校。惟限于人才及经济,一切设备多极简单。即在今日,乡村教育仍不发达,除各区设有民众教育馆、各镇市有民众学校一二所不等外,其他乡村仅合数村设一校。偶有乡村民众学校,亦仅徒具虚名,设备简陋,规模狭小。每校不过一师,以校长而兼作教员,所

----

① 民国《上海特别市真如区调查统计报告表册》,《农务》。
② 舒新城:《近代中国教育史存稿》,中华书局 1936 年版,第 6 页。
③ 赵利栋:《从黄炎培的调查看清末江苏兴办学堂的一些情况》,中国社会科学院近代史研究所编:《中国社会科学院近代史研究所青年学术论坛(2008 年卷)》,第 151—174 页。
④ 《上海市百四十户农家调查》,原载《社会月刊》第 2 卷第 2—5 号(1930 年 8—11 月),李文海主编:《民国时期社会调查丛编(二编)·乡村社会卷》,福建教育出版社 2009 年版,第 495、496 页。
⑤ (民国)朱醒华、胡家骥编,上海市奉贤区人民政府地方志办公室标点:《奉贤县乡土志·学校》,上海市地方志办公室等编:《奉贤县志》,上海古籍出版社 2009 年版,第 726 页。
⑥ 乔启明:《江宁县淳化镇乡村社会之研究》,原载南京《金陵大学农林丛刊》第 23 号(1934 年 11 月),李文海主编:《民国时期社会调查丛编·乡村社会卷》,第 105 页。

授多为单级课程，一班之中，程度大相参差。所谓学校，不免为私塾之变相，所不同者仅课本舍经书而取教科书而已。更有以教科书供遮掩官厅耳目之用者，平日学生所读仍系三字经、千字文乃至大学、中庸、论语、孟子之类（鲜有读至诗、书、易、礼以上者），俨然为一不折不扣之私塾。但一风闻县镇查学委员下乡时，校中即立时易旧书为教科书，学生则咿咿唔唔，一如常日，外人固不知其所诵为何物也。"①

第二节　近代科技的传播

上海开埠后，对外贸易和近代工商业的发展，带动了长江三角洲农业生产技术和经营方式的改进。民国初年依托上海在清末新政期间成立的农学会的活动，又有新的进展。1917 年，中华农学会在上海成立，推举张謇为名誉会长，日本北海道帝国大学农科毕业的陈嵘为会长。其主要会务活动，一是举办年会，进行学术讨论，宣读学术论文，在抗日战争前，年会几乎年年举办。二是出版《中华农学会报》，从 1918 年创办至 1948 年出版了 190 期，基本上未中断，共发表农、林、牧、水产、农业经济、农业教育、农业工程等方面的论文、报告、译文 2 500 多篇。此外，还编印出版了 82 期《中华农学会通讯》和 10 多种中华农学会丛书。三是主办"中华农学会奖学金"，分国内和国外两大部分，前者又分专科优秀论文奖、农业院校优秀学生和研究生奖，有 100 多人先后得奖；后者一部分面向各种专业，另一部分侧重农机和农业工程，先后有 50 多人获奖。②

自机器应用于农业灌溉后，1930 年上海中华职业教育社农村服务部设立了中华新农具推行所，与上海的大隆机器厂订约协作，将该厂生产的火油汲水引擎帮浦"装置船上，游行于江苏省之昆山、常熟、无锡、苏州、青浦、南汇各县，召集民

---

① 中国经济统计研究所编：《吴兴农村经济》，该所 1939 年版，李文海主编：《民国时期社会调查丛编（二编）·乡村经济卷》上册，福建教育出版社 2009 年版，第 771、772 页。

② 吴觉农：《回忆中国农学会》，《文史资料选辑》（合订本）第 39 卷第 115 辑，第 15、16 页。

众,实地试验,并广劝农民利用新式机件,以增农产"①。1934 年,长江中下游发生大旱灾,苏州地区也旱情严重,当地商会积极参与抗旱保苗,吴县商会执行委员张云搏赶赴上海购办了大批戽水电机到苏州分发到各乡抽水灌溉。同年 7 月17 日,他又第二次赴上海定购最新式的电机 43 台,并由商会雇船 43 艘,每船一机,直接运抵各乡镇戽水入田。②

清末民初,农业学堂也在各地先后设立。除了官办的以外,有不少是由诸如"南张北周"等工商界人士创办的。1917 年 11 月,黄炎培曾在南通参观由张謇兄弟创办的南通农业学校,该校秉持张謇倡导的"棉铁主义",注重试验植棉方法的改进,"所获皆浮于寻常农家二倍有余"。同时,"该校以渐得社会之信用,乃仿欧美制度设扩充部,分讲演会、俱乐部、贩卖部等,而以'贷种所'为联络农夫社会之主要方法"。其规章制度令黄炎培印象深刻,曾特为摘录如下:"一、贷种所以选择良种,并授以改良之种法为宗旨;二、贷种暂以棉麦为限;三、贷者以南通县境为限;四、贷种量每户以四亩为限;五、每届作物收获,贷者须依本校之招集,开会一次,比较成绩之优秀;六、所贷种子,俟收获后,征取其原值;七、凡播种、栽培、施肥、去草等,均须依本校所定方法,受校员之指导;八、作物收获后,仍须售于本校,惟每石得较市价加十分之一。另择最优者三名,分甲、乙、丙等奖给褒状及园艺花卉种子。连得三次甲等奖者,次年贷种不取值。凡此种种,大都仿自美国,在中国当属仅见。"③

1934 年 11 月 19 日,中国银行薛光前等人至上海近郊南翔,参观上海振兴纺织厂所办的振兴农村副业协助会。"进大门,见桑树凡六七百株,占地约十余亩,桑田之后,有屋三椽。甫经修葺,前有围墙,刷有标语,语曰:'不耕不织,饥寒交迫;男耕女织,丰衣足食。'又曰:'勤俭作生计,连年买天地,织布用新机,农村生大利。'盖该会以提倡农村副业为主旨,尤以该地附近一带妇女善于纺织,故先从改良织布入手,俟有成效,获得农民信仰后,再及其他,若养猪养鸡养牛等事,

① 上海市第一机电工业局机器工业史料组等编:《上海民族机器工业》,第 375 页。
② 王仲:《民国时期苏州商会对地区农业的扶持(1927—1937)》,上海师范大学中国近代社会研究中心编:《情缘江南:唐力行教授七十华诞庆寿论文集》,上海书店出版社 2014 年版,第 456—457 页。
③ 黄炎培:《江阴、南通、苏州农业教育调查报告(1917 年)》,陈元晖主编:《中国近代教育史资料汇编·实业教育、师范教育》,上海教育出版社 2007 年版,第 462、463 页。

以是该会于纺织一项特别加以宣传,借以唤起其注意"。"旋入内参观,有新式织布机十余架,乡女或纺或织,个个勤奋工作。据顾君云:此项新机共有三十架,先由乡女来会练习,一俟手法纯娴,即可依照该会所订之'租赁或转让布机暂行办法',将机搬家纺织,以资便利。租赁按期纳费二元,转让则每架收回成本五十元,并可分期付款。现已有八架租出,熟工每日可织一匹,工资可得一元,于农民经济不无裨益。"①

总的来说,近代上海作为经济中心城市崛起后,在传播农业科技方面,虽有城市工商界和知识界的努力及农学会及农学堂等的设立,但面对封建土地所有制主导的广袤的农村,如同雨落古潭,除了激起些许涟漪,难有实质性的推进和成效。同时,农村文化教育的落后,也阻碍了近代科技的传播。1917 年,留学美国的蒋梦麟回到家乡浙江余姚蒋村探亲,"三叔父告诉我,上一年大家开始用肥田粉种白菜,结果白菜大得非常,许多人认为这种大得出奇的白菜一定有毒,纷纷把白菜拔起来丢掉。但三叔却不肯丢,而且廉价从别人那里买来腌起来"②。

在这种历史背景下,农村对近代科技传播的反响,确实微乎其微。民国初年的海关报告谈到上海的农业时指出:"不幸的是,中国的农民缺少知识,在经济上,他们没有什么力量去冒试验的风险。这种尝试也许会失败,使他们和他们的家庭掉进近在眼前的饥饿的深渊里去。因此他们总是以安分为上,老盯着陈年的土法。"③近代上海崛起后,巨大的城市人口所形成的粪尿收集,通过内河船只输运至四周乡村。清末,美国土壤学家金博士在沪考察,目睹苏州河上有大量的粪船。1908 年,上海租界每年有七八万吨的人粪收集量。在松江华阳镇,农民可以从镇上的粪行中买到粪肥,有的则从邻近的泗泾镇购得。除粪行外,还有流动的"粪头",他们专门将收集的粪肥从上海贩运至乡村。自 1924 年起,松江就有硫酸铵俗称"肥田粉"销售,但乏人问津,当地农民依然用人畜粪便和种植的绿肥等肥田。④ 在绍兴长大的陈桥驿记述:"城市中每天的废物数量很大。这些称

① 刘平编纂:《稀见民国银行史料三编》,上海书店出版社 2015 年版,第 781 页。
② 蒋梦麟:《西潮与新潮——蒋梦麟回忆录》,第 125 页。
③ 徐雪筠等译编:《海关十年报告译编》,第 206 页。
④ 王建革:《水乡生态与江南社会(9—20 世纪)》,北京大学出版社 2013 年版,第 401、554、575 页。

'废物'的东西，其实都是可以卖钱的，第一项就是粪便，绍兴人通常称'料'……由农民买去作田间的肥料。第二项是灶下余烬，绍兴人多以稻草烧饭，灶下都用石板围出一个舱，贮藏稻草灰，绍兴人都简称作'灰'，每天也有很大的数量。'灰'也是农民需要的一种肥料，也由农民来买去。每天一早，许多空船进城，就是为装粪便和稻草灰来的。中午前后，这许多满装粪便和稻草灰的船就纷纷出城。假使没有满城大小河港，这两项事物就无法解决。而农民若无粪便和稻草灰，农事也就无法进行。而这两项，就都是借河港进行的。"①

1928年对上海近郊农村的调查："农具悉系旧式，如铁锄、耜头、镰刀、铁钯、铁铲、粪桶等。"其中，真如乡间"农具如铁搭、齿耙、锄头、镰刀、犁、铲等，均为旧式农具"。② 次年刊印的《上海特别市高行区概况》载："耕种情形仍用人力及牛马，鲜有利用机器者，施肥以及种植方法，均墨守旧例。"③1930年《上海市百四十户农家调查》："上海市场出售之农具，式样虽多，但皆旧式，故140农家所用为耕种收获之农具，皆属历代相传之旧物，即一锄一铲亦绝无新式品。"④

1922年至1931年的杭州海关十年报告载："当地农民对机器耕作并不感兴趣，他们经常使用有限的几种办法和旧式的工具进行小规模的生产，只有农学院的湘湖农场有一些用于教学的机器，但这些机器也不足以来进行生产。农民们满足于旧式的耕作工具，如牛拉的木犁、木制的簸谷机以及木制的链斗式水车等，这些工具目前仍然流行。"⑤制造这些工具的手工业，也散布各处，有的还颇有名声，上海郊区的青浦练塘，"农具如水车、风车、水桶、竹筛、竹匾等，制造较他处为优"⑥；其中的水车制造还颇具规模，"农民力耕捕鱼外，大半以制车为业俗名镶车。车为田家灌水之具，或以人力，或以牛力，形式不一，制作灵便，迥非他处所及，即诗家所谓桔槔者也。环练塘数十村庄，车船约三百多艘，其营业发达，

① 陈桥驿：《八十逆旅》，中华书局2011年版，第491页。
② 《上海特别市各区农村概况》，原载《社会月刊》第2卷第5—11号(1930年11月至1931年5月)，李文海主编：《民国时期社会调查丛编(二编)·乡村社会卷》，福建教育出版社2009年版，第429、431页。
③ 民国《上海特别市高行区概况》，《六、农工商业状况》。
④ 《上海市百四十户农家调查》，原载《社会月刊》第2卷第2—5号(1930年8—11月)，李文海主编：《民国时期社会调查丛编(二编)·乡村社会卷》，福建教育出版社2009年版，第504页。
⑤ 陈梅龙等译编：《近代浙江对外贸易及社会变迁》，宁波出版社2003年版，第290页。
⑥ 民国《章蒸风俗述略》，《制造物》。

西至常州以西，东至浦东间，有修花车者，车业之利，不亚于力耕，颇有倚为终岁之生涯焉"①。

　　农民家庭手工业的生产技术，也少有改进。1929 年，江苏海门的邢广世"曾发明新机，将弹花、拚条、纺纱用一机完成"，后经王孟研究改良，又能提高工效 20 多倍，但是"把纺纱当作副业，每年只能工作百十来日的农民，以二三十元去购置改良纺车，其从纺织业所得的利益少，而所负担的纺车折旧甚大，这已经是不经济的事了，所以纺车纵能改良，而始终却总不能普遍通行"。② 这绝非农民因循守旧所致，是与中国绝大多数农民的贫困直接相关，1935 年 1 月《南京市政府公报》载："查本市各乡区上年多被旱灾，农民异常困苦，以致近来纷纷售卖耕牛，维持生活。"③如 1930 年代南京国民政府官员所承认的，"（农民）救死不遑，籽种、耕牛穷无所措，讵有提倡科学化之余地"④。

第三节　习俗的演变

　　上海作为经济中心城市崛起后，受其辐射和影响，长江三角洲地区社会习俗的演变更趋明显。宝山县月浦，"地处海滨，民情素称醇朴。光绪季年，时势虽经转移，然婚丧喜庆祭祀犹有古人遗意。民国以来，因接近淞沪，开通较早，俗尚乃为之一变，而社会举动亦随潮流而踵事增华矣"⑤；浦东高行，原先"大抵俗尚勤朴"，"近年以来，更以接近沪渎，身濡目染，婚嫁丧祭之用途、亲朋宴集之供应渐趋奢侈"⑥。1927 年的实地调查载，松江县叶榭乡"农民一年辛勤所得，仅足以温饱，所以他们的消费情形也可想见了，但是比之十年前或二十年前，可以说有很大的差别。他们以前只穿自纺自织的布衣，现在因洋布的充斥，他们也奢华起来

---

① 光绪《章练小志》，《卷 3·风俗》。
② 彭泽益编：《中国近代手工业史资料》第 3 卷，第 683 页。
③ 叶皓主编：《金陵全书》（丙编·档案类），南京出版社 2012 年版，第 27 册，第 40 页。
④ 章有义编：《海关报告中的近代中国农业生产力状况》，《中国农史》1991 年第 2 期。
⑤ 民国《月浦里志》卷 4，《礼俗志·风俗》。
⑥ 民国《上海特别市高行区概况》，《五、风俗习惯》。

了；以前只吸水菸或旱烟的，现在香烟盛行了"①。1931年在该县的实地调查记述："自清末沪杭铁路造成后，交通便利，受新潮流之灌输，风气丕变。"②毗邻的金山县，"乡村妇女日渐摩登，以交通之便，艳羡上海之繁华、工价之昂贵，不惜弃其田园，佣工于富商大贾家者"；家境富裕者，"憧憬都市繁华，亦均呢帽围巾，竞效富贵人装。入夜出门，皆携电筒；遇雨，革履阳伞。青年者又无不抽吸卷烟，以为洋气（乡人称时髦为洋气）"。③

在川沙县，有在上海投资实业致富者返乡建造西式住宅。1935年，沪上川沙籍建筑业界名人陶桂松在川沙镇自己设计建造自家住宅。砖木结构，外形是沪上常见的石库门式，二层五间两厢房，平面呈"门"形。南侧厢房延伸部分，各建一对六角形塔楼，窗的立柱是古典柱式，别具风格。女儿墙一侧开漏窗，天井庭院设玻璃棚，石库门门楣上有西洋小装饰，外墙立面为青砖砌筑清水墙，宅前大青石地坪。宅内窗柱、门廊均用罗马柱式装置。室内装饰中式风格，正厅两侧立面仍采用立贴式抬梁木构架。梁、枋、柱间有精美木雕。侧房一边的卫生间，瓷浴缸、抽水马桶、白面瓷盆等现代卫生设备一应俱全，几同上海城区的花园洋房，直观地向乡民展示了中西合璧的新颖建筑样式，颇为引人瞩目。④

浦东"三林乡为黄浦所隔，俗尚耕织，风犹俭勤。近自四达建埠、上南通车，渐变奢侈，酒席则由八簋而炒点矣，衣服则由本布而丝织矣，良由耳濡目染，与上海接近故也"。其背景之一，"昔时风气未开，耕织得以温饱。今则纱布利薄，男之勤者习贩卖，日以鱼虾菜蔬等物肩挑往沪，名'贩鲜担'，此于生计不无小补也"。⑤ 民国初年，当地富商汤学钊在三林镇建造了一幢四合院式的庭院，属于中西合璧混合式建筑风格。其坐北朝南，人字屋面，两层砖木结构，前有门楼，正立面为西式红砖清水硬山墙，中间是四合院式的两层楼房，后面是六角凉亭。外观为明清传统建筑风格，中式走马楼雕梁画栋，但阳台是西式风格的券形，水泥

① 章有义编：《中国近代农业史资料》第2辑，第256页。
② 南京图书馆编：《二十世纪三十年代国情调查报告》第83册，凤凰出版社2012年版，第21页。
③ 《金山县鉴1935》，《民国上海县鉴汇编·金山县鉴》，上海书店出版社2013年版，第157、158页。
④ 上海市档案馆编：《上海古镇记忆》，第209、210页。
⑤ 民国《三林乡志残稿》，《卷2·风俗》。

栏杆，西式建筑的影响显而易见。①

应该指出，远郊且交通相对闭塞的乡村这类变化相对迟缓，民国年间青浦县的练塘和蒸淀乡，"居民衣服大都尚朴素，而农民尤为俭约，至妇女装束亦多朴实，乡村仍以荆布相尚，惟住市镇者间有短发蓬松、旗袍革履有之"②。奉贤县，"农民之服装及居住方面，大都朴实无华，离南桥、庄行、青村诸大市镇较远乡区尚盛行土布。吾奉庄行土布与上海颛桥土布齐名。中产之家除少数女子学习欧化以外，余皆在过极原朴之生活"③。即使在近郊的真如区农村，内部亦因交通等因素而呈现出经济状况的差异。1929 年的实地调查载："今本区已成之马路均在东南境，其余村道多属泥路，崎岖窄狭，行者苦之。一遇天雨，路泞难行，运输不便，固无论矣。职是之故，东南之户农产品向以棉、豆、麦、稻为大宗者，今应沪地之需要而改艺园蔬矣。此次调查真如全区，有住户 5 410 户，而艺蔬者有 1 315 户之多，盖园蔬之出息，盖优于棉、稻、麦、豆数倍也。而西北之民，因交通之不便，运输艰难，墨守成规，不事变通，此因交通关系，西北之户不及东南民众生活裕如之原因一也。又如农民副业，东南之户虽十二三龄之童子往纱厂或丝厂做工，故每人每月可得十元左右之工资。此次调查，业此者有 710 户，而西北之民几无与也，此因交通上关系，西北之户不及东南民众生活裕如之原因又一也。"④

"重农务本"之类的观念退居一旁，商品经济的意识则越来越浓。前述宝山月浦，"南塘村、陆家湾、东寺头以及镇南河港等处，菜圃尤多，所种蔬菜四时不断，红、白罗卜尤为著名，恒至吴淞、城市、盛桥销售，获利颇不薄"⑤。浦东高行，"出产品秋熟以棉花、稻、大豆为大宗，春熟以蚕豆、小麦、圆麦为大宗，蔬菜之属仅供本区市民之需要，间有少数运沪销售"⑥。浦东五团乡，"傍海民多捕鱼，春夏张网，鱼随潮上，得鱼载贩上海，谓之'鲜船'。""农隙时，担篓沿村收买鸡蛋，或

---

① 申克满：《汤氏民宅》，《上海城建档案》2013 年第 2 期。
② 民国《章蒸风俗述略》，《服饰习尚》。
③ 《民国奉贤县志稿·农民生活之演进》，《奉贤县志》，上海古籍出版社 2009 年版，第 672 页。
④ 民国《上海特别市真如区调查统计报告表册》，《讨论》。
⑤ 民国《月浦里志》卷 5，《实业志·物产》。
⑥ 民国《上海特别市高行区概况》，《六、农工商业状况》。

以鸭蛋兑换,积至千数,贩至上海,亦可获利。现各镇均有收买鸡蛋行,转运洋商。"①据 1937 年的记载:"宝山四五两区,常有农民利用冬季农闲,做一时小贩,如收鸡收蛋,卖到上海去。"②

　　人们安土重迁的习惯淡化,众多村民离开乡村流入上海,扩大了商品消费者的队伍,也为资本主义的发展提供了劳动力市场,给城市经济的发展注入新的活力,他们所在的市郊农村,更多地接受都市文化的辐射,其生活习俗和思想观念,也因此逐渐发生深刻的变化。浦东三林塘,起初"附近有几家纱厂开设,但当时工厂管理混乱,姑娘们深怕玷污名声,故除家庭困难别无出路的进厂工作外,一般是不愿进厂的"③;至 1933 年,当地的 5 家轧花厂共有 150 名做工的农民,其中男性约 30 人,女工约 120 人④。1934 年对上海杨树浦附近 4 个村庄 50 户农家的实地调查,从一个侧面生动地反映了这种辐射及引发的相应变化。

　　其一,家庭形式的分化。调查显示,"那些首先与城市经济接触的村落,因为工厂及其他工业林立,提供他们新的雇佣机会,其变动的情形极为显著。妇女们从工业方面获得新的生产能力,因之增高了她们独立的地位与生活情状。许多已婚及未婚的男工,离乡背井,群趋于邻近都市的区域,他们使住宅与工作场所接近。因都市具有吸引男女职工的势力,农民离村的运动日益增剧,家庭中因袭的团结力脆弱了,大家庭制崩溃,小家庭制起而代之"。家庭内部长幼之间的关系,也相应发生变化。以往,"儿子结婚及居住,皆靠近父母,有时竟住在一间屋内,大家互相帮助,互相照顾。现在就不然了,许多儿辈皆是单身或者和妻小搬进城,许久才回家一次,固然有些人送钱回来给村中的父母,但多半则因城市中开销大、家庭负担重,只能留少许钱给父母。于是家庭关系,日见淡薄"⑤。

　　其二,离土进厂者日多。"在上海市的东端,越出公共租界数里,沿直趋吴淞

---

　　① 民国《二区旧五团乡志》卷 13,《风俗》。

　　② 唐希贤:《江苏省太嘉宝农事改良研究会辅导三县合作事业概况》,《农报》第 4 卷第 9 期(1937 年 4 月 30 日)。

　　③ 徐新吾等主编:《江南土布史》,上海社会科学院出版社 1992 年版,第 305 页。

　　④ 《中国实业志·江苏省》第 8 编第 7 章,第 1165—1166 页。

　　⑤ 何学尼译:《农户调查》,原载《社会半月刊》第 1 卷第 1—5 期(1934 年),李文海主编:《民国时期社会调查丛编·乡村社会卷》,福建教育出版社 2005 年版,第 238、254 页。

的引翔港路两侧,散处着许多小村落。数十年前这些村落中的农民,与中国其他各地无数农家一般,完全处于耕种及村镇交易的状态中。但在最近一二十年内,上海市的工厂范围已扩展至杨树浦区域。于是这些村落,距离工厂很近了,现在每日朝夕,成群的工人——其中以女工占多数,每个人的手中携着一只盛饭的竹篮,终岁不断地到工厂内工作。"在杨树浦,"大多数邻近乡村的工厂,似乎多为极需要女工的纺织厂。有些女工,不论在什么天时,都要花费两小时或更多的时间跑路穿陌"。工厂的劳作也并不轻松,"眼病殆为多数工人之通患,在一星期夜班之后,尤其如此。这是由于厂中光线设备不良,或由于工作时间太长,或者两种原因皆有。有一个女工说,虽则她去年因为眼痛患病 10 天,但她仍觉厂工比农事有趣"。吸引他(她)们的是,"工业方面之规则的工作,与夫固定而且可靠的收入,较之于农业方面,天时难料,谷价及棉价皆不固定,当然更能引人入胜"。因为害怕失去工作,"怀胎的女工常在分娩的前两三天还做工;并且在婴孩产下以后,不久又去上工。虽然有些妇人应用村中的产婆,但多半则生产时候并不要人帮助,不待他人进房,就很快的洗浴并包好了婴儿。无疑的,多得收入的想头,常使孕妇在应当停工之时还久留在厂中,且使她们在没有十分恢复健康之前,早就回进厂去。经济的压迫,以及失业的恐怖,实足使工人不健康"。①

其三,那些女工在家庭中的地位,明显提高。在调查一户农家时,"发现主妇正预备晚餐,她烹饪着肉类。主妇向我们说:'肉价太贵,我自己是不吃的,我的女儿在工厂做工,她能够赚钱回家,所以我特别地优待她"。一位农妇直言:"现在女儿纵然不比男儿更有用,也和男儿一样有用,我两个女儿在厂里很能做工。"另一位农妇对调查员说:"现在男女是同样的,女子也有能力供养父母。"调查显示:"在未受工厂影响以前,妇女对于家庭的收入,很少作为。假如她们是粗壮的,就在田里工作;不然,便纺纱织布,为家中人缝衣做鞋子,并做普通家庭工作。工作既慢,产物亦少。平常妇女们不得费时谈天,男子们在家时更是如此。"而"现在父母令女儿结婚,女儿显然能加拒绝,这是数年前的农村社会中未之前闻

---

① 何学尼译:《农户调查》,李文海主编:《民国时期社会调查丛编·乡村社会卷》,第 238、255、256、258、259 页。

的现象。一个女子曾说：'假如我们能够自营生计，我们为什么要结婚呢？我们不是能享受完全的自由呀。'另一女子说：'现在男子们不能骄傲了，因为我们能够谋生，不再似从前的妇女般依赖男子了。'"她们未婚时，"仍留居家内，每日至工厂工作，直到结婚时为止。事实上女子较易觅得固定工资的工作，她们为父母觅取家庭经济的财源，所以父母不愿女儿在这时期内出嫁的。女儿自身却可在这时期内自由选择意中人"。有一位老年村民反映："女人做工和经济独立的机会增多了，女儿们也自由得多了，可是少年人具有自立的力量以后，凡事都跟外面学，自有主张。他们常对我们说：'你不懂这个，你不懂那个。'"①

其四，有着独立经济收入的女工，较主动地适应和融入都市文化的氛围。"工厂女工经济既能独立，她们便有钱可以修饰，从前妇女自身没有生产的能力，所以赶不及。丝手巾、手表、金耳环、擦面膏粉、漂亮衣服等项成为她们新的购置品。"调查载："工厂内的女工常好装饰，尤以日本纱厂的女工特别地重视梳妆。数日前作者在殷翔港小店内费洋 1 角购了一个雪花膏。某日，在同处走过一群女工，某教授将我说：'这些农村内人们的容貌已有显著的变化，尤以工厂工人的容貌特别地改革了。从前我从这些农村走过时，农民的面貌很脏的，现在他们常好修饰了。他们的生活程度似已提高。'有些青年女子仿效城市中的时髦女子，也学着烫发了。这使得理发店的营业发达，同时她们增加了梳妆的费用。"其中一位女工，"爱好装饰，常暗以一部分收入花在自己身上，其余才拿回家"。②

其五，远郊的农民也有追慕城市生活，离乡迁居者。在被调查的村庄里，"近年有一部分，就有崇明人搬来居住。他们以为居近上海，便于寻找较好的生活。其中有一家，寄居一位来自崇明的少女，目的在向工厂里找工做。但学习以后，仍然没有工做，只得跑回来为村民缝衣，以维持生活。工厂对于少年人，尤其是对于女子，给与种种赚钱机会，为返回农村中所不能得的，所以各家都被引到城里来。在城市里，他们的孩子或可变为经济材"。其中，"也有人因为营业失败或

---

① 何学尼译：《农户调查》，李文海主编：《民国时期社会调查丛编·乡村社会卷》，第 261、260、261、254、261、241、254 页。

② 何学尼译：《农户调查》，李文海主编：《民国时期社会调查丛编·乡村社会卷》，第 261、251、258 页。

失业，跑回乡下去"。[1]

其六，受都市文化的习染，农户的生活习俗渐趋城市化。"进工厂中工作，比较单靠土地，家庭可以增加收入。但是收入增加，消费也增加了。因为他们遇到从他村而来之同类的工人与夫享乐欲望。因为在工业区域见到店铺中许多物品，产生新的需要，要求较美的服装，并且稍习于奢侈了。"具体而言，"衣布从前系由家自制，且以自种之棉，自家纺纱；今则向布贩或向杨树浦商店中，购用机器制造之布。土产棉花，大部分变卖现金，仅有一小部分保存，以供制造棉衣及被褥之用。从前使用土产油纸伞，今则通行使用外国式之布伞。昔日雨天使用之皮鞋，系套在布鞋外面，今则每每使用外国式之皮鞋，直接穿在袜外，比较进步的人民，亦多在店铺中购买机器制造的橡皮雨鞋。工人现已多用弹性吊袜带，不似从前一样，使用细绳或布条。当你问女工人是否购买洋货时，她便答道：'价廉物美，我们就买，不管是国货还是洋货'。另外，"因为工厂方面不需要缠足的女子，所以女子缠足的陋习也渐次革除了"。[2]

其七，稍有文化的农家子弟，多不愿继续务农。"他们以为农业是下等的职业，而认有学问的职业为高尚职业。凡是受教育的农民，普通不从事任何农业工作。有机会能进学校的农民，毕业之后，是不希望仍回农村的。他们愿意在都市中寻些工作，例如书记等是。假如无人介绍此类工作，则宁愿在家住闲，亦不肯帮忙农事。有时即令承应做些家庭农事，但亦非常勉强，不甚愿意。"有些父母也认为："既然我们的孩子受过教育，我们不想他还做农夫。"与此相联系，"有土地的家庭，喜将土地出租，或者租出一部分于他人，以便省出余时，自由从事于都市职业"。实地调查者还注意到，"似乎有种倾向，即较聪明能干的人，多离开村庄寻城市工作"。[3]

其八，进厂女工的独立意识空前增强。她们"对于家务好发议论，她们与村中的男子很自由地谈话，她们着时髦衣服，她们的黑发与其他村姑不同。女工从同伴方面学会了编花边，许多有用的手工艺品如围巾、汗衫、手套等物均

---

① 何学尼译：《农户调查》，李文海主编：《民国时期社会调查丛编・乡村社会卷》，第 255 页。
② 何学尼译：《农户调查》，李文海主编：《民国时期社会调查丛编・乡村社会卷》，第 255、256、261 页。
③ 何学尼译：《农户调查》，李文海主编：《民国时期社会调查丛编・乡村社会卷》，第 260、256、257、259 页。

这样地学会了。她们每日与其他工人及城市中工业生活接触，自会发生精神的刺激，结果有些女子不服从家长的命令"。农村的精神生活也较前活跃，"社会新闻与笑谈，均由工厂女工带回家中，否则各种消息实无法传至农村社会的"。①

其九，随着村民谋生途径有多种选择，留在村庄继续务农的大多为年长者。"据说较富的户口，多半离开乡村，搬进城市。一位老居民这样说：工厂中的男工，很少住在乡村中，因为他们要搬出去，找邻近做事的地方居住，他们皆留着父母在家看门种田。""即令父母愿意儿子留在家中作自耕农，但城市工作之吸引力却非常之大，易使其脱离农村。"实地调查者有这样的感受："城市工作之各种机会，易使许多家庭出租其土地，而不自己耕种。如果不与都市临近，缺乏广大有收益的职业之机会，他们势必自己耕田。"对务农和务工者的年龄调查显示："在这些村庄中，17 个农夫平均年龄为 37 岁（实际上是 36.9），由 17 至 54 岁不等；而 13 个工厂及产业工人，则平均年龄为 27.6，由 20 至 40。再看女性方面，8 个农妇平均年龄 51.5 岁，由 32 至 69；而 70 个女工之平均年龄则为 22.7 岁，由 12 岁达 40 岁。由这些数字，我们可知在我们的研究范围内，产业工人平均年龄较低于农人。在 15 家自耕农的家庭中，除去一家以外，其余每家至少皆有一个厂工；在没有土地，但是租地耕种的家庭中，也是各家至少皆有一个厂工。老年人种田，少年人则进工厂帮佣。"②

可见近代上海都市文化对市郊农村的辐射强烈，并促使后者人们的思想观念、职业选择、社会习俗乃至家庭生活等各方面，都发生了顺应时代潮流的变化。这种辐射亦波及长江三角洲其他地区。养蚕业在吴江农村经济中举足轻重，"妇女是主要劳动力，因而蚕桑产区妇女在家庭和社会上的地位相对比纯耕作区要高，有些蚕户往往是妇女当家。栽桑、养蚕、缫丝技术出众的妇女，尤其受到家族和村坊邻里的称道"③。江苏昆山、新阳县，"邑人素尚俭约，食不厌疏粝，衣不尚

---

① 何学尼译：《农户调查》，李文海主编：《民国时期社会调查丛编·乡村社会卷》，第 262 页。
② 何学尼译：《农户调查》，李文海主编：《民国时期社会调查丛编·乡村社会卷》，第 255、256、257 页。
③ ［法］蓝克利主编：《中国近现代行业文化研究：技艺和专业知识的传承与功能》，国家图书馆出版社 2010 年版，第 103 页。

文绣，城居之民有老死未尝越境者。自苏沪铁路成，邑境实为孔道，商贾贸易繁盛于旧，而居民亦习于奢华，轻于出游"①。无锡农村新兴的集镇，几乎都和茧行有关，是与生丝出口和近代缫丝工业及上海相关联的。有人忆述："我在十六岁时，即1914年冬的腊月里，离乡背井到无锡城里一家米行去当学徒时，梅村南街朝南场上的居民大门前还是一片空地，各家种着菜蔬瓜果与少数桑树，没有一间房舍，只有几个稻草堆积。但是六七年后，我失业回家时，这个朝南场的空地上，就盖起了新房子，并且都是楼房，计有十二间，新开设了茶楼、酱园糟坊、南北货铺，还有一家中医和一家西医。新砌了宽有五米左右的砖路，路面平整干净。这里俨然从一个农业村子，一变而成商业小社会了。"附近居民不少人到上海做工或经商。② 1932年的资料载：

> 沪宁铁路通车以前，(无锡)礼社之经济组织尚逗留于自足经济之中，开明地主每年亦仅入城一次，农民更墨守乡土，终生未尝一睹都市文明者十之八九，其赴沪、宁、平、津各处者，更如凤毛麟角，全镇仅二三人而已。一切主要消费品均属土制，食土产，衣土布，非惟洋货不易多见，即京货、广货亦视为珍奇。当铁道初通时，乡校购置小风琴一架，乡民争先参观，门为之塞，今则即留声机亦已不复能引起乡民注意。因交通发达而使自足经济迅速破坏，都市工业品长驱直入，首当其冲者为纺织家庭手工业，近年来农业之机器化亦逐渐发达，电力亦已开始引用。③

浙江嘉善县，"乾嘉时，风尚敦朴。咸同而后，渐染苏沪风气，城镇尤甚，男女服饰厌故喜新"④。浙江定海县，"敦尚质朴，虽殷富之家，男女皆衣布素。非作客、喜事，罕被文绣者。海通以后，商于沪上者日多，奢靡之习由轮舶运输而来，乡风为之丕变……往往时式服装甫流行于沪上，不数日乡里之人即仿效之，较鄞

① 民国《昆新两县续补合志》卷1，《风俗》。
② 贺云翱主编：《无锡人与中国近现代化》，南京大学出版社2011年版，第351、352页。
③ 章有义编：《中国近代农业史资料》第2辑，第256页。
④ 光绪《重修嘉善县志》卷8，《风俗》。

镇等邑有过之无不及"①。成书于 1936 年的《澉志补录》载,浙江海盐县澉浦镇"近以经商沪上者多,一切喜效沪俗,……妇女向多从事绩麻,近已极少;至城外居民仍多务农,间亦有往上海习商者"②。江苏吴江人柳亚子忆述:"我叔父和金爷他们都去过上海,见过大场面,觉得要做一点事业,还得到都会中去,至少是在市镇上住,生活也可以舒服一些,热闹一些,乡村醇朴的空气,再也不能够吸引少年子弟的灵魂了。"③江苏金坛县,1921 年县城里的"道安"理发店主从上海大兴车行购回自行车两辆,在店内兼营出租业务,每辆每小时租金 2 角,损坏照价赔偿。如要手把手教会骑车,每人收费 5 元。因是稀罕事,颇为轰动和赢利,之后效仿者有三四家商号,其中有一次从上海购回 6 辆者,金坛县城里也"学骑车者日益增多"。④ 1927 年在江苏海门的调查所见:"洋货布匹盛销内地以来,乡农关于衣着方面的消费就不觉增加起来,这笔衣着上增加的消费,属于老农自身的还少,属于他们子女的实占多数。"⑤

同时,也不能无视受近代中国社会环境的制约,与上海作为鸦片贸易主要集散地相伴的鸦片流毒等社会丑恶现象,也波及长江三角洲城镇乡村⑥。民国以后,这种情况愈演愈烈。1929 年刻印的《南汇县续志》载:"鸦片流毒,其害已深。近更有吗啡针毒,以吗啡注射于皮肤内,一针可抵鸦片一钱,效力甚大,时间亦省。其始止见于一团镇,沿及城厢。良家子弟下至乞丐、小窃弗趋之若鹜,然药力毒烈,吸烟不能过瘾,卒至体无完肤,病瘁而死。"⑦

鸦片泛滥,加重了社会风气的败坏。清末至民国,虽屡有禁烟令,但多流于空文。青浦练塘、蒸淀一带,"鸦片烟虽于厉禁,而嗜之者亦颇不少"⑧。宝山县杨行乡,"鸦片极盛时,普及于吏胥、下逮于苦力,亲朋宴集几视为必须之供应……

---

① 民国《定海县志》第五册,《方俗志第十六·风俗》。

② 民国《澉志补录》,《风俗》。

③ 柳亚子:《柳亚子文集(自传·年谱·日记)》,上海人民出版社 1986 年版,第 99 页。

④ 沈新甫:《略谈自行车在金坛的发展》,中国人民政治协商会议金坛县委员会文史资料研究委员会编:《金坛文史资料》第 7 辑,1989 年编印。

⑤ 黄孝先:《海门农民状况调查》,《东方杂志》第 24 卷第 16 号。

⑥ 近代上海的鸦片贸易和鸦片烟馆猖獗,详可见黄苇、戴鞍钢:《鸦片贸易与鸦片流毒在上海》,上海文史馆编:《旧上海的烟赌娼》,百家出版社 1988 年版。

⑦ 民国《南汇县续志》卷 18,《风俗志一·风俗》。

⑧ 民国《章蒸风俗述略》,《饮食嗜好》。

烟馆之禁绝，在清光绪三十三年五月，民国以来，亦经政府三令五申，而地处交通，贩私者尚未绝迹。吾乡由此次兵燹(指 1924 年 8 月江浙军阀之战——引者注)以来，更多一种嗜白面海落英者，为害尤烈"[1]。浦东三林乡，"鸦片未禁以前，镇上烟间多于米店，禁后稍杀，虽破获灯吃私贩年有所闻，总不能绝"；并有"玛啡流毒"，"人呼为打药水针"。[2] 浦东五团乡，"鸦片价值，倍贵于米。又有花烟馆，名为夫妻店，勾引良家子弟，尤为藏奸之所。民国来，颁布禁烟条例，实则较盛于前，且有海洛因、玛啡……等名称"[3]。1931 年在松江县的实地调查："烟赌娼妓之风，犹未尽绝。"[4]1935 年的《金山县鉴》载："赌风之盛，于今为烈，以乡村小镇为更甚，抽头营生者比比皆是，繁盛市镇规模益大。赌博场所，大都美其名曰俱乐部，每年头钱可赢数千元。一般富商大贾、农夫贩卒各以类聚，破产丧身在所不顾。"[5]

民国年间，也有一些富庶人家为防子弟沾染嫖赌或离家远游，竟有放任其吸食鸦片者。有当代学者沈氏忆述，他是宁波人，"祖父一辈子家产丰足，曾有话留给儿子，只要你不嫖不赌，只靠守业，便可一生衣食无忧，于是祖母有意让沈父染上烟瘾，因此便疏懒了筋骨，无力风流了，然而却也因此早早断送了性命——二十九岁上便遗下四个儿女，撒手人寰"[6]。无独有偶，有学者近年在南浔探访，得知 1949 年前当地有钱人家都会让自己的孩子吸一点鸦片，着实令他意外，询以究竟，答曰："这里有钱人家的父母都不希望孩子到外面去闯荡，吸一点鸦片，可使他们留在家里，不离开父母。"[7]当时鸦片的泛滥和人们对烟毒的麻木，于此可见一斑。1937 年 2 月 11 日江苏常熟的徐兆纬记述，当地曾有不分青红皂白强行禁绝烟毒之举："检举烟民，城中一日逮捕三百余，医院无容身之地。警察视行人面目黧黑者辄以索拘拏。医生谓有毒则百口不能辨矣。医生未验，虽大力者

---

① 民国《杨行乡志》卷 5，《礼俗志・风俗》。

② 民国《三林乡志残稿》，《卷 2・风俗》；《卷 1・地名》。

③ 民国《二区旧五团乡志》卷 13，《风俗》。

④ 南京图书馆编：《二十世纪三十年代国情调查报告》第 83 册，凤凰出版社 2012 年版，第 21 页。

⑤ 《金山县鉴 1935》，《民国上海县鉴汇编・金山县鉴》，上海书店出版社 2013 年版，第 158 页。

⑥ 扬之水：《〈读书〉十年(一)》，中华书局 2011 年版，第 37 页。

⑦ 王家范主编：《明清江南史研究三十年(1978—2008)》，上海古籍出版社 2010 年版，第 94 页。

亦不能保出。邑人鸣之省厅,岁底始电示,如实系无瘾,得由乡、镇长暂保候传,然已骚扰不堪矣。树儿言,有人自苏城来,述苏城烟民之被拘者以数千计,盖数倍于我邑云。"①常熟市档案馆藏有一份 1937 年 4 月的判决书,事由为"未领凭证,吸食鸦片"②。可见吸食者之多,竟成为当地政府敛财途径之一。

① (清)徐兆玮著、李向东等标点:《徐兆玮日记》,黄山书社 2013 年版,第 4035 页。
② 肖芃主编:《档案里的老苏州》,古吴轩出版社 2014 年版,第 247 页。

结 语

考察民国以后上海与长江三角洲经济演进的历史进程，可以得见主导这种演进的仍是外国资本主义列强的在华经济活动，其主旨是追逐尽可能多的经济利益，这也决定了其活动的区域重心，主要是在经济发展潜力大、水陆交通便捷、文化科技较为领先、人口相对密集的上海及其所毗连的长江三角洲；其强权地位，也使其受经济效益的最大化为驱动，而很少受到诸如中国行政区划等因素的束缚。正是在这样的历史背景下，较之中国其他地区，客观经济规律作用的发挥，中国自身市场经济诸要素以及较有利的社会环境的发育成长壮大，在以上海为中心的长江三角洲得以较顺利地呈现，并因此成为长江流域乃至中国的核心经济圈，"从江南的上海到上海的江南"，或许能较生动地概括这一引人注目的历史进程。其间，依托长江流域及中国沿海枢纽港而崛起的上海，作为长江流域及中国经济中心城市超越行政区划所产生的巨大的辐射力和向心力，是这一核心经济圈形成的关键所在。历史是最好的教科书，其中蕴含的丰富内容和启示，值得重视和借鉴，以期更好地推进当代上海"四个中心"，即国际经济贸易航运金融中心建设，优化长江三角洲、长江中游、成渝这三大城市群布局，带动长江三角洲经济一体化和长江经济带发展，更好地服务于国家的总体发展和中华民族的伟大复兴。

征引文献举要

一、档案和官方文书

中国第一历史档案馆藏,《军机处录副奏折·财政类》。

中国社会科学院经济研究所藏,《清户部档案抄件》。

《海防档·购买船炮》,台北"中央研究院"近代史研究所,1957年。

《四国新档·俄国档》,台北"中央研究院"近代史研究所,1966年。

《四国新档·英国档》,台北"中央研究院"近代史研究所,1966年。

《四国新档·美国档》,台北"中央研究院"近代史研究所,1966年。

太平天国历史博物馆编:《吴煦档案选编》,江苏人民出版社,1983年。

华中师范大学历史研究所、苏州市档案馆合编:《苏州商会档案丛编》第1辑,华中师范大学出版社,1991年。

中国第一历史档案馆编:《鸦片战争档案史料》,天津古籍出版社,1992年。

上海市档案馆编:《日本在华中经济掠夺史料(1937—1945)》,上海书店出版社,2005年。

叶皓主编:《金陵全书》(丙编·档案类),南京出版社2012年版。

江苏档案精品选编纂委员会编:《江苏省明清以来档案精选》,江苏人民出版社,2013年。

《筹办夷务始末·道光朝》,中华书局,1964年。

《筹办夷务始末·咸丰朝》,中华书局,1979年。

《筹办夷务始末·同治朝》,中华书局,2008年。

北京大学图书馆藏:《筹办夷务始末补遗·道光朝》,北京大学出版社,1988年影印本。

《清实录》,中华书局,1986年影印本。

赵尔巽等:《清史稿》,中华书局,1977年。

二、海关资料和外交文书

对外贸易部海关总署研究室编:《中国海关与邮政》,中华书局,1983年。

徐雪筠等译编:《上海近代社会经济发展概况:〈海关十年报告〉译编》,上海社会科学院出版社,1985年。

周勇等:《近代重庆经济与社会发展:重庆海关资料译编》,四川大学出版社,1987年。

陆允昌编：《苏州洋关史料》，南京大学出版社，1991年。

中华人民共和国杭州海关译编：《近代浙江通商口岸经济社会概况——浙海关、瓯海关、
　　杭州关贸易报告集成》，浙江人民出版社，2002年。

陈梅龙等译编：《近代浙江对外贸易及社会变迁——宁波、温州、杭州海关贸易报告译
　　编》，宁波出版社，2003年。

李必樟编译：《上海近代贸易经济发展概况：英国驻上海领事贸易报告汇编（1854—
　　1898）》，上海社会科学院出版社，1993年。

三、地方志、年鉴、古籍

《中国地方志集成》，上海书店、巴蜀书社等，1991年始出版。

上海市地方志办公室等编：《上海乡镇旧志丛书》，上海社会科学院出版社，2004年始
　　出版。

上海市地方志办公室等编：《上海府县旧志丛书》，上海古籍出版社，2009年始出版。

无锡市史志办公室等编：《民国时期无锡年鉴资料选编》，广陵书社，2009年。

《民国上海年鉴汇编》，上海书店出版社，2013年。

《民国上海县鉴汇编》，上海书店出版社，2013年。

戴鞍钢、黄苇主编：《中国地方志经济资料汇编》，汉语大词典出版社，1999年。

沈秋农等主编：《常熟乡镇旧志集成》，广陵书社，2007年。

史梅定主编：《上海租界志》，上海社会科学院出版社，2001年。

《皇朝经世文编》。

《皇朝经世文续编》。

《皇朝经世文四编》。

四、报刊

《北华捷报》《满铁调查月报》《上海通志馆期刊》《申报》《时报》《清议报》《江南商务报》《杭
　　州商业杂志》《交通杂志》《中外经济周刊》《国际贸易导报》《实业部月刊》《工商半月刊》
　　《社会半月刊》《农业周刊》《妇女生活》《乡村建设》《中国农村》《宝山共和杂志》《中外日
　　报》《东方杂志》《农学报》。

《历史研究》《近代史研究》《中国经济史研究》《档案与史学》《上海档案史料研究》《湖州文
　　史》《史学月刊》《思与言》《沙市文史资料》《北文史资料》《四川文史资料选辑》《无锡文
　　史资料》《人民日报》《光明日报》《中国档案报》《解放日报》。

上海社会科学院历史研究所：《太平军在上海——〈北华捷报〉选译》，上海人民出版社，
　　1983年。

郑曦原编：《共和十年：〈纽约时报〉民初观察记（1911—1921）・社会篇》，当代中国出版
　　社，2011年。

宁波市档案馆编：《〈申报〉宁波史料集》，宁波出版社，2013年。

五、文集、笔记、家谱、年谱、信札、回忆录、游记、日记、口述实录

《魏源集》，中华书局，1976年。

夏东元编:《郑观应集》,上海人民出版社,1982年。

林增平、周秋光主编:《熊希龄集》,湖南人民出版社,1985年。

顾廷龙、叶亚廉主编:《李鸿章全集》,上海人民出版社,1986年。

秦约等著,徐兵等整理:《秦约诗文集(外三种)》(崇明历代文献丛书),上海社会科学院
　　出版社,2015年。

王清穆著,周惠斌等整理:《农隐庐文钞》(崇明历代文献丛书),上海社会科学院出版社,
　　2015年。

穆家修等编:《穆藕初文集(增订本)》,上海古籍出版社,2011年。

方显廷:《方显廷文集》,商务印书馆,2011年。

李明勋等主编:《张謇全集》,上海辞书出版社,2012年。

许地山:《达衷集》,商务印书馆,1928年。

姚公鹤:《上海闲话》,商务印书馆,1933年。

钱泳:《履园丛话》,中华书局,1979年。

王韬:《瀛壖杂志》,上海古籍出版社,1989年。

胡祥翰:《上海小志》,上海古籍出版社,1989年。

(清)葛元熙撰,郑祖安标点:《沪游杂记》,上海书店出版社,2009年。

陈定山:《春申旧闻》,海豚出版社,2015年。

柳亚子:《柳亚子文集(自传年谱日记)》,上海人民出版社,1986年。

蒋梦麟:《西潮与新潮——蒋梦麟回忆录》,东方出版社,2006年。

夏衍:《懒寻旧梦录》(增补本),三联书店,2006年。

钱昌照:《钱昌照回忆录》,东方出版社,2011年。

陈桥驿:《八十逆旅》,中华书局,2011年。

叶浅予:《细叙沧桑记流年》,江苏文艺出版社,2012年。

卢作孚著,文明国编:《卢作孚自述》,安徽文艺出版社,2013年。

丰子恺:《丰子恺自述:我这一生》,中国青年出版社,2015年。

张守广:《卢作孚年谱长编》,中国社会科学出版社,2014年。

穆家修等编著:《穆藕初年谱长编》,上海交通大学出版社,2015年。

北京大学历史系近代史教研室整理:《盛宣怀未刊稿》,中华书局,1960年。

中国社会科学院近代史研究所资料室整理:《曾国藩未刊往来函稿》,岳麓书社,1986年。

柴志光等编著:《浦东名人书简百通》,上海远东出版社,2011年。

彭晓亮注:《周作民日记书信集(文字版)》,上海远东出版社,2014年。

本社编:《清代日记汇抄》,上海人民出版社,1982年。

王世儒编:《蔡元培日记》,北京大学出版社,2010年。

(清)徐兆纬著,李向东等标点:《徐兆纬日记》,黄山书社,2013年。

尔冬强主编:《口述历史:尔冬强和108位茶客》,上海古籍出版社,2010年。

六、资料汇编和辑录

《上海租界华商行名簿册》,上海华商公议会,1906年编印。

上海浚浦总局:《上海港口大全》,上海浚浦总局,1921年编印。

陈翰珍:《二十年来之南通》(1925年),南通张謇研究中心,2014年重印。

实业部国际贸易局:《中国实业志(江苏省)》,上海民光印刷公司,1932年。

上海市社会局:《上海市工人生活指数:民国十五至二十年》,1932年编印。

罗志如:《统计表中之上海》,国立中央研究院,1932年。

上海市社会局:《上海之农业》,中华书局,1933年。

上海市社会局:《上海市工人生活程度》,中华书局,1934年。

交通部、铁道部交通史编纂委员会:《交通史·航政编》,1935年编印。

冯和法主编:《中国农村经济资料》,上海黎明书局,1935年。

韩启桐:《中国埠际贸易(1936—1940)》,中国科学院社会研究所,1951年。

严中平等:《中国近代经济史统计资料选辑》,科学出版社,1957年;中国社会科学出版社,2012年。

孙毓棠编:《中国近代工业史资料》第1辑,科学出版社,1957年。

汪敬虞编:《中国近代工业史资料》第2辑,科学出版社,1957年。

李文治编:《中国近代农业史资料》第1辑,生活·读书·新知三联书店,1957年。

章有义编:《中国近代农业史资料》第2、3辑,生活·读书·新知三联书店,1957年。

陈真等编:《中国近代工业史资料》,第4辑,生活·读书·新知三联书店,1961年。

姚贤镐编:《中国近代对外贸易史资料》,中华书局,1962年。

彭泽益编:《中国近代手工业史资料》,中华书局,1962年。

宓汝成编:《中国近代铁路史资料》,中华书局,1963年。

聂宝璋编:《中国近代航运史资料》第一辑,上海人民出版社,1983年。

彭泽益编:《中国工商行会史料集》,中华书局,1995年。

《清季中日韩关系史料》,台北"中央研究院"近代史研究所,1972年。

萧铮主编:《民国二十年代中国大陆土地问题资料》,成文出版社,1977年。

上海博物馆图书资料室编:《上海碑刻资料选辑》,上海人民出版社,1980年。

江苏省博物馆编:《明清苏州工商业碑刻集》,江苏人民出版社,1981年。

王重民等编:《中国近代史资料丛刊·太平天国》,上海人民出版社,1957年。

太平天国历史博物馆编:《太平天国史料丛编简辑》,中华书局,1962年。

《太平天国史料专辑》,上海古籍出版社,1979年。

戚其章主编:《中国近代史资料丛刊续编·中日战争》,中华书局,1994年。

王铁崖:《中外旧约章汇编》,生活·读书·新知三联书店,1957年。

陈元晖主编:《中国近代教育史资料汇编》,上海教育出版社,2007年。

孙燕京、张研主编:《民国史料丛刊续编》,大象出版社,2012年。

中国科学院上海经济研究所等编:《南洋兄弟烟草公司史料》,上海人民出版社,1958年。

上海市第一机电工业局机器工业史料组等编:《上海民族机器工业》,中华书局,1966年。

上海市工商行政管理局编:《上海市棉布商业》(中国资本主义工商业史料丛刊),中华书局,1979年。

上海社会科学院经济研究所编:《刘鸿生企业史料》,上海人民出版社,1981年。

上海社会科学院经济研究所编:《荣家企业史料》,上海人民出版社,1982年。

朱邦兴等编:《上海产业与上海职工》,上海人民出版社,1984年。

全国图书馆文献缩微复制中心：《中国早期博览会资料汇编》，全国图书馆文献缩微复制中心，2003年。

上海市工商业联合会编：《上海总商会历史图录》，上海古籍出版社，2011年。

程源编著：《程益泰商号经营史料选辑》，上海财经大学出版社，2014年。

李文海主编：《民国时期社会调查丛编·人口卷》，福建教育出版社，2004年。

李文海主编：《民国时期社会调查丛编（二编）·乡村经济卷》，福建教育出版社，2009年。

李文海主编：《民国时期社会调查丛编（二编）·乡村社会卷》，福建教育出版社，2009年。

全国图书馆文献缩微复印中心：《民国时期市政建设史料选编》，全国图书馆文献缩微复印中心2009年影印本。

南京图书馆编：《二十世纪三十年代国情调查报告》，凤凰出版社，2012年。

国家图书馆选编：《民国时期社会调查资料汇编》，国家图书馆出版社，2013年。

郑成林选编：《民国时期经济调查资料汇编》，国家图书馆出版社，2013年。

丁贤勇等译编：《1921年浙江社会经济调查》，北京图书馆出版社，2008年。

冯天瑜等选编，李少军等译：《东亚同文书院中国调查资料选译》，社会科学文献出版社，2012年。

中国人民银行上海市分行编：《上海钱庄史料》，上海人民出版社，1960年。

高景岳等编：《近代无锡蚕丝业资料选辑》，江苏古籍出版社，1984年。

王立人主编：《无锡文库（第二辑）》，凤凰出版社，2011年。

熊月之主编：《稀见上海史志资料丛书》，上海书店出版社，2012年。

龙向洋主编：《美国哈佛大学哈佛燕京图书馆藏民国文献丛刊》，广西师范大学出版社，2012年。

刘平编纂：《稀见民国银行史料初编》，上海书店出版社，2014年。

刘平编纂：《稀见民国银行史料二编》，上海书店出版社，2015年。

刘平编纂：《稀见民国银行史料三编》，上海书店出版社，2015年。

上海市政协文史资料委员会编：《上海文史资料存稿汇编》，上海古籍出版社，2001年。

常熟市政协文史委员会编：《常熟文史资料选辑》，上海社会科学院出版社，2009年。

中国第一历史档案馆：《光绪末年黄浦江修浚工程主办权之争史料》，《历史档案》1994年第4期。

中国第一历史档案馆：《光绪三十四年荷商利济公司浮开浚浦土方案》，《历史档案》1995年第1期。

上海市档案馆：《旧中国外商银行调查资料》，《档案与史学》2003年第6期。

中国第二历史档案馆：《抗战爆发前后江苏省及上海市之制丝工业》，《民国档案》2010年第4期。

夏秀丽等整理：《中南银行档案资料选编》，《近代史资料》总127号，中国社会科学出版社，2013年。

七、专著

朱建邦：《扬子江航业》，商务印书馆，1937年。

刘大钧：《吴兴农村经济》，中国经济统计研究所，1939年。

杨荫溥等编著：《本国金融概论》，邮政储金汇业局1943年印发行。

倪锡英：《上海》，南京出版社，2011年。

黄苇：《上海开埠初期对外贸易研究》，上海人民出版社，1961年。

丁名楠等：《帝国主义侵华史》，人民出版社，1973年。

蒯世勋等编著：《上海公共租界史稿》，上海人民出版社，1980年。

邹依仁：《旧上海人口变迁的研究》，上海人民出版社，1980年。

宓汝成：《帝国主义与中国铁路》，上海人民出版社，1980年。

徐之河等主编：《上海经济(1949—1982)》，上海人民出版社，1983年。

樊百川：《中国轮船航运业的兴起》，四川人民出版社，1985年。

上海市粮食局等编：《中国近代面粉工业史》，中华书局，1987年。

上海百货公司等编著：《上海近代百货商业史》，上海社会科学院出版社，1988年。

上海医药公司等编著：《上海近代西药行业史》，上海社会科学院出版社，1988年。

张后铨主编：《招商局史(近代部分)》，人民交通出版社，1988年。

杨文渊主编：《上海公路史》第1册，人民交通出版社，1989年。

刘荫棠主编：《江苏公路交通史》第1册，人民交通出版社，1989年。

上海社会科学院经济研究所、上海市国际贸易学会学术委员会编著：《上海对外贸易
　　1840—1949》，上海社会科学院出版社，1989年。

上海社会科学院经济研究所主编：《上海近代五金商业史》，上海社会科学院出版社，
　　1990年。

张仲礼主编：《近代上海城市研究》，上海人民出版社，1990年。

徐新吾等主编：《中国近代缫丝工业史》，上海人民出版社，1990年。

许涤新等主编：《中国资本主义发展史》第2卷，人民出版社，1990年。

杜恂诚：《民族资本主义与旧中国政府(1840—1937)》，上海社会科学院出版社，1991年。

孙述诚主编：《九江港史》，人民交通出版社，1991年。

徐新吾主编：《江南土布史》，上海社会科学院出版社，1992年。

潘君祥等主编：《近代中国国情透视》，上海社会科学院出版社，1992年。

许涤新等主编：《中国资本主义发展史》第3卷，人民出版社，1993年。

张海鹏等：《中国十大商帮》，黄山书社，1993年。

张仲礼主编：《东南沿海城市与中国近代化》，上海人民出版社，1996年。

徐新吾等主编：《上海近代工业史》，上海社会科学院出版社，1998年。

马俊亚：《规模经济与区域发展——近代江南地区企业经营现代化研究》，南京大学出版
　　社，1999年。

熊月之主编：《上海通史》，上海人民出版社，1999年。

黄汉民等：《近代上海工业企业发展史论》，上海财经大学出版社，2000年。

李学昌主编：《20世纪南汇农村社会变迁》，华东师范大学出版社，2001年。

虞晓波：《比较与审视——"南通模式"与"无锡模式"研究》，安徽教育出版社，2001年。

胡国枢：《光复会与浙江辛亥革命》，杭州出版社，2002年。

杜恂诚主编：《上海金融的制度、功能与变迁(1897—1997)》，上海人民出版社，2002年。

张仲礼等主编：《长江沿江城市与中国近代化》，上海人民出版社，2002年。

陈其广：《百年工农产品比价与农村经济》，社会科学文献出版社，2003年。

洪葭管：《20世纪的上海金融》，上海人民出版社，2004年。

樊树志：《江南市镇：传统的变革》，复旦大学出版社，2005年。

张忠民主编：《近代上海城市发展与城市综合竞争力》，上海社会科学院出版社，2005年。

费孝通：《江村经济》，上海人民出版社，2006年。

张一平：《地权变动与社会重构——苏南土地改革研究》，上海人民出版社，2009年。

马长林：《上海的租界》，天津教育出版社，2009年。

阮清华：《上海游民改造研究(1949—1958)》，上海辞书出版社，2009年。

郭华巍主编：《潮落潮起：近代三门湾开发史事编年1899—1949》，上海人民出版社，2010年。

郑忠：《非条约口岸城市化道路——近代长江三角洲的典型考察》，上海辞书出版社，2010年。

朱云云、姚富坤：《江村变迁：江苏开弦弓村调查》，上海人民出版社，2010年。

陈铨亚：《中国本土商业银行的截面：宁波钱庄》，浙江大学出版社2010年版。

张丽：《非平衡化与不平衡——从无锡近代农村经济发展看中国近代农村经济的转型(1840—1949)》，中华书局，2010年。

宋钻友等：《上海工人生活研究(1843—1949)》，上海辞书出版社，2011年。

贺云翱主编：《无锡人与中国近现代化》，南京大学出版社，2011年。

罗苏文：《高郎桥纪事》，上海人民出版社，2011年。

严中平：《中国棉纺织史稿》，商务印书馆，2011年。

巫宝三：《中国国民所得(一九三三年)》，商务印书馆，2011年。

忻平主编：《城市化与近代上海社会生活》，广西师范大学出版社，2011年。

刘克祥等主编：《中国近代经济史(1927—1937)》，人民出版社，2012年。

上海社会科学院中国城市史研究中心、浙江省嘉兴市南湖区大桥镇人民政府合著：《浙北一座名镇的兴起——嘉兴大桥镇社会变迁》，上海辞书出版社，2012年。

庄维民：《中间商与中国近代交易制度的变迁：近代行栈与行栈制度研究》，中华书局，2012年。

燕红忠：《中国的货币金融体系(1600—1949)》，中国人民大学出版社，2012年。

王家范：《漂泊航程：历史长河中的明清之旅》，北京师范大学出版社，2013年。

王建革：《水乡生态与江南社会(9—20世纪)》，北京大学出版社，2013年。

沈祖炜主编：《近代中国企业：制度和发展》，上海人民出版社，2014年。

八、论文集

上海文史馆编：《旧上海的烟赌娼》，百家出版社，1988年。

吴承明：《市场·近代化·经济史论》，云南大学出版社，1996年。

唐国良主编：《百年浦东同乡会》，上海社会科学院出版社，2005年。

张东刚等主编：《世界经济体制下的民国时期经济》，中国财政经济出版社，2005年。

王家范主编：《明清江南史研究三十年(1978—2008)》，上海古籍出版社，2010年。

唐国良主编：《近代东外滩》，上海社会科学院出版社，2013年。

邹逸麟主编:《明清以来长江三角洲地区城镇地理与环境研究》,商务印书馆,2013年。
范金民等主编:《江南地域文化的历史演进文集》,三联书店,2013年。
肖芃主编:《档案里的老苏州》,古吴轩出版社,2014年。

九、译著、资料辑译

[美]马士著,张汇文等译:《中华帝国对外关系史》,三联书店,1957年。
[法]梅朋等著,倪静兰等译:《上海法租界史》,上海译文出版社,1983年。
[美]墨菲著,章克生等译:《上海:现代中国的钥匙》,上海人民出版社,1986年。
[美]周锡瑞著,张俊义译:《义和团运动的起源》,江苏人民出版社,1994年。
[德]卫贤理著,王宇洁等译:《中国心灵》,国际文化出版公司,1998年。
[日]滨下武志著,高淑娟等译:《中国近代经济史研究——清末海关财政与通商口岸市场圈》,江苏人民出版社,2006年。
[美]托马斯·罗斯基著,唐巧天等译校:《战前中国经济的增长》,浙江大学出版社,2009年。
[法]蓝克利主编:《中国近现代行业文化研究:技艺和专业知识的传承与功能》,国家图书馆出版社,2010年。
[美]卡尔·克劳著,夏伯铭译:《洋鬼子在中国》,复旦大学出版社,2011年。
[日]内山完造著,杨晓钟等译:《上海下海——上海生活35年》,陕西人民出版社,2012年。
[美]玛丽布朗布洛克著,韩邦凯等译:《油王:洛克菲勒在中国》,商务印书馆,2014年。
[美]何振模著,张笑川等译:《上海的美国人:社区形成与对革命的反应(1919—1928)》,上海辞书出版社,2014年。
[美]格蕾丝·汤普森·西登著,邱丽媛译:《中国灯笼:一个美国记者眼中的民国名媛》,中国言实出版社,2015年。
[英]艾约瑟:《访问苏州的太平军》,北京太平天国历史研究会编:《太平天国史料译丛》第1辑,神州国光社,1954年。
严中平辑译:《英国资产阶级纺织利益集团与两次鸦片战争的史料》,《经济研究》1957年第2期。
严中平辑译:《英国鸦片贩子策划鸦片战争的幕后活动》,《近代史资料》1958年第4期。
严中平辑译:《怡和书简选》,北京太平天国历史研究会编:《太平天国史译丛》第1辑,中华书局,1981年。

十、论文

刘选民:《中俄早期贸易考》,《燕京学报》第25期(1939年6月)。
张仲礼:《1834—1867年我国对外贸易的背景与变化》,《学术月刊》1960年第9期。
汪敬虞:《十九世纪外国在华银行势力的扩张及其对中国通商口岸金融市场的控制》,《历史研究》1963年第5期。
严学熙:《蚕桑生产与无锡近代农村经济》,《近代史研究》1986年第4期。
严学熙:《近代中国第一个民族资本企业系统》,《中国社会经济史研究》1987年第3期。

陈学文：《明清时期的苏州商业》，《苏州大学学报》1988 年第 2 期。

林刚、唐文起：《1927—1937 年江苏机器工业的特征及其运行概况》，《中国经济史研究》1990 年第 1 期。

吴乾兑：《鸦片战争与上海英租界》，《近代史研究》1990 年第 6 期。

章有义：《海关报告中的近代中国农业生产力状况》，《中国农史》1991 年第 2 期。

章楷：《近代农业教育和科研在南京》，《中国农史》1992 年第 4 期。

沈焕庭等：《长江河口最大浑浊带研究》，《地理学报》1992 年第 5 期。

吴承明：《论二元经济》，《历史研究》1994 年第 2 期。

王庆成：《上海开埠初期的华商外贸业——英国收藏的敦利商栈等簿册文书并考释（上）》，《近代史研究》1997 年第 1 期。

巫宝三等：《抗日战争前中国的工业生产和就业》，《巫宝三集》，中国社会科学出版社，2003 年。

蔡亮：《近代上海棚户区与国民政府治理能力》，《史林》2009 年第 2 期。

吴俊范：《河道、风水、移民：近代上海城周聚落的解体与棚户区的产生》，《史林》2009 年第 5 期。

高红霞、贾玲：《近代上海营造业中的"川沙帮"》，《上海档案史料研究》第 8 辑，上海三联书店，2010 年。

张会芳：《1929—1948 年无锡县农村土地占有的变化趋势》，《中国社会科学院近代史研究所青年学术论坛（2009 年卷）》，社会科学文献出版社，2011 年。

慈鸿飞：《20 世纪二三十年代教师、公务员工资及生活状况考》，侯建新主编：《经济—社会史评论》第 6 辑，三联书店，2012 年。

［日］夏井春喜：《民国前期苏州的田业会：与吴县田业银行、苏州电气厂的关系》，唐力行主编：《江南社会历史评论》第 6 期，商务印书馆 2014 年版。

王仲：《民国时期苏州商会对地区农业的扶持（1927—1937）》，《情缘江南：唐力行教授七十华诞庆寿论文集》，上海书店出版社 2014 年版。

施扣柱：《论近代上海教育发展中的民间参与》，《史林》2014 年第 3 期。

后　记

　　本书上篇撰写于 20 多年前,所依据的资料,很多是从京、沪、宁、苏、杭等地案馆和图书馆等处寻得。以现在的要求衡量,有些注释的标注要素欠周全,因时隔较久,很难再前去复核补全,这是特别需要说明的;此外,为真实反映我当时的研究心得,所有论述未加改动。上篇的内容自 1998 年出版后,其港口·城市·腹地的研究思路和框架,得到学术界的认可和鼓励,下篇则是后续的研究。这项历时多年的专题研究成果能以现在的形式展示,要感谢上海社会科学院出版社领导的鼎力扶持和章斯睿女士的精心编辑,也要感谢邹逸麟先生、陈绛先生等各方师友的鼓励帮助,还要感谢家人的一贯支持,我会继续努力,也请各位读者多多指教。

戴鞍钢

2016 年 5 月

图书在版编目(CIP)数据

港口·城市·腹地：上海与长江流域经济关系的历史
考察：1843—1937 / 戴鞍钢著.—上海：上海社会科学院
出版社，2018

ISBN 978 - 7 - 5520 - 2404 - 3

Ⅰ.①港… Ⅱ.①戴… Ⅲ.①区域经济－经济史－研
究－上海－1843—1937 Ⅳ.①F129.5

中国版本图书馆 CIP 数据核字(2018)第 176775 号

Photograph by G. Warren Swire. Image courtesy of John Swire & Sons
Ltd and Historical Photographs of China，University of Bristol.

港口·城市·腹地：上海与长江流域经济关系的历史考察(1843—1937)

戴鞍钢　著
责任编辑：章斯睿
封面设计：黄婧昉
出版发行：上海社会科学院出版社
　　　　　上海顺昌路 622 号　邮编200025
　　　　　电话总机 021 - 63315900　销售热线 021 - 53063735
　　　　　http://www.sassp.org.cn　E-mail：sassp@sass.org.cn
照　　排：南京前锦排版服务有限公司
印　　刷：上海龙腾印务有限公司
开　　本：710×1010 毫米　1/16 开
印　　张：22.75
插　　页：1
字　　数：345 千字
版　　次：2019 年 5 月第 1 版　　2019 年 5 月第 1 次印刷

ISBN 978 - 7 - 5520 - 2404 - 3/F·533　　定价：88.00 元